O REINO, A COLÔNIA E O PODER

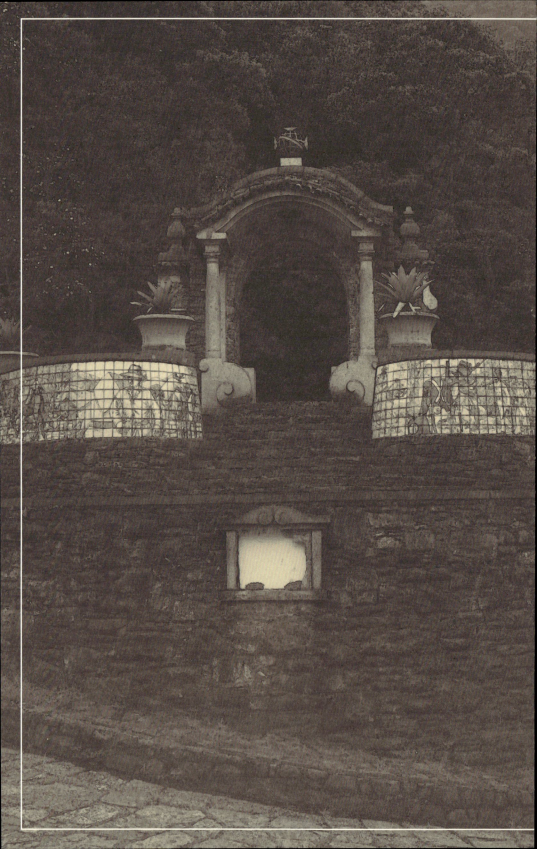

O reino, a colônia e o poder

O governo Lorena na capitania de São Paulo 1788-1797

Adelto Gonçalves

imprensaoficial
GOVERNO DO ESTADO DE SÃO PAULO

Para Marilize, dedico este livro.

Sumário

Abreviaturas utilizadas	11
UMA RICA ANÁLISE DO GOVERNO DE BERNARDO LORENA Kenneth Maxwell	13
INTRODUÇÃO	21

Capítulo I

ANTECEDENTES	29
Da criação da capitania à perda da autonomia	33
Conquistas territoriais	41
Os irmãos Leme	46
Os novos descobrimentos	53
Novos caminhos para o mar	56
Viagem rumo a Cuiabá	60
Um governador malvisto	63
A questão do sal	67
Nas arcas, só chumbo	69
A luta dos sertanistas por seus direitos	74
Em busca de brasões imaginários	77
Sem armas, pólvora e homens	80
Poucas mulheres brancas	86
Um novo motim do sal	92
Decadência e restauração da autonomia	96

Nas mãos dos clãs Pires e Camargo	100
Uma época de dificuldades	104
Sob as ordens do Rio de Janeiro	107
Novos planos para a América portuguesa	112
Recuperação da autonomia	113
Novas bandeiras para o sertão	122
O episódio do Iguatemi	124
Estabelecendo fronteiras	131
Insultos e impropérios dirigidos ao governador	135
Métodos arbitrários	140
A queda anunciada do Iguatemi	146
A derrota, uma sepultura aberta	156
Divergências com religiosos	159
A morte do filho do governador	165
O irmão do Fanfarrão Minésio	171
Tropa em completa desobediência	174
Caminhos para o escoamento da produção	179

Capítulo II

O GOVERNO LORENA	183
As origens dos Lorena	187
Posse e primeiras providências	194
São Paulo ao tempo de Lorena	200
A venalidade como prática oficial	208
A "lei do porto único"	213
Reações à "lei do porto único"	226
Decadência, um argumento de retórica	234
Em São Paulo e Santos, só elogios	246
Reorganizando as finanças	254
Reflexos da conjuração mineira de 1789	258
Os negócios dos amigos de Lorena	274
Reforçando a defesa	288

Desavenças com os espanhóis	293
Calçada do Lorena	297
Balanço de governo	311

Capítulo III
DEPOIS DE LORENA 325

Capítulo IV
CONSIDERAÇÕES FINAIS 355

GOVERNADORES E CAPITÃES-GENERAIS DA CAPITANIA
DE SÃO PAULO E MINAS DO OURO 375

GOVERNADORES E CAPITÃES-GENERAIS DA CAPITANIA
DE SÃO PAULO 377

Referências bibliográficas	379
Agradecimentos	401
Verbetes autorais	402
Sobre as fotografias	405

Abreviaturas utilizadas

ACL – Academia das Ciências de Lisboa
ADIM – Autos da Devassa da Inconfidência Mineira
AESP – Arquivo do Estado de São Paulo
AHU – Arquivo Histórico Ultramarino (Lisboa)
ANPUH – Associação Nacional de História
ANRJ – Arquivo Nacional (Rio de Janeiro)
ANTT – Arquivo Nacional da Torre do Tombo (Lisboa)
AMI – Anuário do Museu da Inconfidência
AMP – Anais do Museu Paulista
APM – Arquivo Público Mineiro (Belo Horizonte)
ATCSP – Atas da Câmara de São Paulo
BNP – Biblioteca Nacional de Portugal
BNRJ – Biblioteca Nacional do Rio de Janeiro
DI – *Documentos interessantes para a história e costumes de São Paulo*
DF – Delegacia Fiscal
FBN/CC – Fundação Biblioteca Nacional/Casa dos Contos
IHGB – Instituto Histórico e Geográfico Brasileiro (Rio de Janeiro)
RAPM – *Revista do Arquivo Público Mineiro*
RIHGB – *Revista do Instituto Histórico e Geográfico Brasileiro*
RIHGSP – *Revista do Instituto Histórico e Geográfico de São Paulo*
RGCSP – Registro Geral da Câmara de São Paulo
SC – Seção Colonial

Uma rica análise do governo de Bernardo Lorena

Kenneth Maxwell

Adelto Gonçalves substancialmente enriquece a nossa compreensão da história e do desenvolvimento de São Paulo durante o fim do século XVIII. Este trabalho, de sólida base em documentos históricos e pesquisas de arquivo, reflete a formidável jornada de Adelto como historiador de Portugal e Brasil. Em Lisboa, pesquisou no Arquivo Histórico Ultramarino, no Arquivo Nacional da Torre do Tombo e na Biblioteca Nacional de Portugal, entre muitos outros grandes arquivos portugueses. Às investigações, somam-se pesquisas em outras partes do Brasil e em São Paulo, assim como a obra de outros pesquisadores brasileiros e estrangeiros.

A forma como as fontes de arquivo são utilizadas fornece a base para grande parte da história a se contar. Elas fornecem uma fascinante percepção da vida socioeconômica da jovem São Paulo e delimitam as vidas dos indivíduos paulistas e dos governadores portugueses. Eis que vemos as dificuldades, paixões, subterfúgios e disputas do cotidiano. Adelto, sem dúvida, formula problemas para muitas discussões.

Os registros do Conselho Ultramarino, em Lisboa, provaram-se particularmente reveladores. Adelto depurou esses registros, ricos e originais, com muito esmero. São certamente arquivos "oficiais", mas são documentos que lançam luz sobre as questões e os conflitos com os quais os governantes portugueses tinham de lidar no dia a dia, tal como as autoridades municipais, a magistratura local, os padres e todo o clero, e a população como um todo. Como muitos registros históricos portugueses, estes nos conduzem pelas disputas, denúncias e conflitos. Não sem também trazer à tona o que havia de vívido no cotidiano dos paulistas no século XVIII.

São Paulo, à época, era um assentamento fronteiriço. A sua população era de apenas 178 mil habitantes, em 1783, com cerca de 20 mil vivendo na capital (que compreendia 26% da população da capitania, excluída a população indígena que ainda era numerosa). Ao fim do século, eram 99.200 homens e mulheres brancos, 37.971 homens e mulheres negros, 30 mil de mestiços. O assentamento urbano de São Paulo (e o autor nos fornece uma excelente descrição da organização da cidade) localizava-se após a Serra do Mar, no planalto de Piratininga, e sua economia orientava-se para as fronteiras ocidentais, com os sistemas fluviais que entravam no continente, como o rio Tietê, em direção ao rio Paraná, e às recentes descobertas de ouro em Cuiabá e Mato Grosso.

Disputas com a população indígena, conflitos com os jesuítas até a sua expulsão no fim dos anos 1750, e com espanhóis, são todas contadas no livro. De São Paulo, partiam as monções, que por vezes compreendiam 305 canoas e 3 mil homens, pelo Tietê rio abaixo. As minas de ouro de Cuiabá estavam entre os principais destinos almejados pelos portugueses, que forneciam guarnição para os postos fronteiriços mais distantes, e sustentavam a ligação fluvial até Mato Grosso. Durante muitos anos, o poder local ficou nas mãos de duas famílias de fazendeiros, os Pires e os Camargo, que dominaram a política de São Paulo por mais de cem anos, entre os séculos XVII e o XVIII. Cada uma das famílias tinha três de seus membros na Câmara Municipal.

Nem todos os primeiros governadores foram honestos com relação aos bens públicos. O governador Pimentel era particularmente malvisto. Em 1728, descobriu-se, em Portugal, que uma embarcação vinda de São Paulo teve sete arrobas de ouro substituídas por chumbo. Muitos governadores retornaram do Brasil para a metrópole com riquezas ilícitas naquele período. Pode-se dizer que já era lugar-comum, àquela época, misturar o público com o privado.

Durante dezessete anos, após 1748, São Paulo foi governada a partir do Rio de Janeiro. Nesse intervalo, a capital do Brasil colonial foi transferida de Salvador para o Rio, em 1763, e os governadores paulistas passaram a sofrer mais críticas e reclamações. O governo paulista mais longo, o de morgado de Mateus, que durou dez anos, foi submetido a viciosos ataques pelos "republicanos" na Câmara. Quando retornou à Lisboa, foi vítima de muitas acusações. Mas denúncias dos frequentemente implacáveis proprietários locais (os assim chamados homens-bons) não eram novidade alguma. Eles foram, também, os exploradores da mão de obra indígena e, mais tarde, de escravos africanos, que desembarcavam no porto de Santos, vindos direto da África, durante o governo de Bernardo Lorena.

O governador Lorena é o personagem principal deste livro. Muitos boatos descrevem-no como o filho ilegítimo d'El-rei d. José em seu caso com uma das esposas dos Távoras (Lorena era filho de Nuno Gaspar de Távora, o irmão do marquês de Távora). Também se dizia (o embaixador britânico em Lisboa, na verdade, espalhou este boato em Londres) que esse caso foi o motivo da tentativa de assassinato do rei, e as consequentes execuções públicas dos Távoras e do duque de Aveiro pelo futuro marquês de Pombal.

Bernardo Lorena certamente trouxe grandes mudanças à capitania de São Paulo, incluindo a abertura de uma estrada pavimentada e mais segura na Serra do Mar, entre São Paulo e o litoral. Concentrou, assim, o comércio em Santos, para a aguda irritação dos outros portos da região. A Calçada do Lorena foi construída com o apoio de engenheiros portugueses, do Corpo Real de Engenheiros de Lisboa. Em associação com o grande mercador português, Jacinto Fernandes Bandeira, Lorena estabeleceu uma rota direta entre Santos e Lisboa, evitando o Rio de Janeiro, assim como uma rota direta entre Benguela, em Angola, e Santos, encorajando a importação direta de escravos africanos. O governador Lorena, rapaz jovem e solteiro, também é descrito pelo autor como alguém de reputação libertina.

A obra de Adelto Gonçalves ilustra longamente a falta de ressonância da Conjuração Mineira em São Paulo. Em 1797, Lorena foi declarado governador de Minas Gerais, após o retorno do visconde de Barbacena para Lisboa – governador mineiro durante a Inconfidência. O livro mostra que um inconfidente central, o padre José da Silva de Oliveira Rolim, foi ordenado em São Paulo, onde, de acordo com o governador à época, Lopes Lobo de Saldanha "conseguira, à força de presentes de ouro e pedras preciosas, obter ordens, mesmo sem ser examinado, apesar da vida dissoluta que leva". Mas isso não era novidade. O bispo de São Paulo, Manuel da Ressurreição, ordenou (segundo o governador) 217 indivíduos, "todos homens de ofício e até feitores do contrato de diamantes que nunca tinham aprendido gramática latina". Adelto Gonçalves é, também, autor de um livro sobre Tomás Antônio Gonzaga – outra figura de destaque da Inconfidência Mineira (*Gonzaga, um poeta do Iluminismo*, publicado em 1999).[1]

Oliveira Rolim era filho de um dos grandes negociantes de diamantes de Minas, e foi um dos inconfidentes mais atuantes. Depois do encarceramento dos insurretos mineiros, Oliveira Rolim não foi exilado para a África, mas, em uma sentença secreta, foi aprisionado em Lisboa (no monastério de São Bento), onde conheceu o então cativo poeta, viajante e libertino Manuel Maria Barbosa du Bocage (também contemplado com uma obra de Adelto Gonçalves, publicada em 2003).[2] O governador Lorena, em seu mandato mineiro, foi inteirado sobre a Inconfidência, e sobre a situação econômica da capitania.

Bernardo Lorena é transferido de São Paulo para Minas Gerais em um período de grandes mudanças políticas portuguesas, logo após a morte do ministro dos Domínios de Ultramar, Martinho de Melo e Castro. Em 1795, assume Luís Pinto de Coutinho, ex-governador do Mato Grosso, ministro de Assuntos Coloniais, antecessor de dom Ro-

---

1 Paralela à essa edição da Nova Fronteira, o autor também publicou pela Série Essencial, vol. 56, em coedição com a Academia Brasileira de Letras-Imesp, *Tomás Antônio Gonzaga*.
2 *Bocage: o perfil perdido*, Editorial Caminho, Lisboa, 2003.

drigo de Sousa Coutinho, amigo próximo de Lorena, dos tempos da Universidade de Coimbra.

Há, também, uma interessante ligação entre as origens da Inconfidência descoberta por Adelto Gonçalves: o encontro entre Thomas Jefferson, enviado dos Estados Unidos da América na França, e José Joaquim da Maia e Barbalho, em Montpellier e em Nimes, onde foram discutidos supostos planos de uma insurreição brasileira. O possível contato deles no Rio de Janeiro era Eleutério José Delfim, filho de Antônio Delfim Silva, renomado empreiteiro de obras públicas na capital. A família Delfim era também fortemente ligada ao tráfico de escravos. Eleutério, então, viajou do Rio para Lisboa, e então para Montpellier, e fez o contato entre Maia e Barbalho e Jefferson, por meio da maçonaria. Essa conexão pode ser merecedora de futuras investigações.

Esta obra é, em sua totalidade, não só uma rica análise do governo de Bernardo Lorena, mas um estudo que abre muitas linhas de investigação, formula muitos problemas novos, o que deveria ser a tarefa de todo bom historiador. Para a história de São Paulo no século XVIII tardio não há guia melhor.

*Tu, ó rei, és rei de reis: pois o Deus do céu te tem dado o **reino**, o **poder**, e força e a majestade.*

[...] E depois de ti se levantará outro reino, inferior ao teu; e um terceiro reino, de metal, o qual terá domínio sobre toda a terra.

E o quarto reino será forte como ferro; pois, como o ferro esmiúça e quebra tudo, como o ferro quebra todas as cousas, ele esmiuçará e quebrantará.

[...] Mas, nos dias destes reis, o Deus do céu levantará um reino que não será jamais destruído; e este reino não passará a outro povo: esmiuçará e consumirá todos estes reinos, e será estabelecido para sempre.

Velho Testamento, Daniel 2, 37-44

Introdução

Este trabalho procura analisar os nove anos (1788-1797) do governo de d. Bernardo José Maria da Silveira e Lorena (1756-1818), resgatando a atuação do governador para conciliar os interesses da metrópole com as reivindicações das lideranças locais que não raro viam com reservas os representantes da Coroa. É de se lembrar que Lorena, ao contrário de seus antecessores, recebeu uma capitania mais organizada e soube, sobretudo, aproveitar-se disso para colocá-la em uma situação mais favorável em relação às demais da América portuguesa. São Paulo tornou-se em pouco tempo a capitania de maior importância, como prova o papel de destaque que teve na gestação do processo que resultou na separação do Brasil de Portugal em 1822.

É de se ressaltar que esse período de predomínio sucedeu a outro de participação mais obscura na história da América portuguesa, que coincide com a perda de autonomia em 1748, depois de ter alcançado uma posição destacada, à época da capitania vicentina, como centro propulsor da penetração para o interior do continente, o que se deu a partir da descoberta das minas de ouro.

É de se reconhecer que a ideia deste trabalho partiu da leitura do livro *Autoridade e conflito no Brasil colonial: o governo do morgado de Mateus em São Paulo (1765-1775)*, de Heloísa Liberalli Bellotto, que reconstitui os problemas que afligiam a capitania recém-restaurada e os esforços do governador para revitalizar a sua economia. Foi o que levou este pesquisador a imaginar que idêntico esforço poderia ser feito em relação aos governos seguintes e, principalmente, ao longo período em que a capitania esteve sob a administração de Lorena. Até porque, nenhuma pesquisa mais aprofundada havia sido feita sobre esse período de governo, especialmente em relação aos aspectos administrativos dos nove anos de sua gestão.

O capítulo inicial deste trabalho procura abarcar a história da capitania a partir de 1720, quando de sua criação com o desmembramento de Minas Gerais de seu território, até o governo Lorena, pois se acredita que não seria possível ao leitor entender a importância desse período sem que tivesse antes um panorama do que ocorrera de mais significativo nesse percurso de quase setenta anos. Procurou-se traçar esse panorama igualmente com o que foi possível compulsar na documentação disponível, inclusive corrigindo equívocos registrados em livros impressos antigos que têm sido repetidos por historiadores mais recentes por falta de consulta aos manuscritos.

Hoje, a ideia de que São Paulo vivia à época uma situação de extrema miséria tem passado por uma revisão, pois a capitania, se não exibiu uma economia pautada na grande lavoura e na monocultura escravista nem tampouco na extração mineral, teve participação decisiva no avanço em direção ao Oeste e à descoberta das minas de ouro ao final do século XVII. Tanto que à época do governo Lorena, em abril de 1793, enquanto uma "grande fome" assolava Pernambuco, Bahia e Rio de Janeiro, o governo paulista tratava de impedir a saída de farinha por Paranaguá para evitar que o mesmo problema viesse a afetar a capitania,[1] o que significa que São Paulo já se mostrava autossuficiente.

É de se destacar que a economia da capitania de São Paulo sempre esteve baseada na comercialização de produtos, já que servia como entreposto de cargas. Mesmo porque a lavoura praticada na região era feita em pequenas propriedades, sem larga escala, voltada mais para o abastecimento local e não para a exportação. A mão de obra vinha não só da África, mas também do elemento local, ou seja, o indígena que

---

1 DI, v. 45, 1924, pp. 203-4.

era capturado nos sertões. Enquanto as demais capitanias localizadas à beira do oceano Atlântico concentravam seu interesse no tráfico marítimo com Portugal, especialmente para a venda da produção canavieira, os moradores do planalto de Piratininga estavam preocupados com o sertão inexplorado e as riquezas que poderiam encontrar.

Por isso, quando o governador Lorena chegou para exercer o seu primeiro triênio, não encontrou uma capitania depauperada e tampouco isolada, mas em desenvolvimento. E tratou de dar continuidade a uma política de fortalecimento da economia, procurando, na medida do possível, encetar uma série de obras de melhoramento dos caminhos do interior em direção à capital e, principalmente, ao litoral, pois os produtores só se sentiriam estimulados a produzir mais se pudessem escoar a produção para outras capitanias e para o Reino.

Foi o que o levou a tomar duas medidas que são fundamentais e aparecem como marcas de seu governo. Uma delas foi a proibição de que embarcações saíssem dos demais portos da capitania (São Sebastião, Ubatuba, Cananeia e Paranaguá) "em direitura" ao Rio de Janeiro, sem fazer escala em Santos, onde deveriam pagar dízimas à alfândega, seguindo para o Reino. Se assim não o fizessem, continuariam a pagar dízimas na alfândega do Rio de Janeiro, com sensíveis prejuízos à arrecadação da capitania de São Paulo.

Embora tenha causado muitos protestos por parte dos produtores e comerciantes de outros portos, a medida foi fundamental para canalizar a produção de açúcar e outros gêneros para o porto de Santos, que, a partir do governo Lorena, passou a comercializar diretamente com a Europa, ou seja, com Portugal.

A outra medida fundamental foi a decisão de melhorar as condições das vias de comunicação no interior da capitania e, especialmente, da cidade de São Paulo em direção ao porto de Santos, construindo a estrada empedrada que passou para a história com o nome de Calçada do Lorena. Com isso, pôde estimular o crescimento da lavoura de cana-de-açúcar, especialmente nas vilas de Itu, Porto Feliz, Mogi

Mirim, Sorocaba, Guaratinguetá, Lorena, Jundiaí e São Carlos, com a multiplicação de engenhos. Pôde, assim, incrementar a agricultura e o comércio, abrindo caminhos para o desenvolvimento da capitania.

É de se ressaltar que o governo Lorena foi, praticamente, o primeiro em que houve certa harmonia entre as lideranças políticas locais e a metrópole, superando certo desconforto entre as elites que, desde o governo de d. Luís Antônio de Sousa Botelho Mourão (1722-1798), o morgado de Mateus (1765-1775), vinham repudiando uma administração a distância que se mostrava alienada às necessidades da capitania, inconformadas com o pouco reconhecimento da Corte com aqueles que, "mais de uma vez, haviam derramado sangue em defesa dos domínios de Sua Majestade e dado todas as provas de obediência e fidelidade".[2]

Com Lorena, a capitania pôde reencontrar o caminho do crescimento que parecia ter sido aberto à época do descobrimento das minas e o início do comércio com as regiões interiores da América portuguesa. Com a decadência da exploração das minas, o enfraquecimento demográfico, político e econômico, a perda de extensas regiões que haviam se tornado outras capitanias e, principalmente, com a abertura do Caminho Novo para o Rio de Janeiro, o que equivale a dizer para o exterior, São Paulo deixara de participar da economia mineira, reduzindo-se em importância – de que a perda de autonomia foi apenas um reflexo –, enquanto os olhos do Reino voltavam-se para áreas mineiras do Centro-Oeste e zonas açucareiras da região Nordeste.

Com a recuperação iniciada ao tempo do morgado de Mateus, e levada a efeito nos governos seguintes, Lorena pôde, em seus nove anos de administração, colocar a capitania no rumo do progresso, permitindo a criação de elites fortes cuja atuação seria decisiva nos momentos críticos que levaram à separação do Brasil de Portugal. Além disso, mesmo sem dispor de recursos suficientes, o governador teve condi-

---

2 AHU, Conselho Ultramarino, São Paulo, caixa 41, doc. 3357, 6/3/1793.

ções de levar a capitania a desempenhar um papel de freio ao avanço espanhol, ao mesmo tempo em que tratava de dinamizar sua economia, ensejando o enriquecimento da elite comercial da capitania.

O exercício do poder encetado por um jovem nobre à frente de uma capitania que deixava de ser periférica é, portanto, o objetivo principal deste trabalho. São analisadas aqui suas propostas para fortalecer a economia e o prestígio da capitania, inclusive questões administrativas. Suas ações são analisadas também a partir das instruções recebidas da Corte e, principalmente, das atitudes práticas que seria obrigado a tomar, em razão da distância com o Reino, o que dificultava a consulta sobre os rumos a seguir, levando-o a optar por decisões que nem sempre seriam de agrado de seus superiores em Lisboa, mas que, muitas vezes, atendiam aos anseios das elites locais.

Simbolicamente, esse bom relacionamento entre o representante do poder régio e as elites coloniais pode ser visto no pedido de autorização que a Câmara da cidade de São Paulo fez à Corte, em março de 1793, para a entronização em local nobre de suas dependências do retrato de Lorena.[3]

Essa é também uma época que coincide com uma drástica mudança de mentalidade no governo do Reino que se consumou quando a administração Lorena já ia a meio caminho de seu último triênio. Essa alteração de rumo se deu a partir da morte do ministro do Ultramar, Martinho de Melo e Castro (1716-1795), e sua substituição por d. Luís Pinto de Sousa Coutinho (1745-1804), um dos primeiros alunos formados no Colégio dos Nobres em 1767, que, nomeado naquele ano para governador e capitão-general de Mato Grosso, acumulara vasta experiência colonial. Essa virada seria completada pela nomeação em 1796 de d. Rodrigo de Sousa Coutinho (1755-1812) para ministro plenipotenciário.

Até então, a política seguida estava empenhada em privilegiar a elite mercantil metropolitana, que voltava a ter a preferência nos ne-

---

3   AHU, Conselho Ultramarino, São Paulo, caixa 41, doc. 3357, 6/3/1793.

gócios mais rentáveis do Império, especialmente na arrematação dos grandes contratos, que se faziam em Lisboa, ainda que fossem referentes a capitania de Ultramar, já que a disputa do igualmente rendoso comércio de escravos, tanto na costa ocidental como na contracosta africana, pendia francamente a favor dos traficantes americanos, especialmente do Rio de Janeiro.

Martinho de Melo e Castro, oriundo do governo de Sebastião José de Carvalho e Melo (1699-1782), o marquês de Pombal, tinha consciência de que "Portugal, sem o Brasil, seria uma potência insignificante", como deixou claro em correspondência ao vice-rei Luís de Vasconcelos e Sousa (1742-1809) em 1779,[4] mas procurava criar condições para que a colônia não saísse do controle metropolitano. Essa postura, na verdade, seria flexibilizada, praticamente, na próspera capitania de Minas Gerais, mas para a Coroa a experiência teria resultados desastrosos: os arrematantes dos principais contratos – dos dízimos e das entradas (de mercadorias) –, escolhidos entre os grandes comerciantes locais, haviam desviado grandes recursos para as próprias algibeiras, corrompendo capitães-generais e outras altas autoridades. Quando se viram na iminência de ter de devolver os recursos desviados, esses *grossos devedores* não haviam hesitado em estimular o sentimento nativista da população e apoiar os conciliábulos que redundariam na fracassada conjuração de 1789.

Com o desaparecimento de Melo e Castro, os novos ministros continuariam a defender a mesma postura em relação à fraqueza do Reino, mas incluiriam outra possibilidade em sua visão política. Reconheciam que, de fato, "Portugal não era a melhor e mais essencial parte da monarquia",[5] mas, em caso de guerra na Europa, se a dinastia dos Bragança quisesse sobreviver, a única opção que lhe restaria seria a de

---

4   RIHGB, 25, 1862, pp. 479-483.
5   D. Rodrigo de Sousa Coutinho, "Memórias de D. Rodrigo de Sousa Coutinho (1º conde de Linhares) sobre o melhoramento dos domínios de Sua Majestade na América". In: *Revista Brasília*, Faculdade de Letras da Universidade de Coimbra, Coimbra, v. IV, 1949, p. 406.

se mudar para a colônia mais importante, que passaria a ser a capital do Império, o que, de fato, dar-se-ia em 1808, depois da invasão das tropas de Napoleão ao final de 1807. Aliás, essa era uma ideia que d. Rodrigo já apresentara em 1779, depois que tivera uma conversa com o abade Raynal (1713-1796), jesuíta francês que previra a rebelião das colônias contra o domínio europeu.[6]

Se o governador da capitania de São Paulo era adepto dessas ideias, não se pode assegurar, mas havia sido contemporâneo de d. Rodrigo de Sousa Coutinho na Universidade de Coimbra e, desde então, tornara-se seu dileto amigo, o que pode justificar em parte a sua nomeação em 1798 para o governo da capitania de Minas Gerais, em substituição ao visconde de Barbacena, embora não se possa deixar de reconhecer que estava bem credenciado pela gestão que desenvolvera em São Paulo.

Aquela era também uma época em que a ideia do Quinto Império imaginada pelo padre Antônio Vieira (1608-1697), com base nos sonhos dos cinco reinos do livro do profeta Daniel (capítulos 2 e 9), que faz parte do *Velho Testamento* da *Bíblia Sagrada*, já se encontrava em uma fase agônica, embora a dinastia dos Bragança ainda viesse a ter no Brasil quase um século de sobrevida, o que comprova a capacidade de antever os acontecimentos dos ministros iluministas do príncipe regente d. João.

Afinal, se já se tinha como certo que Portugal não reunia condições para ser a nação escolhida para liderar o último reino e tampouco o império de Cristo na terra, conforme a interpretação dada por Vieira aos sonhos do livro de Daniel, tornara-se hegemônica ao menos entre os cristãos a ideia segundo a qual o reino derradeiro seria a Cidade de Deus nos céus, de acordo com o entendimento de Santo Agostinho.[7]

---

6 Kenneth Maxwell, *A devassa da devassa: a Inconfidência Mineira, Brasil e Portugal (1750-1808)*,1977, pp. 257-258.
7 Luís Filipe Silvério Lima, "Entre o Quinto Império e a Monarquia Universal: concepções proféticas de poder para o Reino e para o Ultramar". In: Laura de Mello e Souza; Júnia Ferreira Furtado; Maria Fernanda Bicalho (orgs.). *O governo dos povos*, 2009, p. 540.

Até porque a ação evangelizadora na América que Vieira preconizara nas últimas décadas do século XVII já se esboroara e o que mais se via na América portuguesa era uma lassidão de costumes que não destoaria de Sodoma e Gomorra, mas que poderia ser atribuída também às dificuldades – especialmente, financeiras – que as camadas pobres encontravam para legalizar suas uniões consensuais.

Poucos entre as elites letradas ainda se deixavam levar pela crendice dos astros a que Vieira se apegara para justificar a restauração bragantina em 1640.[8] Vieira, verdade seja dita, ainda que hoje, com toda justiça, esteja canonizado como um grande mestre da língua portuguesa, como profeta não passara de um arauto dos mais desastrados que, em seu afã de encontrar na linhagem bragantina a identidade do Encoberto, ou seja, o redentor de Portugal, como o sebastianismo e o profetismo da época da Restauração preconizavam,[9] errara pelo menos cinco vezes seguidas: com d. João IV (1604-1656), d. Afonso VI (1643-1683), d. Pedro II (1648-1706) e os dois filhos deste.[10]

Fosse ou não filho do rei d. José I (1714-1777), ainda que por descendência ilegítima, Lorena teria todo interesse em apoiar esse plano que não hesitava em sacrificar Portugal, desde que a dinastia bragantina pudesse garantir a sua sobrevivência em terras americanas, dirigindo do Rio de Janeiro as conquistas que amealhara por todo o planeta. Portanto, é nesse contexto que se dá o seu governo em uma área periférica do Império. É o que se procura mostrar neste trabalho.

---

8 Eduardo D'Oliveira França, *Portugal na época da Restauração*, 1997, p. 238.
9 *Idem, ibidem*, p. 239.
10 Alcir Pécora, *Teatro do Sacramento*, 2008, p. 245.

CAPÍTULO I

Antecedentes

Da criação da capitania à perda da autonomia

Em meados do século XVIII, a capitania de São Paulo já deixara para trás os seus melhores tempos e vivia anos de ostracismo. Se fosse possível localizar a época de ouro daquela região periférica do Império português na América, talvez não estivesse longe da verdade quem apontasse o ano de 1709, quando, a 9 de novembro, por carta régia, foi criada a capitania de São Paulo e Minas do Ouro,[1] em substituição à antiga capitania hereditária de São Vicente.

A medida fora adotada em função dos desdobramentos provocados pela chamada Guerra dos Emboabas, que, entre os anos de 1708 e 1709, colocara frente a frente os antigos vicentinos, que haviam descoberto ouro no interior da América nas décadas finais do século XVII, e forasteiros procedentes do Reino e de outros pontos da América portuguesa que haviam chegado às áreas de mineração de olho nas jazidas descobertas. E que, depois de um conflito armado, culminaria na eleição do reinol Manuel Nunes Viana para o cargo de governador das Minas e a fuga em massa dos paulistas.[2]

É de se lembrar que os paulistas e também os taubateanos – que, depois, acabaram esquecidos pela historiografia – haviam chegado antes às minas. Mas seriam os paulistas que se assumiriam como os

1 DI, v. 47, 1929, pp. 65-66.
2 Adriana Romeiro, *Paulistas e emboabas no coração das Minas: ideias, práticas e imaginário político no século XVIII*, 2008, p. 14.

descobridores das minas de ouro e metais preciosos. Constituíam um grupo étnico diferenciado na América portuguesa: traziam no corpo o resultado da miscigenação e transculturação com indígenas e africanos, além de falar um português corrompido pela presença de barbarismos.

Sem contar que, como haviam herdado dos índios muitos dos seus vícios, virtudes e costumes, eram os homens mais bem preparados para aventuras no sertão, inclusive, na repressão àqueles que ameaçavam a ordem colonial, como quilombolas ou grupos indígenas hostis. Tampouco se mostravam sedentários, abandonando suas povoações com facilidade para se meterem pelos matos. Talvez porque, criados praticamente sem lei nem rei, suas relações com a Coroa não eram pacíficas, pois não se contentavam apenas com títulos honoríficos. Na verdade, só se punham ao serviço do rei quando devidamente recompensados com terras e despojos de guerra, inclusive indígenas escravizados, o que permitiu que fosse criada uma "legenda negra", impulsionada especialmente por jesuítas, que os mostravam como vassalos rebeldes e pouco confiáveis, capazes até de passarem para o lado espanhol, se vislumbrassem maiores vantagens.[3]

Fosse como fosse, a verdade é que os paulistas saíram derrotados dos três grandes conflitos que marcaram sua contenda com os emboabas. Para piorar, o governador Antônio de Albuquerque Coelho de Carvalho (1655-1725), nomeado e escolhido a dedo pela Coroa para pacificar a região, não hesitaria em ficar ao lado dos emboabas. Mesmo assim, recolhidos em suas vilas de Serra acima, depois daqueles tempos turbulentos, os paulistas entendiam que dali para frente os anos aziagos não voltariam mais e aquela extensa região do planalto de Piratininga haveria de viver uma época de fausto, quem sabe como aquela que Diogo de Vasconcelos (1843-1927) imaginou, marcada pelo "esplendor do culto feito pelos padres da Companhia, as famílias no-

---

3 *Idem, ibidem*, pp. 240-245.

bres e principais que ali moravam, as artes que floresciam, o luxo dos potentados, as alegrias da liberdade".[4]

Tanto que, a partir de 1711, a antiga vila de São Paulo já passaria a ser considerada cidade. Por aqueles tempos, a produção de ouro que vinha de Goiás, Cuiabá e Minas dinamizava a economia e fazia movimentar outros segmentos, especialmente a lavoura. Em função disso, muitas povoações constituídas no século XVII haviam sido elevadas a freguesias e, depois, a vilas, mas nada disso impedira a capitania de continuar à margem da vida econômica colonial. Ao contrário de Pernambuco, São Paulo não tivera uma lavoura em grande escala, apenas agricultura de subsistência.

Aquele pensamento que refletia certa nostalgia ainda dominava aquela gente, mas logo haveria de constituir um trágico engano porque os anos que se seguiriam seriam todos de estagnação econômica e derrotas para os agora chamados "paulistas", que perderiam partes significativas de seu território, em razão da geopolítica traçada em Lisboa. Em 1720, por exemplo, como o governo metropolitano entendia que deveria exercer maior controle sobre as áreas mineradoras, o extenso território de Minas seria separado de São Paulo para constituir capitania autônoma.[5]

Para aquela nova capitania, seria designado governador e capitão-general Rodrigo César de Meneses (1675-1728), que sairia de Lisboa com o objetivo principal de tentar corrigir a fragilidade do sistema de defesa da costa. Essa era a sua grande preocupação, ao tomar posse do governo a 5 de setembro de 1721.[6] Tanto que, depois de desembarcar no Rio de Janeiro, não teve pressa de chegar à cidade de São Paulo, demorando-se na Ilha Grande e, depois, na vila de Santos. Dali mesmo enviou carta ao governador do Rio de Janeiro, Aires de Saldanha (1681-1756), seu primo, alertando-o para a presença de navios franceses

4 Diogo de Vasconcelos, *História antiga das Minas Gerais*, v. 2, 1974, p. 86.
5 DI, v. 4, 1896, pp. 6-7.
6 AHU, Conselho Ultramarino, São Paulo, caixa 6, doc. 669, 5/6/1729.

na Ilha Grande, ao mesmo tempo em que se queixava da pobreza de meios para a defesa diante de um possível ataque estrangeiro.[7]

Nascido a 11 de julho de 1675,[8] César, como era mais conhecido, formado na Universidade de Coimbra, aos 46 anos, carregava grande experiência militar, pois havia servido na Guerra da Sucessão Espanhola e, quando se fez a paz, fora nomeado coronel de um dos regimentos de infantaria da Corte e, depois, brigadeiro. Pertencia a uma das mais tradicionais famílias da nobreza lusitana: era o segundo filho de Luís César de Meneses (1653-1720), cujo primogênito, Vasco Fernandes César de Meneses (1673-1741), conde de Sabugosa a partir de 1729, seria vice-rei de 1720 a 1735 na Bahia. O pai fora governador da Bahia (1690-1693), de Angola (1697-1701) e do Rio de Janeiro (1705-1710).[9]

César deixou a vila de Santos a 2 de setembro de 1721, após uma conversa com o governador da praça de Santos, João da Costa Ferreira de Brito, que não se encaminhou bem e foi apenas o prenúncio de uma longa animosidade. Depois de acompanhar a colocação de suas bagagens no lombo de muares, ao lado de seus soldados e índios-guias, pôs-se Serra acima em uma dura viagem que o governador Brito definiu como "peregrinação de São Paulo", tantas as dificuldades que se avizinhavam.[10]

No planalto, depois da posse perante o Senado da Câmara, sem a presença do governador que estava de saída, d. Pedro Miguel de Almeida Portugal (1688-1756), o conde de Assumar, César tratou de acalmar os ânimos da população, que ainda não se conformara com a antiga decisão régia de conceder apenas aos religiosos o direito de administrar o gentio da terra. Os homens-bons da capitania insistiam em argumentar que, desde os primeiros tempos do povoamento do Estado do Brasil, havia 190 anos, pouco mais ou menos, os moradores

---

7 AHU, Conselho Ultramarino, São Paulo, caixa 2, doc. 203, 30/8/1721.
8 Antonio Caetano de Sousa. *História genealógica da Casa Real Portuguesa*, 1951, p. 44.
9 *Grande Enciclopédia Portuguesa e Brasileira*, v. 16, 1970, p. 939.
10 AHU, Conselho Ultramarino, São Paulo, caixa 2, doc. 204, 2/9/1721.

tinham se conservado sempre na administração dos indígenas, dizendo que aquele era um direito que haviam conquistado "em prejuízo de suas vidas". Para esses próceres, só seria possível continuar os descobrimentos do ouro se eles pudessem contar com os "gentios pardos", visto que só estes conheciam o sertão como ninguém.[11]

Ao conversar com os maiorais da terra, o governador usou muita diplomacia, pois ainda não conhecia o terreno em que pisava. Para mostrar que estava disposto a defender os interesses dos colonos, prometeu todos os esforços para tentar reverter a situação. Escreveu ao Reino, mas a resposta do Conselho Ultramarino veio seca e direta: "[...] os moradores de São Paulo deveriam guardar rigorosamente toda a legislação sobre a liberdade dos índios".[12]

Em meio àquela gente – muitos de pele escura e traços indígenas que denunciavam sua ancestralidade –, o governador não confiava em ninguém. Nem se sentiu bem com os auxiliares que lhe foram destacados, pois suspeitava de que as cartas que recebia seriam constantemente violadas. Aliás, em correspondência a Aires de Saldanha, deixou claro que não havia naquela cidade quem lhe merecesse confiança.[13] Chegou ao extremo de pedir ao primo que, durante sua ausência, escrevesse diretamente a Manuel Dias, seu cunhado,[14] pois não queria que seus assessores tivessem acesso à correspondência.

Ao chegar à cidade de São Paulo, logo viu que o burgo era tão acanhado que nem de aposentos apropriados para um governador e capitão-general dispunha. Percorreu as ruas e percebeu que a casa de d. Simão de Toledo Pisa, morador de 65 anos, homem-bom que servia havia catorze anos os lugares de justiça e fora capitão-mor e ouvidor da capitania de São Vicente no começo do século,[15] seria a que mais

---

11 AHU, Conselho Ultramarino, São Paulo, caixa 7, doc. 750, ant. 26/10/1725.
12 AHU, Conselho Ultramarino, São Paulo, caixa 7, doc. 750, 10/7/1726.
13 AHU, Conselho Ultramarino, São Paulo, caixa 2, doc. 206, 18/9/1721.
14 AHU, Conselho Ultramarino, São Paulo, caixa 2, doc. 207, 2/10/1721.
15 AHU, Conselho Ultramarino, São Paulo, caixa 65, doc. 4982, 27/8/1703; DI, v. 52, 1930, p. 131, 4/9/1702.

bem se assemelhava a um edifício que pudesse servir de morada aos governadores. Pressionado, Toledo Pisa foi morar de aluguel em outro imóvel na rua Direita. Mas só arcou com o prejuízo nos primeiros meses porque logo o Conselho Ultramarino recomendou que o governo pagasse aluguel pelo uso "das casas de d. Simão de Toledo Pisa".[16]

César também estava certo de que o governador da praça de Santos, João da Costa Ferreira de Brito, não gostara nada de saber que o seu governo passara a ser subordinado ao de São Paulo, "já que era menos vigiado quando estava sujeito à jurisdição do Rio de Janeiro".[17] Mas não foi necessário nenhum movimento para afastá-lo do cargo: Brito adiantou-se, pedindo ao Conselho Ultramarino que lhe nomeasse sucessor, pois estava "muito magoado com o novo governador".[18]

A rigor, desde que tomou posse, César não teve descanso porque encontrou tudo na mais completa desordem. Na secretaria de governo, não achou as instruções que o Conselho Ultramarino enviava periodicamente aos governadores porque seus antecessores não viviam naquela cidade, mas em Minas Gerais, ao contrário do que lhe dissera o secretário de Estado quando deixara Lisboa. Então, pediu ao governador de Minas, d. Lourenço de Almeida (c.1680-1750), que lhe enviasse as instruções, mas, depois, irritado com a demora, teve de recorrer ao Conselho Ultramarino na esperança de que obrigasse o colega a lhe enviar cópias das instruções de quando as duas capitanias estavam unidas. "Não tenho por onde me possa regular", queixou-se.[19]

A desorganização campeava com maior furor nos negócios da justiça: com a impunidade generalizada, os crimes proliferavam. Por isso, o governador avisava a todos que, tão logo pusesse a papelada em ordem, começaria a castigar quem merecesse.[20] Para tanto, teve de

16 AHU, Conselho Ultramarino, São Paulo, caixa 2, doc. 228, 28/5/1722; AHU, Conselho Ultramarino, São Paulo, caixa 4, doc. 430, 4/9/1724.
17 AHU, Conselho Ultramarino, São Paulo, caixa 2, doc. 207, 2/10/1721.
18 AHU, Conselho Ultramarino, São Paulo, caixa 2, doc. 208, 21/10/1721.
19 AHU, Conselho Ultramarino, São Paulo, caixa 3, doc. 251, 4/9/1722.
20 AHU, Conselho Ultramarino, São Paulo, caixa 2, doc. 221, 28/11/1721.

organizar um regimento de ordenanças, corpo civil que, de início, só deveria atuar em caso de ataque inimigo, mas que passou a ter funções policiais, sob remuneração da Câmara.[21]

Segundo César, praticar assassinatos era "um vício muito antigo" entre os naturais daquela cidade. Por isso, uma de suas primeiras providências foi mandar reerguer uma forca "na mesma parte em que antigamente estava". Imaginava que, assim, os homens "se pudessem abster de continuarem semelhantes delitos". Mas não alimentava ilusões: "Creio que isto não bastará sem que vejam castigados aqui os delinquentes", dizia ao vice-rei, lembrando que, ao tempo de d. Catarina,[22] havia sido assinada ordem régia que mandava que "negros, mulatos e carijós" que cometessem delitos fossem enforcados em São Paulo, sem que houvesse necessidade de remetê-los ao Rio de Janeiro.[23]

Meses depois, o governador, para evitar que indígenas fossem recrutados para trabalhos nas minas ou em propriedades agrícolas ou para atuar como capangas de régulos, escreveu carta aos missionários dizendo que o índio que saísse da aldeia sem ordem sua seria "trateado" ou levaria duzentos açoites.[24] A violência era tanta que, pressionado pelos homens-bons da capitania, o governador pediu autorização à Corte para que todos pudessem andar armados, mas o Conselho Ultramarino concordou apenas com o uso de arma nas estradas, "não nas povoações".[25] A ordem régia demorou e só um ano e meio depois o governador escreveu a d. João V (1689-1750) dizendo que autorizara aos moradores que andassem armados com pistolas nos coldres para

---

21 AHU, Conselho Ultramarino, São Paulo, caixa 3, doc. 253, 8/9/1722.
22 D. Catarina de Bragança (1638-1705), filha de d. João IV e mulher de Carlos II (1630-1685), rei da Inglaterra, já viúva, fora regente do Reino, cargo que assumira em 1704 por doença de d. Pedro II, seu irmão.
23 DI, v. 20, 1896, pp. 11-12, 11/11/1721.
24 DI, v. 20, 1896, p. 18, 16/3/1722.
25 AHU, Conselho Ultramarino, São Paulo, caixa 4, doc. 426, 31/8/1724.

que se defendessem dos ladrões e dos escravos, "sempre que tivessem de se deslocar".[26]

As informações que passaria a receber do novo governador da praça de Santos, o mestre de campo Antônio Gaioso de Nogueirol, e de outras autoridades da área de marinha não deixariam César dormir despreocupado no planalto: havia sempre navios estrangeiros fundeando nas costas sob a alegação de que tinham de fazer arribada forçada e comprar mantimentos, além de obter água. Mas o que queriam mesmo era espionar e avaliar as condições de reação das forças locais em caso de ataque.

Navios holandeses eram tão frequentes quanto os franceses. Geralmente, eram navios piratas que traziam a bordo "gente de todas as nações e até portugueses". Por aqueles dias, navios holandeses haviam fundeado na ilha de São Sebastião,[27] enquanto três naus francesas tinham ancorado na ilha dos Porcos, "onde haviam sequestrado um pescador para fazer perguntas".[28]

Além disso, em março de 1718, um navio francês de Saint-Malo, procedente do Sul, havia se abrigado "com certo atrevimento" na ilha de Cotinga e, depois, entrado no porto de Paranaguá a fim de se reabastecer. Esse navio, em cuja proa se distinguia claramente "a bandeira pirata com caveiras brancas sob fundo negro", ao deixar o porto, iria ao fundo, depois de bater em um arrecife.[29] Também vereadores de Nossa Senhora das Neves de Iguape reclamavam de que estavam sujeitos a ataques de piratas, pois nem de fortaleza a vila dispunha. Além disso, cada vez mais moradores deixavam a vila para se atirar aos sertões em busca das minas de ouro.[30]

---

26 AHU, Conselho Ultramarino, São Paulo, caixa 5, doc. 529,15/5/1726.
27 AHU, Conselho Ultramarino, São Paulo, caixa 2, doc. 210, 27/11/1721.
28 AHU, Conselho Ultramarino, São Paulo, caixa 3, doc. 212, 30/11/1721.
29 AHU, Conselho Ultramarino, São Paulo, caixa 3, doc. 242, 26/5/1722.
30 AHU, Conselho Ultramarino, São Paulo, caixa 5, doc. 546, 2/6/1726.

Conquistas territoriais

Depois da guerra dos emboabas, os paulistas haviam se deslocado para Oeste, descobrindo a região mineira de Coxipó-Mirim em 1718. No ano seguinte, foram assegurados os direitos de descobridor a Pascoal Moreira Cabral e, logo, a notícia da descoberta atraiu centenas de aventureiros: em 1720, abriram-se as minas de Forquilha e, em 1722, as do Sutil, descobertas por Miguel e João Francisco Sutil, onde se ergueu o arraial que, em 1727, seria erigido em primeira vila da região, Senhor Bom Jesus do Cuiabá.[31] A produção de ouro em Cuiabá, segundo notícia trazida por dois sertanistas da vila de Sorocaba, seria cada vez mais crescente.

Animado, César lançou um bando para a abertura de caminho novo para Cuiabá,[32] cujas obras seriam concluídas em setembro de 1722, apesar da falta de recursos que levou o governador a ficar devendo onze meses de soldos aos oficiais encarregados dos serviços.[33] Preocupou-se também em obrigar todas as pessoas que chegassem às vilas de Itu e Sorocaba portando ouro, que o manifestassem ao provedor da Casa dos Quintos no prazo de oito dias. Se não o fizessem, o ouro seria revertido para a Fazenda Real, exceto a terça parte que seria dada ao denunciante.[34]

A notícia sobre o crescimento da produção de ouro, como seria natural, provocou na cidade um alvoroço, que se refletiu na maneira jubilosa como os oficiais da Câmara escreveram a d. João V elogiando a prudência com que o governador se conduzira em seus primeiros tempos à frente do governo e sua decisão de abrir o caminho novo para as minas de Cuiabá, ao mesmo tempo em que agradeciam a separação da capitania de São Paulo da de Minas.[35]

---

31 Virgílio Noya Pinto, *O ouro brasileiro e o comércio anglo-português*, 1979, p. 85.
32 AHU, Conselho Ultramarino, São Paulo, caixa 3, doc. 215, 20/12/1721.
33 AHU, Conselho Ultramarino, São Paulo, caixa 3, doc. 252, 17/9/1722.
34 AHU, Conselho Ultramarino, São Paulo, caixa 3, doc. 255, 9/9/1722.
35 AHU, Conselho Ultramarino, São Paulo, caixa 2, doc. 223, 2/3/1722.

Os paulistas ficaram tão entusiasmados que logo os capitães Bartolomeu Bueno da Silva (1672-1740), João Leite da Silva Ortiz (?-1730) e Domingos Rodrigues Prado (?-1738), homens ricos e moradores na vila de Santana do Parnaíba, "com grandes conhecimentos do sertão", apressaram os preparativos que já faziam antes da chegada do governador para empreender um novo descobrimento, além de buscar mais indígenas que pudessem ser escravizados.

A essa época, porém, o governador vetou a pretensão de outro sertanista, o capitão Bartolomeu Pais de Abreu (1674-1738), irmão de João Leite da Silva Ortiz, que, em 1720, havia se oferecido para abrir um caminho em direção ao Rio Grande (do Sul). Pais de Abreu dizia-se "com talentos e cabedais para, com forças de um avultado corpo de armas, fazer entrada ao Rio Grande sem a menor despesa da Fazenda Real". Em troca, queria ser donatário de 40 léguas de terra, abeirando o Rio Grande, "sendo capitão-mor daquelas campanhas".[36]

Segundo César, embora fosse pessoa muito honrada, o capitão não reunia possibilidades para empreender o descobrimento de terras, pois não tinha "conhecimento algum do sertão".[37] Bartolomeu Pais de Abreu decidiu, então, agregar-se à expedição de seu primo Bartolomeu Bueno da Silva e de seu irmão João Leite da Silva Ortiz, "ficando sócio nas despesas como nos futuros prêmios".[38]

Mais tarde, Bartolomeu Pais de Abreu, segundo a Câmara, diria que, quando teve a sua pretensão negada pelo governador, já havia começado o caminho até o Rio Grande, "onde já tinha posto mais de 6 mil cruzados e perdido o seu trabalho". O sertanista teria também prestado fiança de 50 mil cruzados quando foi impedido por César de prosseguir a abertura de outro caminho, desta vez, para Cuiabá.[39]

---

36 Pedro Taques de Almeida Pais Leme, *Nobiliarquia paulistana histórica e genealógica*, v. 1, 1980, pp. 169-170.
37 AHU, Conselho Ultramarino, São Paulo, caixa 3, doc. 264, 19/9/1722.
38 Pedro Taques de Almeida Pais Leme, *op. cit.*, v. 1, 1980, p.172.
39 AHU, Conselho Ultramarino, São Paulo, caixa 12, doc. 1168, 9/10/1737.

Para a missão de abrir caminho até Cuiabá, o governador destacaria o sargento-mor da praça de Santos, Manuel Gonçalves de Aguiar, que tinha entre os seus sócios na empreitada o sargento-mor Sebastião Fernandes do Rego, que, no governo de Antônio da Silva Caldeira Pimentel, sucessor de César, como provedor da Casa de Fundição, seria acusado de ter substituído por chumbo o ouro régio que seguiria com destino a Lisboa.[40] Aguiar era um homem de caráter inflexível, que tinha como seu escravo Teodoro Gonçalves Santiago, capitão de infantaria da Companhia de Ordenanças dos Homens Pardos da praça de Santos, cargo que este alcançara por sua participação nos preparativos de defesa da vila por ocasião do ataque do comandante francês Duguay-Trouin ao Rio de Janeiro em 1711.

Natural do Recife, escravo por nascimento, Santiago dizia que havia sido criado por uma senhora, que o declarara livre em testamento, direito que lhe teria sido sonegado por parentes da proprietária. Aguiar o comprara no Recife e o levara para Santos, mas nunca aceitara as várias ofertas que o escravo lhe fizera por sua liberdade. Em 1733, Santiago iria escrever a d. João v solicitando ao rei que, por alvará, mandasse Aguiar aceitar o escravo que lhe oferecia em troca de sua alforria, detalhe que mostra que, ao contrário do que se imagina, muito dinheiro corria entre a escravaria.[41]

Superado pelo sargento-mor Manuel Gonçalves de Aguiar na luta política pelo direito de abrir o caminho para Cuiabá, a Bartolomeu Pais de Abreu restou participar da expedição do capitão Bartolomeu Bueno da Silva, que, com o apoio do governador, saiu a 3 de julho de 1722 rumo a Goiás. Lá, os três líderes da expedição diziam "haver muito ouro, prata e pedras preciosas". Só não haviam tentado antes a expedição por falta de meios, alegavam.[42] Em troca, queriam o direito

---

40 AHU, Conselho Ultramarino, São Paulo, caixa 12, doc. 1168, 9/10/1737.
41 AHU, Conselho Ultramarino, São Paulo, caixa 8, doc. 898, ant. 4/5/1733.
42 AHU, Conselho Ultramarino, São Paulo, caixa 3, doc. 246, 4/7/1722; doc. 250, 3/9/1722.

de explorar as "passagens" dos rios e honras que o rei lhes quisesse conceder.[43]

Apelidado Anhanguera ou Diabo Velho, como seu pai, outro grande sertanista, o capitão Bartolomeu Bueno da Silva, quando criança, tivera a oportunidade, na companhia paterna, de ouvir informações a respeito de uma região aurífera pelo lado ocidental do rio Paraná. Teria, portanto, uma vaga ideia da localização daquela possível jazida, mas, já em idade avançada, acreditava que aquele seria o grande empreendimento de sua vida: "Ou descubro o que busco ou morro na empresa", teria dito antes de partir em uma missão que todos reputavam como espinhosa.[44]

Com a autorização régia na mão, César tratou de mandar estabelecer um regulamento que o capitão Bartolomeu Bueno da Silva teria de fazer cumprir com todo o rigor: os homens tinham de confessar antes de partir para o sertão diante de dois capelães que seguiriam na expedição com o objetivo de converter os índios. Se não obedecessem ao capitão, teriam de ser castigados. Aos gentios que não quisessem receber a bandeira em paz, o regulamento mandava combater, mas pedia que protegessem todos aqueles que se mostrassem amigos.

O governador recomendava ainda que ninguém entrasse nem fizesse nenhum descobrimento nas terras de Castela, advertindo que quem não cumprisse o regulamento seria degredado por toda a vida para a ilha de São Tomé. Mas era aquele mais um despiste, pois o governador sabia que os paulistas, além de não respeitar limites, costumavam manter, apenas com a sua presença, os castelhanos a boa distância das terras portuguesas. "Pelo que a todos ouço os respeitam os castelhanos, de sorte que basta ouvir o nome de paulistas, a quem eles intitulam por feras, para não intentarem nenhum projeto", escreveu o governador ao vice-rei Vasco Fernandes César de Meneses.

---

43 AHU, Conselho Ultramarino, São Paulo, caixa 3, doc. 250, 4/2/1721.
44 AHU, Conselho Ultramarino, São Paulo, caixa 4, doc. 485, 24/4/1725.

"A experiência tem mostrado que foram estes sempre o seu flagelo", acrescentou.[45]

Para as minas que se descobrissem seguia nomeado João Leite da Silva Ortiz, genro do Diabo Velho, enquanto Antônio Ferraz de Araújo seria o escrivão. Havendo rendimento, Bartolomeu Bueno da Silva teria de nomear um tesoureiro e um escrivão que arrecadassem os quintos reais. "Se os rendimentos forem muitos, tenha zelo em sua arrecadação e os remeta à cidade de São Paulo por pessoa idônea", determinou o governador ao capitão.[46]

Os homens saíram para os sertões e aqueles que ficaram encontraram boas razões para saudar repetidamente a atuação de Rodrigo César de Meneses. Um ano depois de sua posse, as câmaras de São Paulo, Santos, Jundiaí, Taubaté e Mogi das Cruzes escreviam ao rei pedindo a manutenção do governador por mais três anos no cargo. Destacavam a "prudência e a boa orientação" que imprimira ao seu governo, garantindo que, em função de "suas acertadas posições", a capitania vivia "sob paz e sossego".[47]

Em troca, o governador apoiou a pretensão dos vereadores que reivindicavam que os filhos dos paulistas tivessem preferência no provimento dos lugares nas igrejas da capitania, ao contrário do que ocorria antigamente, quando "só eram nomeados os de Minas Gerais". A alegação era que aqueles homens, "com gasto do seu dinheiro, trabalho e risco de vida", tinham descoberto as minas de ouro,[48] deixando "suas casas e famílias desamparadas", movidos apenas pela ideia de "aumentar os ganhos da Fazenda Real".[49] É claro que esta última parte não passava de um arroubo de retórica.

---

45 DI, v. 20, 1896, pp. 25-26, 2/5/1722.
46 AHU, Conselho Ultramarino, São Paulo, caixa 3, doc. 250, 3/9/1722.
47 AHU, Conselho Ultramarino, São Paulo, caixa 3, doc. 272, 26/9/1722.
48 AHU, Conselho Ultramarino, São Paulo, caixa 3, doc. 345, 10/10/1722.
49 AHU, Conselho Ultramarino, São Paulo, caixa 3, doc. 260, 25/9/1722.

Os irmãos Leme

A relativa tranquilidade que o governador passou a desfrutar na cidade de São Paulo logo seria quebrada com a chegada de notícias dando conta de atos de "tirania" que estariam praticando nas minas de Cuiabá dois régulos do sertão, os irmãos João e Lourenço Leme da Silva. Intransigente em questões de disciplina, César mandou que uma tropa fosse organizada e partisse para o sertão com o objetivo de perseguir as duas "feras", como dizia.

A tropa comandada pelo marechal de campo Baltazar Ribeiro de Moraes tinha ordem de tomar posse do sítio de Camapuã e "de tudo que houvesse nele" pertencente aos irmãos Leme,[50] porém, encontrou dificuldades, já que os dois homens contavam com a proteção de moradores de Cuiabá.[51] O governador optou, então, por atraí-los a São Paulo, chamando-os a sua presença a pretexto de lhes oferecer vantagens e benefícios.[52]

Em *Nobiliarquia paulistana histórica e genealógica*, Pedro Taques de Almeida Pais Leme (1714-1777) conta a história dos irmãos Leme de outra maneira. Diz que, filhos de Pedro Leme, potentado paulista de Itu que penetrou nos sertões até as minas de Cuiabá, João e Lourenço teriam sido vítimas da ambição do sargento-mor das ordenanças da cidade de São Paulo, Sebastião Fernandes do Rego, provedor da Casa de Fundição.

Depois de seguirem para Cuiabá em 1721 por causa de delitos que teriam praticado na vila de Itu, retornaram a São Paulo, atendendo à solicitação do governador Rodrigo César de Meneses. Abonados com arrobas de ouro, Lourenço foi nomeado provedor dos reais quintos de Cuiabá e João, mestre de campo regente em junho e julho de 1723, res-

---

50 DI, v. 13, 1895, pp. 3-5, 23/9/1723.
51 AHU, Conselho Ultramarino, São Paulo, caixa 3, doc. 360, 23/9/1723; AHU, Conselho Ultramarino, São Paulo, caixa 3, doc. 361, 2/10/1723.
52 DI, v. 20, 1896, p. 81.

pectivamente. Em São Paulo, segundo Pedro Taques de Almeida Pais Leme, teriam ficado hospedados na morada de Sebastião Fernandes do Rego, por empenho de quem teriam sido agraciados com aquelas patentes pelo governador.

Segundo o historiador, acreditando na amizade de Rego, os dois irmãos teriam deixado com ele em depósito uma enorme fortuna. De olho no ouro, Rego teria arquitetado com o ouvidor-geral da comarca Manuel de Melo Godinho Manso ressuscitar crimes anteriores dos irmãos Leme cometidos em Itu para, então, apropriar-se de seus bens. Esses delitos não seriam poucos, segundo o próprio historiador.

Na vila de Itu, haviam tirado "da casa de seus pais, para suas concubinas, três donzelas, filhas bastardas de João Cabral, e delas entregaram uma para estupro a Domingos Leme, amigo e parente dos insultores". Não satisfeitos, roubaram do mesmo Cabral uma filha legítima para casar-se com Ângelo Cardoso, "a quem deram em dote os mesmos bens do agravado velho Cabral, tirados do seu poder contra a vontade e por força de armas". Diante do acontecido, Cabral enlouqueceu e, depois, morreu.[53]

Os irmãos Leme teriam ainda assassinado Antônio Fernandes Abreu, descendente do sargento-mor do mesmo nome, famoso por sua participação na destruição do quilombo de Zumbi dos Palmares, em Pernambuco, em 1695. Um filho de Abreu denunciaria João e Lourenço Leme perante o ouvidor Godinho Manso não só pela morte de seu pai como por todos os outros crimes praticados pelos irmãos na vila de Itu antes de se retirarem para os sertões de Cuiabá. Entre esses delitos, estaria a morte de um carijó. Desconfiado de que o carijó, seu capanga, teria tratos ilícitos com uma de suas concubinas, João Leme não só o teria assassinado como também a mulher e outro carijó, acu-

---

53 Pedro Taques de Almeida Pais Leme, *op. cit.*, v. 3, 1980, p. 31.

sado de estar envolvido no caso. Ao primeiro carijó, João Leme teria castrado e, depois, esquartejado com as próprias mãos.[54]

Segundo Pedro Taques de Almeida Pais Leme, ao tempo em que estavam na vila de Itu, depois do retorno de Cuiabá, os irmãos Leme receberam a visita de Sebastião Fernandes do Rego, que, sob disfarçado pretexto, tratara apenas de preparar terreno para uma ação policial. Quando se viram ameaçados, os irmãos reagiram e fugiram com seus escravos e capangas para o sertão. Dias depois, Lourenço seria morto em uma casa velha em Araritaguaba e João, detido.[55]

A versão que o governador encaminhou aos seus superiores não é tão rica em detalhes. Segundo César, de mãos livres, os irmãos Leme, em São Paulo, foram levados a sua presença, diante dos homens-bons da capitania, inclusive do ouvidor-geral, do procurador da Coroa e dos vereadores. A ambos, o governador, inicialmente, disse que lhes fez notar a autoridade de que dispunha, repreendendo-os por sua conduta. Depois, levando em conta o prestígio que gozavam junto aos povos de Cuiabá, chegou a propor a um deles a missão de cobrar os quintos reais naquelas minas, sem levar em conta os crimes que pesavam sobre a conduta de ambos.

"No Brasil, vivem todos com a soltura que v. Exa. não ignora, e os paulistas com mais liberdade que todos e esta não se destrói com outra coisa que com o poder", escreveu César ao governador e capitão-general do Rio de Janeiro, Aires de Saldanha, para justificar o fato de oferecer cargo tão importante a quem considerava uma "fera", argumentando que "era conveniente prover naquela hora aquela ocupação em um dos dois irmãos", aquele que julgava "ser mais capaz de ter reforma". Imaginava, assim, que o temor que aquele Leme inspirava a todos em Cuiabá facilitaria a cobrança de tributos. "[...] por não achar outro remédio, lhe mandei passar a provisão", justificou-se.

54 *Idem, ibidem*, p.32.
55 *Idem, ibidem*, pp. 22-35.

No entanto, segundo o governador, esse Leme deixou claro que só aceitaria o cargo se seu irmão também fosse nomeado mestre de campo regente, acrescentando que, se César não aceitasse o que propunha, que "ficasse embora, pois eles se embarcavam para seguir viagem". Segundo César, a "resolução e insolência" que exibiam despertaram-lhe para logo dar aos irmãos o castigo que mereciam.[56]

"Em virtude desse e de outros insultos, mandei prendê-los", disse em carta que encaminhou a d. João V. "Não pude evitar a morte de um deles a tiro, ficando o outro encarcerado na cadeia de Santos", relatou, de maneira sucinta, omitindo que chegara a assinar documento que dava a João Leme da Silva a patente de mestre de campo regente.[57]

De fato, levando em conta as datas de alguns documentos, parece que o governador no relato que encaminhou ao rei resumiu por demais as suas conversações com os Leme. Os papéis deixam claro que, se um dos Leme fez aquela exigência em favor de seu irmão, aquilo, a princípio, não fora entendido como insulto pelo governador. Pelo contrário.

De janeiro de 1723, por exemplo, é um documento em que César manda que Lourenço e João Leme da Silva compareçam a sua presença em São Paulo.[58] Em junho daquele mesmo ano, o governador assinou um regimento que deu a Lourenço Leme ordem para estabelecer a cobrança dos quintos por bateia nas minas de Cuiabá.[59] E do mês seguinte é outro documento que assinou em favor do "mestre de campo regente João Leme da Silva",[60] o que prova que o governante chegara a um acordo com os irmãos Leme.

A essa época, ao vice-rei Vasco Fernandes César de Meneses, seu irmão mais velho, o governador procurou justificar as medidas que tomava, levando em conta as peculiaridades da capitania que governava:

---

56 DI, v. 20, 1896, p. 85.
57 AHU, Conselho Ultramarino, São Paulo, caixa 3, doc. 362, 29/10/1723.
58 DI, v. 12, 1901, pp. 78-79.
59 DI, v. 12, 1901, pp. 87-88.
60 DI, v. 12, 1901, pp. 98-110.

"[...] como este governo todo é de engonços por ora se não deve obrar coisa alguma", disse, alegando que não dispunha de forças suficientes para agir de maneira mais incisiva. "[...] E ainda que as houvesse na capitania presente, conseguem mais o modo e a indústria, que assim mo tem mostrado a experiência", escreveu.[61]

Para o governador, as coisas se achavam tão "vidrentas" que era necessário contentar aqueles homens,

> [...] principalmente os dois que vieram porque de outra sorte se desmancharia o que está feito, porque voltando para aquelas minas (de Cuiabá) com o séquito que nelas têm, e o mais que se lhes havia agregado por se não compor esta capitania mais que de homens criminosos fugindo sempre de seguir o partido de el-rei, e sujeitando-se ao pior, sem dúvida, avultariam irremediáveis consequências.

Com a medida, entendia César que, entre os males, havia escolhido o menor:

> [...] e atendendo a todas estas razões e a esperar que por este caminho se aumente muito a Fazenda Real, me acomodei com o parecer de todos a tomar esta resolução, por serem estes os casos em que é preciso fazer do ladrão fiel.[62]

Três meses depois, porém, César daria tudo aquilo por letra morta: publicou um bando e convocou soldados para prender os irmãos Leme, com ordens para matá-los em caso de reação. Dava, inclusive, perdão ao homem branco e liberdade ao bastardo, índio ou preto que os matassem.[63] Da jurisdição de Santos, o governador puxou 35 soldados, juntando-se a eles "algumas ordenanças", sob as ordens do ouvi-

61 DI, v. 20, 1896, pp. 68-69, 15/6/1723.
62 DI, v. 20, 1896, pp. 68-69, 15/6/1723.
63 DI, v. 12, 1901, p. 118.

dor-geral Godinho Manso. Depois de destruir vinte e tantas canoas que os irmãos tinham para seguir viagem rumo a Cuiabá, a tropa atacou-os nas "casas fortes onde estavam" em Araritaguaba. "(Eles) não esperavam e se meteram nos matos", relatou o governador.[64]

Os irmãos Leme estiveram 26 dias dentro do mato sustentando-se de palmitos e algumas raízes. Até que um deles foi detido. O outro acabaria por levar dois tiros e "dentro de uma hora perderia a vida", a exemplo do único bugre que o acompanhava.[65] O trabalho da tropa sob o comando do ouvidor-geral Godinho Manso seria intensamente elogiado pelo governador,[66] que preferira acompanhar toda a movimentação sem abandonar o Palácio do Governo.

É provável que, de início, o irmão Leme sobrevivente tenha permanecido encarcerado por poucos dias em São Paulo, mas debaixo de toda vigilância, pois, a cadeia, onde também funcionava a Casa de Conselho, "mal construída e de taipa", estava em ruínas, o que permitira que presos a tivessem arrombado várias vezes nos últimos anos.[67] Foi Leme, então, encaminhado para o calabouço da Fortaleza de Santo Amaro da Barra Grande, na vila de Santos, enquanto o governador tratava de providenciar para que transitasse com toda segurança para a cadeia da Bahia.[68]

Ao contrário do que relatou Pedro Taques de Almeida Pais Leme, a devassa aberta pelo ouvidor-geral Godinho Manso mostra que foi João Leme quem morreu "quando era perseguido", enquanto Lourenço Leme, preso, acabou degolado por sentença da Relação da Bahia. Segundo o ouvidor, os irmãos pretendiam entregar o sertão de Cuiabá ao rei de Castela.[69] Ainda que levasse todo o jeito de invencionice, a acusação era explosiva, especialmente em uma época em que

64 DI, v. 20, 1896, pp. 83-84.
65 DI, v. 20, 1896, p. 84.
66 DI, v. 20, 1896, p. 84, 30/10/1723.
67 AHU, Conselho Ultramarino, São Paulo, caixa 3, doc. 296, 12/10/1722.
68 AHU, Conselho Ultramarino, São Paulo, caixa 3, doc. 362, 29/10/1723.
69 AHU, Conselho Ultramarino, São Paulo, caixa 4, doc. 419, 29/8/1724.

as autoridades do Reino duvidavam da lealdade dos colonos, considerando-os capazes de aceitar outro rei, se concluíssem que teriam maiores vantagens.

Em Cuiabá, entre outras arbitrariedades, os Leme haviam expulsado das minas o ouvidor-geral da comarca, o mesmo Godinho Manso, que havia sido encarregado de apurar as acusações que pesavam contra eles. Também tinham colocado a caminho de São Paulo o clérigo Francisco Justo, que, vigário de Cuiabá, havia-se recusado a dar posse ao seu substituto, o padre Manuel de Campos, natural de Itu, sob a alegação de que "ainda não era findo o tempo de sua provisão". Seguiram-se discórdias entre os dois religiosos. Por amizade ao padre Manuel de Campos, os Leme mandaram dar um tiro na casa do padre Francisco Justo, "do qual ficou morto um camarada ou familiar". Em seguida, Justo largou a igreja e tomou rumo de São Paulo.[70]

Diante do governador, o ouvidor-geral e o padre Francisco Justo também trocaram acusações: Godinho Manso acusava Justo de vender índios em praça pública, enquanto o religioso dizia que o ouvidor costumava "falar indecorosamente" dos padres e do governador. O clérigo queixava-se ainda dos prejuízos que tivera, ao ser pressionado pelos irmãos Leme a deixar para trás a aldeia de índios que administrava. Queria que a Fazenda Real lhe ressarcisse os prejuízos, mas o ouvidor o teria persuadido a se queixar ao Cabido[71] e às autoridades de Lisboa.[72]

Segundo o ouvidor, os índios eram tratados com tirania pelos padres da Companhia de Jesus. Por isso, entendia que o melhor seria mandar soltá-los e acabar com as aldeias administradas pelos jesuítas.[73] Chamado a acompanhar o caso, o reitor do Colégio de São Paulo, Antônio Aranha, contestou o ouvidor e deu razão ao governador por cha-

---

70 Pedro Taques de Almeida Pais Leme, *op. cit.*, v. 3, 1980, p. 32.
71 Cabido: organização superior que dirigia a Sé.
72 AHU, Conselho Ultramarino, São Paulo, caixa 3, doc. 372, 13/3/1724.
73 AHU, Conselho Ultramarino, São Paulo, caixa 4, doc. 420, 29/8/1724.

má-lo de volta a São Paulo. O reitor ainda elogiou o governador por sua pronta atuação ao mandar deter os irmãos Leme.[74]

As boas relações do governador com os religiosos, porém, não durariam muito. Como a cadeia ficava perto do convento de São Francisco, muitos presos continuavam a se valer da sua frágil segurança para se evadir. Acabavam encontrando colaboração dos religiosos, que não hesitavam em acolhê-los em dependências do convento. Aquele procedimento começou a levar o governador à exasperação. Sem outra saída, escreveu a d. João V pedindo autorização para construir uma nova cadeia em outro local com dinheiro da Fazenda Real e com os recursos que pretendia arrecadar com a venda do "terreno e casa da antiga cadeia".[75] A autorização régia demoraria quase dois anos para chegar[76] e, durante todo esse tempo, o governador evitou indispor-se com os religiosos.

OS NOVOS DESCOBRIMENTOS

Foi por aqueles dias que lhe chegaram boas notícias. Depois de longo período de silêncio em que se suspeitava do desaparecimento da bandeira, o capitão Bartolomeu Bueno da Silva mandara dizer que fizera um novo descobrimento em Goiás.[77] De Paranapanema, também chegaram informações sobre descobertas. E mais importante: de Cuiabá, a tropa trouxera três arrobas de ouro dos quintos das minas, que logo seriam encaminhadas para a vila de Santos, com destino ao Rio de Janeiro e, por fim, Lisboa.[78]

Tudo aquilo levaria o governador a estabelecer Casa de Fundição para evitar o descaminho do ouro e lançar um bando proibindo a cir-

---

74 AHU, Conselho Ultramarino, São Paulo, caixa 3, doc. 373, 14/3/1724.
75 AHU, Conselho Ultramarino, São Paulo, caixa 4, doc. 409, 23/8/1724.
76 AHU, Avulsos, São Paulo, caixa 1, doc. 36, 22/5/1726.
77 AHU, Conselho Ultramarino, São Paulo, caixa 3, doc. 372, 7/3/1724.
78 AHU, Conselho Ultramarino, São Paulo, caixa 4, doc. 444, 12/10/1724; AHU, Avulsos, São Paulo, caixa 1, doc. 31, 18/12/1724.

O REINO, A COLÔNIA E O PODER 53

culação de ouro em pó.[79] Sugeriu, inclusive, ao rei a conveniência de se transferir para São Paulo a Casa da Moeda do Rio de Janeiro.[80] O governador não escondia o entusiasmo: "O ouro de Cuiabá faz muita diferença do de Minas Gerais", garantiu ao rei.[81]

Tanto empenho só poderia arrancar elogios do Conselho Ultramarino, que reconheceu "a prudência e paciência empregadas pelo governador nos descobrimentos das minas do Cuiabá e Goiases".[82] César passou, então, a acalentar a ideia de ir pessoalmente inspecionar o trabalho nas minas de Cuiabá, embora tivesse em sua mesa um relatório sobre a ocorrência de muitas mortes por causa de peste que grassava no sertão.[83]

Ao final de outubro de 1724, mandou que seus homens se aprontassem para uma viagem ao sertão em que gastaria de cinco a sete meses. "Preciso de canoas e negros", pediu ao governador do Rio de Janeiro, Aires de Saldanha, a quem se queixou também do "excesso de trabalho e da falta de dinheiro" em que vivia.[84]

Mas teve de ficar mais de um ano à espera de autorização da Corte para o empreendimento. O Conselho Ultramarino relutou em autorizar a viagem, recomendando-lhe que não colocasse em risco a própria vida nem a de sua comitiva. Depois, concordou com a proposta para que fosse socorrer a expedição de Bartolomeu Bueno da Silva, que saíra para o sertão de Goiás já fazia quase três anos.[85]

Preocupado com os descaminhos do ouro de Cuiabá e Goiás, César fez longos relatórios a d. João v dando conta das providências que tomara para impedir que os prejuízos da Fazenda Real continuassem a se acumular. Chegou a recomendar ao rei que pressionasse o gover-

79 AHU, Conselho Ultramarino, São Paulo, caixa 4, doc. 424, 31/8/1724.
80 AHU, Avulsos, São Paulo, caixa 1, doc. 31, 20/11/1724.
81 AHU, Conselho Ultramarino, São Paulo, caixa 4, doc. 444, 12/10/1714.
82 AHU, Conselho Ultramarino, São Paulo, caixa 4, doc. 445, 15/10/1724.
83 AHU, Conselho Ultramarino, São Paulo, caixa 3, doc. 352, 29/7/1723.
84 AHU, Conselho Ultramarino, São Paulo, caixa 4, doc. 446, 27/10/1724.
85 AHU, Conselho Ultramarino, São Paulo, caixa 4, doc. 485, 24/4/1725.

nador de Minas Gerais, d. Lourenço de Almeida, para que fechasse os caminhos daquela capitania em direção a Goiás e Cuiabá.[86]

De fato, o Conselho Ultramarino apoiaria a sugestão de César, alertando para os "inconvenientes" provocados pela abertura de um caminho que ia do Pitangui para as minas de Cuiabá. E a d. Lourenço de Almeida seria determinado que proibisse aquela passagem.[87] Por sua conta, César já havia proibido que as pessoas passassem de Minas Gerais para Cuiabá "com índios sem licença".[88]

Em seu tempo à frente da capitania em São Paulo, não só o ouro movia as suas decisões. A falta de farinha deixava os moradores apreensivos e, para remediar, o governador determinou que uma sumaca fosse a Bahia buscar o produto. Não queria mais que a capitania ficasse na dependência da boa vontade dos comerciantes do Rio de Janeiro.[89]

Isso, porém, não o levou a chocar-se com seu primo, Aires de Saldanha. Pelo contrário. Na mesma carta em que reclamou da falta de farinha, colocou-se a postos para apoiá-lo se resolvesse pôr em prática seus planos de atacar os castelhanos. "Posso atacá-los ao mesmo tempo com índios minuanos", garantiu, mas esquivou-se de mandar soldados porque "os poucos que havia na capitania estavam no presídio de Santos". Também reclamou de que dispunha de poucos índios nas aldeias que pudessem ser deslocados para o ataque aos castelhanos. "E destes tenho tirado alguns para mandar ao novo descoberto dos Goiases", desculpou-se.[90]

Também a falta de sal na região de Serra acima preocupava o governador, que se empenhou para que o contratador fosse autorizado a dispor de 20 mil alqueires, por conta da Fazenda Real, para prover a população.[91] Ao rei, reclamou das irregularidades que estariam ocor-

---

86 AHU, Conselho Ultramarino, São Paulo, caixa 5, doc. 528, 14/5/1726.
87 AHU, Conselho Ultramarino, São Paulo, caixa 5, doc. 572, 1726.
88 AHU, Conselho Ultramarino, São Paulo, caixa 3, doc. 349, 17/7/1723.
89 AHU, Conselho Ultramarino, São Paulo, caixa 3, doc. 372, 7/3/1724.
90 AHU, Conselho Ultramarino, São Paulo, caixa 3, doc. 372, 7/3/1724.
91 AHU, Conselho Ultramarino, São Paulo, caixa 1, doc. 31, 20/12/1724.

rendo na condução do contrato de sal, deixando claro que a ganância do contratador poderia estar por trás da especulação que fazia o produto faltar na praça e subir de preço.[92]

Tanto empenho levou a Câmara de São Paulo a pedir de novo a d. João V a manutenção de César à frente da capitania.[93] Para os oficiais da Câmara, a aprovação da população ao governo era devida à boa escolha que o governador fazia das pessoas que nomeava para os cargos da administração da justiça. Segundo eles, César sempre cumpria seus deveres e, ao contrário de outros governantes, nunca consentia que seus criados comprassem coisa alguma sem pagar. "Se contraía alguma dívida, depressa a pagava", diziam.[94]

Mesmo assim, o governador sabia que corriam na cidade murmurações dando conta de que poderia retornar ao Reino antes mesmo de concluído o seu respectivo triênio. "Não só em Alfama[95] há quem tenha habilidades para adivinhar", disse, certa vez, com ironia, a Aires de Saldanha a respeito desses boatos.[96]

Novos caminhos para o mar

Indiferente ao que dele diziam pelas costas, o governador mostrava-se dedicado ao trabalho. Uma das prioridades de sua administração eram os caminhos da capitania. Conhecendo bem a tortuosa e íngreme trilha de montanha que ligava a vila de Santos ao planalto, o governador pediu à Corte recursos para a conservação da picada até São Paulo e fez uma drástica exigência: todos os proprietários das margens do

---

92 AHU, Conselho Ultramarino, São Paulo, caixa 1, doc. 39, 16/4/1725.
93 AHU, Conselho Ultramarino, São Paulo, caixa 4, doc. 504, 27/10/1725.
94 AHU, Conselho Ultramarino, São Paulo, caixa 6, doc. 669, 1/10/1728.
95 Bairro antigo de Lisboa, já decadente à época, onde viveriam muitas ciganas que se dedicavam à arte da adivinhação.
96 AHU, Conselho Ultramarino, São Paulo, caixa 4, doc. 458, 9/2/1725.

caminho seriam obrigados a fornecer um total de quinhentos escravos para as obras.[97]

César também defendeu a necessidade de se abrir um caminho por terra entre São Paulo e Rio de Janeiro para o transporte dos quintos da Fazenda Real[98] e anunciou que pretendia abrir outro entre a vila de Santos e o Rio de Janeiro.[99] A penúria dos cofres régios, porém, não lhe permitiria ir muito além.

Por sua recomendação, d. João V mandou vedar os caminhos da vila de Mogi das Cruzes para Santos, ficando os moradores de São Paulo obrigados a servir-se apenas de "umas picadas" que saíam da freguesia de Santo Amaro, no termo da cidade, e terminavam na vila de Nossa Senhora da Conceição de Itanhaém ou de outras que ligavam Taubaté à Ilha Grande.[100]

Apesar do baixo numerário em caixa, o governador nunca deixou de lado a defesa das costas da capitania: assim que pôde, mandou erguer uma fortaleza de pedra e cal na Bertioga,[101] cujas obras foram concluídas em setembro de 1724, segundo planta do brigadeiro Jean Massé.[102] Pediu ainda ao governador do Rio de Janeiro, Aires de Saldanha, recursos para o prosseguimento das obras da Fortaleza de Santo Amaro da Barra Grande na vila de Santos.[103]

E a d. João V alertou para o perigo de uma invasão de estrangeiros que poderiam ser atraídos pelas riquezas recém-descobertas em Cuiabá, justificando a necessidade de a Coroa disponibilizar recursos para obras de defesa.[104] Pela mesma razão, recomendou ao Conselho

---

97 AHU, Conselho Ultramarino, São Paulo, caixa 5, doc. 539, 27/5/1726; AHU, Conselho Ultramarino, São Paulo, caixa 1, doc. 42, 19/5/1726.

98 AHU, Avulsos, São Paulo, caixa 1, doc. 34, 23/4/1725.

99 AHU, Conselho Ultramarino, São Paulo, caixa 5, doc. 539, 27/5/1726.

100 AHU, Conselho Ultramarino, São Paulo, caixa 3, doc. 280, 3/10/1722.

101 AHU, Conselho Ultramarino, São Paulo, caixa 3, doc. 333, 2/7/1723.

102 AHU, Conselho Ultramarino, São Paulo, caixa 4, doc. 433, 8/9/1724.

103 AHU, Conselho Ultramarino, São Paulo, caixa 3, doc. 312, 10/1/1723; doc. 328, 15/5/1723; doc. 350, 22/7/1723.

104 AHU, Avulsos, São Paulo, caixa 1, doc. 31, 20/12/1724.

Ultramarino que não se demorasse em sugerir a d. João v que mandasse povoar o Rio Grande, especialmente com o envio de casais das ilhas dos Açores.[105]

Todos os planos e sugestões que visavam à defesa e o desenvolvimento da América portuguesa quase sempre encontravam boa aceitação em Lisboa, mas esbarravam na exiguidade de recursos disponíveis nos cofres régios. Por isso, governantes criativos que procurassem resolver os problemas por seus próprios meios sempre recebiam elogios de d. João v. Foi o caso do governador da praça de Santos, Antônio Gaioso de Nogueirol, que decidiu por sua conta vender a particulares o navio francês *La Subtil*, apreendido "com a respectiva armação" quando se dirigia para a Bahia. O produto da venda seria aplicado nas obras da cadeia, na Casa da Moeda e da igreja matriz da vila de Santos, disse em carta ao Reino.[106]

Em São Paulo, por aqueles anos, uma fonte de preocupação para o governador Rodrigo César de Meneses era a situação de penúria em que se encontrava a Santa Casa de Misericórdia "por motivo de muitos descaminhos" que nela se haviam feito. Por isso, determinara ao ouvidor-geral da comarca, Godinho Manso, que passasse a tomar contas aos provedores da Misericórdia todos os anos.[107] A medida não deve ter surtido maiores efeitos porque, em 1731, já ao tempo do governador Antônio da Silva Caldeira Pimentel, o prédio onde funcionava a Santa Casa de Misericórdia ruiria em razão do "estado tão deplorável" em que se encontrava.[108]

Para a Santa Casa de Misericórdia de Santos, o governador só tinha elogios, satisfeito com a "dedicação do provedor e dos irmãos, que pretendiam construir um hospital na vila". Em carta que encaminhou

---

105 AHU, Conselho Ultramarino, São Paulo, caixa 3, doc. 293, 8/10/1722.
106 AHU, Conselho Ultramarino, São Paulo, caixa 3, doc. 303, 14/11/1722.
107 AHU, Conselho Ultramarino, São Paulo, caixa 3, doc. 288, 6/10/1722.
108 AHU, Conselho Ultramarino, São Paulo, caixa 7, doc. 787, 27/6/1731.

a d. João V, César apenas queixou-se da "intromissão" dos vigários na administração das "misericórdias".[109]

Já o ouvidor-geral Godinho Manso reclamou da falta de pessoal qualificado para ajudá-lo no combate à corrupção que lavrava na Misericórdia de São Paulo e nos baixos escalões da incipiente estrutura judiciária da capitania, especialmente na cidade de São Paulo e seu termo, onde havia "muito mais gente do que em muitas vilas da comarca". Por isso, o ouvidor-geral pediu a d. João V para criar um lugar de juiz de fora e órfãos na cidade, sugerindo que "o ministro que estava indicado para a vila de Santos deveria ir para São Paulo".[110]

Apesar do crescimento populacional que se pode intuir das palavras de Godinho Manso, a cidade de São Paulo continuava a ser um burgo atrasado e acanhado. Essa placidez só seria quebrada em outubro de 1725, quando o capitão Bartolomeu Bueno da Silva e alguns remanescentes de sua bandeira apareceram, de repente, confirmando que haviam encontrado ouro na região de Goiás. Para provar o que dizia, o velho sertanista exibia 8 mil oitavas de ouro de aluvião.[111] Foi o que bastou para alvoroçar ainda mais o governador.

Com reforços providenciados pelo governador, Bartolomeu Bueno da Silva saiu de novo, em 1726, com seus homens em direção aos sertões de Goiás. Recompensado com o posto de capitão-mor regente dos novos descobrimentos, Bartolomeu Bueno da Silva, ao atravessar o rio Vermelho, encontrou remanescentes da tribo dos índios goiases, que o seu pai contatara mais de meio século antes.

Dizimados pelos caiapós, estavam reduzidos a uma centena de almas. Foram esses índios que indicaram a Bartolomeu Bueno da Silva o local onde seu pai acampara, além do ouro que tanto procurava. Nos arredores, o capitão-mor Bartolomeu Bueno da Silva fundou o arraial que, depois, viraria vila e levaria o seu nome, Vila Boa (feminino de

109 AHU, Conselho Ultramarino, São Paulo, caixa 4, doc. 466, 6/3/1725.
110 AHU, Conselho Ultramarino, São Paulo, caixa 4, doc. 425, 31/8/1724.
111 AHU, Conselho Ultramarino, São Paulo, caixa 5, doc. 542, 20/6/1726.

Bueno) de Goiases,[112] na grafia da época. Logo, a notícia da descoberta de ouro atrairia centenas de aventureiros e surgiriam os primeiros povoados.[113]

Viagem rumo a Cuiabá

Quase à época do retorno da expedição de Bartolomeu Bueno da Silva aos sertões, a viagem a Cuiabá comandada pelo governador seria iniciada em meados de 1726, saindo do porto de Araritaguaba, às margens do rio Tietê, com uma frota de 305 canoas – cada uma com cinco tripulantes negros –, carregando um total de 3 mil homens, inclusive, muitos indígenas que eram os únicos que sabiam "atravessar o sertão e navegar através dos rios cheios de cachoeiras".[114] Acompanhando o governador, seguiam o ouvidor-geral da comarca de Paranaguá, Antônio Álvares Lanhas Peixoto[115], e o secretário de governo Gervásio Leite Rebelo.[116]

Seria uma aventura extremamente perigosa, pois os rios tinham muitas cachoeiras. Do Tietê, as canoas passavam pelos rios Pardo, Coxim, Taquari e Paraguai, sempre tentando ultrapassar as corredeiras que seriam mais de uma centena. Muitas canoas viravam e seus tripulantes desapareciam. Outras pessoas morreram em razão das sezões ou de ataques de onças e outros animais selvagens. Sem contar os índios paiaguás e guaicurus, que atacavam de surpresa e conheciam o terreno como ninguém.

A expedição chegou ao seu objetivo no dia 15 de novembro, mas só no dia 1º de janeiro de 1727, finalmente, Rodrigo César de Meneses elevou o arraial mineiro de Bom Jesus de Cuiabá à categoria de vila,

---

112 Paulo Bertran, "Trajetos cruzados na história de Goiás". In: *Goiás: 1722-2002*, 2005, p. 87.
113 Virgílio Noya Pinto, *op. cit.*, 1979, p. 97.
114 AHU, Conselho Ultramarino, São Paulo, caixa 7, doc. 750, ant. 26/10/1725.
115 AHU, Conselho Ultramarino, São Paulo, caixa 5, doc. 557, 16/10/1726.
116 AHU, Conselho Ultramarino, São Paulo, caixa 8, doc. 915, 11/8/1733.

com a instalação da Câmara, reunindo oito vereadores – seis paulistas e dois reinóis, casados com paulistas.[117] César permaneceu em Cuiabá até 5 de junho de 1728, tempo em que assinou vários bandos com o propósito de levar um pouco de disciplina a uma população extremamente violenta e desordenada de costumes.[118]

Foi bastante cruel, especialmente com negros escravos e livres. Se flagrados com armas, os transgressores eram punidos no pelourinho público com cem chicotadas, número que poderia subir para quatrocentas, se fossem apanhados com ouro. Em compensação, o governador passou a exigir dos senhores e capatazes um tratamento menos desumano para os escravos.[119] Com os indígenas, César foi igualmente rigoroso, chegando a propor guerra aos gentios, o que o Conselho Ultramarino reprovou, dizendo que só se devia chegar a esse extremo "se os portugueses fossem atacados".[120]

Em carta que enviou de Cuiabá a d. João V, o governador reconheceu que, sem os gentios, os paulistas nunca conseguiriam atravessar o sertão nem fazer os descobrimentos do ouro. "São os índios que lhes ensinam o local onde ele existe", admitiu, mas, ao mesmo tempo, afirmou que os gentios eram "muito bárbaros, alimentando-se de carne humana", acrescentando que, por vezes, colocavam "em perigo os moradores da capitania".[121]

Em sua atuação nas minas de Cuiabá, César não escaparia de acusações que iriam de "excessos praticados" contra escravos, indígenas e mineradores até "roubos" e desvio de ouro e pedras preciosas.[122] De fato, em carta que mandou ao provedor dos quintos reais Jacinto Bar-

---

117 Charles R. Boxer, *A idade de ouro do Brasil: dores de crescimento de uma sociedade colonial*, 2000, p. 274.
118 *Idem, ibidem*, p. 276
119 *Idem, ibidem*.
120 AHU, Conselho Ultramarino, São Paulo, caixa 7, doc. 750, 5/12/1730.
121 AHU, Conselho Ultramarino, São Paulo, caixa 7, doc. 750, 10/7/1726.
122 AHU, Conselho Ultramarino, São Paulo, caixa 7, doc. 657, 3/3/1731.

bosa Lopes, admitiu que, certa vez, mandara "dependurar a cabeça de um negro que andava no quilombo que se destruiu".[123]

Em janeiro de 1727, saía a nomeação de Antônio da Silva Caldeira Pimentel para o lugar de governador da capitania de São Paulo. O decreto de d. João v dizia, porém, que, como Rodrigo César de Meneses se encontrava em Cuiabá, ficaria a capitania subordinada ao governador e capitão-general de Minas Gerais, d. Lourenço de Almeida, "enquanto Caldeira Pimentel não chegasse a São Paulo".[124]

Ainda em Cuiabá, em 1727, César recebeu a nomeação para governador de Angola, mas só a 1º de janeiro de 1733 tomou posse. Em 1735, foi nomeado general de batalha, tendo sido rendido em 1738 por José Jaques de Magalhães no governo do Reino de Angola. Na África, haveria de se envolver em uma rede de contrabando de ouro entre o Brasil, a Costa da Mina, o rio da Prata, a Guiana francesa, a Inglaterra, a França e a Holanda, segundo investigações levadas a efeito por ordem de Gomes Freire de Andrade (1685-1763), governador do Rio de Janeiro a partir de 1733.[125]

Cheio de cabedais, solteiro, sem herdeiros legais, pretendia regressar ao Rio de Janeiro quando morreu na viagem, naquele mesmo ano de 1738.[126] Acometido de moléstias na África, imaginava recuperar a saúde no clima da América portuguesa, quando, a bordo, foi surpreendido por um ataque de apoplexia. Como era nobre, não teve o corpo atirado ao mar, mas salgado e acondicionado em uma caixa de açúcar,

---

123 DI, v. 20, 1896, p. 250.

124 AHU, Avulsos, São Paulo, caixa 1, doc. 45, 25/1/1727.

125 Maria Verônica de Campos, *Governo de mineiros — de como meter as Minas numa moenda e beber-lhe o caldo dourado*, tese de doutorado em História, Faculdade de Filosofia, Letras e Ciências Humanas da Universidade de São Paulo, 2002, pp. 309 e 335 *apud* Laura de Mello e Souza, *O sol e a sombra: política e administração na América portuguesa do século XVIII*, 2006, p. 299.

126 Luís Henrique Menezes Fernandes. "Ação metropolitana e sertanistas na incorporação das minas de Cuiabá e Goiás à capitania de São Paulo durante o governo de Rodrigo César de Menezes (1721-1728)". In: *Revista de História Regional*, 15 (2). Departamento de História e do Programa de Pós-Graduação em História da Universidade Estadual de Ponta Grossa-PR, 2010, p. 130.

depois de lhe extraírem os intestinos.[127] Foi enterrado com toda a pompa no Rio de Janeiro.[128]

UM GOVERNADOR MALVISTO

César foi substituído por Antônio da Silva Caldeira Pimentel, um dos raros governadores coloniais que se transferiram para o Estado do Brasil com a família. Nem por isso Pimentel foi invocado como protótipo de virtude nem deixou boas lembranças entre os moradores quando, cinco anos mais tarde, retirou-se para o Reino. Passaria para a História por um episódio que o deixou muito mal diante das autoridades metropolitanas: o caso das arcas que, ao serem abertas diante de d. João V, não guardavam o ouro do quinto real, mas apenas chumbo.

Pimentel chegou à vila de Santos no começo de agosto de 1727 e, depois dos encontros protocolares com as autoridades locais, seguiu para o posto de Cubatão, onde o aguardavam "os índios necessários para transportá-lo e sua família até São Paulo".[129] Assumiu o governo a 15 de agosto de 1727 e, pouco mais de um ano depois, oficiais da Câmara de São Paulo já escreviam a d. João V para dizer que a capitania se encontrava "na maior inquietação, caminhando para uma perniciosa ruína". Ao mesmo tempo, os camaristas deixavam explícita a saudade que sentiam de seu antecessor, Rodrigo César de Meneses, que havia "mantido sempre a capitania em sossego e tranquilidade".[130]

Os vereadores da vila de Santana do Parnaíba seguiram o exemplo dos de São Paulo, assegurando que César, ao contrário de Pimentel, nos sete anos de seu governo, demonstrara "competência, lhaneza de caráter, exatidão e elevação moral". Além de assegurar tranquilidade

127 Laura de Mello e Souza, *O sol e a sombra: política e administração na América portuguesa do século XVIII*, 2006, p. 286.
128 José Vieira Fazenda, "Antiqualhas e memórias do Rio de Janeiro". In: RIHGB, t. 86, v. 140, 1921, pp. 186-192.
129 AHU, Conselho Ultramarino, São Paulo, caixa 5, doc. 608, 7/8/1727.
130 AHU, Conselho Ultramarino, São Paulo, caixa 6, doc.648, 29/9/1728.

aos povos, diziam, aumentara a receita da Fazenda Real, estabelecera as minas de Cuiabá e animara os descobrimentos de Paranapanema e a "entrada" para Goiás, tudo com o maior interesse e honestidade. "Sempre protegeu a pobreza como bom cristão e era muito mais inclinado ao estado sacerdotal e ao sexo feminino da viúva honesta, respeitando, no entanto, suas casas", garantiam.

Do novo governador mostravam ressentimento em razão de seu despotismo, pois os obrigava "a contribuir para os chapéus da princesa, além de suas possibilidades",[131] ou seja, teriam de oferecer donativos para o casamento da infanta d. Maria com o príncipe das Astúrias. Queixavam-se de que Pimentel os ofendia frequentemente com a perseguição que lhes movia, inferiorizando-os "perante os visitantes e os do Reino". Depois de reafirmar sua lealdade e desejo de servir ao rei em qualquer serviço, os camaristas de Santana do Parnaíba lembravam que, para as conquistas, haviam sido eles "os pioneiros nas Minas Gerais, Cuiabá, Paranapanema e Goiás". Diziam ainda que o governador Rodrigo César de Meneses, que se encontrava em Cuiabá por ordem do rei, podia confirmar todas aquelas declarações. Por fim, reivindicavam a união das minas de Goiás às de Cuiabá e a recondução de César ao governo da capitania.[132]

Ao tempo em que César estava em Cuiabá, deu-se na cidade de São Paulo a prisão de um padre da Ordem dos Capuchos, frei João de São Domingos Leite, que não queria se sujeitar ao regime dos conventos, preferindo atuar sozinho. Segundo carta que o provincial dos capuchos da província de Conceição do Rio de Janeiro, frei Fernando de Santo Antônio, encaminhou a d. João v, frei João de São Domingos Leite, ajudado por um prelado da Corte, teria convencido muitos crédulos de que havia vindo de Jerusalém e se chamava João das Chagas.

---

131 AHU, Conselho Ultramarino, São Paulo, caixa 6, doc. 654, 24/11/1728.
132 AHU, Conselho Ultramarino, São Paulo, caixa 6, doc. 650, 26/10/1728.

O religioso recebia esmolas pelas ruas da cidade, prometendo remetê-las para os lugares da Terra Santa, mas com elas cuidava, isso sim, de levar vida folgada, "de senhor absoluto, tendo negros ao seu serviço". Segundo a denúncia, o pouco escrúpulo do padre foi a ponto de conseguir terras, que mandou cultivar, e um imóvel que chamou de Hospício para os Frades Esmoleres de Jerusalém. "Além disso, mandou vir uma patente pela qual se quer intitular vice-comissário-geral de Jerusalém e o que mais há é que tudo sem ordem de Vossa Majestade", queixou-se frei Fernando de Santo Antônio. Ao rei, o religioso recomendava que todos os prelados que, fugitivos, residiam naquele hospício deveriam ser recolhidos aos seus conventos. Pedia ainda que não se permitisse mais a fundação de estabelecimentos religiosos sem autorização régia.

Ao estudar a questão, o procurador da Coroa recomendara ao governador Rodrigo César de Meneses que mandasse sair de sua jurisdição todos os regulares que nela fossem achados sem a expressa licença régia. Aqueles que não fossem conventuais na capitania não deveriam receber autorização para pedir esmolas para Jerusalém. Por decisão régia, que acatou as recomendações do procurador da Coroa, frei João de São Domingos Leite foi recolhido à obediência de seu prelado no Rio de Janeiro e teve todos os seus bens confiscados. Como se encontrava em Cuiabá, não coube a César cumprir as determinações, mas ao novo governador.[133]

A atitude de Pimentel não provocou nenhum mal-estar entre os religiosos. Desde o início, o novo governador procurou atuar como magistrado nos negócios da fé. Concordou com a decisão do provedor da Fazenda Real da praça de Santos, Timóteo Correia de Góis, de aplicar os recursos que haviam sido levantados de um navio francês naufragado em obras na cadeia e na igreja matriz da vila.[134] E defendeu

133 AHU, Conselho Ultramarino, São Paulo, caixa 5, doc. 583, 14/2/1727.
134 AHU, Avulsos, São Paulo, caixa 1, doc. 52, 17/7/1728.

O REINO, A COLÔNIA E O PODER 65

os religiosos de São Bento em uma pendenga com a Câmara da vila de Sorocaba pela posse de terras nas quais se achava instalado o convento beneditino.[135]

Os problemas de Pimentel foram quase todos de ordem administrativa. Com o governador da praça de Santos, Antônio Gaioso de Nogueirol, entrou em atrito porque o militar se recusava a considerá-lo superior. A exemplo de seu antecessor em 1721, Nogueirol insistia que sua subordinação era em relação ao governador da capitania do Rio de Janeiro.[136]

Depois, Pimentel foi desafiado pelo ouvidor-geral da comarca, Francisco Galvão da Fonseca, que se adiantara, ao autorizar a realização da festa das Onze Mil Virgens, celebrada havia muito, em que estudantes saíam mascarados pelas ruas de São Paulo. Pimentel alegou que, tradicionalmente, era o governador da capitania quem concedia a licença nas cidades, enquanto nas vilas a tarefa cabia aos capitães-mores, "sem nunca os ouvidores se intrometerem".

Mas Fonseca insistiu que era a ele que os estudantes tinham de pedir licença, "pois ao governador não pertencia autorizar o uso de tambores e tudo o que fosse do domínio militar".[137] Como o governador já andava às turras com o ouvidor por causa do provimento de alguns ofícios de justiça e serventuários,[138] o caso subiu para decisão do rei.

A essa época, na vila de Guaratinguetá, a festa das Onze Mil Virgens também causou atrito entre as autoridades. O capitão-mor autorizara a realização da comemoração, mas o juiz ordinário da Câmara, irritado com o que interpretou como intromissão em suas atribuições, mandou colocar na cadeia os estudantes festeiros.[139]

---

135 AHU, Avulsos, São Paulo, caixa 1, doc. 51, 16/7/1728.
136 AHU, Conselho Ultramarino, São Paulo, caixa 5, doc. 614, 8/11/1727.
137 AHU, Conselho Ultramarino, São Paulo, caixa 5, doc. 615, 11/11/1727.
138 AHU, Conselho Ultramarino, São Paulo, caixa 5, doc. 616, 13/11/1727.
139 AHU, Conselho Ultramarino, São Paulo, caixa 5, doc. 615, 20/10/1727.

O governador e o ouvidor-geral entrariam em discórdia muitas vezes. E até trocariam acusações de corrupção. Fonseca queixava-se não só da maneira como o governador se dirigia a ele nas cartas e despachos como do lugar que Pimentel entendia que ele deveria ocupar nas igrejas e procissões. O ouvidor fazia questão de ficar ao lado do governador, quando as regras do cerimonial diziam que deveria ficar imediatamente atrás. Como Fonseca insistia em desafiar as suas ordens, Pimentel fez uma consulta ao Conselho Ultramarino, que acabou por lhe dar razão. Uma provisão de d. João v determinou que a Câmara advertisse o ouvidor para que passasse a ocupar o lugar que haviam ocupado seus antecessores, recebendo o mesmo tratamento.[140]

Pimentel e Fonseca voltaram a entrar em divergência quando as obras da nova cadeia da cidade de São Paulo ficaram concluídas em 1728. Ao vê-la pronta, o ouvidor entendeu que a nova cadeia ficara "com pouca segurança e pequena", o que se tornava evidente à medida que crescia o número de delinquentes na cidade. Por isso, escreveu ao rei sugerindo a construção de uma "cadeia maior",[141] deixando o governador em situação constrangedora porque ficava implícito que este aplicara recursos da Fazenda Real em uma obra mal projetada e que não resolvera um problema que se arrastava havia muitos anos.

A QUESTÃO DO SAL

Além da violência que grassava na cidade de São Paulo e nas vilas da capitania, o que preocupava a população era o preço exorbitante que o sal alcançava. Oficiais das câmaras de São Paulo, Santos, Pindamonhangaba, Taubaté, Santana do Parnaíba e Mogi das Cruzes não se cansaram de escrever pedindo, primeiro, providências ao governador e, depois, ao rei. Pimentel tentou interceder perante d. João v, reivin-

---

140 AHU, Conselho Ultramarino, São Paulo, caixa 5, doc. 636, 4/6/1728.
141 AHU, Conselho Ultramarino, São Paulo, caixa 6, doc. 646, 20/7/1728.

dicando, inclusive, que a entrada do sal na capitania deveria ser livre "para evitar descontentamentos", como lhe sugerira o corretor da Fazenda Real, Luís Peres dos Santos, mas seus esforços foram em vão.[142]

Em 1726, o provedor da Fazenda Real, Timóteo Correia de Góis, já escrevera a d. João V sobre a conveniência de separar o contrato do sal de São Paulo das demais capitanias, rematando-o isoladamente a quem se obrigasse a colocar na praça de Santos a quantidade que fosse necessária para o consumo dos moradores de toda a região.[143] Mas o sal, por força de injunções políticas e interesses escusos, continuaria nas mãos de um contratador no Rio de Janeiro que, mancomunado com autoridades, costumava fazer grandes estoques para provocar a escassez do produto e, assim, construir fortunas com o preço elevado, indiferente ao desespero que levava à população.

Inconformado com a situação, o governador decidiu enfrentar outra vez a longa viagem pelo caminho aberto na Serra em direção à vila de Santos. Pretendia não só acompanhar de perto a questão do sal como verificar o sistema de defesa da costa. E o que viu não lhe agradou: na Fortaleza de Santo Amaro da Barra Grande, não havia medicamentos e os soldados doentes sofriam com a falta de assistência médica.

De Santos, Pimentel escreveu ao governador e capitão-general do Rio de Janeiro, Luís Vahia Monteiro, pedindo que fossem enviados os medicamentos que já haviam sido solicitados anteriormente. Soube, então, que Vahia Monteiro não autorizara o envio dos remédios antes porque "duvidava de que lhe pagassem", tal a má fama do governo da capitania de São Paulo. Além disso, Vahia Monteiro defendia que, por carta régia de 6 de maio de 1722, o governo de São Paulo ficara unido ao governo da praça de Santos, o que isentaria o do Rio de Janeiro da obrigação de socorrer os habitantes daquela vila. Mas não foi o que entenderam as autoridades metropolitanas, que reafirmaram a neces-

---

142 AHU, Conselho Ultramarino, São Paulo, caixa 6, doc. 644, 17/7/1728.
143 AHU, Conselho Ultramarino, São Paulo, caixa 4, doc. 508, 24/1/1726.

sidade de o governo da capitania do Rio de Janeiro socorrer a praça de Santos, "quando necessário".[144]

Não foi essa a única vez que Vahia Monteiro fez críticas ao governador da capitania de São Paulo. A essa época, escreveu a d. João V para contestar que Caldeira Pimentel tivesse feito uma "excelente estrada" da cidade de São Paulo para a vila de Parati, como afiançara em correspondência ao rei. "Sempre houve estrada para lá, onde se comunicavam as vilas de Serra acima que é a mesma para onde de São Paulo se comunicavam as de Minas Gerais e por onde passavam por elas os governadores antes da atual", disse, acrescentando que todos os governadores que foram a São Paulo "tomaram essa estrada". Segundo Vahia Monteiro, somente acima de Parati se apartava a picada que Caldeira Pimentel dissera, "com dissimulação", que mandara fazer, "sem advertir que essa se fez no tempo de seu antecessor".[145]

Ao tempo em que Pimentel permaneceu em Santos, moradores de Itu abriram um caminho por terra e outro por via fluvial para as minas de Goiás, sem que o juiz de fora da vila impedisse tais empreendimentos. Para o governador, o juiz de fora teria se omitido deliberadamente porque a decisão de abrir os caminhos atenderia aos interesses do ouvidor-geral Francisco Galvão da Fonseca, "que poderia assim desviar ouro sem pagar os quintos".[146] Pimentel estava disposto a cobrar direitos nas minas de Goiás "por já estarem muito povoadas".[147]

NAS ARCAS, SÓ CHUMBO

Foi em 1728 que estourou o escândalo que apressaria a queda de Pimentel. Em Lisboa, quando as autoridades metropolitanas, à frente de d. João V, abriram arcas recém-chegadas do Brasil com 7 arrobas

144 AHU, Conselho Ultramarino, São Paulo, caixa 6, doc. 671, 16/7/1729.
145 DI, v. 50, 1929, pp.152-159, 17/8/1729.
146 AHU, Conselho Ultramarino, São Paulo, caixa 6, doc. 711, 25/4/1730.
147 AHU, Conselho Ultramarino, São Paulo, caixa 6, doc. 727, 15/6/1730.

de ouro dos quintos reais, descobriram, estupefatas, que ali só havia chumbo. Expedidas em Cuiabá pelo ex-governador Rodrigo César de Meneses, teriam sido abertas, durante o trajeto para São Paulo e, depois, para Santos e Rio de Janeiro, por alguém que, ao dispor das chaves, fizera a troca sem que despertasse desconfiança, apesar da guarda reforçada que se montava para cuidar do ouro real.

Foi ao ouvidor-geral da comarca de São Paulo, desembargador Francisco Galvão da Fonseca, que coube abrir a devassa para apurar os nomes dos responsáveis pelo descaminho. Logo as suspeitas pairaram sobre homens de confiança do governador Pimentel. Mas a corrupção era praga tão disseminada por todo o corpo do Estado que o primeiro a cair foi o próprio ouvidor-geral Fonseca, suspenso de suas funções e preso por ordem do juiz do Fisco do Rio de Janeiro, desembargador Roberto Car Ribeiro. Era acusado de numerosas falcatruas.

Suas funções foram assumidas pelo juiz de fora da vila de Santos, Bernardo Rodrigues do Vale, que passou a servir temporariamente como ouvidor-geral da comarca, até que, em 1731, d. João V mandou que a jurisdição da Ouvidoria passasse da vila de Santos para a cidade de São Paulo, deixando de estar sujeita à do Rio de Janeiro.[148] Da parte de Fonseca, porém, Vale não encontrou a menor colaboração: o desembargador negou-se a lhe dar os processos que tinha em seu poder, sobretudo os referentes ao auto da devassa sobre o furto dos quintos reais.[149] Mesmo assim, Vale avançou nas investigações e concluiu que o autor do delito havia sido Sebastião Fernandes do Rego, provedor da Casa de Fundição no governo Caldeira Pimentel e provedor dos quintos ao tempo do governador Rodrigo César de Meneses.

Contra Rego pesavam ainda acusações a respeito de sua atuação como encarregado de cobranças dos quintos reais nas minas de ouro de Cuiabá ao tempo do governador Rodrigo César de Meneses. Em

---

148 AHU, Conselho Ultramarino, São Paulo, caixa 7, doc. 800, 24/7/1731.
149 AHU, Conselho Ultramarino, São Paulo, caixa 7, doc. 748, 22/11/1730.

1724, segundo acusação do ouvidor-geral Godinho Manso, teria ficado com a importância que fora sequestrada dos irmãos João e Lourenço Leme pela Fazenda Real, o que levou o governador a exigir-lhe explicações[150]. Depois, surgiram denúncias de que Rego sempre levava duas oitavas de ouro de quem pagava os quintos, "dizendo que era pelo seu trabalho".[151]

Em 1730, Rego foi encaminhado para o calabouço da Fortaleza de Santo Amaro da Barra Grande, na vila de Santos, pois a cadeia de São Paulo, embora instalada em edifício recém-construído, continuava sem oferecer segurança. O governador não colocou obstáculos às diligências e ainda sugeriu que o preso fosse transferido para a cadeia do Rio de Janeiro, ao mesmo tempo em que exortou o novo ouvidor-geral a inquirir outras testemunhas. Vale investigou mais e acabou por concluir que Pimentel protegia o provedor da Casa de Fundição, conforme denúncia que encaminhou à Corte.

A acusação foi tão bem estruturada que o governador, com menos de três anos nas funções, caiu em desgraça junto ao Conselho Ultramarino, cujos conselheiros passaram a reputar como "da maior utilidade" o seu afastamento porque concluíram que, de fato, protegia Sebastião Fernandes do Rego.[152] Mesmo assim, Pimentel permaneceria mais dois anos no cargo.

De Rego, diziam que participara intensamente de denúncias contra o sertanista Bartolomeu Pais de Abreu, que fora juiz ordinário e capitão das companhias de infantaria em São Paulo e metera-se na expedição de 1722 em busca de ouro nas antigas terras dos índios goiases, em companhia de seu primo Bartolomeu Bueno da Silva e de seu irmão João Leite da Silva Ortiz.

Em Goiás, Bartolomeu Pais de Abreu foi acusado de chefiar uma sedição de paulistas contra reinóis. Considerado por Pimentel "o mais

150 DI, v. 13, 1895, 21/7/1724, pp. 27-29.
151 DI, v. 13, 1895, p. 71.
152 AHU, Conselho Ultramarino, São Paulo, caixa 7, doc. 748, 22/11/1730.

culpado pela sublevação", foi mandado de volta a São Paulo e enviado para o calabouço da Fortaleza de Santo Amaro da Barra Grande, na vila de Santos, onde ficou "por mais de oito dias sem culpa formada".[153] Em Lisboa, porém, o Conselho Ultramarino, ao examinar os fatos, concluiu que o governador procedera injustamente e determinou que fosse dada liberdade a Bartolomeu Pais de Abreu. Ao governador, o Conselho Ultramarino mandou repreender.[154]

Enquanto tudo isso se dava, o novo ouvidor-geral da comarca de São Paulo, Gregório Dias da Silva, assumiu o cargo disposto a levar adiante a devassa que lhe passara o seu antecessor, Bernardo Rodrigues do Vale. De imediato, mandou deter três pessoas que, na cidade de São Paulo, fundiam e cunhavam moedas fora da Casa de Fundição.[155]

Ouviu novas e antigas testemunhas e concluiu que o então provedor da Casa de Fundição, Bento de Castro Carneiro, dispunha de chaves falsas para abrir o cofre onde haviam sido colocadas as arcas assim que chegaram de Cuiabá. Concluiu que tanto o cofre da Casa de Fundição como as chaves haviam sido mandados fazer por Sebastião Fernandes do Rego, quando ainda ocupava o cargo de provedor dos quintos, ao tempo do governador Rodrigo César de Meneses.

Segundo o ouvidor-geral, contra Castro Carneiro havia provas suficientes de que consentia que se fundisse e marcasse ouro fora da Casa de Fundição.[156] Rego seria também acusado de fazer grandes negócios com sonegadores e de marcar e fundir ouro fora da Casa de Fundição, além de falsificar o cunho, com a colaboração de dois comparsas. Seria preso e encaminhado para a Fortaleza do Rio de Janeiro.[157]

Segundo o historiador Pedro Taques de Almeida Pais Leme, Rego, por empenho de Pimentel, seria transferido para a Cadeia do Limoei-

153 AHU, Conselho Ultramarino, São Paulo, caixa 8, doc. 849, 7/8/1732.
154 AHU, Conselho Ultramarino, São Paulo, caixa 7, doc. 771, 6/3/1731.
155 AHU, Conselho Ultramarino, São Paulo, caixa 7, doc. 804, 24/10/1731.
156 AHU, Conselho Ultramarino, São Paulo, caixa 8, doc. 846, 30/7/1732.
157 AHU, Conselho Ultramarino, São Paulo, caixa 8, doc. 890, 22/9/1732.

ro, em Lisboa, de onde saiu depois de alguns anos, tendo retornado a São Paulo em 1739, "livre e desembaraçado".[158] Casou-se com uma viúva, que teria seus bens embargados. As duas filhas desta teriam, mais tarde, de lutar judicialmente para provar que as propriedades eram de sua mãe e não do padrasto.[159]

A devassa aberta pelo desembargador Francisco Galvão da Fonseca para apurar o furto dos quintos reais praticado em 1726 só seria concluída em agosto de 1746 pelo ouvidor-geral de São Paulo, Domingos Luís da Rocha, implicando Sebastião Fernandes do Rego e Jacinto Barbosa Lopes, provedor dos quintos reais no governo Pimentel.[160] Para Rego, a punição viria tarde demais, pois, a esse tempo, já seria falecido e só os seus bens acabariam executados.[161] Também o fundidor Francisco Pinheiro, funcionário da Casa de Fundição, seria acusado pelo governador Pimentel de roubar ouro quando o transportava da Casa da Balança para a Casa das Forjas.[162]

Ao resumir a história, o historiador Afonso de Escragnolle Taunay (1876-1958) contou que o governador, em parceria com Sebastião Fernandes do Rego, "aventureiro da pior espécie", tratara de arquitetar um plano para espoliar os descobridores do ouro em Goiás dos proventos que deveriam receber em recompensa por seus grandes sacrifícios.[163] João Leite da Silva Ortiz saiu em defesa do irmão Bartolomeu Pais de Abreu e dispôs-se a viajar, ao final de 1730, a Portugal para denunciar a patranha. Como conhecia a fundo a maneira de "engraxar" o mecanismo da máquina burocrática, levou consigo 30 quilos de ouro que tirara de suas próprias lavras nos sertões. No navio, porém, segundo a

---

158 Pedro Taques de Almeida Pais Leme, *op. cit.*, v. 1, 1980, pp. 171-172; v. 3, 1980, p. 91.

159 AHU, Conselho Ultramarino, São Paulo, caixa 19, doc. 1913, ant. 9/11/1750.

160 AHU, Avulsos, São Paulo, caixa 3, doc. 29, 8/8/1746; AHU, Conselho Ultramarino, São Paulo, caixa 15, doc.1472, 29/2/1744.

161 Pedro Taques de Almeida Pais Leme, *op. cit.*, v.1, 1980, pp. 171-172; v. 3, 1980, p. 91.

162 AHU, Conselho Ultramarino, São Paulo, caixa 8, doc. 852, 18/8/1732.

163 Afonso d'Escragnolle Taunay, Prefácio. In: Pedro Taques de Almeida Pais Leme, *Nobiliarquia paulistana histórica e genealógica*, v. 1, 1980, p.15.

lembrança de Pedro Taques que Taunay reproduziu, seria envenenado por um padre, "verdadeiro bandido, coberto de crimes praticados em Mato Grosso, certo Matias Pinto". Teria sido envenenado por instigação de Pimentel.[164]

A LUTA DOS SERTANISTAS POR SEUS DIREITOS

Também Bartolomeu Bueno da Silva, o segundo Anhanguera, teve muito trabalho para defender seus direitos. Só mais de vinte anos depois de sua expedição, estando no Reino em 1746, especialmente para lutar por eles, conseguiu o "encartamento" das passagens dos rios em que não havia canoas, "desde a cidade de São Paulo até as minas de Goiás",[165] recebendo de d. João V uma certidão na qual constava que a ele e a seu sobrinho, Estevão Raposo Bocarro, havia sido feita a mercê.[166]

Para tanto, contou com a colaboração de frei Cosme de Santo André que passou certidão atestando que, ao regressar a São Paulo em 1725, depois de ter acompanhado Bartolomeu Bueno da Silva na viagem ao descoberto de Goiás, assistira à promessa do governador Rodrigo César de Meneses de conceder ao sertanista "a passagem de todos os rios que necessitassem de canoas no caminho daquelas minas". Segundo o religioso, fora devido a essa promessa que Bartolomeu Bueno da Silva decidira empreender nova expedição, à sua custa, o que o levou à descoberta do ouro e a estabelecer a primeira povoação, a futura Vila Boa de Goiás.[167]

Já Bartolomeu Pais de Abreu e João Leite da Silva Ortiz não tiveram a mesma sorte. No mesmo despacho em que concedia o "encartamento" a Bartolomeu Bueno da Silva, o rei deixava claro que haviam

---

164 *Idem, ibidem,* p.16; Pedro Taques de Almeida Pais Leme, *op. cit.,* v.3, 1980, p.93.
165 AHU, Conselho Ultramarino, São Paulo, caixa 21, doc. 2063, ant. 13/1/1756.
166 AHU, Conselho Ultramarino, São Paulo, caixa 16, doc. 1548, ant. 27/8/1745.
167 AHU, Conselho Ultramarino, São Paulo, caixa 16, doc. 1596, 21/4/1745.

ficado para a Coroa as passagens dos rios que constituíam pleito de Bartolomeu Pais de Abreu e João Leite da Silva Ortiz, a saber, Jaguariaçu, Parnaíba, Pardo e Veríssimo.[168]

Primeiro, o filho primogênito de Bartolomeu Pais de Abreu, Bento Pais da Silva, irmão do historiador Pedro Taques de Almeida Pais Leme, depois de formado pela Universidade de Coimbra, dirigiu-se a Lisboa para defender os direitos de seu pai. Mas morreu afogado no rio Tejo, junto a Trafaria, a 22 de outubro de 1738, depois de ter se despedido de d. Luís de Mascarenhas, que seguia em uma nau de guerra rumo ao Brasil, onde assumiria o governo da capitania de São Paulo.[169]

Caberia a Pedro Taques de Almeida Pais Leme insistir por várias vezes junto ao Conselho Ultramarino na defesa da concessão dos rendimentos das passagens do rio Mogi e Sapucaí e da doação de sesmarias das suas testadas[170] e dos rios que corressem entre a cidade de São Paulo e as minas de Goiás a que teriam direito seu pai, Bartolomeu Pais de Abreu, e seu tio João Leite da Silva Ortiz.[171] Ambos morreriam sem que obtivessem o despacho real.

Foi por essa razão que o coronel Bartolomeu Bueno da Silva, já em idade avançada, dispôs-se a viajar a Lisboa para reivindicar pessoalmente o seu direito. Obteve êxito, em 1746, ao alcançar mercê de donatário por três vidas das passagens dos rios Atibaia, Jaguari, Mirim, Grande, das Velhas e Corumbá, no caminho de São Paulo para as minas de Goiás, ficando as demais passagens de rios e seus rendimentos a pertencer à Coroa sob administração da provedoria.[172] Em 1781, seu filho primogênito, Bartolomeu Bueno de Campos Leme e Gusmão, iria pedir à rainha d. Maria I carta de mercê em segunda via dos direitos de

---

168 AHU, Conselho Ultramarino, São Paulo, caixa 21, doc. 2063, ant. 13/1/1756.

169 Pedro Taques de Almeida Pais Leme, *op. cit.*, v. 1, 1980, p.173.

170 AHU, Avulsos, São Paulo, caixa 3, doc. 33, 30/8/1747; AHU, Conselho Ultramarino, São Paulo, caixa 21, doc. 2089, 27/9/1756.

171 AHU, Conselho Ultramarino, São Paulo, caixa 21, doc. 2063, ant. 13/1/1756.

172 AHU, Conselho Ultramarino, São Paulo, caixa 17, doc. 1628, 7/5/1746.

passagens daqueles rios que haviam sido concedidos a seu pai, já que a "primeira vida" havia durado até 24 de dezembro de 1776.[173]

Mortos o pai, o tio e também o irmão, Pedro Taques de Almeida Pais Leme decidiu, em 1754, viajar para Lisboa a fim de dar continuidade ao pleito das indenizações de que sua família se julgava credora. A esse tempo, o historiador estava de volta a São Paulo, depois de exercer o emprego de escrivão e tesoureiro da Intendência Comissária e Guardamoria do distrito do Pilar, em Goiás, atividade em que supervisionava a arrecadação dos impostos que a Coroa cobrava da atividade mineradora. Àquela época, também havia obtido o direito de explorar uma lavra, o que lhe permitira acumular cabedais e projetar a viagem a Portugal.

Em Lisboa, porém, o destino seria cruel com Pedro Taques de Almeida Pais Leme: estava hospedado em um prédio localizado no Bairro Alto, quando a 1º de novembro de 1755, dia de Todos os Santos, entre as 9 e 10 horas da manhã, sob céu claro e sereno e um clima mais quente do que normalmente costumava ocorrer naquela estação do ano, do rio Tejo ouviu-se um estrondo que alvoroçou as águas e a terra começou a tremer violentamente.[174] Só teve tempo de deixar o prédio: os documentos ficariam soterrados no monturo em que se converteu o edifício.

Mesmo assim, não desistiu e voltou à carga, recorrendo à clemência real, "não obstante a falta dos ditos documentos". A princípio, recebeu do procurador o reconhecimento da mercê prometida a seu pai "por duas ou três vidas sujeitas à lei mental" referente aos rios Mogi e Sapucaí,[175] mas, depois, angustiado com a morosidade com que o processo percorria os cacifos do Conselho Ultramarino, preferiu voltar a São Paulo para cuidar da vida. Antes, porém, valeu-se das amizades influentes que conseguira no Paço para garantir uma promissora si-

173 AHU, Conselho Ultramarino, São Paulo, caixa 35, docs. 2970 e 2971, ant. 7/4/1781.
174 Augusto Soares de Azevedo Barbosa de Pinho Leal, *Portugal antigo e moderno*, v. 9, 1880, p. 231.
175 AHU, Conselho Ultramarino, São Paulo, caixa 21, doc. 2063, 11/9/1756.

necura: a de tesoureiro-mor para São Paulo, Goiás e Mato Grosso da Bula da Cruzada, instituição encarregada de arrecadar fundos para obras de caridade.

Em São Paulo, quando se sentou para escrever a sua *Nobiliarquia paulistana histórica e genealógica*, não perdoou o ex-governador Caldeira Pimentel, a quem considerava culpado pela desdita de seu pai. Afonso de Escragnolle Taunay, que produziu um estudo e uma biografia de Pedro Taques de Almeida Pais Leme no começo do século xx, seguiu as mesmas pegadas, carregando ainda mais nas tintas.

Segundo Taunay, Pimentel não passara de um sátrapa obcecado pela ideia de fazer a América.[176] Para Pedro Taques de Almeida Pais Leme, Pimentel, que seria "filho espúrio de um cônego da Sé de Lamego", teria agido assim contra Bartolomeu Pais de Abreu porque não queria que Rodrigo César de Meneses, seu antecessor, "ficasse com a glória de fazer dar à luz um descobrimento tão apetecido".[177]

De fato, o prestígio de Pimentel sempre andou baixo entre a população. Ao passar o cargo a d. Antônio Luís de Távora (?-1737), o conde de Sarzedas, foi obrigado a testemunhar manifestações de "contentamento e aplauso" que marcaram a posse de seu sucessor[178], o que, em contrapartida, representava a felicidade com que os paulistas o viam seguir o seu destino.

EM BUSCA DE BRASÕES IMAGINÁRIOS

Se a história se passou assim mesmo como diz Pedro Taques de Almeida Pais Leme, não se pode assegurar. Nem os documentos consultados – a maioria em mau estado – abonam tantos pormenores. Até porque, como sabe o incrédulo leitor, os historiadores precisam se servir de fontes escritas cujos autores, uns mais outros menos, são

176 Afonso d'Escragnolle Taunay, *op. cit.*, v. 1, 1980, p.15.
177 Pedro Taques de Almeida Pais Leme, *op. cit.*, v. 3, 1980, p.90.
178 AHU, Conselho Ultramarino, São Paulo, caixa 8, doc. 861, 23/8/1732.

sempre ligados à cultura dominante. Não que tenham sido todos mentirosos, mas a maneira como encaravam a História sempre os condenava à deturpação.

Sem contar que a imensa maioria dos papéis que restaram nos arquivos oficiais só mostra a visão dos poderosos, daqueles que detinham posições de mando. E, se alguma luz consegue penetrar nesse emaranhado de informações, é quando os membros da classe dominante entram em atrito. Seria o caso dos fatos relatados à luz da memória esmaecida de Pedro Taques de Almeida Pais Leme, que, quando os viveu, era ainda um rapazola de 17 ou 18 anos que fora criado na ilusão da presença de numerosa fidalguia no Brasil, o que o levou a buscar brasões imaginários.

De Pedro Taques de Almeida Pais Leme, o que os documentos mostram é que, aos 23 anos, ao final de 1737, foi acusado na vila de Santos de ter divulgado pasquins falando mal de vários seculares eclesiásticos. E que por isso o conde de Sarzedas o mandou passar um período na cadeia. Em sua defesa, alegou que os pasquins haviam sido feitos na casa do tenente João Rodrigues do Vale, o que não o eximia de participação no caso.[179]

O historiador casou-se três vezes: com Maria Eufrásia de Castro Esteves, que morreu de malária contraída em Goiás; com Ana Felizarda Xavier da Silva, que faleceu um ano e meio depois do casamento; e com Inácia Maria de Assunção e Silva, 35 anos mais jovem que ele. Perdeu dois filhos mais velhos, um de 25 e outro de 23 anos.

De 1765, é uma carta que escreveu ao Reino em que se queixava de perdas com a administração da Bula da Cruzada. Dizia que, quando recebera ordem para não ser publicada a "cruzada", já se havia feito a sua publicação na Sé de São Paulo e que, por esse motivo, iniciara por sua conta os avisos aos tesoureiros das freguesias novas. Alegava ainda que a guerra dos castelhanos impedira a saída da frota de Cuiabá que

---

179 AHU, Conselho Ultramarino, São Paulo, caixa 12, doc. 1174, ant. jan.1738.

trazia o ouro das "bulas" vendidas em Mato Grosso e Cuiabá em 1763, o que o obrigara a completar o montante "de sua algibeira".[180]

Apesar disso, seria afastado de suas funções e processado pela Coroa por malversação dos fundos da Bula da Cruzada. Acusado de desviar o dinheiro arrecadado, emprestando-o a juros, teria seus bens sequestrados. Morreu em extrema penúria em 1777, aos 63 anos de idade. Foi no último e mais difícil período de sua vida que se dedicou com maior afinco à atividade de historiador, ofício que aprendera a admirar especialmente em sua estada em Lisboa, quando tivera a oportunidade de conhecer os historiadores Diogo Barbosa Machado (1682-1772), Antônio Caetano de Sousa (1674-1759) e José Freire de Monterroyo Mascarenhas (1670-1760), que teriam influenciado seus estudos genealógicos, segundo Afonso d'Escragnolle Taunay.[181]

Apesar de todo o seu empenho em dourar os brasões imaginários de seus familiares e pessoas principais da capitania de São Vicente e, depois, de São Paulo, os primeiros paulistas eram, na imensa maioria, homens rudes, que exercitavam ofícios mecânicos. E que, muitas vezes, foram ridicularizados pelos fidalgos que vinham de Portugal exercer o mando em nome do rei. À custa de escravizar indígenas, semear a terra e buscar o ouro, alguns deles chegaram a potentados. Seriam homens-bons, ou seja, ricos proprietários, mas não fidalgos: as atividades que desempenhavam eram incompatíveis com a fidalguia.[182] Basta ver que Bartolomeu Bueno da Silva, descobridor e guarda-mor das minas de Goiás, havia sido açougueiro e um Pais Leme, carpinteiro.[183]

---

180 AHU, Conselho Ultramarino, São Paulo, caixa 23, doc. 2247, 26/8/1765.
181 Afonso d'Escragnolle Taunay, "Escorço biográfico". In: Pedro Taques de Almeida Pais Leme, *História da Capitania de São Vicente*, s/d, p. 28; Laura de Mello e Souza, *op. cit.*, 2006, p. 141.
182 Eduardo D'Oliveira França, *op. cit.*, 1997, p.186.
183 A. Ellis Júnior, *Os primeiros troncos paulistas e o cruzamento euro-americano*, 1936, p. 289; Eduardo D'Oliveira França, *op. cit.*, 1997, p.186.

Sem armas, pólvora e homens

D. Antônio Luís de Távora, o quarto conde Sarzedas, partiu de Portugal a 24 de maio de 1732 com destino ao Estado do Brasil. Deixou para trás mulher e filhos na mansão em que vivia em São Sebastião da Pedreira, em Lisboa, a 3,5 quilômetros ao Norte da margem direita do Tejo, para atender a uma determinação de d. João v, que o queria à frente da capitania de São Paulo. Nunca mais veria as águas do Tejo: morreu a 29 de agosto de 1737, no sítio de Tocantins, distrito de Goiás, em meio a lutas contra o gentio, fome e doenças do sertão.[184]

Ao desembarcar em Santos, no começo de agosto de 1732, foi recebido com tantos problemas por funcionários régios e homens-bons da vila que não teve pressa de subir a Serra em direção a São Paulo, de onde deveria comandar uma região quase quarenta vezes mais extensa que Portugal. Depois de tomar posse na vila de Santos a 15 de agosto,[185] ao inspecionar as fortificações ao longo da costa, logo viu que a situação era das mais precárias: faltavam armas, pólvora e homens.

Além disso, tanto a Fortaleza de Santo Amaro da Barra Grande como a de Bertioga estavam em ruínas, sem condições de resistir ao mais débil ataque. Na Fortaleza de Santo Amaro da Barra Grande, os alicerces estavam feitos, constatou, mas faltava-lhe uma casa da pólvora para abrigar toda a munição. Sem contar que por toda a praia que se achava junto da Barra era preciso levantar fortificações. Viu, anotou todos os problemas e escreveu ao rei contando as necessidades, à espera de uma resposta que só viria dois anos mais tarde, quando d. João v mandou que dos cofres reais saíssem 4 mil cruzados por ano para aquelas obras, além dos 4 mil que o governo da capitania já tinha em consignação[186] e que saíam da arrecadação da alfândega de Santos.[187]

---

184 AHU, Conselho Ultramarino, São Paulo, caixa 12, doc. 1162, post. 29/8/1737.
185 Alberto Sousa, *Os Andradas*, v. 1, 1922, p. 182.
186 AHU, Conselho Ultramarino, São Paulo, caixa 11, doc. 1096, 30/10/1733.
187 AHU, Conselho Ultramarino, São Paulo, caixa 9, doc. 936, 30/10/1733.

De alguns homens-bons da terra, ouviu muitas queixas quanto à atuação da alfândega. Por ali, muitas mercadorias passavam sem pagar os direitos e ocorria toda a sorte de fraudes contra a Fazenda Real. Passou dias indo pessoalmente à alfândega para verificar como andavam as escriturações nos livros e não lhe foi difícil perceber a extensão das muitas irregularidades. Talvez por causa da longa distância da Corte, aqueles homens se sentissem livres para tomar decisões e fazer as coisas ao próprio modo, como se não tivessem de prestar contas a ninguém.

Conforme as denúncias que chegaram ao governador, o provedor da Fazenda Real em Santos, Timóteo Correia de Góis, com apoio do escrivão José Ribeiro de Andrade, sem ordem régia que lhe servisse de base, havia decidido introduzir no porto o pagamento de uma guia no valor de 450 réis para a saída de escravos, o que vinha prejudicando, havia muito tempo, os moradores da vila em suas relações comerciais com outros portos do Brasil no tocante ao comércio de negros.[188]

As queixas não eram só locais: comerciantes de toda a capitania haviam pedido ao governador anterior, Antônio da Silva Caldeira Pimentel, que a capitania os isentasse de pagar guias pelos escravos que os acompanhavam nas suas viagens de Santos para o Rio de Janeiro, onde costumavam se abastecer de mercadorias para o comércio.[189]

Com muito custo, o conde de Sarzedas iria descobrir que a decisão do provedor estava amparada em uma ordem dada à Provedoria, em 1722, pelo então governador e capitão-general Rodrigo César de Meneses e renovada pelo monarca, que determinava que se fizesse um rigoroso exame dos negros que fossem de Santos para o Rio de Janeiro, Bahia e Pernambuco, exigindo que por todos fossem pagos direitos. Segundo o escrivão da Fazenda Real, José Ribeiro de Andrade, "os comerciantes só pagavam 4 vinténs por carta de guia de um escravo ou de

---

188 AHU, Conselho Ultramarino, São Paulo, caixa 9, doc. 973, 5/2/1734.
189 AHU, Conselho Ultramarino, São Paulo, caixa 9, doc. 973, ant. 8/11/1731.

duzentos".[190] Mas havia sido tão forte a pressão dos comerciantes que o governador Pimentel recuara da decisão, determinando que as guias passassem a ser fornecidas gratuitamente.[191]

Só depois, quando ouviu o depoimento do escrivão José Ribeiro de Andrade, soube que havia ali um esquema para fraudar a Fazenda Real: os comerciantes faziam que levavam um, dois ou mais escravos, sem levar nenhum. Assim, como a guia era passada para a quantidade de negros que o proprietário declarava levar em sua companhia, traziam escravos em igual número do Rio de Janeiro, defraudando os cofres régios.[192]

Ao determinar a gratuidade da guia, o governador Pimentel pensara que havia dado um golpe de mestre, pois obrigaria todo comerciante a sair e a entrar no porto com o mesmo número de escravos, mas a questão, como sempre, dependia dos humores da fiscalização. E, assim, os grandes senhores continuariam a sair e a entrar no porto, levando nenhum e trazendo muitos negros, sem pagar tributos, debaixo das vistas grossas dos fiscais, que, provavelmente, receberiam por fora a sua recompensa. Era assim que se construía fortuna, pois quem podia fraudava a Coroa.

Portanto, não fora à toa que, quando se preparava para largar ao Tejo, o conde de Sarzedas só ouvira queixas de d. João V e seus ministros: a ruína dos cofres régios seria tanta que até mesmo a quantidade de cera gasta nas procissões do Corpo de Deus e São Sebastião, na cidade de São Paulo, havia causado preocupação em Lisboa. Era da tradição o fornecimento de cera, indistintamente, a todas as pessoas que participassem das procissões, mas, agora, aquela prodigalidade deveria ter fim, segundo a recomendação real: só mesmo as pessoas principais – aquelas que tivessem a honra de carregar o pálio e andar logo atrás do governador e do bispo diocesano, como mandava a tra-

---

190 AHU, Conselho Ultramarino, São Paulo, caixa 9, doc. 973, 16/11/1731.
191 AHU, Conselho Ultramarino, São Paulo, caixa 9, doc. 973, 1/12/1731.
192 AHU, Conselho Ultramarino, São Paulo, caixa 9, doc. 973, ant. 22/12/1732.

dição – teriam direito a receber um pouco de cera,[193] já que eram consideradas exageradas as despesas da Fazenda Real com o que se pagava aos párocos, além da côngrua, hóstias, vinho e ornamentos necessários para as igrejas.[194]

A alegada penúria dos cofres régios talvez viesse de 1717, quando d. João V, sem que o seu governo dispusesse de técnica, homens e recursos, mandara erguer o convento-palácio de Mafra, gigantesco edifício de proporções que excediam de longe tudo quanto até então se edificara em Portugal. Para essas obras, tudo viria de fora, com exceção da pedra e dos homens apanhados à força por todo o país.[195] Como só haveriam de estar concluídas em 1750, as obras, por certo, ajudaram a reduzir a liquidez do Estado, ao lado de outras despesas com a construção do Aqueduto das Águas Livres, da Biblioteca da Universidade de Coimbra, da capela de São Roque e de obras em Vila Viçosa.

O nó górdio da questão, porém, talvez estivesse em outra parte: a sobrevivência de Portugal como Estado livre estava na dependência do interesse britânico pela conservação do seu sistema imperial, o que significava garantir, em contrapartida, o contrabando inglês para parte dos domínios espanhóis da América do Sul e pagar as exportações britânicas para Portugal a peso de ouro do Brasil.[196] E isso vinha desde os tempos do Tratado de Methuen, em 1703. Não seria à toa que os cofres de d. João V estavam sempre vazios.

Por tudo isso, o conde de Sarzedas saíra de Lisboa com a missão de não só reorganizar as finanças da capitania de São Paulo como impedir os descaminhos do ouro em Goiás e Cuiabá, reforçando a repressão ao contrabando. Para o conde de Sarzedas, desde os primeiros dias, ficara claro que as desordens em Goiás só seriam sanadas quando aquela re-

193 AHU, Conselho Ultramarino, São Paulo, caixa 9, doc. 975, 6/4/1734.
194 AHU, Conselho Ultramarino, São Paulo, caixa 9, doc. 957, 9/11/1733.
195 José Hermano Saraiva, *História concisa de Portugal*, 1981, p. 237.
196 Valentim Alexandre, *Os sentidos do Império: questão nacional e questão colonial na crise do antigo regime português*, 1993, p. 94.

gião fosse erigida em capitania com a presença de um capitão-general e governador nomeado pelo rei. E, naturalmente, quando houvesse mais povoações, tornando possível maior controle.[197]

Mas aquela seria uma medida que o governador haveria de sugerir oficialmente ao rei mais tarde, quando assumisse, de fato, o governo na cidade de São Paulo. Por enquanto, pretendia aproveitar a chegada à vila de Santos para tomar pé da situação da costa. Para evitar maledicências, mandou pagar as despesas com os índios que haviam ido a Santos buscar a sua bagagem. Ainda assim, chegariam denúncias a Lisboa de que costumava fazer grandes despesas na condução pela capitania.

Em resposta, diria que, ao chegar, havia aceitado uma ceia que lhe fora oferecida pelo Senado da Câmara de São Paulo no sítio do rio dos Couros, que ficava no caminho de Santos, onde os camaristas o haviam ido esperar para dar as boas-vindas. Para provar a veracidade de suas informações, o governador anexou à resposta a d. João V a certidão de frei Antônio do Espírito Santo da Baía, de 12 de fevereiro de 1734, certidão do abade do Mosteiro de São Bento, frei José da Encarnação, de 13 de fevereiro de 1734, e certidão do superior da aldeia de Barueri dos Índios, frei Manuel de Santa Joana, atestando que o governador havia pagado os serviços dos indígenas com recursos de sua verba de representação, sem passar as despesas para a Câmara.[198]

Quando chegou a São Paulo, o conde de Sarzedas hospedou-se na casa que servia de residência aos governadores de propriedade de d. Simão de Toledo Pisa, a quem o Erário Régio continuava a pagar aluguel regularmente.[199] Sorte foi que, pouco tempo depois da chegada do conde, muita prata foi retirada de um navio-pirata afundado na costa da barra de Paranaguá. Com a prata sendo incorporada à Fazen-

197 AHU, Avulsos, São Paulo, caixa 2, doc. 11, 13/11/1732.
198 AHU, Conselho Ultramarino, São Paulo, caixa 9, doc. 981, 2/3/1734.
199 AHU, Conselho Ultramarino, São Paulo, caixa 12, doc. 1153, 26/10/1736.

da Real, pouca diferença ficara entre receita e despesa.[200] Sem contar que, poucos dias depois, das minas de Goiás chegaram notícias de novos descobrimentos de ouro e pedras preciosas, que supostamente seriam diamantes.[201]

A chegada do conde de Sarzedas coincidiu com o colapso das minas de Cuiabá, descobertas em 1719 por Pascoal Moreira Cabral. Como nas Minas Gerais, a área aurífera de Cuiabá alargou-se com rapidez, com a proliferação de arraiais. Em maio de 1732, de São Paulo, o conde de Sarzedas passava informações ao Reino dizendo do estado de abandono em que se encontravam as minas de Cuiabá e do perigo com as vizinhanças dos índios paiaguases e das missões dos padres castelhanos da Companhia de Jesus.[202] Em dezembro de 1734, o governador voltaria a registrar a decadência das minas de Cuiabá, informando ao Reino que na Casa de Fundição não haviam entrado "mais de que 20.999 oitavas de ouro (75,6 quilos) de partes e nenhuma dos direitos de Vossa Majestade, que a respeito dos mais anos bem se deixa ver o lastimoso estado a que se acha reduzida aquela conquista".[203]

Reinstalado em Lisboa e a pedido do Conselho Ultramarino, o ex-governador Rodrigo César de Meneses já havia encaminhado ao órgão um arrazoado dizendo que, para combater os paiaguases, eram necessários muitos paulistas, "visto serem conhecedores do sertão e muito temidos pelos povos gentios". César garantiu que era infundada a informação segundo a qual os jesuítas castelhanos estariam se valendo de alemães para entrar nas novas terras. Disse ainda que os jesuítas castelhanos não disfarçavam o temor que sentiam dos paulistas.[204]

---

200 AHU, Conselho Ultramarino, São Paulo, caixa 9, doc. 987, 23/3/1734.
201 AHU, Conselho Ultramarino, São Paulo, caixa 9, doc. 995, 7/4/1734.
202 AHU, Conselho Ultramarino, São Paulo, caixa 8, doc. 838, 19/5/1732.
203 DI, v. 40, 1902, pp. 152-156.
204 AHU, Conselho Ultramarino, São Paulo, caixa 8, doc. 838, 1/4/1732.

Poucas mulheres brancas

Ao chegar a São Paulo, o novo governador aproveitou o momento para dar uma boa notícia aos moradores: d. João V decidira atender à antiga reivindicação dos paulistas, isentando de deveres militares os filhos dos "cidadãos e republicanos" da capitania.[205] Depois, mandou que um alvará de d. João V de 14 de abril de 1732 fosse anunciado pelas "ruas públicas de São Paulo", proibindo que mulheres saíssem do Estado do Brasil sem licença régia,[206] provavelmente em razão do reduzido número de mulheres brancas na América portuguesa.

À época de sua chegada, mal se sentou à mesa de trabalho, começaram a cair-lhe nas mãos os problemas da capitania. A cidade de São Paulo e seu termo e vilas próximas viviam assoladas por uma epidemia de bexigas, que "fazia emigrar centenas de pessoas".[207] Moradores de vilas distantes reclamavam do montante do real donativo imposto ao tempo do governador Pimentel, pois eram pobres e não tinham como pagar: quem podia partia para as Minas, deixando as famílias sem condições de arcar com aquele tributo.[208] Tinham esperança de que o novo governador fosse mais compreensível.

Oficiais da Câmara de São Paulo, depois de exaltar os feitos dos paulistas que haviam descoberto as várias regiões mineiras, reclamavam dos descaminhos do ouro e pediam a instalação de Casa da Moeda na cidade.[209] Queixavam-se do estado em que se encontrava a igreja matriz, "em ruínas" e pobre de "paramentos e ornamentos", o que impedia a realização de "procissões e cerimônias de ritual".[210]

De Santos, o provedor da Fazenda Real dizia-lhe por escrito que mandara carta ao Conselho Ultramarino pedindo autorização para re-

205 AHU, Conselho Ultramarino, São Paulo, caixa 8, doc. 864, 23/8/1732.
206 AHU, Conselho Ultramarino, São Paulo, caixa 8, doc. 866, 24/8/1732.
207 AHU, Conselho Ultramarino, São Paulo, caixa 7, doc. 787, 27/6/1731.
208 AHU, Avulsos, São Paulo, caixa 2, doc. 103, 9/11/1732.
209 AHU, Avulsos, São Paulo, caixa 2, doc. 108, 25/8/1733.
210 AHU, Conselho Ultramarino, São Paulo, caixa 7, doc. 813, 6/2/1732.

servar 12 mil cruzados por ano para as obras da casa da pólvora e das fortalezas de Santo Amaro da Barra Grande e de Bertioga. Aventara até a possibilidade de vir gente da prisão do Limoeiro, em Lisboa, para trabalhar nas obras das fortalezas, levando em conta a falta de homens disponíveis na região para aquele tipo de trabalho. Mas não encontraria boa receptividade por parte do Conselho Ultramarino: aquilo era proibido por lei assinada por d. João v.[211]

Em Santos, por essa época, já haviam começado as obras para a construção da Casa do Trem Real, um armazém dos apetrechos de guerra, em terreno em que existia o primeiro pelourinho mandado erguer pelo fundador Brás Cubas[212] e onde estavam instalados até então quartéis para soldados.[213] Mas as fortificações na praça de Santos, como as fortalezas de Santo Amaro da Barra Grande, Itapema, Monte Serrat e Bertioga, e nomeadamente a da vila de São Vicente, estavam em ruínas.[214] No ano de 1734, o conde de Sarzedas pensou em mandar fazer reparações no Caminho do Mar em locais que já haviam passado por obras em 1726, por ordem do então governador Rodrigo César de Meneses, mas desistiu por causa da força das águas que dificultavam o trabalho.[215]

Entre tantas solicitações e empenhos, o que começou a preocupar o conde de Sarzedas foi que um dos acusados de distribuir moeda falsa nas Minas Gerais havia escapado da prisão de Vila do Príncipe do Serro do Frio e fugira justamente em direção a São Paulo. O governador deu ordens para que, se um daqueles "moedeiros falsos" rompesse por algum caminho que levava a São Paulo, fosse prontamente detido.[216]

Desconfianças não faltavam: o governador anterior havia mandado suspender a instalação de uma armação de pesca de baleias, suspei-

211 AHU, Avulsos, São Paulo, caixa 10, doc. 1033, 27/10/1734.
212 Alberto Sousa, *op. cit.*, v. 1, 1922, p. 185.
213 José Jobson de Andrade Arruda (coord.), *Documentos manuscritos avulsos da Capitania de São Paulo. Catálogo I (1664-1830)*, 2000, p. 19, planta da vila de Santos, c. 1714.
214 AHU, Conselho Ultramarino, São Paulo, caixa 8, doc. 902, 29/5/1733.
215 DI, v. 40, 1902, p. 137.
216 AHU, Conselho Ultramarino, São Paulo, caixa 9, doc. 970, 8/1/1734.

tando de que pudesse servir para o extravio de ouro. O responsável pelo empreendimento, Domingos Gomes da Costa, contratador da pesca de baleia, inclusive, alegara que as suspeitas seriam infundadas até porque a fábrica seria instalada na ilha de São Sebastião, onde não havia caminho para as Minas.[217] Mas nada demoveu o governador e o caso subiu ao Conselho Ultramarino que decidiu que se devia dar ao contratador as mesmas oportunidades e prerrogativas dos contratadores do Rio de Janeiro e da Bahia.[218] Ao conde de Sarzedas só restou executar a ordem régia.

Outro motivo de insatisfação na cidade era o antigo privilégio, que vinha de meados do século anterior, segundo o qual o lugar de juiz de fora teria de ser servido por alguém das famílias Pires e Camargo, proprietários rurais que dominaram por mais de um século a política na capitania de São Paulo. Por aqueles dias, sob a influência dessas poderosas famílias, a Câmara encaminhara requerimento ao rei d. João V pedindo que o privilégio fosse mantido, lembrando que estava estabelecido por alvará do governador-geral do Estado do Brasil da época. Mas, ao mesmo tempo, homens-bons da cidade de São Paulo haviam apelado ao rei para que fosse nomeado um juiz de fora que administrasse a vara com justiça, o que não ocorreria se a nomeação recaísse outra vez sobre alguém ligado aos clãs dos Pires e dos Camargo, considerados "revoltosos e inimigos do sossego público".[219]

Tantas décadas depois, desaparecidas todas as personagens que movimentaram aquela luta fratricida, já não haveria razão para que os privilégios concedidos no fragor da beligerância fossem mantidos. Ainda assim, os remanescentes dos dois clãs se mostravam dispostos a lutar – desta vez, unidos – pela manutenção dos favores régios. E, como ainda dominavam a Câmara de São Paulo, o conde de Sarzedas

217 AHU, Conselho Ultramarino, São Paulo, caixa 10, doc. 1056, 8/1/1735; AHU, Avulsos, São Paulo, caixa 2, doc. 19, 26/11/1734.
218 AHU, Avulsos, São Paulo, caixa 2, doc. 30, 29/10/1734.
219 AHU, Conselho Ultramarino, São Paulo, caixa 11, doc. 1108, 27/12/1735.

teve de se movimentar com muita habilidade para nomear um juiz de fora que, de fato, fizesse jus ao título e fosse descomprometido com as relações locais de poder e influência.

As pressões, porém, àquela altura, não seriam capazes de quebrar a paz do pequeno burgo. Por aqueles dias, o que andava inquietando corações e mentes paulistas, como logo soube o conde de Sarzedas, seriam os resquícios das desavenças que haviam tumultuado a vida da cidade à época do governador Pimentel. O que se sabe de certo é que o conde de Sarzedas, ao chegar a São Paulo, ouviu queixas de uns e argumentos de outros e decidiu revalidar todos os atos de seu antecessor em relação aos descobridores de Goiás.

Bartolomeu Bueno da Silva, o segundo Anhanguera, ainda enviou uma carta a d. João V, informando que, em 1722, resolvera explorar o sertão daquelas minas, em uma empreitada que durara quatro anos. Perdeu todos os seus escravos e quase todos os soldados, passando muita fome e correndo graves riscos. Apesar de tantos percalços, cumpriu a promessa que fizera ao governador de então, Rodrigo César de Meneses.

Em 1726, segundo contou ao rei, recomeçou o trabalho e também à sua custa estabeleceu a povoação do arraial de Santana. Alegou ainda que mandara povoar um arraial no Maranhão e o dos Pilões, onde fez descobertas importantes de ouro e pedras preciosas, mas que se encontravam desertos em razão do receio que seus antigos moradores tinham dos caiapós.[220] Mesmo assim, o governador Pimentel não reconheceu os sacrifícios de Bartolomeu Bueno da Silva, o que o levou a recorrer ao Conselho Ultramarino.

Ao chegar a São Paulo, o conde de Sarzedas soube também das destruições e mortes que os índios "paiaguases e mais gentios" vinham causando na região das minas de Cuiabá. Mandou publicar um bando em São Paulo e em todas as vilas da capitania convocando todos

---

220 AHU, Conselho Ultramarino, São Paulo, caixa 11, doc. 1122, 1736.

aqueles que quisessem se alistar para servir na guerra contra aqueles indígenas, mas de prático pouco obteve. Ninguém se alistou.

Por isso, teve de recorrer a uma lei de 1611, que havia sido ratificada por d. João v em 1726, segundo a qual os índios e os "oriundos" que se encontravam a serviço dos moradores da capitania fossem declarados livres de cativeiro, obrigando-os a se alistar no regimento que se estava formando para mandar a Cuiabá lutar contra os paiaguases. Em troca, ganhariam como escravos tantos quantos aprisionassem na guerra. Aos proprietários que quisessem se alistar, o governador concederia licença para conservar os índios em seu poder, mas sob fiança, na condição de que os entregassem ao governo a todo tempo que lhes fosse ordenado.[221]

Homem de atitudes refinadas, o conde de Sarzedas ficou horrorizado com a maneira como os potentados paulistas escravizavam os indígenas e os tratavam como animais ferozes, mas, diante da necessidade de guerra, pouco pôde fazer. Três anos mais tarde, quando a situação em Cuiabá já estava sob controle, decidiu escrever a d. João v propondo tratamento mais ameno em relação ao gentio. E sugeriu alterações na forma como os proprietários conservavam seus índios escravizados, ainda que "sem alterar a liberdade" do gentio. Quem tivesse índios e quisesse conservá-los teria de prestar fiança, ficando obrigado a mantê-los "bem tratados e educados", propôs o governador.

Se o exame judicial comprovasse que o dono castigava rigorosamente os índios, seria condenado a pagar pena pecuniária. "Os índios não poderiam mudar de proprietário, salvo em causa justa", recomendou, lembrando que, nesse caso, o governador deveria "determinar a aldeia ou casa para onde o índio transitaria". O conde de Sarzedas observava ainda que o monarca deveria ordenar ao ouvidor da comarca que "demarcasse as terras nos limites de cada aldeia para facilitar a

---

221 AHU, Conselho Ultramarino, São Paulo, caixa 11, doc. 1124, 15/10/1733.

decisão e evitar as anexações das terras pertencentes aos índios".[222] As recomendações do governador, porém, nunca seriam seguidas.

Os esforços do conde de Sarzedas foram inúteis porque o colapso das minas de Cuiabá deu-se de maneira rápida e, ao final da década de 1720, verificou-se a dispersão daqueles que haviam chegado ávidos por descobrir ouro. Em 1731, seriam localizadas por Fernando Pais de Barros e seu irmão Artur Pais as minas da chapada de São Francisco Xavier e as do Guaporé, onde, mais tarde, haveria de se erguer a Vila Bela da Santíssima Trindade de Mato Grosso, que daria nome à futura capitania e aos dois estados atuais. Somente a partir de 1734 as minas começariam a passar por exploração,[223] atraindo novas levas de aventureiros paulistas.

Entre aqueles homens, logo descobriu o conde de Sarzedas, era difícil fazer cumprir a lei. Na imensa maioria, eram pessoas chucras que desconfiavam daqueles que sabiam ler, especialmente de tabeliães, juízes de fora, ouvidores e corregedores, em razão da formação letrada dessa magistratura. Desconfiavam do que podiam fazer ao escrever nos longos livros entre quatro paredes. Mesmo que quisessem e dispusessem de dinheiro para pagar honorários, não haveria quem os defendesse: os poucos "bacharéis formados na Universidade de Coimbra haviam emigrado para as Minas em busca de maiores proventos".[224] Em 1735, havia só um advogado formado em Coimbra atuando nos auditórios da comarca de São Paulo e, à falta de outros, um morador formado em Filosofia fora autorizado a exercer as mesmas funções pelo ouvidor-geral e corregedor.[225]

---

222 AHU, Avulsos, São Paulo, caixa 11, doc. 1124, 20/4/1736.
223 Virgílio Noya Pinto, *op. cit.*, pp. 91-92.
224 AHU, Conselho Ultramarino, São Paulo, caixa 11, doc. 1130, ant. 3/6/1736.
225 AHU, Conselho Ultramarino, São Paulo, caixa 11, doc. 1130, 27/6/1735.

Um novo motim do sal

Em 1734, passados dois anos da posse do conde de Sarzedas, eclodiu uma questão por razões que já haviam provocado, em 1711, um motim chefiado por Bartolomeu Faria, régulo de Jacareí. A exemplo daquele episódio, por causa de estratégias comerciais daqueles que detinham o monopólio do sal, a população da vila de Santos e de toda a capitania começou a sofrer com a carência do produto. Sem alternativa, muitos moradores da região recorriam à prática de ferver água do mar em tachos de cobre para obter o sal, o que trazia muitas doenças para quem fazia uso do produto.[226] Tudo isso se dava pois o que os detentores do monopólio mais queriam era aumentar os lucros, já que a carência do sal na praça disparava o preço.

A tal ponto chegou a situação que, a 13 de setembro de 1734, o juiz de fora da comarca de São Paulo, Francisco Correia Pimentel, atendendo aos reclamos de moradores, mandou notificar o juiz da alfândega de Santos e seus oficiais para que lhe entregassem os mais de 100 alqueires que ali haviam sido desembarcados a 3 e 4 de julho de uma sumaca procedente do Rio de Janeiro em nome de Manuel Fernandes Viana, o contratador do sal.

Como o juiz da alfândega se recusou a entregar as chaves dos armazéns, mantendo seus homens inertes, o juiz de fora retornou, no dia seguinte, acompanhado por soldados. E mandou arrombar as portas da alfândega para que dela fosse retirado o sal a ser repartido entre a população.[227] Antes, porém, houve grande altercação entre o juiz de fora Pimentel e o provedor da Real Fazenda e juiz da alfândega da praça de Santos, Antônio Francisco Lustosa, que se negara a admitir a retirada do sal. De nada adiantou o juiz de fora defender a sua decisão com base em capítulos do foral da alfândega.[228]

226 AHU, Avulsos, São Paulo, caixa 2, doc. 28, 20/8/1734.
227 AHU, Avulsos, São Paulo, caixa 2, doc. 120, 29/7/1734.
228 AHU, Avulsos, São Paulo, caixa 2, doc. 26, 24/7/1734.

Sem outra saída, Pimentel resolveu, a 13 de setembro de 1734, reunir o povo na Câmara para discutir o impasse e buscar uma solução. Enquanto alguns moradores ameaçavam arrombar as portas da alfândega com as próprias mãos, outros entendiam que poderiam organizar um contingente capaz de surpreender a galera *Nossa Senhora da Madre de Deus e Senhor dos Perdões,* que se encontrava fundeada fora da Fortaleza de Santo Amaro da Barra Grande, e arrancar o sal que estava a bordo.

Levando em conta os ânimos exaltados e a situação crítica em que já se encontrava a população, mandou o juiz de fora arrumar toda a infantaria junto à igreja da Misericórdia para impedir possíveis excessos, enquanto seguia acompanhado por soldados para fazer cumprir a sua própria determinação de mandar abrir os armazéns da alfândega.[229] Mais tarde, a decisão do juiz de fora não seria bem recebida pelo governador, que se preocupou, principalmente, com os prejuízos que o gesto trouxera para o contratador do sal e para a Fazenda Real, pois, distribuído o produto entre a população, nenhum tributo sobre aquela mercadoria poderia mais ser cobrado. Por isso, mandou prender os oficiais que haviam cumprido a determinação do juiz de fora.[230]

Também o provedor Lustosa rebelou-se contra a decisão do juiz de fora, argumentando que o problema começara em 1731, quando a Câmara do Rio de Janeiro decidira que não mais saísse nau com sal daquele porto para a capitania de São Paulo. E que, portanto, o contratador de sal não poderia arcar com os prejuízos. A verdade é que, com a falta do produto na praça, os preços começaram a subir vertiginosamente e aqueles que ainda detinham algum estoque começaram a comercializá-lo a valores exorbitantes e, muitas vezes, à socapa, a tal ponto que o ouvidor de São Paulo, João Rodrigues Campelo, decidiu que ninguém mais vendesse sal fora dos armazéns do contrato.[231]

---

229 AHU, Conselho Ultramarino, São Paulo, caixa 10, doc. 1036, 30/10/1734.
230 AHU, Avulsos, São Paulo, caixa 3, doc. 31, 1/11/1734.
231 AHU, Avulsos, São Paulo, caixa 2, doc. 125, 20/11/1734.

O governador e o provedor não se saíram bem dessa questão. Em Lisboa, o Conselho Ultramarino não gostou de saber que o conde de Sarzedas mandara prender os oficiais do juiz de fora que haviam arrombado os armazéns da alfândega e ainda os advertira para que "não mais voltassem a acompanhar o juiz de fora em diligências que excedessem a sua jurisdição". D. João v mandou provisão revogando a decisão do governador de mandar prender "por alguns dias" os soldados que haviam praticado o "escalamento" da alfândega, visto que apenas tinham cumprido ordem do juiz de fora.[232] Para o governador, sobrou uma censura real por seu comportamento inadequado.

Punição veio mesmo para o provedor da Fazenda Real e juiz da alfândega, Antônio Francisco Lustosa, que, a mando do rei, foi suspenso de suas funções, com a recomendação de que fosse substituído por pessoa que exercesse aquele cargo "com zelo e independência". É que aos ouvidos do Conselho Ultramarino também chegara a denúncia de que o provedor era sogro do contratador do sal, Manuel Fernandes Viana,[233] e que se valia do cargo para proteger os negócios do genro, com quem dividia a mesma morada.[234]

De nada valeram os esforços do conde de Sarzedas que, em carta a d. João v, argumentou que não se podia atribuir a Lustosa os prejuízos causados aos moradores daquela capitania pelo contratador do sal, "por este não enviar quantidade suficiente para o seu consumo". Para o governador, Lustosa não podia tampouco ser responsabilizado pelos distúrbios resultantes da entrada abrupta do juiz de fora na alfândega para dela retirar o sal. Outra provisão do monarca viria ratificando a decisão, "por não convir naquele cargo pessoa com interesses no negócio do sal".[235]

---

232 AHU, Conselho Ultramarino, São Paulo, caixa 11, doc. 1120, 20/2/1736.
233 AHU, Conselho Ultramarino, São Paulo, caixa 11, doc. 1120, 23/8/1735.
234 AHU, Conselho Ultramarino, São Paulo, caixa 11, doc. 1085, 2/8/1735.
235 AHU, Conselho Ultramarino, São Paulo, caixa 11, doc. 1121, 7/8/1737.

Assim, Lustosa, que havia sido nomeado em setembro de 1733 pelo conde de Sarzedas, seria substituído por José de Godói Moreira, filho do antigo provedor Timóteo Correa de Góis, considerado "livre de contratos e negócios".[236] O curioso é que Godói Moreira, à época da morte do pai, já aspirava ao cargo,[237] como mandava a tradição, e fora surpreendido pela decisão do governador de nomear Lustosa. Desautorizado pela Corte, o conde de Sarzedas não duraria muito tempo em São Paulo. Logo, o rei o mandaria passar às minas de Goiás com a missão de estabelecer por capitação a cobrança dos quintos e nelas fundar casa de fundição e estabelecer novas vilas, ao mesmo tempo em que seria designado novo governador e capitão-general.[238]

A decisão régia de mandar o conde de Sarzedas para os sertões apenas atendia a um desejo manifestado pelo governador que, em 1733, havia escrito a d. João V sobre a possibilidade da perda de Cuiabá, "quase deserto, em perigo por causa das vizinhanças dos castelhanos do Paraguai e por índios que haviam assaltado o comboio dos quintos em 1731, matando o ouvidor (Antônio Álvares Lanhas Peixoto) que o acompanhava".[239] Depois, a própria Câmara de São Paulo sugeriu ao rei que mandasse o governador e o ouvidor-geral Gregório Dias da Silva às minas de Goiás para que fizessem de perto a fiscalização do aproveitamento dos quintos reais, fundassem povoações e evitassem o descaminho do ouro.[240]

Em 1737, cumprindo determinações régias, o governador viajou para Goiás com o objetivo de examinar as condições das minas e tentar acalmar os ânimos exaltados com a aplicação do novo imposto. Convocou uma junta no arraial de Meia Ponte, a 4 de fevereiro de 1737, quando ratificou as taxas anteriormente estipuladas pela Intendência.

---

236 AHU, Conselho Ultramarino, São Paulo, caixa 11, doc. 1121, 26/2/1736.
237 AHU, Avulsos, São Paulo, caixa 2, doc. 35, ant. 3/1/1735.
238 AHU, Conselho Ultramarino, São Paulo, caixa 11, doc. 1104, 10/12/1735.
239 AHU, Conselho Ultramarino, São Paulo, caixa 8, doc. 899, 5/5/1733.
240 AHU, Conselho Ultramarino, São Paulo, caixa 8, doc. 927, 25/8/1733.

De Meia Ponte, o governador, já doente, partiu para escolher um local onde pudesse instalar a primeira vila, sem consegui-lo porque a morte o colheu antes.[241]

O governador não passaria imune às denúncias. Uma delas, do provedor da Fazenda Real e vedor-geral da gente de guerra, José de Godói Moreira, acusava-o de ter mandado assentar praça na infantaria e artilharia "vários homens idosos, doentes e alcoólicos, servindo só para fazer número", o que fizera crescer "a necessidade de gente para as companhias pagas do presídio de Santos". Para Moreira, aquela medida só causara prejuízos à Fazenda Real, que seria obrigada "a pagar a homens incapazes para o serviço militar".[242]

A denúncia seria aceita pelo Conselho Ultramarino, que expediria ordem para que fosse dada "baixa aos incapazes".[243] Caberia ao novo governador e capitão-general, d. Luís de Mascarenhas (1685-1756), a obrigação de fazer cumprir a determinação. De modo geral, porém, a imagem que o governador deixou foi a de "homem afável e zeloso no serviço do rei", de acordo com testemunhas ouvidas pelo ex-ouvidor-geral da comarca de São Paulo, Gregório Dias da Silva, que fez questão de acompanhar a opinião.[244]

DECADÊNCIA E RESTAURAÇÃO DA AUTONOMIA

Ao viajar para Goiás, o conde de Sarzedas deixou o governo nas mãos do mestre de campo Antônio Pires de Ávila, que, pouco depois, ao entrar em atrito com o ouvidor-geral de São Paulo, João Rodrigues Campelo, teve a sua prisão determinada pelo magistrado.[245] Um dos motivos dessa desavença teria sido o fato de Campelo estar utilizando

241 Virgílio Nova Pinto, *op. cit.*, 1979, p. 102.
242 AHU, Conselho Ultramarino, São Paulo, caixa 12, doc. 1160, 3/7/1737.
243 AHU, Conselho Ultramarino, São Paulo, caixa 12, doc. 1160, 6/10/1738.
244 AHU, Conselho Ultramarino, São Paulo, caixa 13, doc. 1257, 5/3/1738.
245 AHU, Avulsos, São Paulo, caixa 2, doc. 46, 2/6/1738.

96 O REINO, A COLÔNIA E O PODER

índios da aldeia de Barueri, administrada pelo Convento do Carmo, em jornadas de trabalho para si e seus amigos, procedimento com o qual o mestre de campo não concordava. A ação de Campelo motivaria, mais tarde, denúncia do frei e prior do Carmo de São Paulo, Pedro da Trindade e Silva, ao rei d. João v.[246]

Assim, assumiu o governo também interinamente o tenente-general Manuel Rodrigues de Carvalho, que ficou na regência da cidade de São Paulo e das vilas de Serra acima[247] e nessas funções estava quando, a 12 de fevereiro de 1739, chegou d. Luís de Mascarenhas, o novo governador e capitão-general nomeado, com mandato para três anos.[248]

Carvalho, capitão de infantaria e mestre de campo general da capitania, havia tomado parte na guerra contra os índios paiaguases que causara grandes prejuízos nas vizinhanças das minas de Cuiabá e ali contraíra doenças devido ao clima. Quando teve de assumir interinamente as funções do conde de Sarzedas, já estava com licença concedida para retornar ao Reino, mas foi obrigado a adiar a viagem por dois anos, até a chegada de d. Luís de Mascarenhas.[249] Em seu governo, teria conservado o povo de São Paulo e vilas de Serra acima "em paz e união".[250]

Em razão da morte do conde de Sarzedas em Goiás e das questiúnculas abertas entre o mestre de campo Ávila e o ouvidor Campelo, o governador e capitão-general da capitania do Rio de Janeiro, Gomes Freire de Andrade, viajou a São Paulo para ver de perto os fatos e os negócios da capitania,[251] chegando em novembro de 1737 para tomar posse interinamente do governo.[252] Responsável pela praça de Santos,

246 AHU, Avulsos, São Paulo, caixa 2, doc. 53, ant.16/6/1739.
247 AHU, Conselho Ultramarino, São Paulo, caixa 13, doc. 1301, post. 14/5/1740.
248 AHU, Conselho Ultramarino, São Paulo, caixa 13, doc. 1232, 4/8/1738.
249 AHU, Conselho Ultramarino, São Paulo, caixa 13, doc. 1242, ant. 27/9/1738.
250 AHU, Conselho Ultramarino, São Paulo, caixa 13, doc. 1301, ant. 14/5/1740.
251 AHU, Conselho Ultramarino, São Paulo, caixa 14, doc. 1328, 21/6/1741.
252 Pedro Taques de Almeida Pais Leme, *op. cit.*, v.1, 1980, pp. 201-202.

Freire de Andrade aproveitou a viagem para acompanhar as obras da Fortaleza de Vera Cruz de Itapema.[253]

Sem um governador e capitão-general efetivo, a capitania de São Paulo ficou praticamente acéfala, o que se refletiu na eclosão de rixas e disputas entre funcionários régios em vários níveis. E em novos fracionamentos do território da capitania: em 1727, a vila de Parati já havia sido incorporada à capitania do Rio de Janeiro e, em 1738, d. João V separou a Ilha de Santa Catarina, adjudicando-a à capitania do Rio de Janeiro, sob a alegação de que aquela medida seria necessária para uma defesa mais efetiva daquelas regiões.[254] Em 1742, seria criada a Comandância Militar do Rio Grande de São Pedro, que daria origem, posteriormente, à capitania de São Pedro do Rio Grande. Ao tempo da adjudicação da capitania ao Rio de Janeiro, a situação piorou ainda mais em Goiás e em Cuiabá, onde, à falta de uma administração central com pulso firme, o clima de violência entre moradores se acirrou. Muitos crimes seriam cometidos e a impunidade correria solta, valendo sempre a lei do mais forte.

O novo governador, d. Luís de Mascarenhas, futuro segundo conde d'Alva, assumiu em 1739 e demorou-se pouco tempo na cidade de São Paulo, pois trazia instruções para cumprir as determinações que o conde de Sarzedas não pudera executar. Andava ao redor de 53 anos e chegava sozinho. Filho de d. Fernando Mascarenhas, segundo marquês da Fronteira, e de d. Joana Leonor de Toledo Menezes, era casado com d. Maria Bárbara de Meneses, com quem não teve filhos. Ao final de março de 1739, já se dizia pronto para partir rumo às minas de Goiás.[255]

Viajou em seguida e, a 25 de julho de 1739, instalou a Vila Boa de Goiás no local onde anteriormente existira o arraial de Santana. Nascia assim a primeira vila da região. Foi de lá que passou a mandar suas cartas e requerimentos ao Conselho Ultramarino e expedir os editos

253 AHU, Conselho Ultramarino, São Paulo, caixa 13, doc. 1259, 21/3/1739.
254 DI, v. 48, 1929, pp. 109-110.
255 AHU, Conselho Ultramarino, São Paulo, caixa 13, doc. 1260, 30/3/1739.

do governo. Depois de dez anos de uma ocupação desordenada, a região começava a ganhar um poder administrativo efetivo. Apesar dos tumultos frequentes entre os mineiros que exigiam a sua intervenção pessoal, d. Luís de Mascarenhas não se limitou a permanecer em Goiás, viajando para as minas de Cuiabá, correndo os mesmos riscos do governador anterior diante das doenças que grassavam pelo sertão.

Lá, interveio para acabar com a desordem que estaria sendo praticada pelo intendente das minas, Manuel Rodrigues Torres, com o ouro da real capitação. Mais tarde, Torres apelaria ao rei, reclamando de ter sido mandado pelo governador para uma enxovia "com gatunos, negros e assassinos, não tendo sido sequer levado em conta o cargo que ocupou nas minas".[256]

O governador também interveio para acabar com desordens que estariam ocorrendo no arraial de Meia Ponte. Com o apoio de moradores, decidiu depor o intendente, comissário e provedor da Fazenda Real, João Ferreira de Barros, acusado de aproveitar-se do cargo para se locupletar com os rendimentos da Coroa e de tomar medidas que estariam colocando em desassossego os povos.[257]

Naquele arraial, aliás, as desordens já vinham do começo da década, quando foram abertos caminhos dos currais da Bahia, do rio São Francisco e de Minas Gerais para as minas de Goiás, por onde entravam "fazendas e gado". Havia igualmente descaminho de ouro e a população rebelara-se contra oficiais da Justiça, alastrando-se a revolta pelos arraiais de Nossa Senhora do Rosário e de Santana, a futura Vila Boa.[258]

Ao seu tempo em Vila Boa, d. Luís de Mascarenhas continuou a enfrentar as mesmas dificuldades que o conde de Sarzedas já apontara, quando alertara o Conselho Ultramarino para as dificuldades de enquadrar Goiás à visão metropolitana dos negócios, em razão das distâncias e da ausência de forças militares capazes de fazer cumprir

256 AHU, Conselho Ultramarino, São Paulo, caixa 13, doc. 1305, 19/7/1740.
257 AHU, Conselho Ultramarino, São Paulo, caixa 13, doc. 1311, 10/9/1740.
258 AHU, Conselho Ultramarino, São Paulo, caixa 8, doc. 931, 31/8/1733.

O REINO, A COLÔNIA E O PODER 99

a lei e manter a ordem.[259] Além disso, a Corte insistia em que o único caminho legal para as minas de Goiás e Cuiabá deveria ser por São Paulo, quando havia picadas abertas que levavam gente, gado e mercadorias da Bahia e de Minas Gerais, tudo sem pagamento de impostos. E pior: era por aquelas picadas que também se escoava ilegalmente o ouro extraído. Uma das causas da miséria em que vegetaria a cidade de São Paulo, segundo seus camaristas, eram os caminhos dos currais da Bahia e de Minas Gerais para Goiás e Cuiabá, que afastavam todo o comércio da cabeça da capitania e estimulavam os descaminhos do ouro.[260]

À frente do governo, d. Luís de Mascarenhas comandou a distribuição de sesmarias e fez o que pôde para evitar o extravio do ouro, inclusive, procurando fechar caminhos clandestinos que iam dar no Maranhão. Estimulou novos descobrimentos e fundou os arraiais de Cavalcanti, Arraias, Conceição e Chapada, junto às recém-descobertas jazidas. Na ocasião, foram também localizadas as minas de Papua e Santa Luzia.[261]

Para a cidade de São Paulo, restou apenas lamentar mais uma vez que os governadores insistissem em deixar a cabeça da capitania ao abandono. Foi de Vila Boa de Goiás que d. Luís de Mascarenhas passou provimentos para a cidade de São Paulo por um ano, nomeando pessoas que desconhecia para funções na cidade.[262]

Nas mãos dos clãs Pires e Camargo

Sem o governador, a cidade ficava sujeita aos arranjos entre os grupos locais. Pouco depois de d. Luís de Mascarenhas ausentar-se para as minas de Goiás, três reinóis foram depostos do cargo de vereador que ocupavam na Câmara de São Paulo, por imposição das famílias Pires

---

259 DI, v. 40, 1902, p. 124.
260 AHU, Conselho Ultramarino, São Paulo, caixa 14, doc. 1345, 21/6/1741.
261 Virgílio Noya Pinto, *op. cit.*, 1979, p.105.
262 AHU, Conselho Ultramarino, São Paulo, caixa 13, doc. 1324, 15/11/1740.

e Camargo, que continuavam a mandar e desmandar na capitania. À frente de uma pequena multidão, Pedro Taques Pires colocou os três naturais do Reino porta da Câmara afora, brandindo uma provisão do governador e capitão-general do Estado do Brasil, Jerônimo de Ataíde, o conde de Atouguia (c.1610-1665), datada de 7 de outubro de 1655 e assinada na Bahia de Todos os Santos.

Segundo a provisão, velha de quase um século, para a eleição da Câmara de São Paulo, sempre seriam chamados três da família Pires e três da família Camargo que elegeriam seis camaristas para juízes, três de cada bando, nove para vereadores, quatro de um bando, quatro de outro e um neutral, além de três procuradores, um Pires, um Camargo e outro neutral. Era a lei que estava em vigor porque, desde então, nenhum rei ou governador e capitão-general do Estado do Brasil a substituíra por outra.

Em 1741, oficiais da Câmara encaminharam reclamação ao rei, dizendo que a falta de generais estava "contribuindo para a miséria da cidade de São Paulo e sua capitania", argumentando que aquela situação não era justa, "pois os moradores e naturais têm trabalhado muito para o aumento (das rendas) da Coroa".

Os vereadores anunciavam, jubilosos, que, a oito léguas da cidade de São Paulo, havia sido descoberta uma mina de ouro na qual mais de cem escravos já estavam empregados no trabalho de prospecção. Diziam que aquela descoberta era um motivo a mais para que o Reino se decidisse pela criação de uma Casa da Moeda em São Paulo, medida que ajudaria a desenvolver a cidade.[263] Nada disso, porém, foi levado em conta no Reino.

De Vila Boa de Goiás, o governador propôs ao rei a criação de uma intendência separada para as minas de Paranapanema e Apiaí, em razão da distância e do mau estado dos caminhos que impediam que apenas um intendente cuidasse do trabalho de recolhimento dos

263 AHU, Conselho Ultramarino, São Paulo, caixa 14, doc. 1345, 21/6/1741.

quintos reais.[264] Defendeu também um tratamento mais humano para as pessoas que estivessem com dificuldades para pagar a capitação.[265]

Apesar de seu empenho em impedir a extração ilegal, d. Luís de Mascarenhas seria acusado, entre outros desmandos, de extrair diamantes, contrariando proibição régia, segundo denúncia que o superintendente-geral das minas, Agostinho Pacheco Teles, encaminhou à Corte. Teles revelou que o governador contratara dez escravos negros, a pretexto de fazer um trabalho em uma roça em Serra Dourada, mas que estariam a extrair diamantes ilegalmente.

O governador, segundo a denúncia, teria mandado chamar da bandeira de Amaro Leite Moreira o padre Custódio Barreto da Costa, com seus escravos e quatro companhias, "por ser prático na extração de diamantes". Além disso, de acordo com a acusação, o governador passava portarias para que criminosos não fossem presos, ganhando com isso muitos rendimentos ilegais.

De tão bem fundamentado, o libelo acusatório encontrou guarida por parte do Conselho Ultramarino, que recomendou ao rei a substituição do governador "para não haver repetições". Um ano depois, por ordem da Corte, o governador deixou Vila Boa, colocando-se no caminho para São Paulo. Pouco antes de iniciar a viagem de volta, o governador escreveu um relatório para d. João V, pormenorizando a atuação das duas bandeiras que andavam pelo sertão de Goiás.

Uma era a de Jacinto de Sampaio Soares, paulista que havia estado cativo onze anos em uma aldeia do gentio acroá, fato que era visto com muita incredulidade, pois essa nação indígena era conhecida por sua crueldade. Depois de ficar acampada junto ao rio Tocantins, defronte da barra que nele faz o rio do Sono, por mais de dois anos, a bandeira de Jacinto de Sampaio Soares mudara-se para baixo, rumo ao Norte. A outra era de Amaro Leite Moreira, que estava acampada a Noroeste

264 AHU, Avulsos, São Paulo, caixa 3, doc. 5, 20/1/1741.
265 AHU, Avulsos, São Paulo, caixa 3, doc. 12, 2/3/1742.

de Vila Boa, cujas boas relações com o governador eram conhecidas de todos na região.[266]

A vizinhança com os acroás deixava não só os sertanistas como os mineiros preocupados. O clima era de tensão e, volta e meia, explodiam escaramuças de lado a lado. O governador, porém, tinha ordens da Corte para evitar ataques ao gentio. Segundo o secretário do rei, Alexandre de Gusmão (1695-1753), membro do Conselho Ultramarino, grande conhecedor da questão indígena, os acroás mantinham guerra contra outros gentios e, por isso, podiam servir de barreira, impedindo o avanço de outros indígenas. Além disso, a experiência indicava que não se devia promover a transferência de nações indígenas, porque, deslocados de seu *habitat*, grande parte morria. "Era por isso que se tinham despovoado os sertões do Brasil, do Maranhão e do Rio das Amazonas", escreveu Gusmão na consulta do Conselho Ultramarino que analisou uma carta de d. Luís de Mascarenhas de 1º de agosto de 1746.[267]

A notícia do retorno do governador e capitão-general foi recebida com entusiasmo em São Paulo. Durante o tempo em que d. Luís de Mascarenhas permanecera em Goiás, os camaristas escreveram várias vezes a d. João V para pedir providências para os "inconvenientes" provocados pela sua ausência. Reclamavam também da decisão da Corte de deixar a cidade de São Paulo sujeita à jurisdição da vila de Santos, alegando que a longa distância e as dificuldades do caminho que ligava as duas povoações impediam o bom encaminhamento das soluções.

Sem a presença de um governador e capitão-general, diziam, haviam eclodido vários atos de indisciplina no destacamento de soldados da cidade. "Estando aqui um governador, haveria mais ordem em tudo, não se precisando recorrer a outra vila", alegavam. Além disso, com o governador distante a mais de dois meses de viagem, queixavam-se, as

---

266 AHU, Conselho Ultramarino São Paulo, caixa 14, doc. 1355, 7/11/1741.
267 AHU, Conselho Ultramarino, São Paulo, caixa 18, doc. 1664, 22/4/1747.

O REINO, A COLÔNIA E O PODER *103*

indicações para cargos na estrutura burocrática e nos postos militares das ordenanças e auxiliares davam-se sem "nomeação pela Câmara".[268] Com o retorno de d. Luís de Mascarenhas, os homens-bons imaginavam que muitos dos problemas da cidade e vilas de Serra acima poderiam ser resolvidos, especialmente o esvaziamento econômico por que passava a região.

UMA ÉPOCA DE DIFICULDADES

Com a descoberta do ouro, as minas de Goiás e Cuiabá "chamavam para si todas as mercês e negócios", condenando a cidade de São Paulo e demais vilas da comarca a dias difíceis. Em outros tempos, São Paulo e as demais vilas fabricavam fumo e aguardente de cana que enviavam para as minas, tirando daí os recursos que movimentavam a economia de Serra acima e do litoral. Mas, ultimamente, muitos mineiros haviam se desviado do trabalho de extração do ouro para se dedicarem à agricultura.

Além disso, da Bahia e de Minas continuavam a seguir mercadorias por caminhos ilegais, provocando grandes danos à Fazenda Real. Com fumos e aguardentes em abundância nas minas, já quase não se vendiam esses produtos para os sertões de Goiás e Cuiabá. "Com isso, São Paulo, seus subúrbios e mais vilas perdem negócios e assim se acham em extrema miséria", queixaram-se os vereadores, ao mesmo tempo em que apelavam ao rei para que proibisse o fabrico de fumos e aguardentes nas minas.[269]

Era um apelo desesperado, mas com poucas chances de êxito. A miséria que grassava por São Paulo era provocada também pelo decréscimo da população que se dera, principalmente, com a ida das pessoas mais abastadas e seus escravos para as minas de Goiás e Cuiabá.

268 AHU, Conselho Ultramarino, São Paulo, caixa 14, doc. 1386, 17/8/1742.
269 AHU, Conselho Ultramarino, São Paulo, caixa 14, doc. 1387, 29/8/1742.

Aos poucos comerciantes que permaneceram não restavam muitas saídas, a não ser procurar dinamizar negócios com a vila de Santos, aproveitando para distribuir as mercadorias que entravam por seu porto.

Mas até para isso as dificuldades eram imensas. Todos os anos, à época das chuvas de verão, inundações arruinavam o caminho da cidade de São Paulo até o Cubatão de Santos. Os obstáculos eram tantos que os cavalos morriam depois de esforços que os levavam à exaustão para subir ou descer o íngreme caminho. Os moradores de São Paulo diziam que aqueles que viviam na Serra é que deveriam arcar com as obras de reparação do caminho. Depois, admitiram que poderiam assumir a responsabilidade pelo caminho até o rio Grande, deixando claro que, do Cubatão em diante, a responsabilidade teria de ser dos moradores das vilas de Santos e São Vicente.

Como os de Serra abaixo não concordaram com a proposição, o caminho tornou-se cada vez mais intransitável. Os vereadores de São Paulo sugeriram, então, que a Coroa cobrasse 20 réis por carga que fosse para São Paulo e vilas de Serra acima, mas os de Santos voltaram a recusar a proposta. Diante de tantas discórdias, o ouvidor-geral da comarca João Rodrigues Campelo propôs que as obras para a conservação do caminho fossem à arrematação por particulares, mas não apareceu nenhum comerciante disposto a assumir o empreendimento.[270]

Foi por essa época que d. Luís de Mascarenhas considerou concluído seu trabalho de pacificação e organização da região de Goiás, deixando em seu lugar interinamente o coronel Antônio Pires de Campos que, em abril de 1743, teria muito trabalho para afugentar o gentio acroá, inclusive, comandando a destruição de uma aldeia indígena.[271]

D. Luís de Mascarenhas retornou a São Paulo em outubro de 1742, mas, para decepção dos oficiais da Câmara de São Paulo e de toda a população, não demonstrou a menor vontade de permanecer na cidade.

---

270 AHU, Conselho Ultramarino, São Paulo, caixa 14, doc. 1388, 29/8/1742.
271 AHU, Conselho Ultramarino, São Paulo, caixa 15, doc. 1481, 30/7/1743.

Em julho de 1743, já despachava da vila de Santos, onde decidira manter sua residência e palácio do governo.[272] A transferência do governo para Santos, como alegou, deu-se em razão da maior facilidade que encontraria para combater o contrabando de sal, sabão, açúcar e panos. Para o governador, a alfândega local não reprimia como devia aqueles comerciantes que insistiam em fraudar a Fazenda Real, aproveitando-se da venalidade dos funcionários aduaneiros.[273]

A longa presença de d. Luís de Mascarenhas na vila de Santos coincidiu com a preocupação de d. João V com "os diversos e contínuos contrabandos" que se faziam não só na alfândega de Lisboa como em todos os portos do império português,[274] o que faz supor que sua transferência tenha sido ordenada pela Corte. O contrabando se refletia negativamente nos cofres régios em razão de uma estrutura fiscal deficiente que permitia muita liberdade de ação aos provedores e demais funcionários das alfândegas. Mas só em outubro de 1760, por meio de alvará, já ao tempo de d. José I (1714-1777), a metrópole reagiria com maior rigor, procurando estabelecer um sistema de vigilância mais rigoroso sobre as próprias alfândegas.[275]

Ao chegar a Santos, d. Luís de Mascarenhas encontrou concluídas as obras de reconstrução da Fortaleza de Santo Amaro da Barra Grande, de acordo com projeto elaborado pelo brigadeiro Jean Massé em 1712. Uma nova casa da pólvora havia sido construída em substituição à antiga, que ficava atrás da casa de comando ou quartel, em uma posição vulnerável a ataques externos. No lugar da antiga casa da pólvora havia sido erguida em 1742 uma capela, inaugurada pelo governador da praça de Santos, sargento-mor José Rodrigues de Oliveira, conforme inscrição que se lê ainda hoje no local.

---

272 AHU, Conselho Ultramarino, São Paulo, caixa 15, doc. 1445, 17/7/1743.
273 AHU, Conselho Ultramarino, São Paulo, caixa 16, doc. 1546, 23/8/1745.
274 Jorge Borges de Macedo, *A situação econômica no tempo de Pombal (alguns aspectos)*, 1989, p. 56.
275 *Idem, ibidem*, p. 59.

Pouco antes de deixar o governo, na vila de Santos, d. Luís de Mascarenhas mandou colocar em execução um plano de combate aos índios caiapós que vinham hostilizando aqueles que passavam no caminho que vinha de São Paulo e cometendo "insultos nas vizinhanças de Goiás".[276] O plano contou com a colaboração dos índios bororos, que se tinham mostrado amigos dos portugueses.[277]

D. Luís de Mascarenhas permaneceu no cargo até setembro de 1748, quando recebeu aviso da Corte de que o seu mandato à frente da capitania de São Paulo chegara ao fim. Da vila de Santos seguiu para o Rio de Janeiro, com destino a Portugal, sem mais colocar os pés na cidade de São Paulo.

SOB AS ORDENS DO RIO DE JANEIRO

Sem a presença do capitão-general, o novo governador da praça de Santos, Luís Antônio de Sá Queiroga, passava a dever obediência direta ao governador e capitão-general do Rio de Janeiro, Gomes Freire de Andrade, conforme dizia comunicado que recebera da Corte com a data de 11 de novembro de 1748.[278]

Naquele ano, a capitania de São Paulo seria extinta e adjudicada à do Rio de Janeiro até 1765, a exemplo do que ocorrera com Santa Catarina, em 1738, e São Pedro do Rio Grande, em 1742. Naquele mesmo ano, seria criada a capitania de Goiás, sendo nomeado seu governador e capitão-general d. Marcos de Noronha (1712-1768), que tomou posse em setembro de 1749 e ganharia a mercê de conde dos Arcos no ano seguinte.[279]

Em janeiro de 1749, seria criada a capitania de Mato Grosso, com a consequente nomeação do governador e capitão-general d. Antônio

276 AHU, Conselho Ultramarino, São Paulo, caixa 18, doc. 1786, 12/9/1748.
277 AHU, Avulsos, São Paulo, caixa 3, doc. 37, 12/9/1748.
278 AHU, Conselho Ultramarino, São Paulo, caixa 19, doc. 1837, 27/2/1749.
279 Pedro Taques de Almeida Pais Leme, *op. cit.*, v. 1,1980, p.172.

Rolim de Moura, o conde de Azambuja.[280] Responsável pelo avanço em direção ao Oceano Pacífico, São Paulo, com o seu território sensivelmente reduzido, entrava em uma fase de decadência. Sem autonomia, a capitania viveria 17 anos sob a jurisdição do Rio de Janeiro.

Com a saída de d. Luís de Mascarenhas, Gomes Freire de Andrade, o conde de Bobadela, governador e capitão-general do Rio de Janeiro, passou a acumular o governo da capitania de São Paulo, mas o seu nome nunca foi bem recebido Serra acima. Suas decisões sempre suscitavam contestações, o que se deu, especialmente, em 1749, quando houve nova tentativa, por meio de ação do ouvidor e corregedor da comarca de São Paulo, Domingos Luís da Rocha, de permitir que pessoas naturais do Reino pudessem fazer parte da Câmara de São Paulo.

Revoltado com as intenções do ouvidor, um prócer de fora da cidade de São Paulo, Mateus de Sequeira, que sequer era camarista, andava publicamente dizendo que, se nas eleições dos oficiais "entrassem pessoas que não fossem dos seus paulistas", haveria muitos moradores dispostos a prender o ouvidor, "pois já tinham feito o mesmo com um governador e a um bispo e melhor fariam a um ouvidor".[281]

O relato do desembargador Domingos Luís da Rocha foi encaminhado pelo governador Freire de Andrade para a Corte com um pedido veemente a d. João V para que mandasse castigar os insolentes, "pois se via na carta do ouvidor que os paulistas argumentavam com insolência a seu respeito". Para o governador, o ouvidor, ao não reprimir as insubordinações dos moradores, agira timidamente, seguindo, aliás, uma norma de transigência que vinha de longe.[282]

Os paulistas não se conformavam com a situação secundária à que a capitania havia sido condenada. Até o abade do mosteiro de São Bento, frei Caetano de Santa Gertrudes Leite, e mais três monges escreve-

---

280 AHU, Conselho Ultramarino, São Paulo, caixa 19, doc. 1891, 9/3/1750; caixa 19, doc. 1893, 12/3/1750.
281 AHU, Conselho Ultramarino, São Paulo, caixa 19, doc. 1842, 9/2/1749.
282 AHU, Conselho Ultramarino, São Paulo, caixa 19, doc. 1842, 10/3/1749.

ram para dizer ao rei que São Paulo carecia de governador e capitão-general "que pudesse, com a sua vigilância, acudir todo o bem comum".[283] Os camaristas não só escreviam repetidas representações pedindo a nomeação de um governador e capitão-general, que, de fato, passasse a residir em São Paulo, como não se cansavam de reclamar do estado de miséria a que a cidade e a capitania estavam reduzidas. São Paulo padecia as maiores calamidades com enfermidades e mortes, diziam, por falta de "médico aprovado". Uma das enfermidades que se disseminavam pela capitania era a doença do papo, que atacava paulistas, carijós, mamelucos e, mais ainda, mulheres. Causada pela ausência de iodo, a doença, conhecida hoje como bócio, deixava as pessoas com pescoços disformes, sem que as autoridades soubessem suas causas.

Na cidade de São Paulo, a essa época, havia apenas dois cirurgiões, que não passavam de curiosos – "um, pouco caritativo, outro sem consciência pelos preços exorbitantes que cobrava". Ambos haviam tratado erradamente o bispo de São Paulo, d. Bernardo Rodrigues Nogueira, agravando a sua enfermidade, até levá-lo à morte, diziam os moradores. Por isso, os camaristas apelaram à magnanimidade de d. João V para que enviasse de Portugal "um dos médicos que na universidade aprendem por conta da real despesa".[284]

Para os paulistas, tudo aquilo era consequência da situação de abandono a que estavam relegados, em uma época em que Portugal recebia enormes remessas de ouro brasileiro que haviam permitido a d. João V dispensar o concurso das Cortes e reforçar o seu poder absoluto.[285] A gente paulista – que, afinal, dera início àquela idade de ouro que então vivia Portugal e pouco recebera em troca – não podia mesmo ver com bons olhos a orientação política do Reino. Por isso,

283 AHU, Conselho Ultramarino, São Paulo, caixa 18, doc. 1808, 30/12/1748.
284 AHU, Conselho Ultramarino, São Paulo, caixa 19, doc. 1811, 30/12/1748.
285 Kenneth Maxwell, "Condicionalismos da independência do Brasil". In: Joel Serrão; A.H. Oliveira Marques (dir.), *Nova História da Expansão Portuguesa. O Império Luso-Brasileiro 1750-1822*, de Maria Beatriz Nizza da Silva (coord.), v. 8, 1986, pp. 335-336.

suas relações com o conde de Bobadela, o preposto do poder régio na colônia, jamais seriam cordiais.

Até porque o governador, sempre que podia, não deixava de bombardear as reivindicações paulistas. Quando o Senado da Câmara de São Paulo voltou a reivindicar os mesmos privilégios concedidos aos oficiais da Câmara do Rio de Janeiro, Freire de Andrade mostrou-se contrário à ideia. Ou porque desconfiavam ou porque, de algum modo, lhes chegara aos ouvidos a posição do governador, os camaristas de São Paulo redobraram o ódio que devotavam ao conde de Bobadela.[286]

O apelo dos paulistas, porém, chegaria à Corte em um momento de mudança política, provocado pela morte de d. João V em fins de julho de 1750 e a ascensão de d. José I ao trono, seguida pela nomeação de Sebastião José de Carvalho e Melo (1699-1782) para secretário de Estado dos Negócios Estrangeiros e Guerra, a 2 de agosto. Homem de grande experiência diplomática, que havia vivido largo período em Londres (1738-1744) e Viena (1745-1748), Carvalho e Melo, conde de Oeiras em 1759 e marquês de Pombal em 1770, trazia para o governo novas ideias sobre a organização imperial e a maneira de o Reino se relacionar com suas colônias. Não se pode, porém, imaginar Carvalho e Melo como responsável pelo conjunto do governo a essa época, o que só se daria depois do terremoto de 1º de novembro de 1755 e, especialmente, a partir de 6 de maio de 1756, quando passou a acumular as funções de secretário de Estado do Reino.

A verdade é que a sugestão do conde de Bobadela não foi levada em conta: pouco tempo depois, em março de 1752, d. José I decidiria conceder os mesmos privilégios aos oficiais da Câmara de São Paulo que tinham os do Rio de Janeiro.[287] Seria, de certo modo, um reconhecimento ao trabalho da gente paulista no alargamento das fronteiras para muito além da linha de Tordesilhas, com a conquista de muitas

---

286 AHU, Conselho Ultramarino, São Paulo, caixa 19, doc. 1924, 30/3/1751.
287 AHU, Conselho Ultramarino, São Paulo, caixa 20, doc. 1941, 31/3/1752.

terras que, a princípio, seriam de Castela, o que ficara legitimado com a assinatura, em 1750, do Tratado de Madri, que reconhecera o princípio do *uti possidetis*, estabelecendo que cada nação manteria as terras que ocupara. A Espanha, porém, não respeitaria o que ficara decidido e a revogação do tratado viria a ser firmada em 1763, na sequência de uma guerra entre os dois países,[288] mas, à época, o que se comemorava era o reconhecimento espanhol aos direitos de Portugal.

De prático, o afago real na cabeça dos paulistas pouco representou porque a capitania continuaria a se debater com os problemas ditados pelo esvaziamento econômico. Os vereadores até sabiam localizar o momento em que a economia da capitania chegara ao fundo do poço, depois de um processo paulatino de esvaziamento ao longo dos anos: fora quando o Reino decidira tirar de São Paulo a Casa de Fundição, transferindo-a para Vila Boa de Goiás, a partir de 1º de janeiro de 1752. Até então, diziam, fundia-se em uma só casa todo o ouro das comarcas de Goiás, Cuiabá e São Paulo, "tirando-se o quinto real sem opressão e com bastante benefício para a Fazenda Real".[289]

Os camaristas reivindicavam que a Casa de Fundição voltasse a ser instalada na cidade de São Paulo, alegando que os comerciantes das minas de Goiás sofriam prejuízos com a obrigação de ir até Vila Boa fundir o ouro porque havia arraiais bem distantes dali, como os do Carmo, Natividade e São Félix, "o que lhes tornava difícil procurar a Casa sem risco de vida por causa dos gentios e dos foragidos".

Além disso, "faziam grande despesa, sendo que do arraial de Meia Ponte até Vila Boa havia um caminho de 30 léguas".[290] Enfim, os camaristas argumentavam que o ouro daquela região tinha de ser conduzido por centenas de quilômetros até a Casa de Fundição em Vila Boa para daí, então, retornar aos seus donos em barras e quintado. Só não diziam que a viagem até São Paulo seria igualmente difícil, custosa e

288 Basílio de Magalhães, *Expansão geográfica do Brasil colonial*, 1978, p. 2.
289 AHU, Conselho Ultramarino, São Paulo, caixa 20, doc. 1959, 26/8/1752.
290 AHU, Conselho Ultramarino, São Paulo, caixa 20, doc. 1959, 26/8/1752.

mais acidentada até. De certo modo, o Reino acabaria por reconhecer a situação, mas não atenderia aos reclamos dos paulistas. Criou uma Casa de Fundição em São Félix, que seria instalada pelo conde dos Arcos e começaria a funcionar em julho de 1754.

Com a adjudicação da capitania de São Paulo à do Rio de Janeiro, o governador da praça de Santos, Luís Antônio de Sá Queiroga, tornou-se a maior autoridade militar da região, passando a dar cumprimento a tudo o que fosse encarregado pelo governador e capitão-general do Rio de Janeiro, Gomes Freire de Andrade, o conde de Bobadela.[291] Seu substituto seria Inácio Elói de Madureira, que tomou posse a 3 de janeiro de 1753, também respondendo diretamente ao conde de Bobadela.[292]

Logo depois, Madureira seguiria para o sertão de Tibaji, mas não teria nenhum êxito no combate aos extraviadores de diamantes. E, em 1759, o ouvidor-geral da comarca de Paranaguá, Jerônimo Ribeiro de Magalhães, abriria devassa para descobrir os transgressores, acusando o ouvidor da comarca, bacharel Antônio Pires da Silva e Melo Portocarreiro, de manter sociedade secreta com um dos descobridores, Ângelo Pedroso Lima.

Segundo Magalhães, o pai de Pedroso Lima, frei Bento Rodrigues de São Ângelo, religioso carmelita, teria enviado um embrulho com pedras preciosas a Portocarreiro. Com a abertura da devassa, pai e filho teriam se refugiado no sertão de Mato Grosso, sob a proteção de outro religioso, frei Fernando de Monte Carmelo, que teria também pedido pedras para oferecê-las ao seu prelado.[293]

Novos planos para a América portuguesa

Por essa época, em 1763, a Corte decidira transferir a capital do Estado do Brasil da Bahia para o Rio de Janeiro, criando o vice-reinado, com

291 AHU, Conselho Ultramarino, São Paulo, caixa 19, doc. 1837, 27/2/1749.
292 AHU, Conselho Ultramarino, São Paulo, caixa 20, doc. 2009, 22/10/1753.
293 AHU, Conselho Ultramarino, São Paulo, caixa 21, doc. 2113, 21/2/1759.

o objetivo de completar o processo de unificação e centralização administrativa. Com o falecimento do governador e capitão-general do Rio de Janeiro, Gomes Freire de Andrade, o conde de Bobadela, a 1º de janeiro de 1763, havia assumido uma junta provisória, que passara o governo para d. Antônio Álvares da Cunha (1700-1791), o conde da Cunha. O novo vice-rei não iria durar muito no cargo e seria substituído, em 1767, por d. Antônio Rolim de Moura Tavares (1709-1782), o conde de Azambuja.

A 5 de janeiro de 1765, saía o decreto de nomeação de d. Luís Antônio de Sousa Botelho Mourão (1722-1798), o quarto morgado de Mateus, para governador e capitão-general da capitania de São Paulo.[294] Ao morgado de Mateus, o conde de Oeiras deixou claro que a fundação de vilas, a liberdade dos indígenas e o desenvolvimento do comércio entre eles constituíam o melhor meio de resistência aos jesuítas, "cuja maior força e riqueza na América são o domínio completo e a civilização dos índios".

Para ele, seria conveniente que os índios que se encontravam em Viamão fossem convencer os que haviam permanecido nas Missões que os portugueses lhes permitiam a liberdade e a posse das terras e seus frutos, enquanto "os jesuítas os mantinham na escravidão". O conde de Oeiras entendia que, se os índios se estabelecessem livremente em povoações civis, deixariam de ver os portugueses como inimigos e não mais assaltariam caminhos, vilas e aldeias.[295]

Recuperação da autonomia

O morgado de Mateus tinha 43 anos quando, a 22 de julho de 1765, desembarcou em Santos para governar a capitania de São Paulo.[296] Ao contrário de muitos nobres que viam na penosa, mas temporária, per-

294 AHU, Conselho Ultramarino, São Paulo, caixa 23, doc. 2215, 5/1/1765.
295 AHU, Conselho Ultramarino, São Paulo, caixa 23, doc. 2221, 26/1/1759.
296 AHU, Conselho Ultramarino, São Paulo, caixa 38, doc. 3132, 22/2/1786.

manência no Ultramar uma forma de recuperar o vigor econômico das casas de que descendiam, o morgado de Mateus passou para a história como um dos melhores governantes de São Paulo, embora, ao retornar à Corte, tenha caído em desgraça, vítima de acusações.

De acordo com a legislação régia, deveria cumprir um mandato de três anos, mas, mesmo com a oposição da mulher, d. Eleonor Ana José Luísa de Portugal (1722-c.1806), dispôs-se a sacrificar o seu próprio interesse em favor do serviço real,[297] permanecendo dez anos à frente da capitania. Foi o governador e capitão-general que mais tempo durou no cargo.

Conselheiro real afinado com a agressiva política do despotismo ilustrado do ministro Sebastião José de Carvalho e Melo, o morgado de Mateus, herdeiro de vastas terras, tinha também a vocação militar nas veias: seu pai, d. Antônio José Botelho e Mourão (1688-1746), fidalgo da Casa Real, cavaleiro de Cristo e tenente-coronel da Cavalaria, servira nas guerras da Santa Aliança. Enriquecido, construíra em Vila Real, em Trás-os-Montes, o grande palácio que ficou conhecido como Solar de Mateus, obra arquitetônica de excepcional valor e uma das mais nobres residências portuguesas. Foi lá que d. Luís Antônio nasceu.

O morgado de Mateus vinha para ficar à frente de uma capitania que, em 1748, perdera sua autonomia. Funcionando como uma comarca do Rio de Janeiro, São Paulo, na prática, era governada pelo comandante da praça de Santos e estava sob a ameaça de cair nas mãos dos castelhanos, a exemplo de toda a fronteira ao Sul do Estado do Brasil. Afinal, como diria à época o conde de Oeiras ao vice-rei conde da Cunha, a deplorável situação do Brasil nada mais fazia do que incitar seus inimigos a conquistá-lo.[298]

Essa "deplorável situação" era resultado do rápido esgotamento do ouro aluvial, verificado durante a década de 1760, que não só dei-

---

297 AHU, Conselho Ultramarino, São Paulo, caixa 24, doc. 2330, 3/7/1767.
298 BNP, Coleção Pombalina, códice 613, fls.62-64, 18/11/1765.

114 O REINO, A COLÔNIA E O PODER

xara os cofres régios vazios como perturbara seriamente o comércio anglo-português, "fazendo desaparecer os meios de pagamento da maior parte dos produtos manufaturados que Portugal importava da Grã-Bretanha".[299]

Fora exatamente para tirar São Paulo de uma "profunda decadência" que o conde de Oeiras decidira anular a provisão de 1748, disposto a tornar a capitania mais desenvolvida, de modo que pudesse não só constituir um obstáculo à cobiça espanhola como também possibilitar maior rendimento à Coroa. A restauração veio por carta régia de 6 de janeiro de 1765.

Desvalorizada e despovoada pela migração provocada pelo descobrimento do ouro em Minas Gerais, Goiás e Cuiabá, a capitania estava à espera de quem a pudesse colocar no caminho do progresso. E o morgado de Mateus, de certo modo, foi esse homem: urbanizador, estadista e administrador, incentivou o comércio e a agricultura, intensificando principalmente as culturas de cana-de-açúcar e algodão. Até a sua chegada, era comum que os navios procedentes de Portugal voltassem ao Reino sem carga. Três anos depois, já havia muitas cargas para os navios, principalmente de algodão. E até uma sociedade de homens de negócios estava em formação.[300]

Muito contribuíram para isso as providências que o governador tomou para transformar as antigas trilhas indígenas que ligavam Santos a São Paulo em uma estrada para tropeiros, permitindo um escoamento mais fácil dos produtos agrícolas e a passagem de tropas de carga. Devido aos acidentes do terreno e aos rios e riachos, que exigiam a construção de muitas pontes de madeira, esse seria um trabalho lento e que teria continuidade com muito sacrifício ao longo dos governos que se seguiram.

---

299 Kenneth Maxwell, *op. cit.*, p. 341.
300 AHU, Conselho Ultramarino, São Paulo, caixa 25, doc. 2383, 2/2/1768.

A princípio, o governador iria propor, em julho de 1767, a criação de uma ou mais companhias particulares para tratar da construção da estrada, "porquanto é certo e sem dúvida que a incapacidade do referido caminho tem servido, serve e servirá de notável prejuízo tanto na diminuição dos direitos reais como na decadência da capitania",[301] mas não encontrou receptividade por parte dos comerciantes a que recorreu. E, assim, só em 1772 voltou à carga e conseguiu abrir uma subscrição entre todas as câmaras paulistas para levar adiante as obras de reparação da estrada, nomeando o alferes Manuel Rodrigues Jordão para receber e guardar como depositário as quantias subscritas para aquele fim.[302]

Com as chuvas, naqueles estreitos caminhos ocorriam desabamentos e não eram poucos os trabalhadores e viajantes que morriam soterrados. Muitas vezes, os trabalhadores eram os próprios moradores da região, que eram obrigados a participar dos serviços de recuperação dos caminhos, por ordem do governador ao sargento-mor Manuel Caetano Zuniga, responsável pelos trabalhos de conservação.

Para os serviços, além de ferramentas levadas dos Armazéns Reais da vila de Santos, seriam requisitados soldados daquela praça e "negros da Fazenda do Cubatão, que pertenciam a Sua Majestade". As pessoas que tinham terras no caminho de São Paulo ao porto de Cubatão seriam obrigadas a "compor suas testadas na referida estrada" para que não houvesse "o menor embaraço para passarem por ela carros". Quem não se dispusesse a cumprir a determinação do governador corria o risco de ser preso.[303]

Nomeado pela carta régia de 6 de janeiro de 1765, o morgado de Mateus, embora tenha chegado a terras brasileiras em julho, fez seus primeiros relatórios ao conde de Oeiras em novembro, na vila de San-

---

301 Alberto Sousa, *op. cit.*, v. 1,1922, pp. 110-111.
302 *Idem, ibidem*, p. 112.
303 DI, v. 6, 1902, pp. 66-67, bando de 17/2/1770.

tos.[304] Mas só em março do ano seguinte escreveria um relatório mais alentado sobre "as coisas mais notáveis que têm sucedido na capitania depois de dezembro de 1765",[305] o que deixa entrever que só se reconhecia como responsável pelo governo a partir daquela data.

Permaneceria na região de marinha até o final de março, pois, efetivamente, só assumiu o governo na cidade de São Paulo a 4 de abril de 1766, ratificando a posse que já havia tomado em Santos "nos livros da Câmara com a assistência do respectivo Senado, Cabido da nobreza e povo".[306] Com a sua posse, Alexandre Luís de Sousa Meneses, que havia sido a maior autoridade da capitania até aquela data, deixaria de exercer a função de governador da praça de Santos.[307]

O governador instalou-se em Santos no antigo Colégio dos Padres da Companhia de Jesus, "a única (edificação) que havia na terra capaz de aposentar nela o capitão-general ou outra qualquer pessoa de distinção", que ficava ao lado da Casa do Trem Real, bateria de defesa e depósito de armamentos.[308] O edifício, porém, estava em mau estado de conservação, com as madeiras do telhado corrompidas pelo cupim, o que levou o novo governador a mandar fazer "reparações".[309] Das janelas do andar de cima do Colégio, podia descortinar, praticamente, toda a vila de Santos que, à época, não tinha mais que 13 ruas, travessas e vielas[310] em que habitavam 1.866 almas, segundo o recenseamento que mandara fazer.[311]

Ao deixar Lisboa, o morgado de Mateus trouxera instruções para cuidar da defesa e fundar tantas povoações quantas fossem possíveis com o objetivo de expandir e solidificar a presença portuguesa no vas-

---

304 AHU, Conselho Ultramarino, São Paulo, caixa 24, doc. 2267, 15/11/1765; doc. 2268, 20/11/1765; doc. 2269, 21/11/1765.
305 AHU, Conselho Ultramarino, São Paulo, caixa 24, doc. 2294, 30/3/1766.
306 AHU, Conselho Ultramarino, São Paulo, caixa 24, doc. 2298, 28/4/1766.
307 AHU, Conselho Ultramarino, São Paulo, caixa 24, doc. 2290, 10/2/1766.
308 AHU, Conselho Ultramarino, São Paulo, caixa 23, doc. 2251, 28/8/1765.
309 AHU, Conselho Ultramarino, São Paulo, caixa 24, doc. 2269, 21/11/1765.
310 Alberto Sousa. *op. cit.*, v. 1, 1922, p. 157.
311 *Idem, ibidem*, p. 146.

to território da capitania. As instruções do conde de Oeiras foram resumidas pelo próprio morgado de Mateus: "primeiro, defender a fronteira; segundo, povoá-la para que possa defender-se por si mesma; e, terceiro, tornar lucrativo o uso das minas e dos benefícios que venham a ser descobertos neste vasto continente".[312]

Foi pensando nesses três pontos que o governador pautou, desde o início, a sua atuação. Não esperou chegar à cidade de São Paulo, de novo cabeça da capitania, para tomar as medidas necessárias. Determinou que fossem feitos estudos para a viabilização de medidas de segurança nos portos de São Sebastião, Cananeia, Conceição de Itanhaém, Iguape e, sobretudo, Paranaguá, "por se deverem temer mais invasões na América por mar do que por terra".[313] Em Paranaguá, mandou que, de imediato, fossem feitas obras de fortificação da vila e deu ordens para a fundação de um povoado a 14 léguas mais abaixo para a parte Sul da enseada de Guaratuba,[314] já que as províncias do Sul achavam-se ameaçadas com a vizinhança dos espanhóis.

Tendo-se apoderado do continente do Rio Grande e de grande parte da província do Viamão, os castelhanos haviam levantado quatro fortalezas, ameaçando não só assenhorear-se do resto das terras como se aproximar perigosamente da capitania de São Paulo até as minas. Por ordem do vice-rei, o morgado de Mateus mandou a Viamão uma expedição composta por quatro companhias de aventureiros paulistas, que embarcaram em três sumacas no porto de Santos.[315] O governador obteria êxito porque as companhias paulistas iriam expulsar os espanhóis das quatro fortalezas, restituindo "a liberdade à província do Viamão". Ao mesmo tempo, mandaria reforçar a defesa da vila de Santos.[316]

---

312 Kenneth Maxwell, *Marquês do Pombal: paradoxo do Iluminismo*, 1996, pp. 126-127.
313 AHU, Conselho Ultramarino, São Paulo, caixa 23, doc. 2235, 30/7/1765.
314 AHU, Conselho Ultramarino, São Paulo, caixa 24, doc. 2267, 15/11/1765.
315 AHU, Conselho Ultramarino, São Paulo, caixa 24, doc. 2294, 30/3/1766.
316 AHU, Conselho Ultramarino, São Paulo, caixa 38, doc. 3132, 22/2/1786.

Só se lembrou de comunicar essas providências ao governador da praça de Santos, coronel Alexandre Luís de Sousa Meneses, ao tempo residente em São Paulo, a 5 de setembro, quando a situação já lhe permitia certo desafogo, depois de ultimar o socorro que era necessário às capitanias do Sul. Disse a Meneses que poderia deixar suas funções em São Paulo e embarcar no Rio de Janeiro na próxima frota que partiria para Portugal, mas preferiu permanecer em Santos mais alguns meses, desta vez, para organizar as tropas, as fortificações, as contas e a formação da junta para a arrecadação da Real Fazenda, além de dar início à construção de fábricas de algodão e louças, mandando vir do Rio de Janeiro tecelões com seus teares.[317] Determinou ainda o estabelecimento de uma nova armação para a pesca de baleias.[318]

Com isso, imaginava que seria possível arrancar a vila de Santos e toda a capitania da extrema pobreza em que vegetavam depois que o ouro dos sertões de Minas, Goiás e Cuiabá passara a ser enviado diretamente para o Rio de Janeiro.[319] Para remediar a falta de comércio na vila de Santos, sugeriu ao conde de Oeiras que mandasse do Porto um navio da Companhia das Vinhas do Alto Douro.[320] O ministro havia feito mais: levando em conta que a principal riqueza dos povos consistia na lavoura e no comércio, "estando este livre e desembaraçado", determinara, por lei de 10 de setembro de 1765, que, a partir daquela data, seria permitido que todos os navios procedentes de Portugal pudessem seguir "em direitura ao porto de Santos".[321]

Todas as providências mereceram a mais ampla aprovação régia, segundo o conde de Oeiras. Preocupava o Reino a presença de espanhóis na fronteira ao Sul. Até porque Portugal não tinha certeza de que poderia continuar contando com o apoio britânico contra a Espanha

---

317 AHU, Conselho Ultramarino, São Paulo, caixa 23, doc. 2241, 19/8/1765.
318 AHU, Conselho Ultramarino, São Paulo, caixa 38, doc. 3132, 27/8/1765.
319 AHU, Conselho Ultramarino, São Paulo, caixa 23, doc. 2241, 19/8/1765.
320 AHU, Conselho Ultramarino, São Paulo, caixa 23, doc. 2242, 20/8/1765.
321 AHU, Conselho Ultramarino, São Paulo, caixa 23, doc. 2241, 10/9/1765.

e talvez tivesse de se valer apenas do limitado poder de suas próprias forças. Aliás, a primeira medida do conde de Oeiras contra o avanço espanhol já havia sido tomada em 1763, quando decidira transferir a capital do Estado do Brasil de Salvador da Bahia para o Rio de Janeiro, que constituía um centro de ação mais apropriado, se a fronteira do Sul viesse a necessitar de proteção.[322] O fortalecimento e a expansão, dentro do possível, da capitania de São Paulo já faziam parte da segunda etapa do plano.

Talvez por essa razão uma das medidas inaugurais do morgado de Mateus tenha sido a de enviar ao conde de Oeiras uma amostra do primeiro ferro extraído da mina junto à vila de Sorocaba.[323] Com isso, assinalava ao ministro que, em pouco tempo, talvez fosse possível fabricar armamentos ali mesmo na capitania, dispensando os fornecimentos periódicos que vinham do Reino. Seguindo essa linha de pensamento, sugeriu ao conde de Oeiras a construção de uma fábrica de pólvora na capitania de São Paulo.[324]

Em seus primeiros dias, o morgado de Mateus mandou adiantar as obras na praia do Góis, nos baixios da Fortaleza de Santo Amaro da Barra Grande, e reforçar a Fortaleza da Estacada, que ficava em frente, na outra margem. As duas fortalezas, que podiam conter com fogo cruzado qualquer nau inimiga, eram fundamentais para a defesa da vila de Santos. Depois de acompanhar tudo pessoalmente, o governador ainda deu ordens para reforçar a bateria da Fortaleza de Bertioga "com uma dupla paliçada" e mandou reformar o Forte do Monte Serrat.[325]

Aparentemente, o que movia o morgado de Mateus, por aqueles dias, era uma férrea disposição de atender às determinações do conde de Oeiras para melhorar o sistema de defesa da capitania. Por isso, ainda em Santos, dedicou-se com afinco a mandar levantar dois novos cor-

322 Kenneth Maxwell, *op. cit.*, 1996, p. 126.
323 AHU, Conselho Ultramarino, São Paulo, caixa 24, doc. 2279, 29/12/1765.
324 AHU, Conselho Ultramarino, São Paulo, caixa 23, doc. 2249, 26/8/1765.
325 AHU, Conselho Ultramarino, São Paulo, caixa 24, doc. 2294, 30/3/1766.

pos de milícias auxiliares, como constava das instruções que recebera do ministro no mesmo dia de sua nomeação para o cargo.[326] E decidiu, por moto próprio, criar uma companhia de homens pardos forros, com sessenta integrantes, lançando um bando em que determinava aos proprietários que tivessem prontos dardos ou chuços de 14 palmos cada um que deveriam ser entregues aos soldados "na ocasião precisa".[327]

Tratou também da questão da demarcação da capitania com a de Minas Gerais. A esse tempo, aparecera ouro nos limites da capitania de São Paulo, mas em área contestada pelo governador de Minas Gerais, Luís Diogo Lobo da Silva (1717-?). O morgado de Mateus escreveu a Lobo da Silva dizendo que o limite da capitania de São Paulo com a de Minas Gerais era o rio Sapucaí, "a verdadeira fronteira que se deve ter".[328]

Outra preocupação do morgado de Mateus foi aumentar a arrecadação da Provedoria, exigindo que entrasse logo nos cofres da capitania o dinheiro recebido, além de cortar despesas consideradas inúteis. Mandou passar para a cidade de São Paulo a Provedoria e o seu cofre que estavam na vila de Santos e ganhou, com isso, a oposição do provedor José Honório de Valadares e Aboim, para quem a medida iria desamparar a alfândega e causar outros prejuízos.[329] Mais tarde, também oficiais da Câmara da vila de Santos iriam queixar-se da decisão, alegando que os Armazéns Reais, o estanco do sal e dos azeites e o contrato dos subsídios e dízimos da alfândega ficariam sem quem os dirigisse, por falta de provedor da Fazenda Real.[330]

Em Santos, ao chegar, o novo governador encontrara os moradores divididos em razão de controvérsias entre os religiosos da Ordem Terceira e os do Carmo Calçado. O desentendimento era tão profundo que, havia oito anos, o culto divino estava suspenso e as funções ecle-

326 AHU, Conselho Ultramarino, São Paulo, caixa 24, doc. 2306, 12/2/1766.
327 AHU, Conselho Ultramarino, São Paulo, caixa 24, doc. 2255, 10/9/1765.
328 AHU, Conselho Ultramarino, São Paulo, caixa 24, doc. 2294, 30/3/1766.
329 AHU, Conselho Ultramarino, São Paulo, caixa 24, doc. 2285, 27/1/1766.
330 AHU, Conselho Ultramarino, São Paulo, caixa 26, doc. 2445, 6/8/1768.

siásticas impedidas, o que causava perplexidade e irritação entre os fiéis. O morgado de Mateus chamou os representantes dos dois grupos e conseguiu "harmonizá-los", fazendo "voltar tudo à normalidade". Na reunião, fez também a promessa de mandar recuperar o Colégio que fora dos jesuítas em que estava aquartelado por aqueles dias.[331]

Quando no começo de abril conseguiu subir a íngreme Serra do Mar, foi também no seminário do antigo Colégio dos Jesuítas, na cidade de São Paulo, que se aquartelou. A essa altura, o local passava por reformas e já estava investido em sua nova destinação como palácio do governo. O morgado de Mateus seria, então, o primeiro governador e capitão-general a desfrutá-lo nessas novas circunstâncias.

NOVAS BANDEIRAS PARA O SERTÃO

O novo governador não se preocupou com questões menores e passou a maior parte do tempo a conversar com os altos próceres da cidade e das freguesias e vilas próximas. Tanto fez que, meses depois de instalado no novo palácio do governo, já despachava bandeiras para o sertão com a recomendação de que os homens se estabelecessem dentro dos domínios portugueses, "mas perto dos povos vizinhos para poderem invadir e atacar, quando necessário".[332]

Muitas seriam as expedições que o governador impeliria aos sertões centro-meridionais. Àquela época, já não eram bandeiras espontâneas, como no século XVII e na primeira metade do século XVIII, mas expedições que contavam com o apoio do governo, dentro dos planos do conde de Oeiras que tinham o secreto objetivo de ampliar as fronteiras da América portuguesa, ainda que à custa das possessões espanholas".[333] Afinal, os maiorais da terra já não mantinham centenas de índios escravizados nem contavam com recursos suficientes para

---

331 AHU, Conselho Ultramarino, São Paulo, caixa 24, doc. 2294, 30/3/1766.
332 AHU, Conselho Ultramarino, São Paulo, caixa 24, doc. 2329, 3/7/1767.
333 Basílio de Magalhães, *op. cit.*, 1978, p. 214.

suportar a magnitude do empreendimento. Aliás, desde que os indígenas tinham sido libertos, "nenhum particular dispunha de forças capazes de levar a empresa a bom termo".[334]

Em relatório que encaminhou ao vice-rei, um ano e três meses depois de sua posse em São Paulo, o morgado de Mateus fez um balanço das expedições que mandara aos sertões. Despachara duas bandeiras – uma por terra e outra por água – para "descobrir" os sertões do Tibaji. A primeira das bandeiras fora explorar os sertões do Ivaí Frio, região que hoje faz parte do estado do Paraná, aprisionando muitos paraguaios. A outra expedição, comandada pelo sargento-mor Francisco José, partira com tropas de Curitiba.[335] No mesmo ano em que o morgado de Mateus assumira o governo, o sertanista Antônio Correia Pinto fundara o povoado de Lajes, no litoral de Santa Catarina, elevado à categoria de vila em 1774 e hoje cidade.

O que, porém, tirava o sono do morgado de Mateus era a situação no Rio Grande de São Pedro, a ponto de ter pedido autorização ao vice-rei para partir à frente do corpo de tropas que estava organizando para enviar àquela fronteira. O governador tinha ordens expressas do conde de Oeiras e do vice-rei "para não irromper em hostilidades com os castelhanos", mas, em razão da agressão que a região sofrera, entendia que seria melhor "mudar de tática". Só que o vice-rei considerou mais prudente que permanecesse em seu posto.[336]

O governador mandou, então, uma frota de vinte canoas com duzentos homens armados e 120 de transporte com a determinação de descerem o rio Paraná. Queria que entrassem na barra do Iguatemi e se apoderassem das montanhas que margeiam o rio, fechando assim a fronteira com o Paraguai. O rio Iguatemi era a fronteira entre os domínios lusos e os de Castela: uma expedição em 1754 colocara ali um marco e outro nas margens do rio Jauru, no Mato Grosso. Os castelhanos,

---

334 AHU, Conselho Ultramarino, São Paulo, caixa 27, doc. 2526, 3/12/1770.
335 AHU, Conselho Ultramarino, São Paulo, caixa 24, doc. 2331, 3/7/1767.
336 AHU, Conselho Ultramarino, São Paulo, caixa 24, doc. 2331, 20/7/1767.

porém, haviam demolido os marcos, avançando no território até as Campanhas da Vacaria, mesmo com a oposição dos indígenas jaubitas.

Chegando lá outros paulistas, ainda ao tempo em que a capitania de São Paulo estava subordinada à do Rio de Janeiro, atraídos pela descoberta das minas do rio Ivaí, constataram a agressão dos castelhanos aos marcos divisórios. Sabendo por indígenas que os castelhanos haviam iniciado um experimento de colonização junto à barra do rio, foram até lá e destruíram o que restara de uma povoação que tivera o nome de Vila Rica e pertencera à província jesuítica de Guairá.[337] Pensaram em estabelecer ali também uma povoação, mas desistiram em razão da presença ameaçadora de indígenas, sempre em grande número. Foram, então, para as margens do rio Iguatemi, ainda dentro dos domínios portugueses. Mas faltavam-lhes meios para levar adiante a empreitada.

O EPISÓDIO DO IGUATEMI

Quando assumiu o governo da capitania de São Paulo, o morgado de Mateus recebeu um relatório da situação em que se encontravam aqueles pioneiros perdidos nos sertões do Iguatemi. Resolveu, então, oferecer todo o apoio para que estabelecessem efetivamente uma povoação, à porta da entrada da província do Paraguai, "a mais rica e fértil de todas as que possuem os espanhóis".

Ao vice-rei, aconselhou que, "se a expedição fosse coroada de êxito", nunca mais Portugal abandonasse a posição conquistada, "por mais ameaças que a Espanha faça, só devendo ceder se restituíssem todas as terras que nos pertenciam pelo Tratado de Utrecht". Se a guerra continuasse, dizia, seria possível fazer uma entrada no Paraguai, que iria enfraquecer Buenos Aires, "pois esta tira toda a sua riqueza daquela província".

---

337 AHU, Conselho Ultramarino, São Paulo, caixa 24, doc. 2331, 20/7/1767.

Assim, em cumprimento à ordem de d. José I, o governador mandou organizar uma monção que, a 28 de julho de 1767, partiu do porto de Araritaguaba, às margens do Tietê, termo da vila de Itu, com destino ao Iguatemi.[338] Comandada pelo ituano João Martins de Barros, a expedição era formada por 36 embarcações e mais de setecentos colonos, entre homens, mulheres, rapazes e crianças, além de soldados pagos e o pessoal da "mareação". A expedição levou ainda animais domésticos e equipamentos.

O governador começava assim a cumprir as determinações passadas pelo conde de Oeiras em janeiro de 1765 para estabelecer um presídio em área próxima à fronteira com Paraguai, nos arredores da atual cidade de Iguatemi, no Mato Grosso do Sul. Presídio, no caso, queria dizer, no português do século XVIII, destacamento – que, obviamente, incluiria uma cadeia, mas era, antes de tudo, o núcleo de uma futura vila, que teria como objetivo impedir qualquer avanço castelhano em terras lusitanas. Ali, a 14 léguas da vila paraguaia de Curuguati, existia uma fortaleza primitiva que havia sido estabelecida anos antes para assegurar a posse portuguesa, mas que estava, praticamente, abandonada.

A decisão de construir uma fortaleza às margens do rio Iguatemi não saíra da cabeça do conde de Oeiras, como, a princípio, poder-se-ia imaginar. Fazia parte de uma proposta encaminhada por alguns paulistas ao rei d. José I em 1764 que previa um plano de conquista daqueles sertões, depois que algumas expedições haviam fracassado na busca de ouro ao tempo do governador Gomes Freire de Andrade, o conde de Bobadela, quando a capitania de São Paulo estava adjudicada à do Rio de Janeiro.

Imediatamente, o conde de Oeiras, em 26 de janeiro de 1765, enviou ao vice-rei instruções para colocar em prática aquele plano de conquista. Em carta de 22 de julho de 1766, d. José I mandava que se ocupasse rapidamente, a partir do morro de Apucarana, pelo rio Ti-

---

338 AHU, Conselho Ultramarino, São Paulo, caixa 24, doc. 2331, 20/7/1767.

baji, "Curitiba, São José, São Carlos e Registro para impedir que os jesuítas das missões espanholas lá se estabelecessem".

Por esse tempo, o morgado de Mateus escrevia ao conde de Oeiras dizendo que o Estado deveria assumir o empreendimento, "sem esperar mais dos particulares". Até porque aquele era o momento ideal para a empreitada. Um português havia chegado a São Paulo em fuga do Paraguai trazendo a notícia de que ocorrera uma sublevação na vila de Curuguati, "em que tinham perecido quase todos os funcionários que a governavam". Para o morgado de Mateus, aquela era a altura indicada para se fazer uma incursão aos domínios dos castelhanos, "obrigando -os a levantar o cerco que tinham feito à Fortaleza da Conceição, em Mato Grosso".

Por carta de 4 de outubro de 1766, o morgado de Mateus deu conta desse projeto ao vice-rei, que o aprovou de imediato. Na carta-resposta, o vice-rei recomendou que se preparassem forças para enfrentar o inimigo, "mas que só fizessem entrar em ação em caso de ataque". Esta carta foi recebida em São Paulo em julho de 1767 e logo o governador mandou embarcar uma tropa de canoas com a missão de descer o rio Tietê e erguer uma fortaleza às margens do rio Iguatemi.

Nomeado capitão-mor regente da praça que se ia fundar, Barros, por ordem do morgado de Mateus, inicialmente, formou seu contingente com 326 homens, na maioria, arrancados à força de seus lares em Araritaguaba, Itu, Sorocaba e Santana do Parnaíba. Para tanto, criou-se um clima de terror, pois muitos eram casados e tiveram de abandonar as famílias. Os mais rebeldes seriam detidos até que a expedição tivesse chegado à barra do Potunduba e não existissem mais possibilidades de deserção.

O local para a fundação do presídio às margens do rio Iguatemi fora escolhido porque impedia aos castelhanos a passagem para a Serra do Maracaju, onde se podia "cortar o passo" em Camapuã, evitando que os socorros paulistas chegassem às capitanias de Cuiabá e Mato Grosso. O morgado de Mateus fizera transportar para a fortaleza quatorze peças de artilharia e todo o material necessário para a construção de casas, cultura de terras e abertura de estradas.

Mas, como continuariam a chegar a São Paulo notícias dando conta da vulnerabilidade do presídio, em razão das muitas baixas provocadas por sezões e ataques dos indígenas, outras medidas tiveram de ser tomadas. Em carta de 15 de outubro de 1768, o vice-rei dizia ao morgado de Mateus que, a todo custo, se devia conservar a Fortaleza de Iguatemi, mandando "os socorros indispensáveis para a sua segurança".[339]

Para defender aquele posto avançado e povoá-lo, o governador mandou, em seguida, outras levas de soldados, artilharia e colonos. Seguiram, então, monções lideradas por André Dias de Almeida e Bento Cardoso de Siqueira, que, reunindo-se na foz do Ivaí, transpuseram o Paraná e entraram no Iguatemi, em cuja margem esquerda, ao lado da fortaleza primitiva, havia sido estabelecida a colônia que se chamava Nossa Senhora dos Prazeres.[340] No total, o governador pretendia enviar 6 mil homens para Iguatemi. São Paulo concorreria com 3 mil e as outras capitanias com outros 3 mil,[341] mas não se sabe se as remessas chegaram a tanto.

Ao conde de Oeiras, o governador assegurou que a expedição havia chegado à barra do rio Ivaí, subido o rio Iguatemi e escolhido o sítio mais próprio para fundar a povoação. Depois de mostrar a importância dessa colônia na conservação das capitanias de Cuiabá, Goiás e Sacramento e a necessidade de povoar as margens do rio Tietê, ressaltou as vantagens de se fundar outra povoação na barra do rio do Registro "com a qual se formará uma barreira para defesa dos domínios portugueses, juntamente com as fortalezas do Jacuí e do rio Pardo, na província do Viamão".[342] Ao conde de Oeiras, o morgado de Mateus não deixou de comunicar que os padres da Companhia de Jesus também

---

339 AHU, Conselho Ultramarino, São Paulo, caixa 27, doc. 2526, 3/12/1770.
340 Basílio de Magalhães, *op. cit.*, 1978, p. 216.
341 AHU, Conselho Ultramarino, São Paulo, caixa 24, doc. 2331, 24/7/1767.
342 AHU, Conselho Ultramarino, São Paulo, caixa 25, doc. 2377, 29/1/1768.

estavam sendo expulsos dos domínios espanhóis, "seguindo estes os exemplos de Portugal e França".[343]

As notícias que viriam de Iguatemi, porém, não seriam muito animadoras. João Martins Barros, capitão-mor da nova praça, contou que chegara à Cachoeira de Nossa Senhora dos Prazeres a 22 de setembro de 1767, com 32 pessoas e 35 canoas, "correndo tudo o melhor possível",[344] mas que, a 29 de dezembro de 1767, uma armada de castelhanos com 108 homens chegara ao local e que seu comandante lhe fizera várias perguntas, querendo saber se pretendia permanecer ali com sua gente. Barros disse que sim e, depois que os paraguaios já se haviam retirado, mandou a 18 de janeiro de 1768 que se desse início às obras da fortaleza.

Um mês e um dia depois, apareceu outra armada, cujo comandante lhe entregou duas cartas do governador do Paraguai, Carlos Morphy – uma para ele e outra para o governador morgado de Mateus. Quando os paraguaios se foram, mandou que as obras fossem retomadas. Mas começou a encontrar problemas com seus próprios homens: dois soldados desertaram e outros, seis meses depois de instalados no Iguatemi, só falavam em retornar a São Paulo.[345]

Em sua carta ao morgado de Mateus, Morphy dizia que a presença daqueles homens no Iguatemi "ia contra os tratados entre Portugal e Espanha", alegando que aquele rio pertencia ao rei espanhol.[346] Em resposta, o morgado de Mateus disse que estranhava que Barros e sua gente tivessem parado ali, "pois lhes tinha ordenado que fossem ao Ivaí", assegurando que "não queria entrar em atrito com os espanhóis".

Segundo o morgado de Mateus, a expedição comandada por Barros tinha parado ali às margens do Iguatemi "apenas para lançar roças e colher mantimentos". O governador, obviamente, procurava ganhar

343 AHU, Conselho Ultramarino, São Paulo, caixa 24, doc. 2347, 1/11/1767.
344 AHU, Conselho Ultramarino, São Paulo, caixa 25, doc. 2432, c. 10/1768.
345 AHU, Conselho Ultramarino, São Paulo, caixa 25, doc. 2432, 29/3/1768.
346 AHU, Conselho Ultramarino, São Paulo, caixa 25, doc. 2432, 16/1/1768.

tempo, mas aproveitou a ocasião para dizer a Morphy que, ao contrário do que ele imaginava, "aquelas terras pertenciam a Portugal". Para tanto, estava disposto a mandar um oficial comissário ao Paraguai para "ajustar amigavelmente tudo o que se deve fazer antes da retirada dos homens de Barros".[347] Em outra carta, o morgado de Mateus lembraria a Morphy que aquelas terras haviam sido demarcadas em 1752.[348]

Enquanto os governadores trocavam cartas, Barros fez o que o morgado de Mateus lhe ordenara: plantara no lugar de Nossa Senhora dos Prazeres do Iguatemi uma roça com 2 alqueires de milho e deixara outra que levava de 18 a 20 alqueires. Mandara ainda sessenta homens com a missão de formar outra roça mais acima e que teria 50 alqueires. "A terra é boa para uma grande povoação", garantiu.[349]

Depois de reforçar as posições em Iguatemi, o morgado de Mateus concluiu que, agora, seria necessário mandar outra expedição que fosse pelo rio do Registro de Curitiba. Queria "experimentar qual das duas daria melhor resultado".[350] Na realidade, foram organizadas várias bandeiras para o sertão, umas pelos rios, outras pelas montanhas, no período que vai de 18 de julho a 18 de outubro de 1769.[351] Ao todo, o governador mandou, até 1771, sete expedições aos sertões do Tibaji, organizadas pelo tenente-coronel Afonso Botelho de Sampaio e Sousa, seu ajudante de ordens.

A primeira partiu a 5 de dezembro de 1768, com quarenta homens, tendo chegado até as Sete Quedas, no então chamado rio do Registro e, depois, Iguaçu. A segunda saiu com 75 homens de São José dos Pinhais, Curitiba e Campos Gerais a 25 de junho de 1769, penetrando nos sertões do Tibaji, onde deu o nome de d. Luís ao rio Ivaí e Mourão a um afluente, em homenagem ao governador d. Luís Antônio de Sou-

---

347 AHU, Conselho Ultramarino, São Paulo, caixa 25, doc. 2432, c. 8/1768.
348 AHU, Conselho Ultramarino, São Paulo, caixa 25, doc. 2432, c.9/1768.
349 AHU, Conselho Ultramarino, São Paulo, caixa 25, doc. 2432, 23/10/1768.
350 AHU, Conselho Ultramarino, São Paulo, caixa 24, doc. 2331, 3/8/1767.
351 AHU, Conselho Ultramarino, São Paulo, caixa 24, doc. 2526, 3/12/1770.

sa Botelho e Mourão.[352] A expedição atravessou o rio Paraná e alcançou o presídio de Iguatemi.

A terceira bandeira, formada por oitenta praças das vilas de Iguape e Cananeia, partiu a 12 de agosto de 1769, seguindo o rumo da anterior, estabelecendo-se a 6 de janeiro de 1770 para além do rio Paraná, de onde depois passou para os campos de Torquilha, já na área da praça de Iguatemi, "deixando aberto um caminho de Curitiba para a dita pra-ça".[353] Era comandada pelo capitão Francisco Nunes, que morreu em Iguatemi a 27 de maio de 1770.[354]

A quarta expedição saiu a 28 de agosto de 1769 do Iguaçu e trans-pôs a barra do rio Petinga. A quinta, com 85 praças da vila de Parana-guá, partiu a 16 de outubro de 1769 e, depois de deixar uma pequena guarnição em uma localidade a que chamaram de Nossa Senhora da Vitória, na confluência do rio do Registro com o Paraná, penetrou nos sertões do Iguatemi. Encarregada de atingir a barra do rio do Re-gistro e ali assentar uma praça forte, a missão acabaria por se perder, chegando às missões castelhanas no Paraguai. Cairia prisioneira dos paraguaios em Curuguati e seu comandante, o alferes Antônio da Sil-veira Peixoto, seria mandado a ferros para Buenos Aires,[355] onde ficou encarcerado por sete anos.

A sexta e sétima expedições foram lideradas pelo guarda-mor Francisco Martins Lustosa: uma saiu a 26 de julho de 1770, tendo al-cançado a Serra de Capivaruçu; e a outra, largando a 7 de março de 1771, transpôs a Serra do Capivaruçu, "chegando à zona de campos".[356] Em consequência dessas explorações, o paulista Cândido Xavier de Almeida e Sousa (1748-1831),[357] à frente de três dezenas de homens, al-

352 Basílio de Magalhães, *op. cit.*, 1978, p. 214.
353 AHU, Conselho Ultramarino, São Paulo, caixa 27, doc. 2526, 3/12/1770.
354 Basílio de Magalhães, *op. cit.*, 1978, p. 214.
355 AHU, Conselho Ultramarino, São Paulo, caixa 27, doc. 2550, 3/4/1771.
356 Basílio de Magalhães, *op. cit.* 1978, pp. 214-215,
357 Às vésperas da independência, já marechal, Xavier, atendendo a apelo de José Bonifácio de Andrada e Silva (1763-1838), avançaria com tropas da vila de Santos em direção à cidade de

cançou os Campos de Guarapuava, onde ergueu um forte, que recebeu a visita, entre fins de 1771 e início de 1772, do tenente-coronel Afonso Botelho de Sampaio e Sousa, braço-direito do morgado de Mateus. O forte, depois convertido em aldeamento de índios, deu origem à cidade paranaense que leva esse nome. Mais tarde, em 1783, Xavier explorou o rio Igureí, colocando fim às dúvidas quanto aos limites entre as possessões portuguesas e espanholas.[358]

ESTABELECENDO FRONTEIRAS

Como se pode constatar, o morgado de Mateus estabeleceu dois movimentos na tentativa de garantir as fronteiras com a província espanhola do Paraguai: um a partir de expedições enviadas da parte Sul da capitania, especialmente de Iguape, Cananeia, Curitiba e Paranaguá; e outro a partir de Sorocaba e Itu, de onde já haviam partido os paulistas para a conquista de Mato Grosso. Em 10 de março de 1769, mandou sair do porto de Araritaguaba, sob as ordens do sargento-mor Teotônio José Juzarte, aquela que foi considerada a segunda grande monção para o Iguatemi, pois incluía colonos e equipamentos necessários para a ampliação do povoado.

Pouco antes de despachá-lo para Araritaguaba, o morgado de Mateus propôs a d. José I que Juzarte fosse nomeado capitão de uma das companhias da praça de Santos, lembrando que o militar havia ajudado a formar aquele regimento.[359] Assim, quando retornasse, Juzarte teria uma boa recompensa. Foi talvez pensando nisso que comandou a esquadra de canoas para o Ivaí levando os mantimentos pedidos pelo capitão-mor regente João Martins de Barros.

São Paulo contra o governo provisório que, cassado por decreto de 25 de junho de 1822, insistia em conspirar contra o governo do Rio de Janeiro (DI, v. 37, 1902, p. 356, 19/7/1822).

358 Basílio de Magalhães, *op. cit.*, 1978, pp. 217-218.

359 AHU, Conselho Ultramarino, São Paulo, caixa 26, doc. 2461, 28/2/1769.

Na mesma ocasião, partiram vários casais que seguiam para "aumentar a povoação de Piracicaba".[360] De 1769 a 1773, outras expedições seriam enviadas para o Iguatemi com o objetivo de "preencher os claros deixados pelo impaludismo e outras enfermidades devastadoras da guarnição de pobres faxinas de terra pomposamente apelidadas de praça forte".[361]

Encarregado da segunda monção, Juzarte recebeu ordem do morgado de Mateus para fazer um diário "e lançar em planta todos os rios, todos os países e todas as cousas mais notáveis que se tiverem descobrido".[362] Como era costume ao seu tempo, o manuscrito de Juzarte recebeu um título muito extenso e explicativo: *Diário da Navegação do rio Tietê, rio Grande Paulista e rio Gatemi em que se dá a relação de todas as coisas mais notáveis destes rios, seus cursos, sua distância, e todos os mais rios que se encontram, ilhas, perigos, e de tudo o acontecido neste diário pelo tempo de dois anos e dois meses. Que principia em 10 de março de 1769.* O manuscrito mostra como as ordens da Coroa foram cumpridas a ferro e fogo, ainda que, muitas vezes, sua execução se assemelhasse à loucura.

Embora não tivesse um estilo polido e literário, Juzarte, em seu relatório, dá um testemunho pungente dos sacrifícios e horrores que representaram a viagem e a estada daquelas pessoas em plagas assoladas por doenças, além de ataques de índios, o "bárbaro gentio". Doente, retornou a São Paulo em 1771, substituído pelo ajudante Manuel José Alberto Lobo. Como sempre tivera funções de destaque ao tempo do morgado de Mateus, depois de recuperado, seria enviado, ao final de 1772, a Araritaguaba escoltando artilharia, munições, ferramentas, mantimentos e remédios em uma esquadra de doze canoas, com setenta presos destinados a substituir a população da praça de Iguatemi que havia sido dizimada pela malária.

---

360 AHU, Conselho Ultramarino, São Paulo, caixa 25, doc. 2377, 29/1/1768.
361 Jonas Soares Souza; Miyoko Makino (orgs.), *Diário da navegação, de Teotônio José Juzarte,* 2000, p. 15.
362 *Idem, ibidem,* p. 13.

Ao retornar a São Paulo em 1775, Juzarte encontraria Lobo de Saldanha à frente do governo da capitania. Sem o protetor, passaria maus bocados. O novo governador não esconderia sua desaprovação à maneira como as ordens do marquês de Pombal para a fundação da praça de Iguatemi haviam sido cumpridas, o que deixava implícita uma censura ao seu antecessor.[363]

Ao final de 1770, Barros escrevia ao governador anunciando a chegada de reforços levados por Juzarte, mas dizia que as doenças do sertão haviam dizimado muita gente. Anunciava que os quartéis e a fábrica de telhas estavam prontos, ao mesmo tempo em que as obras da fortaleza seguiam bem adiantadas. O capitão-mor regente reclamava do cansaço e sugeria ao governador que um engenheiro fosse enviado para Iguatemi com a missão de substituí-lo.[364] Seus apelos seriam ouvidos em Lisboa. Em agosto de 1771, d. José I mandava o novo vice-rei, d. Luís de Almeida Portugal Soares de Alarcão d'Eça Melo e Silva e Mascarenhas (1729-1790), o marquês de Lavradio, assistir com dinheiro da Fazenda Real aos pedidos de socorro do morgado de Mateus para a Fortaleza do Iguatemi.

Ordenava ainda que o marquês de Lavradio enviasse para São Paulo o brigadeiro José Custódio de Sá e Faria com dois engenheiros e seus ajudantes bem como seis peças ligeiras de calibre seis, meia dúzia de obuses, apetrechos de artilharia e um dos regimentos do Rio de Janeiro "para prover a necessidade de defesa da capitania de São Paulo contra os atentados do governador castelhano do Paraguai".[365] Ao vice-rei, o secretário de Estado da Marinha e Ultramar, Martinho de Melo e Castro (1716-1795), mandou dar dinheiro para o oficial José Custódio de Sá e Faria organizar um regimento e opor resistência aos

---

363 Idem, ibidem, p.17.
364 AHU, Conselho Ultramarino, São Paulo, caixa 27, doc. 2537, 5/12/1770.
365 AHU, Conselho Ultramarino, São Paulo, caixa 27, doc. 2564, 13/8/1771.

castelhanos, "no caso de virem a descer o Rio Grande de São Pedro e o Viamão".[366]

O governador aproveitou também para mandar à Fortaleza de Iguatemi "mulheres fadistas", ou seja, prostitutas, que "com escandaloso procedimento" andavam perturbando o sossego público da vila de Sorocaba, entendendo que "seria mais útil à terra e serviço de Deus" que fossem aliviar as tensões dos homens que se encontravam naqueles confins.[367]

A essa época, haviam chegado aos ouvidos do morgado de Mateus que os espanhóis se preparavam para a guerra e que, no porto do Ferrol, na Galiza, havia quarenta naus de linha, fragatas e embarcações ligeiras prontas para sair.[368] O marquês de Pombal também desconfiava das intenções espanholas e ficou ainda mais preocupado quando soube que, em Cádiz, uma enorme tropa e uma nave estavam prontas para partir. Mas, ao contrário do que imaginava, a expedição espanhola não iria seguir em direção a América do Sul, mas a um ataque a Argel, que constituiria um grande desastre e levaria Madri a optar, a partir de então, por uma solução negociada com Portugal para os territórios americanos.[369]

A essa altura, porém, as mobilizações no Estado do Brasil já haviam consumido anos de resultados desastrosos: a epopeia do Iguatemi seria marcada por numerosas mortes, sacrifícios e o esvaziamento dos cofres do vice-reinado e da capitania de São Paulo. Em 1775, o brigadeiro José Custódio fez uma visita de inspeção à colônia e, depois de lamentar a impiedosa dizimação dos povoadores pelas doenças do sertão, recomendou a d. José I a extinção da praça.[370] A partir de então,

366 AHU, Conselho Ultramarino, São Paulo, caixa 27, doc. 2573, 1/10/1771.
367 DI, v. 7, 1902, p. 47, 1771.
368 AHU, Conselho Ultramarino, São Paulo, caixa 27, doc. 2568, 4/9/1771.
369 Kenneth Maxwell, *op. cit.*, 1996, p. 135.
370 AHU, Avulsos, São Paulo, caixa 6, doc. 13, 7/2/1776.

o presídio de Iguatemi funcionou precariamente até a invasão dos castelhanos em 1777.[371]

INSULTOS E IMPROPÉRIOS DIRIGIDOS AO GOVERNADOR

Não foi apenas a questão das fronteiras portuguesas que preocupou o morgado de Mateus ao longo de seu extenso mandato. Internamente, o governador começou a enfrentar forte oposição, tendo sido, a partir de julho de 1767, alvo de insultos e impropérios por meio de cartazes anônimos que apareceram afixados à porta das igrejas da cidade de São Paulo. Nos pasquins, os descontentes colocavam em ridículo as principais disposições do governo, principalmente a maneira como arregimentava tropas "voluntárias" para as expedições aos sertões. Na maioria, as pessoas eram compulsoriamente recrutadas e, se não obedecessem, sabiam que colocavam a vida em risco.

Também na vila de Paranaguá apareceriam cartazes anônimos que contestavam as ordens do governo. Em carta ao conde de Oeiras, o morgado de Mateus dizia que temia que esses pasquins chegassem ao Reino "com as calúnias com que (seus inimigos) pretendiam depô-lo".[372] O descontentamento entre a população só aumentou quando, pouco depois, o governador mandou alistar todos os homens válidos da capitania em idade militar. Formou, assim, dois regimentos de milícias, dois de cavalaria e quatro de infantaria.[373] A capitania de São Paulo havia virado um grande quartel.

Em razão da animosidade que despertava, o governador começou a se isolar cada vez mais. O governo da Câmara estava a cargo de "republicanos" e daquilo poderiam resultar muitos inconvenientes, dizia ao conde de Oeiras, esperando talvez que o ministro lhe passasse carta

---

371 AHU, Avulsos, São Paulo, caixa 7, doc. 15, 14/8/1777.
372 AHU, Conselho Ultramarino, São Paulo, caixa 24, doc. 2333, 3/7/1767.
373 AHU, Conselho Ultramarino, São Paulo, caixa 24, doc. 2351, 12/11/1767.

branca para intervir na Casa.[374] Até daqueles que o cercavam passou a se queixar. Tencionara demitir seu copeiro e seu cozinheiro, "dois bisbilhoteiros", mas pensara duas vezes: no Reino podia despedir um copeiro ou um cozinheiro porque era possível buscar outro e encontrar, mas ali, naquela capitania, não.[375] Ali havia carência de tudo, até de "contabilistas e amanuenses para trabalhar".[376]

Faltavam pessoas que soubessem ler e escrever. Por isso, os mestres-escolas eram pessoas raras e respeitadas na comunidade. A tal ponto que, uma vez por ano, o mestre tinha de ir com seus alunos até a sala do governador para mostrar o aproveitamento da classe.[377] A indigência cultural da cidade de São Paulo, porém, não impediu o morgado de Mateus de fundar a Academia dos Felizes,[378] homônima de outra que funcionou no Rio de Janeiro, entre 1736 e 1740.[379]

Saindo da cidade de São Paulo, a situação era ainda mais desoladora: o nome de d. José I era desconhecido "entre certos povos", como, por exemplo, nos "retiros" de Camanducaia, nos matos de Paranapanema, Piani e Ribeira e nos Campos Gerais e Furnas. Que ninguém soubesse que era d. José I quem dominava aquelas terras era algo que o morgado de Mateus entendia como inadmissível, pois a gravidade da situação poderia permitir que aqueles povos aceitassem por rei qualquer outro que mandasse tropas invasoras. Foi pensando nisso que enviou quinhentos homens para socorrer a praça do Rio Grande, fortificou fortalezas na costa, fundou vilas e povoados, mandou expedições ao rio Ivaí e disciplinou e destacou para o Rio Grande quatro companhias de aventureiros.[380]

---

374 AHU, Conselho Ultramarino, São Paulo, caixa 25, doc. 2409, 15/5/1768.

375 AHU, Conselho Ultramarino, São Paulo, caixa 24, doc. 2341, 4/8/1767.

376 AHU, Conselho Ultramarino, São Paulo, caixa 29, doc. 2634, 23/7/1773.

377 AHU, Conselho Ultramarino, São Paulo, caixa 25, doc. 2408, 12/5/1768.

378 Afonso d'Escragnolle Taunay, RIHGSP, v. 47, 1938, apud Benedito Barbosa Pupo, "Aspectos da personalidade do Morgado de Mateus", Correio Popular, Campinas, 18/6/1974; 27/2/1998.

379 Íris Kantor, Esquecidos e renascidos: historiografia acadêmica luso-americana (1714-1759), 2004, p. 63.

380 AHU, Conselho Ultramarino, São Paulo, caixa 25, doc. 2412, 20/7/1768.

O governador suportava até as desfeitas dos criados porque suspeitava de que estariam sendo instigados pelo padre Francisco Xavier Garcia, capelão da Fazenda de Santa Ana, que seria também responsável por algumas sátiras que haviam circulado pela cidade de São Paulo "contra ele e seus métodos de governar". O religioso, ao lado de outros "republicanos", seria acusado de ter incitado o copeiro e o responsável pelo guarda-roupa do governador a abandonar o serviço e fugir.[381]

"Habituados a governarem-se por si, têm procurado por todos os meios me desacreditar junto a meus criados", queixou-se o morgado de Mateus em carta ao conde de Oeiras,[382] provavelmente porque não havia bispo a quem se queixar, desde a morte de d. Antônio da Madre de Deus Galrão (1697-1764). Seu sucessor, d. Manuel da Ressurreição (1718-1789), seria confirmado bispo de São Paulo em 17 de junho de 1771 por brevê do papa Clemente XIV, mas só faria sua entrada solene na Catedral a 17 de julho de 1772.

Sem a autoridade de um bispo na capitania, o comportamento de alguns religiosos daria motivo para muitas queixas por parte do governador. A pendenga haveria de se arrastar até o governo do seu sucessor e seria motivo de muitas desordens entre moradores de São Paulo e de Minas Gerais.[383] É o que pode explicar também o fato de o governador ter suportado por mais três anos os desaforos da criadagem: só em julho de 1770 resolveu despedir dois criados e comprar dois mulatos para substituí-los.

Arrumou, porém, um problema: quando tivesse de voltar ao Reino, se os vendesse, ficaria sem ter quem o servisse; se os levasse consigo, perdê-los-ia porque, quando desembarcassem em Lisboa, ficariam libertos, de acordo com a lei que vigorava no Reino. "E quando ficam forros, não gostam de servir ao seu senhor", queixou-se ao conde de

---

381 AHU, Conselho Ultramarino, São Paulo, caixa 24, doc. 2351, 12/11/1767; doc. 2357, 16/11/1767.
382 AHU, Conselho Ultramarino, São Paulo, caixa 24, doc. 2363, 10/12/1767.
383 AHU, Conselho Ultramarino, São Paulo, caixa 28, doc. 2581, post. 1771.

Oeiras, a quem pedia instruções até para resolver questões de ordem particular.[384]

Com o novo bispo de São Paulo, frei d. Manuel da Ressurreição, o governador não encontraria apoio para reprimir os religiosos que lhe desafiavam a autoridade. O bispo não demonstrava boa vontade com o governador, pois considerava que ele estava usurpando um bem da Igreja ao morar no Colégio que fora dos jesuítas. Frei d. Manuel da Ressurreição escreveria ao Reino várias vezes pedindo que o Colégio lhe fosse concedido para residência.

Disposto a perseguir seus opositores, o morgado de Mateus encontrava muitos obstáculos em uma terra em que tudo ainda estava por se fazer. Se mandasse prender uns e outros "republicanos", que andavam a falar mal de seu governo, não teria como atirá-los à enxovia. A cadeia da cidade de São Paulo estava em ruínas e os presos, frequentemente, arrombavam-lhe as grades de ferro e fugiam na escuridão da noite. Isso, porém, não impedia que as forças do governador cometessem excessos. O ouvidor da comarca de São Paulo, Salvador Pereira da Silva, acusou o governador de "aplicar castigos cruéis" a pessoas do povo "sem razão".

O ouvidor, que se dizia vítima do "ódio do governador", procurou intrigar o morgado de Mateus com o conde de Oeiras, dizendo que ele consentia que frei Manuel de Santa Cecília Campos, "um dos expulsos da Companhia de Jesus", pronunciasse sermões em que fazia "referências atrevidas à expulsão dos jesuítas".[385] E acusou ainda o governador de mandar um ourives fundir prata e ouro, sem respeitar ordem régia de 30 de julho de 1766.[386]

Sem uma cadeia que oferecesse mínimas condições de segurança, o morgado de Mateus, desde que chegara, tivera muitas dificuldades para garantir a tranquilidade da população: surpreendia-se com

384 AHU, Conselho Ultramarino, São Paulo, caixa 26, doc. 2505, 7/7/1770.
385 AHU, Conselho Ultramarino, São Paulo, caixa 26, doc. 2456, 10/2/1769.
386 AHU, Conselho Ultramarino, São Paulo, caixa 26, doc. 2485, 15/1/1770.

a quantidade de delinquentes à solta na cidade de São Paulo.[387] As legiões de vadios que via em São Paulo e nas vilas o incomodavam, a ponto de ter escrito ao conde de Oeiras para lhe sugerir que, de alguma maneira, impedisse a vinda de mais gente do Reino para a América. "Isso é prejudicial", garantiu-lhe, preocupado também com o grande número de leprosos que vagavam por toda a capitania.[388]

Apesar desse quadro social tenebroso, havia anos que a cadeia de São Paulo não passava por reformas. Por aqueles dias, os oficiais da Câmara escreveram ao Reino lembrando que, em 1713 e 1722, já haviam sido pedidas providências, mas nada se havia feito. Em 1713, d. João V havia determinado a construção de uma cadeia em São Paulo e renovara sua ordem dez anos mais tarde, sem que tivesse sido atendido, como provavam as certidões que acompanharam a correspondência encaminhada pelos camaristas a d. José I.[389] Em 1770, a velha cadeia ruiria.[390]

Mesmo assim, o morgado de Mateus não atenderia aos apelos desesperados dos vereadores. Preferiu fazer "obras na rua do Carmo e na rua de Santa Teresa".[391] Assim, São Paulo teria de esperar mais alguns anos para ganhar uma nova cadeia. Em 1777, ao tempo do governo de Lobo de Saldanha, os camaristas voltariam a implorar auxílio à Corte para construir uma nova Casa de Câmara e Cadeia, já que "as atuais não tinham condições higiênicas indispensáveis".[392] Mas apenas em 1788 ficaria pronta a nova Casa de Câmara e Cadeia. Como era habitual, a prisão funcionaria na parte de baixo das instalações.

A partir de 1771, a situação no Sul começou a ficar crítica em razão de uma melhora gradual nas relações entre Grã-Bretanha e Espanha. Os gastos do vice-reino do Rio de Janeiro e da capitania de São Paulo começaram a superar as receitas e não havia nenhum sinal de que a

387 AHU, Conselho Ultramarino, São Paulo, caixa 25, doc. 2412, 20/7/1768.
388 AHU, Conselho Ultramarino, São Paulo, caixa 25, doc. 2406, 10/5/1768.
389 AHU, Conselho Ultramarino, São Paulo, caixa 25, doc. 2367, 19/12/1767.
390 AHU, Conselho Ultramarino, São Paulo, caixa 27, doc. 2531, c.12/1770.
391 AHU, Conselho Ultramarino, São Paulo, caixa 27, doc. 2407, 11/5/1768.
392 AHU, Conselho Ultramarino, São Paulo, caixa 32, doc. 2779, 13/9/1777.

situação pudesse ser revertida. Pelo contrário. O ministro Martinho de Melo e Castro admitia a possibilidade de ataques dos castelhanos, a exemplo do que havia ocorrido em 1715, quando a Espanha apoderara-se do território da Colônia do Sacramento, contrariando o Tratado de Utrecht.

Preocupado, aprovou a escolha do coronel José Raimundo Chichorro da Gama Lobo para comandante das tropas do Rio Grande e dos demais preparativos de guerra.[393] E mandou o governador reforçar a defesa de Iguatemi: para ele, o ataque castelhano ao Viamão só tinha como objetivo "divertir" as forças portuguesas para melhor avançar sobre Iguatemi.[394] As notícias que vinham de lá, porém, eram desanimadoras: o capitão João Álvares Ferreira, comandante da fortaleza, dizia que os índios pareciam dispostos a atacar, o que deixara os povoadores em sobressalto.[395]

A situação se agravou quando o novo governador da província do Paraguai, d. Agustín Fernando de Pinedo, que substituíra Morphy, decidiu estacionar duzentos homens nos arredores com o apoio dos índios baiás.[396] A invasão parecia iminente. E pior: como reconheceu o morgado de Mateus em carta ao ministro d. Francisco de Sousa Coutinho (1726-1780), a Fortaleza de Iguatemi se encontrava sem defesa alguma.[397]

Métodos arbitrários

Com a derrota anunciada, o morgado de Mateus passou a ser alvo de críticas do ministro Martinho de Melo e Castro. Segundo ele, o governador teria dispersado os recursos do Estado, fazendo outras fortifi-

393 AHU, Conselho Ultramarino, São Paulo, caixa 28 doc. 2611, 20/11/1773.
394 AHU, Conselho Ultramarino, São Paulo, caixa 29, doc. 2628, 14/6/1773.
395 AHU, Conselho Ultramarino, São Paulo, caixa 29, doc. 2628, 3/61773.
396 AHU, Conselho Ultramarino, São Paulo, caixa 29, doc. 2636, 12/8/1773.
397 AHU, Conselho Ultramarino São Paulo, caixa 29, doc. 2639, 10/8/1773.

cações, quando só tinha direito de fazer a Fortaleza de Iguatemi e, em caso extremo, o "passo" do Maracaju.[398] O governador desobedecera às ordens régias ao criar em Iguatemi uma praça guarnecida por um regimento de infantaria de tropa regular, uma companhia de artilheiros, duas de dragões, duas de pedestres e uma de marinha e auxiliares e ordenanças, quando a Corte só autorizara que fosse criada "uma pequena fortaleza, com "trezentos a quatrocentos paulistas sertanejos com artilharia".[399]

Para piorar, os métodos arbitrários do tenente-coronel Afonso Botelho de Sampaio e Sousa, homem forte do governo do morgado de Mateus, também não haviam sido bem recebidos na Corte: para Sampaio, os índios deveriam ser tratados como inimigos, embora tivesse ordens expressas do rei para evitar "a menor opressão ou violência", de modo que não houvesse "uma só gota de sangue derramado".[400] Segundo Sampaio, os índios, depois de degolados, deveriam ser queimados, poupando-se apenas mulheres e crianças.[401]

De Lisboa, o ministro mandou que o governador "não procedesse outro serviço que não fosse a conservação de Iguatemi", destacando para lá imediatamente o brigadeiro José Custódio de Sá e Faria. Mas sugeriu que preparasse também recursos para o Viamão e Rio Grande de São Pedro, enviando sete companhias de Infantaria da praça de Santos para se juntarem com o corpo de tropa da guarnição do Rio de Janeiro. E ainda saísse a campo para recrutar "1.000 homens livres, metade a pé e metade a cavalo".

Ao governador, o ministro deixou claro que a d. José "custava mais a perda de uma légua de terra na parte meridional da América portuguesa do que 50 léguas de sertão descobertas no interior da capitania

---

398 AHU, Conselho Ultramarino, São Paulo, caixa 29, doc. 2659, 21/4/1774.
399 AHU, Conselho Ultramarino, São Paulo, caixa 29, doc. 2661, 22/4/1774.
400 AHU, Conselho Ultramarino, São Paulo, caixa 29, doc. 2659, 21/4/1774.
401 AHU, Conselho Ultramarino, São Paulo, caixa 29, doc. 2661, 22/4/1774.

de São Paulo, cuja exploração em qualquer altura se pode proceder, ao passo que terreno perdido no Sul nunca mais se recuperaria".[402]

Três meses depois, o governador comunicava ao ministro Martinho de Melo e Castro que as tropas enviadas ao Viamão já estavam de volta "por ter se retirado o general castelhano".[403] Com isso, poderia se concentrar na questão de Iguatemi. Um mês depois, finalmente, mandou que o brigadeiro José Custódio de Sá e Faria seguisse para lá "com alguns paulistas".[404] E determinou que fossem suspensos "os descobrimentos nos sertões de Ivaí e Tibaji",[405] como queria o ministro Martinho de Melo e Castro.

Ao chegar ao presídio de Iguatemi a 30 de novembro,[406] o brigadeiro escreveu relatórios à Corte em que dizia que, diante da desolação e decadência[407] em que encontrara a fortaleza, iria tentar um acordo com o general castelhano.[408] Segundo o brigadeiro, os colonos procedentes de São Paulo haviam fugido para Minas Gerais. A população de Iguatemi era constituída quase exclusivamente por criminosos e os poucos colonos não tiravam proveito do comércio com os castelhanos, relatou.[409] "Não há vantagens que compensem os riscos – nem ouro, lavoura e comércio –, tal como tem sucedido em outras partes da América", acrescentou.[410]

O brigadeiro ainda deixou mal o governador, acusando-o de tê-lo segurado em São Paulo porque não concordava com a sua ida para Iguatemi, "talvez porque dera informações falsas ao ministro dizendo que era um ótimo local". Essas verdadeiras informações não chegariam

---

402 AHU, Conselho Ultramarino, São Paulo, caixa 29, doc. 2661, 22/4/1774.
403 AHU, Conselho Ultramarino, São Paulo, caixa 30, doc. 2673, 29/7/1774.
404 AHU, Conselho Ultramarino, São Paulo, caixa 30, doc. 2674, 10/8/1774.
405 AHU, Conselho Ultramarino, São Paulo, caixa 30, doc. 2675, 10/8/1774.
406 AHU, Conselho Ultramarino, São Paulo, caixa 30, doc. 2768, 20/7/1775.
407 AHU, Conselho Ultramarino, São Paulo, caixa 31, doc. 2721, 24/2/1775.
408 AHU, Conselho Ultramarino, São Paulo, caixa 30, doc. 2706, 20/7/1775.
409 AHU, Conselho Ultramarino, São Paulo, caixa 30, doc. 2677, 20/9/1774.
410 AHU, Conselho Ultramarino, São Paulo, caixa 29, doc. 2664, 12/6/1774.

logo a Lisboa porque, segundo o brigadeiro, o governador interceptava toda a correspondência procedente de Iguatemi.[411]

O destino do morgado de Mateus, porém, já estava traçado. Depois de dez anos à frente da capitania, perderia a confiança da Corte. Câmaras e autoridades escreveriam à Corte reclamando de sua atuação. José Honório de Valadares e Aboim, provedor da Fazenda Real em São Paulo, que em 1784 seria nomeado secretário de governo de Luís da Cunha Meneses em Minas Gerais,[412] acusaria o ex-governador de ter fraudado a prestação das contas sobre as expedições a Tibaji e Iguatemi, insinuando que as explorações tinham por intuito oculto "afugentar as gentes para procurar diamantes no local dessas minas de Guaraíba a Furnas".

Acusou-o também de manter em sua própria casa uma "oficina com materiais que pertenciam à Fazenda Real, o que se praticou por muitos anos". Por fim, entrou na vida privada do morgado de Mateus, dizendo que o ouvidor José Gomes Pinto de Morais costumava levar à noite mulheres casadas e solteiras para a casa da governação, "sob pretexto de depoimento". E que o governador "andava amancebado com uma mulher cujo marido era seu associado em negócios".[413]

A sorte do morgado de Mateus é que Aboim não tinha muito prestígio na Corte: d. José Xavier de Noronha Camões de Albuquerque de Sousa Moniz, o marquês de Angeja (1741-1811), presidente do Erário Régio, ao receber em sua mansão na Junqueira uma das volumosas correspondências que o provedor da Fazenda Real em São Paulo mandara ao Reino, inclusive para reivindicar ordenados atrasados, concluiu que ele e o ex-governador não mereceriam crédito, dando-os por "desordeiros".[414]

---

411 AHU, Conselho Ultramarino, São Paulo, caixa 30, doc. 2691, 31/1/1775.
412 APM, DF, códice 189, fls. 121v-122, 1/12/1784.
413 AHU, Conselho Ultramarino, São Paulo, caixa 32, doc. 2774, ant. 27/8/1777.
414 AHU, Conselho Ultramarino, São Paulo, caixa 33, doc. 2903, 15/5/1799.

Já na Corte, em 1777, o morgado de Mateus teria de dar explicações ao Conselho Ultramarino a propósito de antiga queixa apresentada pelo ouvidor da comarca de São Paulo, José Gomes Pinto de Morais. Em sua defesa, o ex-governador diria que o ouvidor sempre lhe devotara má vontade, desde que contrariara seus interesses, ao impedir que o contrato dos dízimos fosse arrematado por José Nunes, "seu compadre". Depois disso, segundo o ex-governador, o ouvidor teria se aliado ao bispo em campanha sistemática contra o seu governo.[415]

Ao ministro Martinho de Melo e Castro, o morgado de Mateus garantiu que sempre procedera "de maneira reta e desinteressada", dizendo que, àquela altura, só queria que lhe fosse "permitido se recolher a sua casa dignamente".[416] Como foi assinada em Lisboa, a carta indica que, por ordem do governo, o morgado de Mateus ficou impedido por muitos meses de se recolher ao Solar de Mateus, em Vila Real, permanecendo na Corte para responder mais prontamente às acusações que lhe faziam.

O impedimento para que não se ausentasse de Lisboa coincide com a "viradeira", que assinala a destituição de vários antigos colaboradores de Pombal, o que indica que o morgado de Mateus passava por um momento de fragilidade política junto ao novo sistema de poder. Em uma das muitas acusações que chegaram ao Reino depois de sua saída de São Paulo, o bispo d. Manuel da Ressurreição dizia que todas as cartas que teria enviado ao marquês de Pombal haviam sido interceptadas por ele.[417]

Acusado pelo provedor Aboim de agenciador de mulheres de má fama e pelo governador de tentar obter vantagens ilícitas com a arrematação do contrato dos dízimos, o antigo ouvidor Pinto de Morais já não tinha como fazer sua defesa, pois falecera havia cerca de um ano. O episódio, porém, mostra que o sistema de contrato que se, por

415 AHU, Conselho Ultramarino, São Paulo, caixa 31, doc. 2767, 29/7/1777.
416 AHU, Conselho Ultramarino, São Paulo, caixa 32, doc. 2777, 8/9/1777.
417 AHU, Conselho Ultramarino, São Paulo, caixa 31, doc. 2723, 19/3/1776.

um lado, tinha a justificativa de oferecer à Coroa um retorno rápido e a oportunidade de economizar despesas administrativas, por outro, constituía um foco permanente de tensões entre autoridades em razão de seu inevitável envolvimento com os interesses de grupos locais.

A exemplo do que ocorria à época na rica e vizinha capitania de Minas Gerais, onde arrematantes de contratos, como João Rodrigues de Macedo (c.1730-1808), Joaquim Silvério dos Reis (1756-1819) e outros, agiam como banqueiros dos governadores e outras altas autoridades,[418] em São Paulo os contratantes não fugiam à regra: eram eficientes e impiedosos na coleta dos impostos, mas morosos e negligentes na hora de repassar à Coroa o que arrecadavam em seu nome.

Com isso, acumulando grossas dívidas, tinham a oportunidade de aplicar vultosos recursos em outros negócios, sempre com enormes vantagens pessoais. Para que pudessem agir assim, obviamente, teriam de contar com o beneplácito do governador e do ouvidor que, por seu lado, receberiam por fora o que estabeleciam como preço de seu silêncio. Isso justifica plenamente as dissensões que sempre ocorriam no momento da arrematação entre as autoridades, cada qual interessada em apoiar um protegido. Esse tipo de divergência, que deixava de existir quando era a própria Junta da Fazenda que administrava diretamente a arrecadação de um imposto, custou a ser percebido pelos burocratas de Lisboa, talvez porque contrariasse a orientação do marquês de Pombal de incentivar tanto na metrópole como nas possessões a criação de uma sólida elite mercantil.[419]

Se essa e outras tantas denúncias não resultaram em nenhuma punição para o morgado de Mateus, bem de acordo com a política de tolerância que marcou a administração régia em relação aos seus prepostos nas colônias, o certo é que o seu prestígio junto à Corte decairia, como fica claro em carta que encaminhou ao ministro Martinho

---

418 Kenneth Maxwell, *op. cit.*, 1996, pp. 156-157.
419 *Idem, ibidem*, p. 152.

de Melo e Castro pedindo que interferisse no ânimo da rainha d. Maria I (1734-1816) para que lhe concedesse "um sinal público de que estava reintegrada sua conduta e caráter" [sic] e o promovesse a brigadeiro de seus exércitos.[420] Como não seria mais convocado para nenhuma grande missão no ultramar, o morgado de Mateus teve tempo de sobra para concluir as obras de construção da capela do Solar de Mateus, iniciadas por seu pai. Morreu a 5 de outubro de 1798.

A QUEDA ANUNCIADA DO IGUATEMI

Nomeado governador e capitão-general da capitania de São Paulo em julho de 1774,[421] o fidalgo alentejano Martim Lopes Lobo de Saldanha (c.1730-1788) desembarcou no porto de Santos ao final de maio de 1775 e demorou apenas o tempo necessário para que suas bagagens fossem arrumadas e trasladadas Serra acima. Foi no dia 14 de junho de 1775 que tomou posse do governo das mãos do morgado de Mateus.[422]

A cidade de São Paulo que o esperava, com suas ruas de terra solta e casas caiadas, era um burgo fantasma: por causa do medo que a epidemia de bexigas infundia, pouca gente saía às ruas durante o dia e muito menos à noite.[423] Sem muito tardar, dirigiu-se ao antigo Colégio dos Jesuítas e comprou com frei d. Manuel da Ressurreição, terceiro bispo de São Paulo, uma desavença que já vinha dos tempos do morgado de Mateus. Como se sabe, em nome dos negócios do Estado, o ex-governador havia se apossado da propriedade religiosa,[424] alegando que, antes de sair de Lisboa, recebera ordem do conde de Oeiras para "habitar todas as casas que haviam pertencido aos jesuítas".[425]

---

420 AHU, Conselho Ultramarino, São Paulo, caixa 31, doc. 2744, c. 1776.
421 AHU, Conselho Ultramarino, São Paulo, caixa 29, doc. 2663, 9/7/1774.
422 AHU, Conselho Ultramarino, São Paulo, caixa 30, docs. 2701 e 2702, 21/6/1775.
423 AHU, Avulsos, São Paulo, caixa 6, doc. 13, 29/11/1775.
424 AHU, Avulsos, São Paulo, caixa 6, doc. 5, 18/6/1774.
425 AHU, Conselho Ultramarino, São Paulo, caixa 30, doc. 2670, 18/6/1774; AHU, Conselho Ultramarino, São Paulo, caixa 29, doc. 2666, 18/6/1774.

Em 1773, porém, a Mesa Censória dera autorização para que o bispo nele passasse a residir.[426] Na verdade, desde quando chegara para substituir frei d. Antônio da Madre de Deus Galrão e dirigir as 53 paróquias da capitania,[427] frei d. Manuel da Ressurreição mostrara-se disposto a assumir as dependências do Colégio, com exceção daquelas que ficariam reservadas para mestres e professores que haviam de ser mandados de Lisboa pela Mesa Censória.[428] Até porque, dizia, tinha uma biblioteca com duzentos livros.[429]

O morgado de Mateus cumpriria a determinação muito tempo depois da chegada do bispo.[430] E seria obrigado a passar, durante alguns meses, por muitos constrangimentos porque, depois da entrega do edifício a frei d. Manuel da Ressurreição, passaria a residir em um espaço diminuto no mesmo Colégio, sofrendo contrariedades, pois era "devassado pelas janelas do bispo".[431]

Lobo de Saldanha não só afirmou ao religioso que não manteria a decisão tomada por seu antecessor como, em breve, mandaria que fossem executadas obras de ampliação no Colégio que fora dos jesuítas, para que, de fato, o imóvel ganhasse ares de um palácio de governo. Desalojou o bispo e logo mandou ofício ao secretário de Estado da Marinha e Ultramar, Martinho de Melo e Castro, pedindo orientação sobre como executar as obras na residência dos governadores. Pediu ainda ao ministro autorização para construir uma casa para a Junta da Fazenda, Tesouro e Juntas das Justiças, além de armazéns e quartéis para o regimento da cidade.[432]

Mas, sem recursos, não pôde colocar em prática de imediato o que pretendia, pois o antigo Colégio dos Jesuítas continuou em mau esta-

---

426 AHU, Avulsos, São Paulo, caixa 6, doc. 13, 12/11/1775.
427 AHU, Conselho Ultramarino, São Paulo, caixa 30, doc. 2671, 23/7/1774.
428 AHU, Conselho Ultramarino, São Paulo, caixa 29, doc. 2666, 18/6/1774.
429 AHU, Conselho Ultramarino, São Paulo, caixa 31, doc. 2723, 19/3/1776.
430 AHU, Conselho Ultramarino, São Paulo, caixa 29, doc. 2667, 18/6/1774.
431 AHU, Conselho Ultramarino, São Paulo, caixa 30, doc. 2670, 18/6/1774.
432 AHU, Avulsos, São Paulo, caixa 6, doc. 13, 19/11/1775.

do, ainda que o morgado de Mateus tivesse mandado fazer pequenas obras, destruindo algumas celas de acomodação dos religiosos para instalar fundição de ouro, casa de ópera, armazéns e salas de aulas.

O morgado de Mateus, inclusive, havia mandado retirar objetos valiosos de prata do edifício e só agora, no governo de seu sucessor, o clérigo que os entregara se dispusera a fazer a acusação, como informava o bispo de São Paulo, frei d. Manuel da Ressurreição, em ofício ao secretário do Reino, marquês de Pombal.[433] O próprio bispo acusou o morgado de Mateus de ter ficado com as chaves de um depósito de ouro e prata que havia no Colégio, afirmando ainda que o edifício estava totalmente arruinado porque o ex-governador, ao utilizá-lo para morada, montara nele "uma oficina para a fundição de ouro e prata, destruindo os cubículos e celas".[434]

O bispo insistiu com o novo governador para que a prataria fosse devolvida, mas Lobo de Saldanha não o fez. Até porque não sabia onde as peças estavam, dizia. Por essa e outras, ganharia um inimigo mortal: frei d. Manuel da Ressurreição não descansaria enquanto não o visse fora da capitania. Seriam sete anos de discórdias e ofensas de parte a parte.

Do antecessor, além da animosidade com o bispo, Lobo de Saldanha herdaria dívidas e cofres vazios.[435] Queixar-se-ia também da pouca consideração do morgado de Mateus, que largara o governo sem ao menos deixar as instruções e ordens régias expedidas durante o seu mandato, conforme lhe solicitara antecipadamente por carta, antes mesmo de deixar Lisboa.[436] Começava ali uma inimizade que valeria acusações mútuas que se acumulariam nas mesas do Conselho Ultramarino e do secretário do Reino.

433 AHU, Avulsos, São Paulo, caixa 7, doc. 4, 20/3/1776.
434 AHU, Conselho Ultramarino, São Paulo, caixa 32, doc. 2725, 20/3/1776.
435 AHU, Avulsos, São Paulo, caixa 6, doc. 13, 14/12/1775.
436 AHU, Avulsos, São Paulo, caixa 6, doc. 13, 13/11/1775.

Sem recursos, não sabia como haveria de fazer para mandar executar obras de necessidade imediata como a construção de armazéns e quartéis para o regimento da cidade.[437] Muito menos de onde arrancar verbas para construir uma cadeia pública[438] e um outro quartel para a Legião dos Voluntários Reais, diante da necessidade de separar os regimentos da infantaria dos da cavalaria, conforme determinação régia.[439]

Tampouco sabia como sustentar as tropas pagas que, conforme ordens do vice-rei, d. Luís de Almeida (1729-1790), o marquês de Lavradio, deviam passar para o exército.[440] Só mesmo se do Reino viessem grandes recursos, como deixara claro em vários ofícios ao ministro Martinho de Melo e Castro. O que podia fazer, pois estava ao seu alcance, era mandar obstruir alguns caminhos e picadas que ligavam São Paulo à capitania de Minas Gerais para evitar extravios de ouro em pó, diamantes e quintos reais[441], poupando assim a Fazenda Real de muitas perdas.

Também baixou portaria para que não pudesse passar pessoa alguma sem passaporte da polícia assinado pelo ouvidor da comarca[442] porque havia denúncias de que muitos moradores, devido às dificuldades de comércio com outras capitanias distantes, pretendiam se atirar a novos descobrimentos de ouro em Goiás, Cuiabá e Minas Gerais, mesmo sem licença régia, pois só assim entendiam que poderiam remediar a indigência em que viviam.[443] Poucos anos antes, por volta de 1770, em Apiaí, havia sido descoberto ouro, o que originou uma efêmera euforia que logo daria lugar ao desânimo, pois ficara claro que a mineração também não seria a vocação da capitania.[444]

---

437 AHU, Avulsos, São Paulo, caixa 6, doc. 13, 14/11/1775.
438 AHU, Avulsos, São Paulo, caixa 6, doc. 13, 21/12/1775.
439 AHU, Avulsos, São Paulo, caixa 6, doc. 13, 16/12/1775.
440 AHU, Avulsos, São Paulo, caixa 6, doc. 13, 11/12/1775.
441 AHU, Avulsos, São Paulo, caixa 6, doc. 13, 20/12/1775.
442 AHU, Avulsos, São Paulo, caixa 6, doc. 13, 5/11/1775.
443 AHU, Avulsos, São Paulo, caixa 7, doc. 13, 13/9/1777.
444 J. C. R. Milliet Saint-Adolphe, *Diccionario geographico, historico e descriptivo, do imperio do*

Sem condições de realizar grandes obras, Lobo de Saldanha optou por tomar medidas menos custosas, mas de grande alcance, de modo que a população sentisse que, a partir de então, havia quem se preocupasse com a manutenção da ordem. Baixou um bando em que proibia o uso abusivo de cera em acompanhamentos e ofícios pelos eclesiásticos e seculares.[445] Tomava essa medida em favor das famílias que estavam encontrando dificuldades para comprar cera quando tinham de enterrar seus mortos. Os gastos dos religiosos eram tão excessivos que faziam a cera desaparecer da praça.[446]

A medida, obviamente, não encontrou boa receptividade entre os eclesiásticos, principalmente por parte do bispo frei d. Manuel da Ressurreição, mas a verdade é que a preocupação com os gastos em demasia com cera em São Paulo já vinha da época do conde de Sarzedas ao tempo de d. João v.[447] Um dia depois, Lobo de Saldanha assinou um bando em que proibia as mulheres de andarem rebuçadas em dois côvados de baeta preta e usar chapéus desabados. Aos ouvidos do governador haviam chegado denúncias de que muitas usavam o recurso de ter o rosto coberto para entrar em casas de homens furtivamente, aproveitando-se do deserto em que estavam as ruas naqueles dias em

---

Brazil, 1845 *apud* Heloísa Liberalli Belotto. *Autoridade e conflito no Brasil colonial: o governo do Morgado de Mateus em São Paulo (1765-1775),* 2007, p. 184

445 No século XVIII, não havia iluminação pública: as velas de cera eram a iluminação característica da época. Nos momentos de festas e comemorações, como, por exemplo, à chegada de um novo governador e capitão-general, a população iluminava as fachadas das suas casas com velas feitas de sebo e gordura. Nas cerimônias fúnebres e nas procissões, também havia intensa utilização de velas, bem como no dia a dia das igrejas, especialmente durante as cerimônias religiosas. É de se ressaltar que, na cidade de São Paulo, a utilização de óleos como iluminação pública chegou somente no ano de 1830. O poder público do Reino era responsável pelo fornecimento da cera para usos das autoridades da capitania, da câmara de vereadores, da justiça, dos militares e festas reais, como as celebrações de Santa Isabel, Anjo Custódio e Corpo de Deus. A cera era transformada em velas individuais a serem carregadas pelas autoridades (na iluminação das lanternas, por exemplo) em todas as cerimônias religiosas ou laicas. Por isso, o consumo da cera era altíssimo. Aliás, muitas autoridades aproveitavam a oportunidade de uma cerimônia para requisitar muito além do necessário no evento para fazer estoque pessoal, o que causava desconfiança entre as autoridades do Reino.

446 AHU, Avulsos, São Paulo, caixa 6, doc. 13, 16/11/1775.

447 AHU, Conselho Ultramarino, São Paulo, caixa 9, doc. 975, 6/4/1734.

que grassava o mal das bexigas. Sem contar que muitos criminosos utilizavam-se da sóbria vestimenta das mulheres que lhes cobria o corpo da cabeça aos pés para, embuçados, cometer delitos.[448]

A medida do governador, se algum efeito prático teve, só valeu para o seu mandato porque as paulistas continuariam a usar por muitas décadas o cendal, peça de baeta preta com a qual envolviam o rosto, deixando apenas os olhos à mostra, como constatou em 1810 o viajante inglês William Henry May. Não estaria o governador a exagerar, pois, segundo May, metidas sob essa capa tanto de manhã quanto à tarde, as paulistas se pavoneavam pela cidade e conduziam "as suas tramas amorosas com muita facilidade".[449]

Logo em seus primeiros dias, Lobo de Saldanha assinou um bando em que autorizava o retorno à capitania dos moradores que haviam fugido "em virtude de estarem aflitos pelos maus procedimentos cometidos pelos generais antecessores".[450] Queria, assim, deixar claro que começaria um novo tempo nas relações entre o representante da Coroa e os súditos, mas aquela seria uma falsa impressão porque ele entraria para a história como um dos mais despóticos governadores que passaram por São Paulo.

Por aquele tempo, porém, o governador ainda contava com amplo apoio dos homens-bons da capitania, como provam as representações que várias câmaras fizeram a d. José I manifestando regozijo com sua presença à frente do governo. Os camaristas de São Paulo, por exemplo, agradeceram ao rei por lhes haver dado por governador Lobo de Saldanha, cuja atuação os honrava muito, pois fazia "justiça com muita retidão, pelo que era muito estimado".[451]

---

448 AHU, Avulsos, São Paulo, caixa 6, doc. 13, 17/11/1775.
449 Jean Marcel Carvalho França, "Uma viagem a São Paulo", *Folha de S.Paulo*, caderno "Mais", 25/1/2004, pp. 4-9.
450 AHU, Avulsos, São Paulo, caixa 6, doc. 13, 11/11/1775.
451 AHU, Avulsos, São Paulo, caixa 31, doc. 2743, 28/12/1776.

Em Lisboa, porém, as preocupações do marquês de Pombal seriam outras. O que o ministro exigia do novo governador era maior presteza nas medidas de defesa. Homem experiente e de gênio impulsivo, que, por algum entrevero desconhecido, passara um tempo preso na torre de São Julião da Barra ao tempo em que era coronel do exército[452], Lobo de Saldanha, quando deixara Lisboa, trouxera na algibeira uma instrução militar em que Pombal recomendava-lhe que estivesse sempre pronto para ajudar militarmente o Rio de Janeiro e qualquer outra capitania. "Nessa união recíproca de poder consiste essencialmente a maior força do Estado e, na falta dela, toda a sua fraqueza", ensinou o ministro em instrução que encaminhou ao governador da capitania de São Paulo com a data de 24 de junho de 1775.[453]

Só que Lobo de Saldanha encontraria pela frente uma capitania completamente desprotegida do ponto de vista militar[454] e habitada por uma população em grande indigência e pobreza.[455] Como certamente já desconfiava, as medidas de Pombal eram excessivamente ambiciosas e, muitas vezes, inexequíveis. Por isso, só quando permitia a magnitude dos obstáculos que se antepunham é que acabavam implementadas, quase sempre de modo imperfeito.

O ministro impusera que todas as capitanias tivessem regimentos auxiliares de cavalaria e infantaria. E que fossem estabelecidas companhias de tropas de infantaria irregulares para mobilizar a população negra e mulata, urbana e rural, a exemplo do que os franceses e os britânicos haviam feito com seus auxiliares diretos indígenas americanos.[456] Na capitania de São Paulo, não havia sequer regimentos de auxiliares estruturados, mas apenas companhias diversas, todas mal treinadas,

---

452 AHU, Avulsos, São Paulo, caixa 7, doc. 16, 9/11/1777.
453 Marcos Carneiro Mendonça, "O pensamento da metrópole em relação ao Brasil", RIHGB, 227, out. - dez.1962, p. 54
454 AHU, Avulsos, São Paulo, caixa 7, doc. 12, 2/8/1775.
455 AHU, Avulsos, São Paulo, caixa 7, doc. 13, 13/9/1777.
456 IHGB, arquivo 44, doc. 8, *apud* Kenneth Maxwell, *op. cit.*, 1996, pp. 128-129.

mal fardadas e mal armadas.[457] "O exército da capitania encontrava-se indisciplinado e ignorante quando tomei posse", relataria o governador, tempos depois, ao fazer um balanço de sua gestão e justificar a demissão do agora coronel de infantaria Afonso Botelho de Sampaio e Sousa, antigo braço-direito do governador morgado de Mateus.

Para Lobo de Saldanha, as expedições que o morgado de Mateus mandara ao Tibaji e aos campos de Guarapuava não haviam trazido proveito algum para a Coroa. Pelo contrário, só haviam contribuído para agravar a situação de penúria em que se encontravam os cofres régios na capitania[458] e a maioria da população. Segundo a Câmara de São Paulo, a insistência de morgado de Mateus em formar a qualquer custo novas tropas auxiliares havia levado os moradores da capitania à indigência, pois, "sendo a maior parte formada por lavradores, não podiam dedicar-se a suas herdades".[459]

Por isso, mal chegado a São Paulo, Lobo de Saldanha encontrara imensas dificuldades para remeter novas tropas ao Sul a fim de ajudar a conter o assédio dos castelhanos. O que pôde fazer, sete meses depois da posse, como informou ao marquês de Pombal, foi enviar tropas do Regimento dos Voluntários Reais às missões e às aldeias de São Miguel, São João, São Lourenço, São Luís e São Nicolau, situadas junto ao rio Uruguai, para a defesa do território.[460]

Seis meses depois, enviou outro ofício ao secretário do Reino explicando como as tropas pretendiam invadir as aldeias missionárias junto ao rio Uruguai, além de fazer um relatório da situação precária das fortalezas na costa e pedir com ênfase que fardas fossem enviadas diretamente para São Paulo, sem passar pelo Rio de Janeiro, provavel-

---

457 AHU, Avulsos, São Paulo, caixa 6, doc. 13, 19/1/1776.
458 AHU, Conselho Ultramarino, São Paulo, caixa 33, doc. 2882, 12/12/1778.
459 AHU, Conselho Ultramarino, São Paulo, caixa 32, doc. 2781, 13/9/1777.
460 AHU, Avulsos, São Paulo, caixa 7, doc. 6, 5/5/1776.

mente, porque, diante da situação crítica das tropas, o vice-rei ficaria com elas.[461]

O ofício de Lobo de Saldanha, porém, nem seria lido pelo marquês de Pombal. Escrito a 18 de dezembro de 1776, quando chegou a Lisboa, a situação política do Reino era completamente diferente: a 25 de fevereiro de 1777, morrera o rei d. José I e a situação do ministro ficara insustentável. Ao ministro da Marinha e Ultramar, Martinho de Melo e Castro, que permanecera neutro nos conflitos de Pombal com o clero e não tivera com ele um relacionamento dos mais cordiais, coubera comunicar por escrito ao secretário de Estado que, depois de 27 anos, o seu poder estava no fim.[462] A nova rainha, d. Maria I, casada com seu tio e príncipe consorte, d. Pedro III, era francamente favorável aos jesuítas e às correntes políticas e econômicas que reclamavam da conduta de Pombal. Ao seu redor, reuniam-se todos os nobres que se consideravam prejudicados pelos métodos do ministro.

Em meio à crise política na Corte, a guerra não-declarada contra a Espanha no Sul da América portuguesa ganhara mais um lance ousado por parte dos castelhanos, que se haviam apoderado da Ilha de Santa Catarina sem muita resistência por parte dos portugueses,[463] inclusive, com a colaboração de pai e filho de nacionalidade portuguesa, que haviam delatado as posições lusas a sentinelas castelhanas na enseada da Garoupa.[464]

A guerra vinha de 1761, depois que o colapso do Tratado de Madri levara os castelhanos a expulsar os portugueses da Colônia do Sacramento, o que se consumou em 1763, quando uma frota naval de socorro composta por navios britânicos e portugueses fracassou ao tentar retomá-la.[465] Depois, com a paz alcançada na Europa, a Espanha

---

461 AHU, Avulsos, São Paulo, caixa 7, doc. 6, 18/12/1776.
462 BNP, Coleção Pombalina, códice 695, fl. 36, 4/3/1777.
463 AHU, Avulsos, São Paulo, caixa 7, doc. 15, 14/4/1777.
464 AHU, Avulsos, São Paulo, caixa 7, doc. 15, 12/5/1777.
465 Kenneth Maxwell, *op. cit.*, 1996, p. 134.

devolveu a Colônia do Sacramento, mas manteve um bloqueio naval e não se retirou da parte em que avançara sobre o Rio Grande de São Pedro. Por mais de uma década, portugueses e espanhóis estiveram em confronto na região. Em junho de 1776, para apoiar a Inglaterra na guerra contra as treze colônias, Portugal fechou seus portos às frotas da América Setentrional. De pouco valeu a colaboração porque o governo de Londres estava mais preocupado com a revolta colonial e procurou a neutralidade da Espanha nesse conflito, deixando claro que não mais apoiaria Portugal na América do Sul. O rei espanhol Carlos III (1716-1788) viu nisso a oportunidade de restaurar o equilíbrio na disputa das fronteiras no Sul da América e ordenou que uma força espanhola avançasse sobre o Brasil, especialmente para tomar a Ilha de Santa Catarina. A Espanha retomou também a Colônia do Sacramento e só não impôs sua soberania sobre o Rio Grande de São Pedro porque uma tempestade dispersou os seus navios.[466]

A fragilidade encontrada pelos castelhanos só confirmou o que já se sabia: as tropas enviadas ao Sul por Rio de Janeiro, Minas Gerais e São Paulo pouco tinham valido na resistência.[467] De Minas Gerais, haviam seguido no começo de 1777 cerca de 4 mil soldados com a missão de reforçar os socorros militares ao Sul, mas eram "homens mal preparados e mal equipados", como deixou claro Lobo de Saldanha ao ministro Martinho de Melo e Castro.[468]

A paz só veio a 1º de outubro de 1777, quando Portugal e Espanha concordaram em assinar o Tratado de Santo Ildefonso que estabeleceu uma nova linha de demarcação: Portugal perdeu a Colônia do Sacramento, as Missões do Uruguai e considerável parte do território do Rio Grande de São Pedro.[469]

---

466 *Idem, ibidem,* p. 136.
467 AHU, Avulsos, São Paulo, caixa 7, doc. 15, 14/4/1777.
468 AHU, Avulsos, São Paulo, caixa 7, doc. 12, 2/8/1777.
469 AHU, Conselho Ultramarino, São Paulo, caixa 32, doc. 2840, 27/6/1778.

A notícia da assinatura do Tratado de Santo Ildefonso, que determinava a suspensão das hostilidades entre as duas nações, demoraria alguns meses para chegar à zona conflagrada. E a 27 de outubro de 1777 a praça do Iguatemi seria tomada por uma numerosa força do Paraguai, que atacou a guarnição e ofereceu aos moradores uma "honrosa capitulação". Só ao final de 1777 chegaria a São Paulo a informação sobre a queda de Iguatemi, o que levaria Lobo de Saldanha a abrir uma devassa para levantar os nomes dos culpados.[470]

A derrota, uma sepultura aberta

A derrota foi interpretada pelo governador Lobo de Saldanha como ato de covardia, embora, desde que assumira, estivesse certo de que a ideia de instalar a fortaleza fora uma decisão errônea de seu antecessor em razão de sua flagrante inviabilidade. "Iguatemi é somente uma sepultura aberta dos honrados paulistas e da Fazenda Real desta capitania", escreveu em carta que encaminhou aos oficiais da fortaleza.[471]

No mesmo ano em que escreveu essa carta, Lobo de Saldanha enviaria para Iguatemi um novo comboio de socorro, comandado por Manuel Cardoso de Abreu. No começo de 1777, atendendo à determinação do vice-rei, o marquês do Lavradio, enviou outra expedição, desta vez sob o comando de André Dias de Almeida. Mas nada deu certo.

O pioneiro João Martins de Barros morreu vítima da malária, que dizimara boa parte dos colonos e soldados do presídio. Foi substituído interinamente por João Alves Ferreira, o construtor da fortaleza, até que, em 1775, o brigadeiro José Custódio de Sá e Faria assumiu o comando da praça de guerra. Ao final do ano, o brigadeiro deixou o governo do presídio nas mãos de um triunvirato formado pelo vigário

---

470 AHU, Avulsos, São Paulo, caixa 8, doc. 4, 12/4/1778.
471 AHU, Conselho Ultramarino, São Paulo, caixa 34, doc. 2922, 15/10/1776.

Caetano José Soares, pelo capitão Joaquim Meira de Siqueira e pelo tenente Jerônimo da Costa Tavares.

Em 1776, assumiu a direção do presídio o capitão-mor regente José Gomes de Gouveia, que logo foi deposto pela guarnição porque "pretendia governar a tropa de maneira despótica".[472] O novo vigário, padre Antônio Ramos Barbas Lousada, seria escolhido pelos moradores para a direção do presídio.[473] Coube a ele, ao lado do tenente Jerônimo da Costa Tavares, entregar a fortaleza a d. Agustín Fernando de Pinedo, governador da província do Paraguai, que se apresentou à frente de uma força militar de 2 mil homens. O governante paraguaio mandou destruir a Fortaleza de Iguatemi e também o presídio de São Carlos, que havia sido construído na margem oposta.

Segundo o tenente Jerônimo da Costa Tavares, a praça fora atacada a 27 de outubro por "3 mil espanhóis e elevado número de índios". Depois das deserções, disse que só lhe restaram sessenta homens e não havia outra saída que não fosse assinar a rendição, o que foi feito por ele e pelo vigário. O argumento do tenente não convenceu o governador, que o mandou para a enxovia.[474]

Aliás, todos os poucos sobreviventes, depois de "anos padecendo moléstias e fome", quando chegaram a São Paulo, foram mandados presos para a Fortaleza de Santo Amaro da Barra Grande da vila de Santos.[475] O vigário Barbas Lousada ainda tentou apresentar suas explicações ao governador, mas também foi encaminhado para a mesma prisão, de onde escreveu uma carta à rainha d. Maria I jurando inocência.[476]

Reclamou que pedira socorros a Lobo de Saldanha, mas não houvera providências. "Antes, pelo contrário, o governador tirara de lá os oficiais, os soldados e povoadores, decrescendo por isso o seu co-

---

472 AHU, Conselho Ultramarino, São Paulo, caixa 30, doc. 2691, 31/1/1775.
473 Basílio de Magalhães, *op. cit.*, 1978, p. 217.
474 AHU, Conselho Ultramarino, São Paulo, caixa 32, doc. 2801, 6/1/1778.
475 AHU, Conselho Ultramarino, São Paulo, caixa 38, doc. 3126, 3/12/1785.
476 AHU, Avulsos, São Paulo, caixa 8, doc. 8, 25/8/1778.

O REINO, A COLÔNIA E O PODER 157

mércio", disse, acrescentando que a praça estava muito desguarnecida quando "os espanhóis e os índios bárbaros a atacaram".[477] Apesar disso, a capitulação para os espanhóis foi considerada uma desmoralização e "lançou a capitania em perturbação", segundo o governador.[478]

Embora tivesse condenado o favoritismo do morgado de Mateus em relação ao agora sargento-mor Teotônio José Juzarte, especialmente por lhe conceder tarefas importantes como a segunda expedição que comandara até a praça de Iguatemi, o governador Lobo de Saldanha exercitou não só o favoritismo como o nepotismo, pois usou o seu poder para beneficiar o próprio filho, o capitão Antônio Lobo de Saldanha, para quem pediu uma patente de tenente-coronel da Infantaria na Corte, "por ser merecedor".[479] Depois, nomeou-o seu ajudante de ordens. A atuação de Antônio Lobo Saldanha, porém, logo começou a despertar queixas.

O morador Manuel José da Nóbrega Botelho escreveu ao ministro Martinho de Melo e Castro dando "conta dos prejuízos que todos sentem com a presença (do filho do governador) no cargo de ajudante de ordens do governo". Depois de se indispor com o filho do governador, Botelho havia sido conduzido preso para a Fortaleza de Santo Amaro da Barra Grande da vila de Santos, onde permaneceu três meses e 13 dias. Segundo ele, Antônio Lobo de Saldanha era muito "brigão, além de jogador".[480]

Botelho não seria o único a escrever ao Reino queixando-se das arbitrariedades do governador e de seu filho. Antes, em 1778, já havia chegado ao Conselho Ultramarino uma consulta do juiz de fora de Santos, José Carlos Pinto de Sousa, que servia de ouvidor da comarca de São Paulo, acerca dos excessos de jurisdição do governador.

---

477 AHU, Conselho Ultramarino, São Paulo, caixa 34, doc. 2922, 27/11/1779.
478 AHU, Conselho Ultramarino, São Paulo, caixa 32, doc. 2810, 1/2/1778.
479 AHU, Avulsos, São Paulo, caixa 8, doc.4, 14/4/1778.
480 AHU, Conselho Ultramarino, São Paulo, caixa 35, doc. 2955, 28/10/1780.

Lobo de Saldanha, frequentemente, intrometia-se em negócios que seriam da alçada do ouvidor, sem respeitar a sua jurisdição.[481] O ouvidor procurara impedir o governador de construir pelouros na vila de Santos, o que levou Lobo de Saldanha a escrever à rainha.[482] Pela mesma época, Lobo de Saldanha mandou fechar todas as casas de jogo da capitania, cumprindo provisão da rainha de 1777.[483] Isso só serviu para estimular a insatisfação e promover reuniões clandestinas entre os adeptos da jogatina, que não seriam poucos.

DIVERGÊNCIAS COM RELIGIOSOS

Mas é a partir de 1780 que começam a aparecer muitas acusações ao governador. Oficiais da Câmara de São Paulo, que em 1777 haviam pedido à rainha para conservar Lobo de Saldanha à frente da capitania,[484] não só reclamaram das "tiranias e intolerâncias" do governador como reivindicaram a sua substituição.[485] Já o ouvidor-geral de São Paulo, Estevão Gomes Pereira, queixou-se dos "excessos de autoridade" do governador nas sentenças criminais da Junta de Justiça.[486]

Também nos três mosteiros que havia na cidade de São Paulo – um dos beneditinos, outro dos franciscanos e um terceiro do Carmo –,[487] o governador estava longe de ser bem visto. Isso, porém, não significa que deixasse de ter razão. Lobo de Saldanha escreveu ao Reino dizendo que, entre os muitos indivíduos ordenados por frei d. Manuel da Ressurreição, estava incluído o padre José da Silva de Oliveira Rolim (1747-1835), feitor do contrato de diamantes "que conseguira, à força

---

481 AHU, Avulsos, São Paulo, caixa 8, doc. 2, ant. 1/4/1778.
482 AHU, Avulsos, São Paulo, caixa 8, doc. 11, 8/4/1779.
483 AHU, Conselho Ultramarino, São Paulo, caixa 32, doc. 2804, 27/11/1778.
484 AHU, Conselho Ultramarino, São Paulo, caixa 33, doc. 2854, 16/8/1777.
485 AHU, Avulsos, São Paulo, caixa 8, doc. 17, 3/3/1780.
486 AHU, Avulsos, São Paulo, caixa 8, doc. 13, 18/10/1779.
487 AHU, Conselho Ultramarino, São Paulo, caixa 35, doc. 2942, 9/6/1780.

de presentes de ouro e pedras preciosas, obter ordens, mesmo sem ser examinado, apesar da vida dissoluta que leva".[488]

O governador disse ainda que havia alertado o bispo para a má fama que cercava Rolim, considerando-o "indigno", mas frei d. Manuel da Ressurreição não só o confirmou nas últimas ordens de missa como o recebeu em sua própria casa, o Palácio Episcopal. "Essa atitude do bispo faz perigar a autoridade do governador", reclamou Lobo de Saldanha em carta em que pediu providências à rainha. O bispo, porém, defendeu Rolim, dizendo que não tinha conhecimento "das desordens que lhe são atribuídas".[489]

Não foi só a decisão do bispo de ordenar Rolim, "apesar de sua conduta e falta de instrução", que contrariou o governador. Lobo de Saldanha acusou ainda frei d. Manuel da Ressurreição de ordenar 217 indivíduos, "todos homens de ofício e até feitores do contrato de diamantes que nunca tinham aprendido gramática latina". Antes, segundo o governador, o bispo já havia ordenado estudantes de Minas Gerais "nas têmporas de São Mateus e nas do Natal de 1779".[490]

A observação a "feitores do contrato de diamantes" que o governador fez na correspondência que enviou ao Reino era uma referência indireta a José da Silva de Oliveira Rolim, filho de um dos tesoureiros do Distrito Diamantino, em Minas Gerais, acusado de muitas contravenções, desde a mineração em áreas proibidas até a importação ilegal de escravos. Rolim valia-se da influência do pai para declarar apenas parte da produção de suas lavras, causando imensos prejuízos à Fazenda Real.[491]

Por isso, sua presença em São Paulo não era bem vista pelo governador. O padre, muito bem relacionado com os maiorais que lucravam com extravios no Distrito Diamantino, iria se envolver nos conciliá-

488 AHU, Conselho Ultramarino, São Paulo, caixa 34, doc. 2935, 15/3/1780.
489 AHU, Conselho Ultramarino, São Paulo, caixa 34, doc. 2935, 8/3/1780.
490 AHU, Conselho Ultramarino, São Paulo, caixa 34, doc. 2938, 1/1/1780.
491 Kenneth Maxwell, *op. cit.*,1996, p. 155.

bulos que redundariam na conjuração ocorrida em Minas Gerais de 1789 e acabaria condenado a ficar recluso dois anos no mosteiro de São Bento, em Lisboa,[492] onde conviveria por alguns dias em 1798 com o poeta Manuel Maria de Barbosa du Bocage (1765-1805), preso de Estado.[493] Entre os inconfidentes mineiros de 1789, foi quem apresentou maior patrimônio líquido.

A "vida dissoluta" de que o acusava Lobo de Saldanha, certamente, adviria do fato de que, irmão de criação de Francisca da Silva de Oliveira (1732-1796), a famosa Chica da Silva, havia se envolvido com a filha desta, sua sobrinha putativa.[494] Teria também deflorado a própria sobrinha, Quitéria, arranjando-lhe casamento de conveniência, com o ânimo de continuar a relação ilícita e, em razão da revolta do marido, ameaçou-o de morte, segundo denúncia de Joaquim Silvério dos Reis,[495] delator das movimentações para a projetada revolta de 1789.

As cargas do governador contra o padre Rolim e outros religiosos encontraram boa acolhida entre os membros do Conselho Ultramarino, que recomendaram ao bispo de São Paulo que não ordenasse mais pessoas de outros bispados e só o fizesse "em pessoas dignas". Para o Conselho Ultramarino, "nada tirava mais o sossego dos povos que a desunião entre governador e bispo".[496]

Lobo de Saldanha investiu pesado contra o bispo, acusando-o também de obrigar os povos a depositar cauções para os banhos de casamento, "ficando depois com elas". Além disso, segundo o governador, o bispo obrigava os negros escravos a pagar provisões quando se casavam, embora não tivessem condições mínimas para tanto. De acordo com ele, obrigava também os clérigos que ordenava a pagar

---

492 BNP, *Dietário do Mosteiro de São Bento*, códice 731, fls. 8-15.
493 BNP, *Dietário do Mosteiro de São Bento*, códice 731, fls. 8-15; Adelto Gonçalves, *Bocage – o perfil perdido*, 2003, p. 239.
494 ADIM, v. 4, 1976-1978, p. 46.
495 ADIM, v.3, 1976-1978, p. 349.
496 AHU, Conselho Ultramarino, São Paulo, caixa 34, doc. 2935, post. 23/11/1780.

duas provisões, "uma quando diziam a missa nova e outra para continuarem a dizer missas".

Esses recursos arrecadados, porém, seriam insuficientes para deixar a igreja da Sé em estado de conservação aceitável. O bispo vivia a reclamar da "indecência em que se encontrava a Sé por falta de acabamento da obra do frontispício". Havendo até pedido dinheiro emprestado a juro, mas, sem condições de saldar a dívida, decidira recorrer à bondade da rainha d. Maria I, a piedosa.[497]

Apesar disso, o governador dizia que o bispo constrangia os povos a pagar para serem desobrigados da Quaresma e multava as mulheres de mau porte em "libras de cera" para a Capela do Sacramento.[498] Em resposta, frei d. Manuel da Ressurreição disse que não competia ao governador apresentar queixas acerca dos sacerdotes e movê-los das igrejas, somente porque recebia "frívolas denúncias de alguns paroquianos rebeldes e orgulhosos".[499]

Em seguidas correspondências, o bispo reclamou de Lobo de Saldanha, dizendo que "sua conduta viciosa" estava levando a capitania "à imoralidade de costumes". Acusou-o de manter "amizade com pessoas de reduzida educação e poucos escrúpulos, que se valem dessa intimidade". Depois de garantir que o governador exercia "a justiça com a maior arbitrariedade", queixou-se de que se intrometia na vida espiritual. "Ele não aparece nos ofícios religiosos e, quando o faz, é causa de escândalos, como aconteceu no Septenário das Dores de Nosso Senhor, em que os fiéis tiveram de abandonar a igreja", contou, incluindo nas queixas o filho do governador, seu ajudante de ordens.

Segundo frei d. Manuel da Ressurreição, os amigos mais íntimos do governador eram dois religiosos, o beneditino frei Gaspar de Matos e o franciscano frei José Mariano, "notáveis pela dissolução de costu-

---

497 AHU, Conselho Ultramarino, São Paulo, caixa 32, doc. 2827, c.4/1778.
498 AHU, Conselho Ultramarino, São Paulo, caixa 34, doc. 2935, 15/3/1780.
499 AHU, Conselho Ultramarino, São Paulo, caixa 34, doc. 2935, 8/3/1780.

mes". Enfim, segundo o religioso, Lobo de Saldanha tinha um "imoral comportamento, quando deveria ser o norte da capitania".[500]

As divergências continuariam com acusações de imoralidade de parte a parte. Meses mais tarde, o governador escreveria ao ministro Martinho de Melo e Castro pedindo autorização para mandar fazer sair da Vila Nova de São José, localidade próxima a Taubaté, o pároco frei João Monteiro, acusado de "conduta escandalosa", o que irritou ainda mais o bispo.

Segundo Lobo de Saldanha, tanto o pároco João Monteiro como quase todos que estavam na posse das freguesias da capitania concorriam para a subsistência do bispo em quase tudo o que lhes rendiam suas igrejas e, a troco disso, compravam sua proteção.[501] O governador havia ainda mandado prender Ana Maria de Jesus, "mulher perdida e revoltosa" que teria "amizade ilícita" com o padre Ivo José Giordano, vigário da vila de Mogi Guaçu, depois de o reverendo ter abandonado a freguesia.[502] Segundo o governador, o padre Giordano teria fugido para Minas Gerais, mas retornara a São Paulo depois que o bispo lhe garantira que o nomearia pároco de outra freguesia.[503]

O governador reclamou ainda do "despotismo dos clérigos da diocese", queixando-se de que "ultrajavam sem motivo o caráter do governo da capitania", incluindo em suas afirmações o padre Antônio do Prado e Sequeira, vigário de Mogi Mirim.[504] Com Sequeira, as autoridades haviam apreendido uma carta escrita pelo padre Giordano em que o religioso dizia que corriam rumores de que Lobo de Saldanha seria substituído pelo bispo em um triunvirato com o ouvidor e outro oficial superior.[505]

---

500 AHU, Conselho Ultramarino, São Paulo, caixa 33, doc. 2860, 7/9/1778.
501 AHU, Conselho Ultramarino, São Paulo, caixa 34, doc. 2935, 8/4/1779.
502 AHU, Conselho Ultramarino, São Paulo, caixa 34, doc. 2935, 20/1/1780; AHU, Conselho Ultramarino, caixa 35, doc. 2988, 27/7/1781.
503 AHU, Conselho Ultramarino, São Paulo, caixa 35, doc. 2989, 27/7/1781.
504 AHU, Conselho Ultramarino, São Paulo, caixa 35, doc. 2988, 27/7/1781.
505 AHU, Conselho Ultramarino, São Paulo, caixa 35, doc. 2989, 27/7/1781.

A três franciscanos da cidade de São Paulo, o governador acusou de "libertinagem" e de escandalizarem os povos com seu comportamento.[506] Sentiu-se também constrangido quando o bispo de São Paulo, frei d. Manuel da Ressurreição, fez questão de lhe conceder a comunhão e o lavatório no mesmo vaso que era dado ao povo, sem levar em consideração a sua posição de primeiro mandatário da capitania.[507] Interpretou a atitude do bispo como uma afronta.

Os desentendimentos do governador com os religiosos chegaram a um ponto de ebulição, quando, em março de 1779, ao comparecer a uma solenidade na Sé, Lobo de Saldanha foi obrigado a ouvir em público insultos que partiram do padre Antônio José de Abreu. Possesso, pediu ao bispo que mandasse o padre Abreu sair de São Paulo em 24 horas e da capitania no espaço de dez dias.[508]

Por esse tempo, Lobo Saldanha adoeceu e por cinco dias ficou sem deixar a residência dos governadores. Mas o ouvidor-geral Estevão Gomes Teixeira fez questão de não visitá-lo, contrariando os princípios de cortesia que deviam marcar o bom relacionamento entre os poderes. A partir daí, o governador passou a considerá-lo seu inimigo, como relatou ao ministro Martinho de Melo e Castro.[509]

Depois de colocar o ministro a par de todos esses desentendimentos, como as providências que solicitara anteriormente demorassem, decidiu pedir demissão do cargo de governador e capitão-general, "visto que os (seus) serviços não têm merecido aprovação da rainha", pois nenhum de seus ofícios e requerimentos fora atendido. Depois de cinco anos em São Paulo, dizia-se "velho e desejoso a retornar a Portugal para assistir ao casamento de seu filho primogênito e tratar de sua casa".[510] O pedido, porém, também não seria levado em conta

---

506 AHU, Avulsos, São Paulo, caixa 8, doc. 25, 7/4/1781.
507 AHU, Avulsos, São Paulo, caixa 8, doc. 25, 8/4/1781.
508 AHU, Conselho Ultramarino, São Paulo, caixa 34, doc. 2914, 8/9/1779.
509 AHU, Conselho Ultramarino, São Paulo, caixa 35, doc. 2988, 27/7/1781.
510 AHU, Conselho Ultramarino, São Paulo, caixa 34, doc. 2938, 30/1/1780.

pelo Conselho Ultramarino e Lobo de Saldanha permaneceria à frente do governo por mais dois anos, tempo em que suas desavenças com o bispo e o ouvidor seriam ainda mais acirradas.

As divergências chegaram a um ponto em que o governador passou a acusar o bispo de atuar em conluio com o ouvidor-geral Estevão Gomes Teixeira. Segundo Lobo de Saldanha, ambos haviam incitado os oficiais da Câmara para que fizessem uma representação à rainha d. Maria I contra ele. O governador, inclusive, alegou que entre os oficiais não estava nenhum integrante das famílias Pires e Camargo, tão recomendados pela soberana para ocupar aqueles cargos.

Para Lobo de Saldanha, o ouvidor só nomeava quem entendia para os cargos sob sua jurisdição. "Procedendo assim, terá quem possa governar e instigar contra o capitão-general com o fim de afastá-lo do governo", disse em carta ao ministro Martinho de Melo e Castro. De Teixeira, disse ainda que havia contraído laços com famílias ricas, "desfrutando de todas as ofertas que estas lhe fazem".[511]

Lobo de Saldanha, aliás, deixou claro ao ministro em Lisboa que, se a rainha decidisse nomear um sucessor, não se importaria porque era seu desejo retornar ao Reino o mais breve possível. "Até gostaria que me tirassem residência a respeito de meus serviços, vida e costumes", admitiu.[512] Em nova correspondência ao ministro, voltou a atacar o ouvidor, acusando-o de disputar "aquilo que os mais opulentos lhe oferecem e que ele aceita sem escrúpulo".[513]

A MORTE DO FILHO DO GOVERNADOR

As desavenças entre o governador, de um lado, e o ouvidor-geral e os clérigos, de outro, cresceriam quando, a 16 de setembro de 1781, ocorreu uma tragédia: a morte do filho do governador, o ajudante de or-

511 AHU, Conselho Ultramarino, São Paulo, caixa 32, doc. 2810, 1/1/1778.
512 AHU, Conselho Ultramarino, São Paulo, caixa 35, doc. 2988, 27/7/1781.
513 AHU, Conselho Ultramarino, São Paulo, caixa 35, doc. 2988, 5/1/1779.

dens Antônio Lobo de Saldanha, assassinado por Caetano José Gonçalves, trombeta da Legião dos Voluntários Reais.

Por aqueles dias, Lobo de Saldanha estava empenhado naquela que considerava a maior obra de seu governo, a melhoria do Caminho do Mar que ia da cidade de São Paulo até o Cubatão de Santos. Mandara fazer o aterrado junto ao rio Grande, no alto da Serra, cujas inundações alagavam a estrada, tornando-a absolutamente intransitável. No entanto, o Caminho permaneceria em péssimas condições na maior parte de sua extensão por muitos anos.

Até então, segundo o governador, aquela havia sido uma passagem difícil, pois o viajante, à altura do Cubatão, tinha de atravessar o rio aos ombros dos índios, "sempre com perigo de vida". Para construir pontes de madeira e arrumar o caminho, "substituindo assim o velho e perigoso caminho aberto pelos pioneiros",[514] o governador, praticamente, obrigara as comarcas de São Paulo, Santos, Itu, Atibaia, Sorocaba, Parnaíba, Jundiaí, Mogi Mirim e Mogi Guaçu a contribuir com um donativo de 2 contos, 668 mil e 905 réis, o que permitira dar início aos trabalhos. Da Fazenda Real, só precisou utilizar ferramentas, gabou-se. "Será um caminho muito útil aos povos e ao bem comum e ainda mais à Fazenda Real, chamando ao porto de Santos todo o comércio das capitanias do sertão", garantiu em ofício que enviou a Lisboa.[515]

Em 1778, por sua ordem, a Junta da Fazenda já havia feito a arrematação dos direitos de explorar a travessia do rio Caniú a um comerciante, o que compreendia a utilização da Fazenda do Cubatão Geral que havia sido sequestrada aos jesuítas. Àquela altura, dizia, o sistema de travessia funcionava plenamente.[516]

No dia 16 de setembro de 1781, Lobo de Saldanha fez questão de ir pessoalmente "animar" os trabalhadores, com a promessa de voltar quando o Caminho do Mar estivesse para atingir o rio Pequeno. Ao

514 AHU, Conselho Ultramarino, São Paulo, caixa 35, doc. 3000, 12/11/1781.
515 AHU, Conselho Ultramarino, São Paulo, caixa 35, doc. 2988, 12/11/1781.
516 AHU, Conselho Ultramarino, São Paulo, caixa 32, doc. 2819, 20/3/1778.

pernoitar na Casa dos Beneditinos, acompanhado pelos oficiais dos Regimentos Pagos, quando se preparava para assistir a uma comédia que os religiosos pretendiam encenar em sua homenagem, o ajudante de ordens Antônio Lobo de Saldanha, seu filho, entrou em discussão com o músico, que o atacou com uma faca.

O agressor foi preso e enviado para a cadeia de São Paulo, partindo nessa mesma noite na companhia dos soldados que levavam o ferido,[517] enquanto o resto da comitiva, no dia seguinte, desceria a Serra do Mar. Por alguns dias, o filho do governador, seu ajudante de ordens, lutou contra a morte, mas em vão.

De volta a São Paulo, Lobo de Saldanha mandou o ouvidor-geral fazer o corpo de delito e abrir devassa de conselho de guerra. Ferido em seu amor paterno, o que o governador esperava era que o conselho de guerra determinasse a condenação à morte do assassino, mas o ouvidor-geral Estevão Gomes Teixeira, segundo ele, teria atuado para livrar a vida do "mulato Caetano José Gonçalves", apresentando um documento "cheio de nulidades".[518] Resultou que o conselho de guerra foi de parecer que o réu deveria ser condenado à prisão perpétua.

Para o governador, a sentença do conselho de guerra, "muito injusta", revelava "claramente a ignorância do ministro, que assim transgredia as leis militares, particularmente o alvará de 15/7/1763". Com isso, Lobo de Saldanha passou a supor que o atentado de que fora vítima o seu filho fizera parte de uma conspiração promovida por eclesiásticos com a conivência do ouvidor.[519] Por pressão do governador, o conselho de guerra anulou o julgamento e, desta vez, a sentença que ditou foi a de condenação à morte na forca. Antes de subir ao cadafalso, o condenado cumpriria um trajeto que incluía passagem pelo largo da residência dos governadores.

---

517 AHU, Conselho Ultramarino, São Paulo, caixa 36, doc. 3003, 14/11/1781.
518 AHU, Conselho Ultramarino, São Paulo, caixa 345 doc. 2988, c. 11/1781.
519 AHU, Conselho Ultramarino, São Paulo, caixa 36, doc. 3003, 14/11/1781.

Em São Paulo, os inimigos políticos do governador aproveitaram a oportunidade para reforçar as queixas contra o seu despotismo. Muitos entendiam que o governador não deveria ter pressionado o conselho de guerra para rever a sentença e muito menos apressá-lo para que a condenação à morte fosse imediatamente cumprida, alegando que agia com paixão em razão de o réu ser o assassino de seu filho.

Oficiais da Câmara escreveram à rainha acusando-o de ter mandado "matar tiranicamente o músico Caetano José Gonçalves".[520] Voltariam a acusá-lo de ter transgredido as leis, mas, prudentemente, deixaram para formalizar a denúncia, quando um novo governador já estivesse à frente da capitania.[521] De Paranaguá, o almotacé da vila, José Antônio de Moraes, também apresentaria à rainha queixas dos moradores contra os "atrozes crimes" do governador.[522]

O certo, porém, é que o Conselho Ultramarino apoiou a decisão do governador no caso do músico, reconhecendo que a condenação à morte havia sido justa, "pois o governador era obrigado a fazer cumprir e não a retardar a execução das sentenças". O Conselho Ultramarino reconheceu que era "insustentável julgar-se que o governador não deveria ter mandado executar a sentença por o ofendido ser seu filho, pois a lei determina indiscutivelmente que todo magistrado em cuja presença se cometeu o crime seja o mesmo a julgá-lo e a castigá-lo".[523]

O procurador da Fazenda do Ultramar em São Paulo, José Gonçalo Silveira Prado, ficou ao lado do governador, contestando as alegações do ouvidor-geral Estevão Gomes Teixeira quanto à formalização do segundo conselho de guerra, que assinara a sentença de morte do músico. Segundo o procurador da Coroa, este fora justamente conde-

---

520 AHU, Avulsos, São Paulo, caixa 8, docs. 8, 27 e 31, 10/11/1781.
521 AHU, Conselho Ultramarino, São Paulo, caixa 37, doc. 3015, 25/8/1784.
522 AHU, Avulsos, São Paulo, caixa 8, doc. 8, 1/8/1781.
523 AHU, Conselho Ultramarino, São Paulo, caixa 37, doc. 3016, 23/9/1784.

nado à morte, pois o governador, "pelo fato de ter sido o seu próprio filho assassinado, não havia de deixar o criminoso impune".[524]

As acusações do juiz de fora de Santos, José Carlos Pinto de Sousa, que servia também como intendente da Casa de Fundição e como juiz executor da Fazenda Real, funções semelhantes às do ouvidor, também não foram levadas em conta por Silveira Prado. Pinto de Sousa, que havia sido demitido de suas várias funções a mando do governador, também acusava Lobo de Saldanha de "levantar penhoras e conceder fianças aos presos".[525]

Anteriormente, já havia reclamado da "continuação dos excessos e despotismo contra si" por parte do governador.[526] Para Silveira Prado, Lobo de Saldanha seria "merecedor de piedade"[527] e as acusações de seus desafetos "frívolas e sem fundamento".[528]

O bispo de São Paulo escreveu várias cartas ao Reino acusando Lobo de Saldanha de "prender inocentes só porque não lhe são favoráveis, de castigar outros no pelourinho, cobrar dívidas fantásticas sem serem ouvidas as partes, de desprezar a autoridade da Igreja e não cumprir seus mandamentos", além de outros desmandos. O bispo contou, inclusive, que o governador faltara à cerimônia de ação de graças por ocasião dos anos de d. Maria I e dos príncipes, impedindo que outras autoridades também comparecessem ao ato litúrgico.

No dia de seu próprio aniversário, ainda segundo o bispo, Lobo de Saldanha, do alto de seu poder sem medidas, para marcar a data, ordenara que se fizessem na igreja luminárias, cavalhadas, bailes e comédias, afrontando a população com a sua falta de respeito pelas coisas de Deus. O governador teria ainda se recusado a pagar côngruas ao vigário-geral, enquanto a um professor de latim, que se recusara a

---

524 AHU, Conselho Ultramarino, São Paulo, caixa 37 doc. 3111, 21/11/1784.
525 AHU, Conselho Ultramarino, São Paulo, caixa 37, doc. 3015, 25/8/1784.
526 AHU, Conselho Ultramarino, São Paulo, caixa 32, doc. 2821, c.3/1778.
527 AHU, Conselho Ultramarino, São Paulo, caixa 37, doc. 3016, 23/9/1784.
528 AHU, Conselho Ultramarino, São Paulo, caixa 37, doc. 3111, 21/11/1784.

cumprimentá-lo no dia de seu aniversário, mandara suspender o pagamento do seu ordenado.[529]

Ao retornar à Corte, o ex-governador seria obrigado a contestar por escrito todas as acusações. Até porque a rainha d. Maria I nomeara o ministro da Relação do Rio de Janeiro para ir à capitania de São Paulo "tirar a residência" do ex-governador, abrindo uma devassa para apurar os fatos mencionados nas acusações do bispo, do juiz de fora de Santos, José Carlos Pinto de Sousa, e de várias câmaras.[530]

Em sua defesa, Lobo de Saldanha fez questão de destacar seus "bons serviços": durante o seu mandato, dizia, conservara a paz, cortara estradas entre a cabeça da capitania e vilas, construíra pontes e abrira o caminho de São Paulo para o Rio de Janeiro.[531] Na área econômica, teria incentivado a lavoura, especialmente o fabrico de anil, com o estabelecimento de fornecimento anual do produto ao Reino.

Foram raros os governantes coloniais punidos pela Coroa em razão de reclamações dos súditos.[532] Com Lobo de Saldanha, não seria diferente. Contra ele, entre muitas queixas, não havia graves acusações de corrupção, como era comum em casos semelhantes que envolviam governadores. O que afrontava a população paulista era o seu despotismo.

Por seu lado, Lobo de Saldanha não estaria interessado em continuar no serviço régio: suas propriedades em Estremoz, no Alentejo, durante os sete anos em que estivera à frente da capitania de São Paulo, dizia, haviam ficado sob a ruinosa administração de seu irmão, que contraíra em seu nome enormes dívidas. O que mais queria era regressar ao Alentejo para tratar das obras urgentes de que necessitava a sua antiga residência.[533].Além disso, seus filhos, contra o seu desejo, haviam abandonado "os estudos para se dedicarem às armas, tornan-

---

529 AHU, Conselho Ultramarino, São Paulo, caixa 37, doc. 3079, post. 6/11/1783.
530 AHU, Conselho Ultramarino, São Paulo, caixa 37, doc. 3078, 6/11/1783.
531 AHU, Conselho Ultramarino, São Paulo, caixa 37, doc. 3015, 25/8/1784.
532 Ernst Pijning, *Controlling contraband: mentality, economy and society in Eighteenth-century in Rio de Janeiro*, 1997, p. 279.
533 AHU, Conselho Ultramarino, São Paulo, caixa 33, doc. 2889, 20/1/1779.

do-se desobedientes", o que, dizia, também exigia a sua presença.[534] Em São Paulo, a levar-se em conta o número de queixas que partiram para a Corte, não teria deixado saudade.

O IRMÃO DO FANFARRÃO MINÉSIO

Francisco da Cunha Pacheco e Meneses (1747-1812) era filho de um militar da Corte, José Félix da Cunha Meneses, herdeiro dos morgados de Paio Pires e das Cachoeiras, patriarca de uma família da pequena nobreza do Reino com muitos serviços prestados à Coroa. Quando chegou a São Paulo a 16 de março 1782, tinha 35 anos de idade e não era o primeiro da família Cunha Meneses a pisar solo americano: desde 1778, Manuel Inácio (1742-1791), o mais velho dos irmãos Cunha Meneses, era capitão-general e governador da Bahia, enquanto Luís (1743-1819) comandava a capitania de Goiás.

Manuel Inácio morreu pouco depois de retornar ao Reino. Após governar Goiás, Luís da Cunha Meneses assumiu a capitania de Minas Gerais e fez um governo tão conturbado que contribuiu decisivamente para a gestação de uma revolta que, prometida para 1789, não passou de sombras e conversas a meia voz. Andava ainda na casa dos 40 anos quando retornou ao Reino e casou com a viúva do irmão mais velho, herdeira única dos condes de Lumiares e dos de Vimieiro e, depois, camareira-mor de d. Maria I. Outro Cunha Meneses, Tristão, assumiu o comando da capitania de Goiás, em substituição a Luís, governador de Minas Gerais a partir de 23 de agosto de 1783,[535] véspera do dia de São Bartolomeu, quando, segundo a tradição, "todos os diabos estão soltos no mundo".[536]

---

534 AHU, Conselho Ultramarino, São Paulo, caixa 32, doc. 2825, 25/4/1778.
535 APM, SC, códice 238, fl. IV, 15/10/1783.
536 Tomás Antônio Gonzaga *apud* Tarquínio J.B. de Oliveira, *As Cartas Chilenas: fontes textuais*, 1972, p. 60.

Goiás ficaria sob o jugo da família Meneses até 1803. Tristão, que governaria Goiás até 1800, ficaria famoso por andar de saias: sifilítico, seria obrigado a recorrer a esse tipo de vestimenta para não manchar de secreções purulentas as calças de capitão-general.[537] Seria sucedido ainda por um primo, João Manuel de Meneses, seu inimigo figadal desde os tempos de Portugal, que deixaria o poder em 1803. Dessa maneira, Goiás seria governada pelos Meneses por um quarto de século.

O mais famoso dos irmãos Cunha Meneses, porém, seria Luís, que passaria para a história literária como o Fanfarrão Minésio das *Cartas Chilenas*, poema satírico atribuído ao ouvidor Tomás Antônio Gonzaga (1744-1810), seu visceral adversário que, acusado em 1789 de ter participado da conjuração arquitetada por potentados de Minas Gerais, ficaria preso na ilha das Cobras, no Rio de Janeiro, até 1792, quando, então, partiria para um desterro de quase 18 anos na ilha de Moçambique, capital das possessões portuguesas na contracosta africana.

Se o bom historiador nunca leva em conta versos como provas documentais, a verdade é que o poema *Cartas chilenas* já foi considerado com acerto uma "crônica processual rimada" por Alberto Faria,[538] tal a coincidência entre o que narra de maneira cifrada e os acontecimentos que se pode acompanhar por documentos do Arquivo Público Mineiro.[539] De Fanfarrão Minésio, Critilo, *alter ego* de Gonzaga, diria que ostentava pesado semblante, cor baça, estatura um tanto esbelta, feições compridas e olhadura feia, além de grossas sobrancelhas, testa curta e nariz direito e grande. Sem ser velho, já tinha cabelo ruço e andava com as longas calças pelo umbigo atadas. Enfim, seria um janota, um peralvilho, "o rei dos peraltas".[540]

---

537 Paulo Bertran, "Os fanfarrões goianos, o inconfidente extraviado e a Insurreição dos Camaristas". In: AMI, Ministério da Cultura, Ouro Preto-MG, nº 9, 1993, p. 210.

538 Ronald Polito, *Um coração maior que o mundo: Tomás Antônio Gonzaga e o horizonte luso-colonial*, 2004, p. 157.

539 Adelto Gonçalves, *Gonzaga, um poeta do Iluminismo*, 1999, pp. 61 e 260.

540 Tomás Antônio Gonzaga *apud* Tarquínio J.B. de Oliveira, *op. cit.*, 1972, p. 58.

Esse Cunha Meneses, agressivo e pretensioso, durante o seu governo, iria entrar em grandes controvérsias com gente da elite mineira, afastando naturais do Brasil de posições no governo e de possibilidades lucrativas, o que criaria um ambiente propício para uma revolta colonial. Uma rebelião que não ganhou as ruas de Vila Rica, mas que foi urdida com o apoio de grandes magnatas, antigos arrematantes dos direitos e rendas da capitania que, ao colocar na própria algibeira o que haviam recolhido em nome da Coroa, tinham-se tornado *grossos devedores*, ameaçados de expropriação sumária.[541] Os ecos dessa revolta, porém, não vibrariam na vizinha capitania de São Paulo.

Se fisicamente Francisco da Cunha Meneses tinha muito de seu irmão, não se pode afiançar. Até porque dele não se descobriu nenhuma descrição detalhada. Os documentos que restam, porém, não o colocam a ridículo. Pelo contrário. Há vários que são abonadores, o que permite concluir que seria bem diferente daquele que serviu de modelo para que Critilo pintasse o Fanfarrão Minésio.

Nomeado a 4 de abril de 1781,[542] Francisco da Cunha Meneses tomou posse em São Paulo a 16 de março de 1782,[543] em substituição a Lobo de Saldanha. Com ele, assumiria também o ouvidor Sebastião José Ferreira Barroco, que viera de ocupar as funções de ouvidor-geral da capitania do Rio de Janeiro.[544]

Homem de preocupações literárias, Barroco usara no Reino o nome arcádico de *Albano* e fora amigo do padre Francisco Manuel do Nascimento (1734-1819), *Filinto Elísio*, poeta de muitos méritos, que desde 1778 encontrava-se refugiado em Paris, em razão de ideias enciclopedistas e liberais. Tradutor de *Metamorfoses*, de Ovídio (43 AC–18 DC), como *Filinto Elísio*, o ouvidor teria participado de tertúlias literá-

---

541 Kenneth Maxwell, "Conjuração mineira: novos aspectos". In: *Estudos Avançados*, Universidade de São Paulo, v. 3, n. 6, maio-agosto 1989, pp. 16-23.
542 AHU, Conselho Ultramarino, São Paulo, caixa 35, doc. 2969, 24/7/1781.
543 AHU, Conselho Ultramarino, São Paulo, caixa 36, doc. 3010, 29/3/1782.
544 AHU, Conselho Ultramarino, São Paulo, caixa 35, doc. 2980, 30/5/1781.

rias que d. Leonor de Almeida Portugal de Lorena e Lencastre (1750-1839), condessa de Oyenhausen e futura marquesa de Alorna, a *Alcipe*, promovera à época em que estivera detida no convento de Chelas de 1759 a 1777.[545]

Tropa em completa desobediência

Quando assumiu, Cunha Meneses encontrou a tropa em completa desobediência não só por falta de fardamento e armamentos adequados como, principalmente, pelo atraso nos soldos. Para resolver a difícil situação, o governador anterior havia recorrido ao expediente de conceder aos soldados licenças prolongadas, mas isso só havia contribuído para a ocorrência de muitos atos de indisciplina. Aos demais, o governo só pagava meio soldo, o que era insuficiente para que os soldados se sustentassem com decência.[546] Com isso, o novo governador teve de se desdobrar e de usar muita retórica para evitar novos atos de indisciplina na tropa, já que os cofres régios continuavam vazios.

Uma das primeiras providências de Cunha Meneses à frente do governo foi o levantamento que mandou fazer dos habitantes da capitania. Constatou-se, então, que viviam em 1783 na capitania de São Paulo 128.174 habitantes,[547] o que representou um crescimento de quase 1% em relação ao censo de 1781,[548] mandado fazer por Lobo de Saldanha, que apontara 126.829 moradores.

Ao tempo de Cunha Meneses, oficiais da Câmara de Santos pressionaram a Corte para transferir a cabeça da capitania para aquela vila, levando em conta que, do ponto de vista militar, a situação geográfica

---

545 Teófilo Braga, *História da Literatura Portuguesa. Os árcades*, v. 4, 1984, p. 351; Adelto Gonçalves, *Bocage – o perfil perdido*, 2003, p. 134.

546 AHU, Conselho Ultramarino, São Paulo, caixa 34, doc. 2928, 21/1/1780.

547 AHU, Conselho Ultramarino, São Paulo, caixa 36, doc. 3072, 5/8/1783.

548 AHU, Conselho Ultramarino, São Paulo, caixa 35, doc. 2988, 27/7/1781.

da região permitiria o deslocamento de tropas com maior facilidade e evitaria a deserção de soldados, "tão frequente na capital".[549]

Os camaristas recordaram que os descobrimentos das minas de Cuiabá, Mato Grosso, Vila Rica, Sabará e Goiás, empreendidos por paulistas, haviam contribuído para o desenvolvimento da mais antiga capitania do Brasil ao tempo em que a vila de São Vicente era a cabeça e em que passou a existir um governo subalterno na vila de Santos, quando a capital foi transferida para São Paulo. Com o desdobramento do Estado do Brasil em várias capitanias, ordenado por d. João v, ficara reduzida a importância de São Paulo, tanto que de 1748 a 1765 estivera dependente do Rio de Janeiro.

Ao temer a guerra que depois veio a eclodir no Rio Grande de São Pedro, d. José I repôs a capitania-geral em São Paulo. Ficou, então, estabelecido que a cidade de São Paulo passaria a abrigar o Palácio do Governo, o almoxarifado, os quartéis-generais, a Junta da Fazenda, a Casa de Fundição e a residência do bispo, o que, segundo os camaristas santistas, passou a representar "graves prejuízos" para a Fazenda Real. Por isso, os oficiais propunham que só ficassem em São Paulo a Sé e a Ouvidoria, passando os demais serviços públicos para Santos, "pois nesta vila se concentram edifícios públicos, enquanto naquela cidade se estão a pagar rendas para a instalação do funcionalismo".

Em seu pleito, os camaristas alegavam que Santos era a vila que mais rendimento oferecia à capitania, "pois nela os impostos sobre *molhados* – o sal, o azeite e as baleias, que tanto abundam em seu mar – são mais pesados que nas outras vilas". Além disso, por aqueles dias, havia sido estabelecida uma passagem entre a vila de Santos e os postos do Cubatão Geral e Piaçaguera, o que acarretava encargos para os moradores.

---

549 AHU, Conselho Ultramarino, São Paulo, caixa 36, doc. 3052, 29/3/1783; ANTT, Papéis Avulsos 5, doc. 5-5, fls. 83-86.

Portanto, diziam, Santos estava em melhores condições de assumir a cabeça da capitania, até porque a população do litoral era mais rica agricolamente do que a do interior. Afinal, na região litorânea, floresciam cana-de-açúcar e arroz, enquanto no interior só se cultivavam milho e feijão, diziam, deixando de citar a grande produção de açúcar desta região. Por tudo isso, argumentavam, os serviços públicos deveriam ser transferidos para Santos, "pois até o correio é feito por seu intermédio".[550]

Os argumentos dos camaristas santistas não convenceram Cunha Meneses nem o Conselho Ultramarino. Mas nada disso indispôs o novo governador com os súditos de d. Maria I. Pelo contrário. Os anos de Cunha Meneses à frente do governo de São Paulo foram de paz e reconciliação. Logo em seus primeiros dias, o novo governador mandou colocar fora das grades alguns moradores que haviam sido aprisionados a mando de seu antecessor, sem que houvesse culpa formada. Foi o caso de Policarpo Joaquim de Oliveira, tenente-coronel do Regimento dos Dragões da Cavalaria Auxiliar, cuja liberdade foi ordenada por provisão da própria rainha.[551]

O tom conciliatório de Cunha Meneses também agradou ao bispo de São Paulo, frei d. Manuel da Ressurreição, que se derramou em elogios ao governador em carta que encaminhou ao Reino. Dizia o religioso que Cunha Meneses, ao substituir o agressivo Lobo de Saldanha, "apaziguara os ânimos da gente paulista" e devolvera a tranquilidade à população.[552]

Enquanto em Minas Gerais a notícia do casamento do infante d. João, filho da soberana, com a infanta Carlota Joaquina, filha do príncipe de Astúrias e da senhora infanta d. Mariana Vitória, "os felizes desposórios", daria motivo, em janeiro de 1786, a muitas demonstrações de alegria e festas públicas, a mando do governador Luís da Cunha

---

550 AHU, Conselho Ultramarino, São Paulo, caixa 36, doc. 3052, 29/3/1783; ANTT, Brasil, Papéis Avulsos 5, doc.5-5, fls. 83-86.
551 AHU, Avulsos, São Paulo, caixa 12, doc. 34, 7/2/1783.
552 APM, SC, caixa 16, doc.29, 13/8/1786.

Meneses, causando grandes rombos nos cofres das câmaras,[553] em São Paulo, seria recebida com regozijo, mas discretas comemorações, o que pode servir para mostrar a diferença de estilo de governar dos dois irmãos.

Tão harmoniosos foram os anos de Francisco da Cunha Meneses à frente da capitania que, antes que ele completasse quatro anos no cargo, oficiais da Câmara de São Paulo encaminharam carta à rainha solicitando a sua conservação por mais três anos no posto, "tendo em vista os bons serviços que vem prestando na pacificação e justiça do seu governo". No pedido, os oficiais disseram que o governador "desconhecia a soberba e o bárbaro despotismo". E ainda lembraram que Cunha Meneses construíra em São Paulo "uma cadeia tão necessária pela grande ruína em que estava a antiga". Segundo os camaristas, em poucos mais de dois anos, "a nova cadeia se encontrava coberta com a telha em cima".[554]

Os oficiais observaram ainda que Cunha Meneses mandara fazer um "caminho na Vargem do Carmo, lugar pantanoso, de saída da cidade", sempre assolado por inundações do rio Tamanduateí.[555] Construíra também uma passagem sobre o rio Tamanduateí e mandou abrir novas ruas, destacando-se a que ligou o Pátio de São Bento à Capela da Luz.[556] Cuidou de mandar ensinar a tecelagem aos indígenas, elevou a freguesia de Facão à vila de Cunha[557] e transferiu para local mais apropriado a vila de Piracicaba.[558]

Além disso, empenhava-se em abrir o Caminho do Mar entre a vila de São Sebastião e a de Jacareí, que seria "utilíssima ao comércio". Para os vereadores, enfim, era "tudo paz, harmonia e boa ordem" no

553 APM, SC, códice 240, fls. 54-55, 3/1/1786.
554 AHU, Avulsos, São Paulo, caixa 8 doc. 36, 28/12/1785.
555 AHU, Conselho Ultramarino, São Paulo, caixa 38, doc. 3128, 29/12/1785.
556 DI, v. 85, 1961, p. 718.
557 Idem, ibidem. Regina da Cunha Rodrigues, "Um documento interessante sobre Cunha". In: Revista de História, São Paulo, nº 31, jul.-set. 1957, pp. 105-133.
558 DI, v. 85, 1961, p. 120, 7/7/1784.

governo de Cunha Meneses. O pedido de permanência na capitania era extensivo ao ouvidor Barroco, que, segundo os camaristas, gastara de sua "fazenda" para concluir algumas obras públicas em São Paulo, inspecionando-as todos os dias.[559]

De Cunha Meneses, o bispo frei d. Manuel da Ressurreição também deixaria um depoimento pungente, quando, um mês depois da partida do governador, teve de escrever ao seu irmão, governador e capitão-general de Minas Gerais, Luís da Cunha Meneses, porque precisava visitar algumas freguesias que pertenciam ao seu bispado, mas que estavam sob a jurisdição do governador mineiro. "Guardo saudosa lembrança de Francisco", escreveu, dizendo-se "confesso devedor aos muitos favores e obséquios" com que o ex-governador sempre o honrara.[560]

Tantos elogios, porém, não constituíram razão suficientemente forte para levar o Conselho Ultramarino a rever seus planos. Em março de 1786, o governador receberia carta do ministro Martinho de Melo e Castro nomeando-o governador da Índia pelo tempo de três anos, "com ordem de partir imediatamente para o Rio de Janeiro".[561]

Já sabendo de sua saída iminente, o governador escreveu ao ministro Martinho de Melo e Castro recomendando que Barroco deveria continuar no cargo, "por merecer a amizade e a atenção de toda a capitania",[562] mas logo viria outra correspondência da Corte informando que o ouvidor também havia sido nomeado para o mesmo cargo em Goa, pelo tempo de três anos.[563]

Cunha Meneses deixou São Paulo em meados de junho de 1786, rumo a Santos, seguindo para o Rio de Janeiro, onde a nau *Nossa Senhora da Vida, Santo Antônio e Madalena*, procedente de Lisboa, já o

---

559 AHU, Conselho Ultramarino, São Paulo, caixa 38, doc. 3128, 29/12/1785.
560 APM, SC, caixa 16, doc.29, 13/8/1786.
561 AHU, Conselho Ultramarino, São Paulo, caixa 38, doc. 3133, 20/3/1786.
562 AHU, Conselho Ultramarino, São Paulo, caixa 38, doc. 3139, 23/5/1786.
563 AHU, Índia, caixa 151 (157), 7/3/1787.

esperava para continuar a viagem para o Estado da Índia, com escala na ilha de Moçambique.

Caminhos para o escoamento da produção

Se foram marcados pelo tom de conciliação que impregnou ao seu governo, os quatro anos de Cunha Meneses à frente da capitania representaram também uma continuidade da administração de Lobo de Saldanha, marcada, principalmente, pela preocupação de abrir caminhos que pudessem permitir um escoamento mais fácil da produção para Santos e São Sebastião.

A preocupação em fazer com que as mercadorias subissem e descessem com maior regularidade levou Cunha Meneses, em 15 de abril de 1785, a enviar ao comandante da praça de Santos carta com ordens no sentido de não embaraçar os condutores de açúcar procedentes de Itu, pois o produto precisava ser liberado rapidamente para que fosse exportado para Portugal.[564]

Por esse tempo, Itu já era a praça que mais produzia açúcar, depois que a experiência à beira-mar, tentada como forma de evitar as dificuldades com o transporte do produto pelo rio Cubatão, mostrara-se bem menos rendosa do que nas terras do sertão.[565] A essa época, as tropas, ao chegarem ao porto de Cubatão, descarregavam o açúcar, que passava a aguardar a chegada das barcas que o transportariam até o Valongo, no porto de Santos, pelo rio Cubatão. O açúcar era acondicionado em jacás, barris ou canastras mal forradas e transportado daquele porto fluvial para a vila em saveiros e lanchas, forçado a passar pelo largo do Caniú, que era considerado o terror dos marítimos em razão de sua pouca profundidade.[566]

---

564 DI, v. 85, 1961, p. 40.
565 DI, v. 15, 1895, p. 124.
566 DI, v. 39, 1902, pp.115-116.

Era um percurso difícil e perigoso, pois, muitas vezes, o açúcar se molhava e perdia sua utilidade para a comercialização. Até porque não havia barcas cobertas para o seu transporte, problema que se agravava no inverno, época de maior incidência de chuvas. Com isso, os produtores tinham de assumir muitos riscos e prejuízos, o que tornava sua cultura pouco lucrativa.

Em razão de problemas provocados pelas precárias condições de transporte até o porto, a intensificação do comércio com o planalto, aparentemente, não foi suficiente para retirar a vila de Santos da "ruína e decadência" que a perseguiam naqueles dias, como assinalaria o juiz de fora José Antônio Apolinário da Silveira, ao defender a necessidade e as vantagens "de intensificar o comércio com Goiás e Cuiabá".[567]

Para evitar os problemas que eram causados pelo precário transporte por canoas e balsas pelo rio Cubatão, "estreito curso d'água, habitado por jacarés e aves aquáticas que serpenteiam lentamente através de extensos mangues",[568] o governador interino José Raimundo Chichorro da Gama Lobo mandou concluir um aterrado, não no planalto, mas na raiz da serra, acabando obra que tivera início a 30 de janeiro de 1786, ainda ao tempo de Cunha Meneses. Mas, antes de Cunha Meneses, o governador Lobo de Saldanha já havia mandado fazer um aterrado junto ao rio Grande, que, na época das cheias, transbordava, encharcando todo o terreno marginal.[569]

A nomeação de d. Bernardo José Maria da Silveira e Lorena, o quinto conde de Sarzedas, para governador e capitão-general de São Paulo saiu a 28 de julho de 1786,[570] época em que Francisco da Cunha Meneses já estava em alto mar rumo a Goa. Em seu lugar, ficara como governador interino o coronel José Raimundo Chichorro da Gama

---

567 AHU, Conselho Ultramarino, São Paulo, caixa 38, doc. 3181, 20/8/1787.
568 Auguste de Saint-Hilaire. *Viagem à província de São Paulo e resumo das viagens ao Brasil, Província Cisplatina e Missões do Uruguai*, 1940, p. 205.
569 DI, v. 29, 1899, p. 113.
570 AHU, Conselho Ultramarino, São Paulo, caixa 38, doc. 3142, 28/7/1786.

Lobo, que fora comandante das tropas do Rio Grande de São Pedro em 1772.

Chichorro, porém, acabaria por permanecer à frente da capitania por pouco mais de dois anos, pois Lorena ficaria retido em Lisboa por vários problemas. Quase ao final de sua interinidade, um levantamento que mandara fazer tão logo assumira estimou a população da capitania em 126.145 habitantes,[571] número inferior aos obtidos em 1781 e 1783.

Chichorro tinha o costume de colocar a palavra frei, de forma abreviada (fr.), à frente de seu nome, pois era cavaleiro da Ordem Religiosa de Malta, a mais antiga instituída pelos cruzados. Por isso, equivocados, alguns historiadores o chamaram também de Francisco José Raimundo. Chegaria a marechal do exército de sua majestade.[572]

Foi ao tempo de Chichorro à frente da capitania que chegou a notícia da morte de d. Pedro III (1717-1786), tio e marido da rainha d. Maria I, ocorrida a 25 de maio de 1786. Foi decretado luto rigoroso de seis meses e mais seis meses de luto aliviado.

---

571 AHU, Conselho Ultramarino, São Paulo, caixa 38, doc. 3192, 5/3/1788.
572 Manuel Eufrásio de Azevedo Marques. *Apontamentos históricos, geográficos, biográficos, estatísticos e noticiosos da província de São Paulo*, v. 1, 1980, p.169, nota 5.

CAPÍTULO II

O governo Lorena

As origens dos Lorena

D. Bernardo José Maria da Silveira e Lorena, quinto conde de Sarzedas, tendo demorado na Bahia doze dias, desembarcou da nau *Nossa Senhora de Belém*, no Rio de Janeiro, a 24 de maio de 1788, depois de 26 dias de viagem, "vindo sempre contra as águas que agora correm para o Norte e contra os ventos que também agora reinam nesta Costa Sul e Sudoeste".[1] O mesmo navio trouxera o governador nomeado para a capitania da Bahia, d. Fernando José de Portugal e Castro (1752-1817), que ficara em Salvador, e o governador nomeado para a capitania de Minas Gerais, Luís Antônio Furtado de Castro do Rio de Mendonça e Faro (1754-1830), sexto visconde de Barbacena, que viera com mulher e filhos.[2]

Os três governadores traziam instruções do ministro Martinho de Melo e Castro para colocar em ação um projeto a serviço dos interesses da oligarquia mercantil metropolitana, de que Anselmo José da Cruz, Jacinto Fernandes Bandeira, Joaquim Pedro Quintela, João Pereira de Sousa Caldas, Joaquim Machado, Gerardo Venceslau Braancamp de Almeida Castelo Branco, João Ferreira ou Ferreira-Sola e José de Carvalho Araújo eram os nomes mais representativos. Essa oligarquia desfrutaria por longos anos os lucros dos contratos e mo-

1 AHU, Conselho Ultramarino, São Paulo, caixa 38, doc. 3198, 4/6/1788.
2 *AMI*, v. II, 1953, p. 40.

nopólios reais, até que, em 1796, d. Rodrigo de Sousa Coutinho, embaixador em Turim, retornasse a Lisboa para assumir a Secretaria de Estado da Marinha e Domínios Ultramarinos e entrasse em choque com os seus interesses.[3]

O mais jovem capitão-general a governar a capitania de São Paulo, d. Bernardo José Maria da Silveira e Lorena, que se assinava apenas Bernardo José de Lorena, tinha 32 anos ao chegar a São Paulo, depois de alguns dias no Rio de Janeiro, período em que discutiu detidamente a situação da capitania com o vice-rei d. Luís de Vasconcelos e Sousa (1742-1809), o quarto conde de Figueiró.[4] Tomou posse em São Paulo a 5 de julho.[5]

Nascido a 20 de abril de 1756, em Campo Grande, freguesia de Lisboa, seria filho de Nuno Gaspar de Távora (1705-1789), irmão do marquês de Távora, moço fidalgo, veador da rainha d. Maria I, tenente-general, governador das armas do Alentejo, e de sua segunda mulher e cunhada, d. Maria Inácia da Silveira (1723-1802), já que era viúvo da irmã primogênita.[6] É o que diz em seu assento de batismo, lavrado em Lisboa.[7]

D. Maria Inácia da Silveira era filha de d. Brás Baltasar da Silveira (1674-1751), governador e capitão-general da capitania de São Paulo e Minas de Ouro de 1713 a 1717, que, quando saiu de Lisboa rumo ao Estado do Brasil, seria fidalgo de parcos recursos, ainda que herdeiro de muitos morgados de d. Luís Baltasar da Silveira, seu pai, veador da rainha d. Mariana, que, assim como o filho, carregava a alcunha de

---

3 Kenneth Maxwell, *A devassa da devassa: a Inconfidência Mineira, Brasil e Portugal (1750-1808)*, 1977, p. 257.

4 AHU, Conselho Ultramarino, São Paulo, caixa 38, doc. 3198, 4/6/1788.

5 AHU, Conselho Ultramarino, São Paulo, caixa 38, doc. 3205, 16/7/1788.

6 Esteves Pereira; Guilherme Rodrigues, *Portugal – Dicionário Histórico, Corográfico, Biográfico, Bibliográfico, Numismático e Artístico*, v. 6, 1912, p. 759; *Grande Enciclopédia Portuguesa e Brasileira*, v. 27, 1953, pp. 778-779.

7 ANTT, Registos Paroquiais, Lisboa, Santos Reis Magos do Campo Grande, L° 5-B (F976), fl. 13 v. *apud* Tiago C. P. dos Reis Miranda, "Ceder Timor – composição em fuga". In: *Revista USP*, São Paulo, n° 79, set.-nov. 2008, p. 85.

"O Sete Cabeças", personagem frequente das folhas volantes da Corte, desde o início do século XVIII.[8]

Ao retornar ao Reino, d. Brás surpreendeu a Corte pela riqueza que ostentava: teriam sido os recursos das catas de ouro em Minas e muitos brilhantes que amealharia em seu governo o que garantiria a manutenção do luzimento da casa dos seus pais, além dos contratos de casamento que conseguiria celebrar na "primeira nobreza da Corte" tanto para si como para as filhas.[9]

D. Bernardo, neto dos velhos marqueses de Távora, seria filho da primeira nobreza portuguesa com ascendentes em uma das mais distintas famílias da França, os Lorena. Pelo menos essa era a informação oficial porque sempre correram rumores de que seria filho adulterino do rei d. José I com a marquesa Teresa de Távora e Lorena, sua amante e esposa do jovem marquês d. Luís Bernardo de Távora. Irmã mais nova do marquês de Távora e casada com o filho deste, seu sobrinho, Teresa de Távora e Lorena teria uma relação íntima com o rei que era vista como uma vergonha para a família. Além disso, havia uma animosidade explícita entre o rei e o duque de Aveiro, d. José de Mascarenhas (1708-1759), devido a problemas de caráter político e econômico.[10]

Como se sabe, na noite de 3 de setembro de 1758, o rei, ao regressar ao seu palácio, eventualmente o da Ajuda, depois de visita à amante, ao passar por Belém, foi alvo de tiros contra a carruagem que o transportava.[11] Embora o cocheiro tivesse disparado a carruagem ao ouvir tiros, o monarca foi atingido, ficando com "feridas e dilacerações" no ombro, no braço direito e no peito.[12]

---

8 Tiago C. P. dos Reis Miranda. "D. Brás Baltasar da Silveira (1674-1751): na vizinhança dos Grandes". In: *Anais do XVII Encontro Regional de História – O lugar da História*, ANPUH/SP-Unicamp, Campinas, 6-10/11/2004, pp. 3 e 7. <Disponível em http://www.fflch.usp.br/dh/anpuhsp. Acesso em 22/8/2013.>

9 *Idem, ibidem*, p. 20.

10 Daniel Pires, *Padre Gabriel Malagrida: o último condenado ao fogo da Inquisição*. Setúbal: Centro de Estudos Bocageanos, 2012, p. 47.

11 Kenneth Maxwell, *Marquês do Pombal: paradoxo do Iluminismo*, 1996, p. 79.

12 Cláudio da Conceição, *Gabinete Histórico*, 1829, v. XIV, pp. 3-4.

A rainha assumiu a regência durante o tempo de recuperação do monarca. Houve um silêncio oficial sobre a tentativa de regicídio até o início de dezembro, quando ocorreu uma grande operação policial para prender suspeitos, inclusive um grupo de aristocratas, especialmente o duque de Aveiro, d. José de Mascarenhas, e os Távora. O incidente permitiu também ao ministro Sebastião José de Carvalho e Melo urdir uma ação contra a Companhia de Jesus, acusando-a de ter insuflado os autores e executores da tentativa de regicídio.[13]

Mais tarde, uma comissão dominada politicamente pelo ministro condenou os conspiradores por crime de lesa-majestade, traição e rebelião contra o rei e o Estado, pena que foi cumprida a 13 de janeiro de 1759 em Belém. Um dos condenados a serem despedaçados vivos foi Francisco de Assis de Távora (1703-1759), o marquês de Távora Velho, cujas cinzas foram atiradas ao Tejo, a exemplo do duque de Aveiro, também despedaçado vivo. Já a marquesa Leonor de Távora (1700-1759) e seus irmãos d. Luís Bernardo de Távora (1723-1759) e José Maria (1736-1759) seriam decapitados,[14] enquanto d. Teresa de Távora e seu filho adulterino recolhidos a um convento. No dia anterior à punição dos aristocratas e dos demais condenados pelo atentado, oito jesuítas seriam presos por suposta cumplicidade e encarcerados nos fortes da Junqueira e de São Julião da Barra.[15]

Em função desses acontecimentos, a família dos Távora se viu proibida de usar o seu nome, adotando o de Lorena, de uma avó Cadaval, a princesa Henriqueta Júlia Gabriela de Lorena, que fora casada, com geração, com o terceiro duque do Cadaval, d. Jaime de Melo. É por isso que em algumas enciclopédias o pai de d. Bernardo aparece com o nome de Nuno Gaspar de Távora.[16] Aliás, houve três matrimô-

---

13 Daniel Pires, *op. cit.*, p. 47.
14 Kenneth Maxwell, *op. cit.*, p. 88.
15 Idem, ibidem, p. 89; Daniel Pires, *op. cit.*, p. 49.
16 *Grande Enciclopédia Portuguesa e Brasileira*, v. 27, 1953, p. 778.

nios dos duques do Cadaval com os Lorena, dos quais sempre houve descendência.[17]

Os Lorena procediam originariamente da grande nobreza da França, como a dos príncipes de Harcourt, um dos quais, que era também conde de Rieux e se chamava Francisco, tendo sido pai da princesa Maria Catarina Henrique de Lorena, segunda mulher do primeiro duque do Cadaval.[18] Essa família atingiu o auge quando, em 1736, Francisco Estevão casou com Maria Teresa d'Áustria e, em 1745, foi eleito imperador. O Tratado de Viena de 1735 dera a Francisco Estevão o grão-ducado da Toscana, em compensação pela cedência da Lorena ao rei da Polônia, Estanislau Leszczynski.[19]

O rebento do relacionamento espúrio do monarca com a Távora teria ficado sob a responsabilidade do casal de nobres d. Nuno Gaspar de Távora (ou Lorena) e d. Maria Inácia da Silveira, embora tenha passado boa parte da infância e adolescência em um convento de Lisboa. Para o historiador Tiago C. P. dos Reis Miranda, a hipótese segundo a qual d. Bernardo seria filho ilegítimo de D. José I estaria assentada sobre pressupostos frágeis e subsistiria, sobretudo, no Brasil, depois do trabalho "Biografia de d. Bernardo José Maria de Lorena, conde de Sarzedas", da historiadora Maria Luiza Franco da Rocha, premiado em concurso do Departamento de Cultura da cidade de São Paulo em 1938 e publicado na *Revista do Arquivo Municipal de São Paulo*, nº LXIV, em fevereiro de 1940.[20]

Fosse como fosse, com a morte de d. José I em 1777, d. Maria I devolveu ao jovem fidalgo os bens de família que haviam sido confiscados e o pôs como oficial a seu serviço, ainda que ele nunca tivesse cursado a Academia Militar. Além disso, exilou o marquês de Pombal

---

17 Idem, ibidem, p. 464.

18 D. Luís de Lencastre e Távora *Dicionário das famílias portuguesas*, v. 15, 1989, p. 228.

19 *Enciclopédia Verbo Luso-Brasileira de Cultura*, v. 18, 2001, p. 288.

20 Tiago C. P. dos Reis Miranda, "Ceder Timor – composição em fuga". In: *Revista USP*, São Paulo, nº 79, set.-nov. 2008, p. 86.

e mandou processar os juízes que haviam condenado a família Távora, o duque de Aveiro e o conde de Atouguia, acusados de envolvimento na conspiração contra d. José I.

Pouco tempo depois, mandou d. Bernardo viajar para França e Inglaterra. Antes disso, d. Bernardo teria a oportunidade de frequentar o primeiro ano de ensino do Colégio dos Nobres (1765-1766), onde foi contemporâneo de d. Pedro José de Almeida Portugal (1754-1813), terceiro marquês de Alorna e quinto conde de Assumar.[21] D. Pedro José era o único filho varão de d. João de Almeida Portugal, segundo marquês de Alorna, e de sua esposa Leonor de Lorena e Távora (1729-1790), cujos pais, Francisco de Assis de Távora e Leonor de Távora (1700-1759), e cujos irmãos Luís Bernardo e José Maria haviam sido executados publicamente por ordem do rei d. José I, em 13 de janeiro de 1759.

De volta a Lisboa, em 1786, d. Bernardo recebeu carta de conselheiro e foi nomeado, em 19 de agosto desse mesmo ano, capitão-general e governador da capitania de São Paulo, por carta-patente assinada pelo ministro conde da Cunha.[22] Não se deve pensar que a condição de adulterino ou bastardo fosse impedimento para que algum filho de nobre ascendesse na hierarquia nobiliárquica. Assim como houve alguns filhos e filhas de nobres que se casaram fora do grupo social a que pertenciam, os chamados "grandes", os bastardos não foram poucos. Se não constituíam a regra, estes segmentos acabavam por formar um grupo numeroso – alguns tiveram "papel relevante no serviço ao rei (até porque geralmente eram reputados ter qualidade de nascimento), em particular, no governo das conquistas".[23]

---

21 Rômulo de Carvalho, *História da Fundação do Colégio Real dos Nobres de Lisboa (1761-1772)*, 1959, pp. 181-187 *apud* Tiago C. P. dos Reis Miranda, *op. cit.*, p. 86.

22 DI, v. 25, 1898, 19/8/1786.

23 Nuno Gonçalo Monteiro, "Governadores e capitães-mores do Império Atlântico português no século XVIII". In: Maria Fernanda Bicalho; Vera Lúcia Amaral Ferlini (orgs.). *Modos de governar: ideias e práticas políticas no Império português séculos XVI a XIX*, 2005, p. 110; Idem, *O*

Aliás, que d. Bernardo poderia ser filho adulterino do rei d. José I seria voz corrente não só nos corredores palacianos da Corte como nas ruas, inclusive, no ultramar, como se pode depreender da maneira desabrida como se referiu ao fato o camarista José Arouche de Toledo Rendon (1756-1834), em discurso que fez na Câmara de São Paulo em 1792, ao destacar o "régio sangue que com afluência" circulava nas veias do governador, "herdado de tantas testas coroadas". É de se ressaltar que o orador apregoou o fato diante de seus pares e de todos os convidados, em presença do próprio capitão-general, que, ao que parece, não o contestou. É de se presumir que Rendon tenha feito a referência com a própria autorização do homenageado ou valendo-se da amizade que mantinha com o governador, que conheceria provavelmente do tempo em que ambos, quase da mesma idade, haviam estudado na Universidade de Coimbra.[24]

Mas a referência ao "régio sangue" também pode ser lida como alusiva ao fato de d. Bernardo ser descendente das casas dos condes de Alvor, de Santiago, dos grandes duques de Cadaval e de Lorena, a exemplo do que se lê na *Oração que no Dia da Posse do Ilmo. e Exmo. Sr. Bernardo José de Lorena, do Concelho de Sua Magestade, Governador e Capitão-General da Capitania de São Paulo, Recitou o Desembargador Miguel Marcelino Veloso e Gama, Ouvidor Geral da mesma Comarca, Lisboa, Na Oficina de António Gomes, 1789, pp. 11-12.*[25]

Aquele relacionamento de amizade – que, obviamente, mascarava incontáveis interesses econômicos – já transparece na maneira entusiástica com que Rendon, filho de abastada família paulista, saudou a chegada de Lorena em 1788, ao escrever o relatório "Reflexões sobre o estado em que se acha a agricultura na capitania de São Paulo", docu-

---

crepúsculo dos grandes. A casa e o patrimônio da aristocracia em Portugal (1750-1850), 1998, pp. 141e ss.

24 José Arouche de Toledo Rendon. "Oração problemática. Problema: a um governador resulta mais glória em ser aluno de Marte ou de Minerva?" In: *Obras*. Introdução de Paulo Pereira dos Reis, 1978, pp. 53-63; DI, v. 44, 1915, pp. 316-317.

25 Tiago C. P. dos Reis Miranda, *op. cit.*, set.-nov. 2008, pp. 85-86.

mento que foi produzido como uma contribuição para o trabalho que seria desenvolvido pelo novo governador.[26]

Outro que deixou explícita em documento a origem régia de d. Bernardo foi o juiz de alfândega e juiz de fora da vila de Santos, José Antônio Apolinário da Silveira, que, ao final de 1789, escreveu um parecer sobre a conveniência dos gêneros das vilas de São Sebastião e Ubatuba serem exportados pelo porto de Santos. Nesse documento, além de ressaltar a "grandeza e poder" de Lorena, Apolinário observou que "não necessitam ventilar-se as suas decisões para o acerto, por serem as suas vistas tão dilatadas que é a América mui diminuto espaço para o seu adequado berço".[27]

Filho de uma família nobre – ou filho espúrio do rei d. José I e, portanto, irmão consanguíneo da rainha d. Maria I –, Lorena preenchia integralmente a orientação régia para que "no comando de cada capitania fosse colocado quem maior independência se supunha assegurar em relação aos interesses ou facções locais".[28]

POSSE E PRIMEIRAS PROVIDÊNCIAS

De Lisboa, Lorena trazia instruções ouvidas de "viva voz" do ministro Martinho de Melo e Castro e alguns papéis, como a cópia do Tratado Preliminar de Paz e de Limites assinado com Madri em 1777, carta régia de 25 de janeiro de 1779 escrita ao vice-rei d. Luís de Vasconcelos e Sousa e instrução que a acompanhou com data de 27 de janeiro de 1779 sobre as demarcações dos domínios portugueses e espanhóis, além de uma carta do embaixador espanhol em Lisboa de 20 de dezembro de 1781 sobre o mesmo assunto e alguns parágrafos de ofício que o ministro escrevera ao vice-rei com data de 4 de março de 1782.

---

26 José Arouche de Toledo Rendon, "Reflexões sobre o estado em que se acha a agricultura na capitania de São Paulo". In: DI, v. 44, 1915, pp. 195-213.

27 DI, v. 31, 1901, pp. 189-190, 28/12/1789.

28 Nuno Gonçalo Monteiro, *op. cit.*, 2005, p. 112.

No mesmo lote de papéis, Lorena deveria ter trazido um plano para as demarcações que o vice-rei de Buenos Aires havia apresentado. Como não fora possível encontrar aquele plano no arquivo do Palácio de Salvaterra de Magos, o ministro recomendava a Lorena que obtivesse uma cópia com o vice-rei no Rio de Janeiro.[29] Com Lorena, viria também um bilhete do ministro escrito no dia seguinte já no Palácio da Ajuda, dizendo que a rainha lhe pedia "toda a sua vigilância para evitar os contrabandos e os descaminhos".[30]

No Rio de Janeiro, o novo governador conversou com o vice-rei Luís de Vasconcelos e Sousa a respeito do coronel Francisco João Roscio, que havia anunciado uma descoberta no rio de Santo Antônio, que tinha ligação com o rio Iguaçu ou rio Grande Curitiba. Outro nome destacado na conversa de Lorena com o vice-rei foi o do capitão engenheiro João da Costa Ferreira,[31] que viera de Portugal em sua companhia com o objetivo de ajudar Roscio nos trabalhos de demarcação da capitania. Por aqueles dias, Ferreira seria apresentado pessoalmente por Lorena ao vice-rei.[32]

Já Roscio estava na América portuguesa desde 5 de outubro de 1767, quando desembarcara no Rio de Janeiro como ajudante de ordens do marechal de campo alemão Johann Henrich Böhm – nome aportuguesado para João Henrique Böhm –, que fora nomeado pelo rei d. José I, em 22 de junho de 1767, para o posto de tenente-general do exército português, encarregado do comando das tropas de infantaria e cavalaria, "em qualquer parte do Brasil".[33]

Natural da ilha da Madeira, Roscio cursara a Academia Militar e fora nomeado ajudante de Infantaria, com exercício de engenheiro,

---

29 AHU, Conselho Ultramarino, São Paulo, caixa 65, doc. 5008, 2/2/1788.
30 AHU, Conselho Ultramarino, São Paulo, caixa 65, doc. 5008, 3/2/1788.
31 AHU, Conselho Ultramarino, São Paulo, caixa 39, doc. 3204, 16/7/1788.
32 DI, v. 45, 1924, p. 5.
33 AHU, Avulsos, Rio de Janeiro, caixa 89, doc. 70 *apud* Nireu Cavalcanti, *História de conflitos no Rio de Janeiro colonial: Da carta de Caminha ao contrabando de camisinha (1500-1807)*, 2013, p. 108.

passando a servir nas fortificações de Elvas. Era o auxiliar preferido do engenheiro Jacques Funck, brigadeiro e inspetor-geral da artilharia, que igualmente desembarcara na companhia de Böhm no Rio de Janeiro, ao tempo do governo do conde da Cunha.

Depois de trabalhar mais de sete anos com Funck, Roscio atuaria na região Sul, servindo na Ilha de Santa Catarina em 1773, no Rio Grande de São Pedro do Sul e no Rio de Janeiro em 1774, sendo promovido a sargento-mor neste ano. Depois de retornar ao Reino em 1779, seria promovido, em 1781, ao posto de tenente-coronel comissário das demarcações das fronteiras meridionais do Rio Grande de São Pedro do Sul, recebendo também a missão de promover a cultura do cânhamo naquela região.

À época da chegada de Lorena, já carregava as divisas de coronel, posto a que fora promovido em 1783. Seria promovido a brigadeiro em 1801 e nomeado em novembro daquele ano governador interino da capitania do Rio Grande de São Pedro do Sul. Faleceu em 1805 no exercício das funções de comissário de demarcações, depois de 38 anos de serviços no Brasil.[34] Foi o autor do projeto da monumental igreja da Candelária e responsável em 1770 pela reconstrução do cais em frente à Casa do Trem, atual Arquivo Histórico Nacional, no Rio de Janeiro, destruído pela força do mar.[35]

Já o capitão engenheiro João da Costa Ferreira, nascido em Lisboa em 1750, vinha recomendado pelo então secretário de Estado da Marinha e Ultramar, ministro Martinho de Melo e Castro, para servir na 1ª Divisão das Demarcações, que discutiria a questão de limites com as províncias espanholas, mas acabaria por dirigir-se à capitania de São Paulo na companhia do novo governador porque Roscio diria que não precisava dos seus serviços, "pois já estava estabelecido".[36] Sua carreira

---

34 Aurélio de Lyra Tavares, *A engenharia militar portuguesa na construção do Brasil*, 2000, p. 153.
35 AHU, Avulsos, Rio de Janeiro, caixa 97, doc. 57 *apud* Nireu Cavalcanti, *op. cit.*, 2013, pp. 37-39.
36 DI, v. 45, 1924, p. 5.

profissional seria quase toda dedicada a trabalhos de engenharia em São Paulo.

Membro do Real Corpo de Engenheiros, Ferreira seria responsável por várias obras, como as do Palácio do Governo, em São Paulo, e do Hospital de Bexigas da vila de Santos. Auxiliado pelo engenheiro Antônio Rodrigues Montesinhos, destacou-se pela construção da estrada pavimentada na Serra do Mar, em Cubatão,[37] que viria a passar para a história como Calçada do Lorena. Comandou a construção de calçadas e arruamentos, assim como a condução e o encanamento de águas para a cidade de São Paulo, acabando por levantar um chafariz, além de dirigir as obras de um quartel para a Legião de Voluntários Reais.[38] Nesta cidade, segundo Lorena, teria ensinado ao povo "o modo de fazer os seus edifícios com bom gosto e menos despesas, ensinando igualmente os pintores", além de "dirigir o modo de calçar as ruas".[39]

A Ferreira foram atribuídas também obras de correção no rio Cubatão e a reforma do antigo Colégio dos Jesuítas, na vila de Santos, que passou a servir de alfândega, Armazém do Sal e residência para os governadores quando deslocados para a região de marinha, além da construção de um hospital para o regimento que para ali fora transferido.[40] Já como coronel, em 1809, dirigiu a d. Rodrigo de Sousa Coutinho, o conde de Linhares, um plano sobre a conquista dos Campos de Guarapuava, que foi aprovado pelo príncipe regente d. João, dentro do contexto de uma ofensiva para conquistar novos territórios e barrar ataques dos índios botocudos.[41]

Ao final de seu mandato, Lorena sugeriu ao seu sucessor, Antônio Manuel de Melo Castro e Mendonça, que mandasse o sargento-mor

37 DI, v. 45, 1924, pp. 48-49, 20/5/1790.
38 RGCSP, 12, pp. 417-418.
39 DI, v. 45, 1924, pp.48-49, 20/5/1790.
40 DI, v. 94, 1990, p. 113.
41 AESP, ordem 241, lata 14 *apud* Maria Beatriz Nizza da Silva (org.); Carlos de Almeida Prado Bacellar; Eliana Rea Goldschmidt; Lúcia M. Bastos P. Neves, *História de São Paulo colonial*, 2009, p. 245.

João da Costa Ferreira formar o mapa hidrográfico do porto de Santos e suas barras, dizendo que não fora possível tomar aquela providência em seu governo.[42] Coronel graduado desde 1792, Ferreira haveria de fazer em 1815 o levantamento da carta coreográfica e hidrográfica do Litoral da capitania de São Paulo, inclusive dos portos de Santos, Cananeia, Paranaguá e Guaratuba. Faleceu na cidade de São Paulo em 25 de abril de 1822.[43]

Além de discutir o aproveitamento dos serviços dos engenheiros Roscio e Ferreira, Lorena, na conversa com o vice-rei, mostrou-se preocupado com a demora de um navio da Europa com destino à vila de Santos porque pretendia ativar o mais rapidamente possível o comércio direto daquele porto com o Reino.[44] Mas seria só um ano depois que Lorena constataria pessoalmente a "ruína e decadência" em que estava o porto de Santos, como já sabia de antemão,[45] o que, por certo, reforçou a convicção que trazia de que seria necessário intensificar o comércio com as minas de Goiás e Cuiabá para estimular a sua recuperação econômica.

Para tanto, seria indispensável dar continuidade às obras que vinham sendo empreendidas desde o governo de Francisco da Cunha Meneses (1782-1786) para a reconstrução do antigo caminho que ligava a vila de Santos à cidade de São Paulo pela áspera Serra de Cubatão, mas que seguiam em ritmo lento, principalmente em função dos poucos recursos de que o governo dispunha. Concluir aquelas obras seria fundamental para a execução dos planos que lhe haviam sido passados pelo ministro Martinho de Melo e Castro que previam o incremento da produção agrícola e a exportação de boa parte para a Europa, ou seja, para Portugal, que funcionava como entreposto dos produtos coloniais.

42 DI, v. 45, 1924, p. 2907, 1797.
43 Aurélio de Lyra Tavares, *op. cit.*, 2000, pp. 167-169.
44 AHU, Conselho Ultramarino, São Paulo, caixa 38, doc. 3198, 4/6/1788.
45 AHU, Conselho Ultramarino, São Paulo, caixa 38, doc. 3181, 20/8/1787.

Para tanto, Lorena tivera na Corte várias reuniões com o negociante Jacinto Fernandes Bandeira (1745-1806), amigo dileto do ministro, com o objetivo de estabelecer uma rota de navios entre o porto de Santos e Lisboa: o negociante pretendia mandar muitos gêneros do Reino para a capitania, mas seria imprescindível que suas embarcações retornassem com carga completa, o que só seria possível se houvesse um bom caminho entre a capital e a marinha.

Lorena saiu do Rio de Janeiro em direção a São Paulo no dia 16 de junho, mas, em vez de se valer de uma embarcação rumo ao porto de Santos, preferiu seguir o caminho do sertão. Assim, só entrou na capital da capitania que governaria a 4 de julho, "pelas 9 horas da noite", tomando posse no dia seguinte.[46] Vinha com ordens expressas para proceder a demarcação definitiva da capitania e, imediatamente, tomou as providências necessárias para fazer cumprir a determinação em conjunto com o novo capitão-general e governador de Minas Gerais, o visconde de Barbacena.

Em seu ato de posse, seria saudado pelo ouvidor-geral da comarca de São Paulo, Miguel Marcelino Veloso e Gama, que haveria de ressaltar a sua descendência nobre, dos duques de Cadaval e Lorena, e exaltaria a memória de seu avô, d. Brás Baltasar da Silveira, que governara a capitania de São Paulo e Minas de Ouro de 1713 a 1717 e servira nas armadas da costa de Portugal e depois nos exércitos da Beira e do Alentejo, a partir de 1694, de soldado a sargento-mor de batalha e mestre-de-campo general na guerra da Sucessão Espanhola, que se desenvolveu de 1702 a 1714. A oração do desembargador Miguel Marcelino Veloso e Gama, que sairia impressa no ano seguinte em Lisboa pela Oficina de Antônio Gomes, destacaria ainda os "grandes estudos e rigorosos exames" que Lorena fizera na Universidade de Coimbra.[47]

---

46 DI, v. 45, 1924, p. 5.

47 Miguel Marcelino Veloso e Gama. *Oração que no Dia da Posse do Ilmo. e Exmo. Sr. Bernardo José de Lorena, do Concelho de Sua Magestade, Governador e Capitão-General da Capitania de*

Poucos dias depois da posse, Lorena mandaria pagar as despesas de demarcação dos limites da capitania de São Paulo com os domínios espanhóis com o produto do quinto do ouro que se encontrava no cofre da Tesouraria Geral.[48] De acordo com a determinação da Corte, os limites da capitania de São Paulo deveriam permanecer da mesma forma como se tinha praticado desde o tempo do governo de Cunha Meneses.[49] Passou essas determinações ao ouvidor Miguel Marcelino Veloso e Gama, a quem mandaria tomar as providências necessárias para conservar os limites com a capitania de Minas Gerais.[50] Esses limites deveriam ser fixados com base no rio Sapucaí, ficando a pertencer à capitania de São Paulo "todas as povoações que se achavam estabelecidas desde a margem do Sul".[51]

Ao Sul, mandaria soldados para definir a demarcação em conjunto com tropas enviadas para o Paraguai pelo vice-rei de Buenos Aires, marquês de Loreto.[52] E ainda apoiaria a sugestão do capitão-mor da vila de Santos, Lourenço Ribeiro de Andrade, para a criação de uma vila nos campos do Tibaji, "onde já se exploravam minas e já se vinha combatendo os gentios hostis".[53]

São Paulo ao tempo de Lorena

A cidade de São Paulo que Lorena conheceu teria pouco mais de 20 mil habitantes, incluindo o seu termo, composto por treze freguesias rurais. Sua área central constituía pouco mais que um povoado de ruas

---

São Paulo, Recitou o Desembargador Miguel Marcelino Veloso e Gama, Ouvidor Geral da mesma Comarca, 1789, pp. 11-13.

48 AHU, Conselho Ultramarino, São Paulo, caixa 39, doc. 3202, 12/7/1788.

49 AHU, Avulsos, São Paulo, caixa 9, doc. 14, 8/1/1789.

50 *DI*, v. 46, 1924, p. 28, 24/3/1789.

51 Antônio Manuel de Melo Castro e Mendonça, "Memória econômico política da capitania de São Paulo". In: *AMP*, t. 15, 1961, pp. 86-87.

52 AHU, Conselho Ultramarino, São Paulo, caixa 39, doc. 3261, 26/10/1789.

53 AHU, Avulsos, São Paulo, caixa 9, doc. 17, 5/7/1789.

estreitas, tortuosas, "acanhadas e construídas sem um traçado geral",[54] formado por um casario branco e baixo que saía do Pátio do Colégio dos Jesuítas, em direção aos rios que acabariam por definir os seus contornos por longos anos: Tamanduateí, Anhangabaú, Pinheiros e Tietê.

Em 1765, de acordo com dados do primeiro censo realizado depois da restauração da autonomia, a população da cidade de São Paulo seria de 20.873 habitantes, correspondendo a 26% da capitania.[55] A população livre residente na área que compreendia a zona central e as freguesias de Nossa Senhora do Ó e Santana, de Caguaçu e São Miguel, correspondia a 1.748 homens e 2.090 mulheres, distribuídos em 899 domicílios, dos quais 66 eram chefiados por comerciantes.[56] Já dados coletados por Dauril Alden apontam 9.359 habitantes em 1794 e 25.313 em 1815.[57]

A São Paulo setecentista acompanhava a falta de padrões que sempre marcara a arquitetura portuguesa que, ao contrário das vilas espanholas que seguiam uma geometria a partir da *plaza mayor*, parecia obedecer apenas à vontade dos seus moradores, com construções de pedra e barro muito próximas, em meio a ruas sem pavimentação.[58]

Haveria, porém, certa ordem na aparente desorganização, como indica a existência de uma chamada rua Direita em praticamente todas as vilas portuguesas nascidas quase sempre de um arraial, sem um traçado urbano mais racional. Em São Paulo, havia até duas ruas direitas: era ali que estava o "pulmão" da cidade, entre a rua Direita de Santo Antônio (hoje rua Direita), a rua do Rosário (mais tarde denominada rua da Imperatriz e hoje rua xv de Novembro) e a rua Direita de São

---

54 Daniel P. Kidder, *Reminiscências de viagens e permanências nas províncias do Sul do Brasil*, 1980, p. 206.

55 DI, v. 62, 1937, p. 9.

56 *Idem, ibidem*, p. 256.

57 Dauril Alden, "O período final do Brasil colônia, 1750-1808". In: Leslie Bethel (org,), *História da América Latina Colonial*, v. 2, 1999, p. 695 apud Denise Aparecida Soares de Moura, "De uma freguesia serra acima à costa atlântica: produção e comércio da aguardente na cidade de São Paulo (1765-1822). In: *Topoi – Revista de História do Programa de Pós-Graduação de História Social da Universidade Federal do Rio de Janeiro* (UFRJ), v. 13, nº 24, janeiro-junho 2012, p. 77.

58 Sérgio Buarque de Holanda, *Raízes do Brasil*, 2007, pp. 61-85.

Bento (hoje rua São Bento). Esse triângulo concentrava a vida religiosa, política, econômica e social.[59]

A rua Direita de Santo Antônio e a rua Direita de São Bento seriam vias comerciais que ligavam a sede do governo – instalada precariamente no Colégio dos Jesuítas – aos elementos urbanos mais importantes da cidade, como a igreja matriz, correspondendo "ao arquétipo tido como original do urbanismo português", pois praticamente igual ao das demais cidades lusas, independentemente de sua importância, "onde toda rua Direita constituía o local que concentrava os estabelecimentos dos comerciantes mais importantes, onde se admiravam coisas trazidas de fora".[60]

Os mais abastados comerciantes – na maioria, reinóis que haviam chegado ainda jovens atraídos pelas perspectivas de enriquecimento rápido – residiam principalmente na área ao redor da Sé e concentravam-se no chamado triângulo, nas proximidades dos edifícios religiosos mais importantes daquele tempo – São Bento, São Francisco e Carmo. As ruas Direita e São Bento cortavam-se no cruzamento denominado Quatro Cantos, onde, no período colonial, construíam-se arcos enfeitados para recepcionar autoridades eclesiásticas e civis, e de onde partiam os desfiles de andores pela rua Direita em direção ao Pátio do Colégio.[61]

Eram variados os negócios: alguns comerciavam em lojas de fazendas secas as mercadorias que vinham do Rio de Janeiro, enquanto outros vendiam de porta em porta. Alguns mais abonados iam a Viamão, no Sul, buscar *vacuns*, cavalos e muares, ou a Sorocaba, onde havia

---

59 *Paulo de Assunção*, "A cidade de São Paulo no século XIX: ruas e pontes em transformação", s/d, p. 4. <Disponível em: www.historica.arquivoestado.sp.gov.br/ ... /anteriores/ ... /texto03.pdf. Acesso em: 15/6/2014.>

60 Walter Rossa. "A cidade portuguesa". In: *História da Arte Portuguesa*, v. 3, 1995, p. 251.

61 Maria Aparecida de Menezes Borrego. "Laços familiares e aspectos materiais da dinâmica mercantil na cidade de São Paulo (séculos XVIII e XIX)". In: *AMP*. São Paulo, v.18, nº 1, janeiro-
-junho 2010. <Disponível em http://www.scielo.br/scielo.php?pid=S0101-471420100001000
02&script=sci_arttext. Acesso em 2/11/2014.>

uma feira famosa, para vendê-los aos moradores da região ou aos que seguiam para Minas Gerais. Outros faziam viagens ao Rio de Janeiro ou encomendavam de lá mercadorias para seus estabelecimentos, e abasteciam as regiões auríferas.[62] Uns poucos negociantes dedicavam-se a vender os produtos da capitania, como pano de algodão e açúcar.[63]

Com o crescimento do burgo, a população iria ocupar as terras que ficavam além daqueles rios. Para tanto, desde os primeiros anos do século XVII, seriam construídas toscas pontes que permitiriam a ligação às vilas do interior e da marinha da capitania. Algumas delas estariam sempre em ruínas porque constituíam também a passagem de tropas de muares e boiadas.

Na região central, porém, uma ponte que se destacava era aquela que ligava a ladeira do Piques com a ladeira da Memória (atual praça da Bandeira), passando sobre o rio Anhangabaú. Na ladeira da Memória "desaguavam" as ruas do Paredão e da Palha e a ladeira do Piques. O governador Lorena iria mandar o engenheiro João da Costa Ferreira dirigir as obras de reforma dessa ponte, reforçando as suas cabeceiras.

A partir daí, ela passaria a ser conhecida como ponte do Lorena, até que, em 1831, ganhou o nome de Sete de Abril porque foi nessa data que houve a abdicação de d. Pedro I (1798-1834). Seria uma ponte pequena e quase plana, com parapeitos e sem ornamentos, que teria aproximadamente 12 passos de largura por 25 de extensão, a se levar em conta o que Saint-Hilaire viu em visita que fez em 1819.[64]

A ponte seria decisiva para o progresso da cidade porque por ela era possível alcançar a estrada do Araçá (hoje rua da Consolação e avenida Rebouças), que levava à aldeia de Pinheiros. Por essa estrada também era possível chegar ao rio Tietê, seguindo em direção às vilas de Jundiaí e Sorocaba. Obviamente, também era caminho obrigatório

---

62 *Idem, ibidem.*

63 Maria Beatriz Nizza da Silva (org.); Carlos de Almeida Prado Bacellar; Eliana Rea Goldschmidt; Lúcia M. Bastos P. Neves, *op. cit.*, 2009, p. 191.

64 Auguste de Saint-Hilaire, *Viagens pelas províncias do Rio de Janeiro e Minas Gerais*, 1975, p.131.

para aqueles que chegavam do interior e tinham como destino o centro da cidade e o Palácio do Governo.[65]

Essa era a chamada Rota dos Pinheiros, que começava na ponte do Lorena. Uma de suas variantes, depois da bifurcação no alto do Pacaembu, dirigia-se para Embuaçava, Jaraguá, Taipas, Jundiaí e outros povoados. O ramo principal se orientava para Pinheiros, Embu e Itapecerica.[66]

Por essa ponte e pelas ruas que vinham do Pátio do Colégio circulariam alguns homens-bons, em meio a muitos desocupados, pedintes, bufarinheiros e roceiros que traziam a sua própria produção para vender na cidade. Sem contar os escravos que faziam muitos serviços, inclusive o de levar todas as manhãs os barris com os dejetos fecais e lixos produzidos nas casas de seus senhores que seriam atirados às águas do rio Anhangabaú, além de escravas que vendiam pães em tabuleiros a mando de seus senhores.

Entre elas, haveria muitas quitandeiras que viviam de seus pequenos negócios, vendendo feijão, farinha e peixe. Algumas teriam até o seu local de trabalho, a quitanda,[67] mas outras só disporiam do próprio tabuleiro. Era a rua da Quitanda Velha o local onde se concentrava o maior número de tabuleiros. Neste caso, como explica a historiadora Maria Odila Leite da Silva Dias, quitanda serviria para expressar o comércio ambulante feito por aquelas mulheres que se espraiavam por becos, travessas e ladeiras.[68] Haveria também raparigas que antes dos 12 anos já se faziam meretrizes e que seriam "mais nocivas do que outras que depois de uma boa educação se corromperam".[69]

---

65 Paulo de Assunção, op. cit., p 1.
66 Ernani Silva Bruno, *História e tradições da cidade de São Paulo*, 1991, pp. 49, 103, 217-218, 237, 246 e 304.
67 Selma Pantoja, "A dimensão atlântica das quitandeiras". In: Júnia Ferreira Furtado (org.). *Diálogos oceânicos: Minas Gerais e as novas abordagens para uma história do Império Ultramarino Português*, 2001, p. 61.
68 Maria Odila Leite da Silva Dias, *Quotidiano e poder em São Paulo no século XIX*, 1995, pp. 23-24.
69 DI, v. 44, 1915, p. 200

Por aquelas ruas, também circulariam brancos pobres que desempenhavam ofícios variados, como os de carpinteiro e sapateiro. Nas ruas haveria sempre carros puxados por muares que traziam lenha e capim das roças para os moradores e seriam conduzidos por escravos ou algum branco pobre. Escravos cumpriam também o papel de estafetas, cruzando a cidade para fazer a entrega de mercadorias ou apenas para levar recados ou correspondências.

Seriam raras as pessoas ilustradas, pois de 1765 a 1822 apenas 34 jovens seguiram da capitania de São Paulo para a Universidade de Coimbra.[70] O substituto de Lorena, Antônio Manuel de Melo Castro e Mendonça, diria: "São tão poucos os que daqui vão, que nunca andaram em Coimbra simultaneamente mais de três, e agora nenhum".[71]

Pelas ruas haveria também alguns lazarentos porque a Santa Casa de Misericórdia vivia uma situação aflitiva e não tinha condições de abrigar essa gente rejeitada. Só no governo de Franca e Horta (1802-1811)[72] seria firmado um convênio com o Hospital Militar, também criado àquela época, e com o de Santos, para receber esses doentes.[73] Até mesmo os soldados que precisavam de atendimento ou curativo teriam de recorrer a hospitais improvisados em casas alugadas. À época de Lorena, o que se estabeleceu foi um isolamento para bexiguentos, instalado por imposição da necessidade de se combater uma epidemia: pelo menos 600 moradores dos arredores da cidade morreram do mal de varíola. Os bexiguentos ficavam isolados no bairro do Pacaembu, bem pouco povoado à época.[74]

---

70 Maria Beatriz Nizza da Silva (org.); Carlos de Almeida Prado Bacellar; Eliana Rea Goldschmidt; Lúcia M. Bastos P. Neves, *op. cit.*, 2009, p. 212.

71 DI, v. 29, 1899, p. 166.

72 O governo de Franca e Horta seria interrompido de julho a outubro de 1808, substituído por um governo interino formado por d. Mateus de Abreu Pereira, Miguel Antônio de Azevedo Veiga e José Maria do Couto.

73 DI, v. 94, 1990, pp. 204-205.

74 Maria Beatriz Nizza da Silva (org.); Carlos de Almeida Prado Bacellar; Eliana Rea Goldschmidt; Lúcia M. Bastos P. Neves, *op. cit.*, 2009, pp. 227-228.

Havia ainda outras pontes que seriam assinaladas por Saint-Hilaire, mas que já existiam à época de Lorena, como a do Açu, que chamava a atenção por causa dos seus parapeitos e tinha "certa elegância arquitetônica" com sua extensão "de 150 passos e 16 de largura". Havia também a ponte do Ferrão, que levava esse nome porque se situava nas vizinhanças da chácara do proprietário José da Silva Ferrão.

Essa ponte, que atravessava o rio Anhangabaú e media "40 passos de comprimento por 7 de largura",[75] dava acesso aos bairros da Capela do Senhor Bom Jesus, Penha, Mooca e São Miguel, seguindo em direção à freguesia de Nossa Senhora da Conceição de Guarulhos e à estrada que ia para o Rio de Janeiro. Havia ainda outras pontes como a do Tatuapé, a do Aricanduva, a de São Miguel, a de Itaquera e a de Mogi das Cruzes. Essas pontes estavam incluídas na chamada Rota do Ferrão.

Já a Rota de Sant'Ana seguia ao longo do rio Tietê em direção ao Centro-Oeste, na estrada das Monções.[76] Em todas essas rotas havia as chamadas "casinhas", que desde 1773 constituíam o mercado público da cidade, centralizando a venda a varejo dos mantimentos que eram trazidos pelos lavradores. Esses estabelecimentos eram arrematados anualmente por um interessado que sublocava seus quartos aos vendedores. Muitas vezes, esses vendedores se reuniam em dois, em uma casa, para vender suas mercadorias, principalmente panos de toucinho, banhas e açúcar.[77]

Naquela pequena cidade cercada por chácaras, a agricultura seria ainda muito incipiente. E os seus moradores muito pobres, a tal ponto

---

75 Auguste de Saint-Hilaire, *op. cit.*, 1975, p. 131.

76 Denise Aparecida Soares de Moura, "Região, relações de poder e circuitos mercantis em São Paulo (1765-1822). In: *Saeculum - Revista de História*, João Pessoa-PB, nº 14, janeiro-junho 2006, pp. 46-47.

77 *Idem, ibidem*, p. 49; "Poder local e o funcionamento do comércio vicinal na cidade de São Paulo (1765-1822)". In: *História*, Franca, v.24, nº 2, 2005, p. 8. <Disponível em: http://www.scielo.br/scielo.php?script=sci_arttext&pid=S0101-90742005000200011&lng=pt&nrm=.iso. Acesso em 28/10/2013.>

que, em 1802, o governador Antônio Manuel de Melo Castro e Mendonça atribuiu ao "atraso da agricultura" e à "pobreza destes povos" os poucos casamentos que se davam no local. Haveria, na verdade, certa promiscuidade familiar, pois muitos acabavam por se relacionar com parentes, passando a viver "uma vida libertina, sem temor de Deus e sem respeito às leis do soberano".[78]

Mas, ao contrário de Minas Gerais, onde a barreira racial teve de ser afrouxada, São Paulo não tinha uma população mestiça tão significativa, predominando alguns traços indígenas em boa parte da população pobre e em alguns pró-homens, embora entre os comerciantes selecionados para camaristas muitos fossem reinóis, procedentes das regiões do Douro e do Minho.[79]

Naquele burgo de modestas proporções e por toda a capitania, seriam raras as pessoas alfabetizadas, até porque os professores eram "muito poucos, comparados com a extensão da capitania e o número de seus habitantes", muito principalmente os de primeiras letras, que "são os que mais servem à sociedade". No dizer de Mendonça, apenas um pequeno número de indivíduos seguiam os estudos maiores, o que justificava a escassa presença de professores de Gramática Latina, enquanto a maioria se contentava com as noções que adquiriam nas escolas de primeiras letras.[80]

Mas, para além das pontes, em freguesias rurais, como a freguesia do Ó, já haveria na última década do século XVIII a fabricação de aguardente, o que atendia à demanda pelo produto na parte Sul da América portuguesa, estendendo-se até para os domínios hispânicos

---

78 Antonio Manuel de Melo Castro e Mendonça, *op. cit.*, 1961, p. 98.
79 Maria Aparecida de Menezes Borrego, "Camaristas, provedores e confrades: os agentes comerciais nos órgãos de poder (São Paulo, século XVIII)". In: Laura de Mello e Souza; Júnia Ferreira Furtado; Maria Fernanda Bicalho (orgs.). *O governo dos povos*. São Paulo: Alameda, 2009, p. 323.
80 Antônio Manuel de Melo Castro e Mendonça, *op. cit.*, 1961, p. 160.

e para a Europa.[81] De acordo com levantamento da historiadora Denise Aparecida Soares de Moura, a cidade de São Paulo, a essa época e no começo do século XIX, não teria sido mero entreposto da cana produzida nas vilas de Sorocaba, Piracicaba, Mogi Guaçu e Jundiaí, mas uma vasta área formada por freguesias rurais produtivas, movimentadas pelo pequeno negócio das fábricas de aguardente, integradas a circuitos mercantis mais distantes.[82]

A VENALIDADE COMO PRÁTICA OFICIAL

Se quem seguia para as conquistas ia para negociar, como disse um membro do Conselho Ultramarino em 1668,[83] não há dúvida que Lorena deixou Lisboa disposto a participar de negócios que, *a priori*, seriam incompatíveis com as funções de um governador, ainda que a prática do comércio fosse hábito comum a todos, nobres, militares, oficiais do rei e o próprio clero, "para não falar dos marinheiros e capitães de navios".[84] Aliás, como observou a historiadora Virgínia Rau, os cargos ultramarinos foram sempre cobiçados pela melhor nobreza portuguesa, não só porque no seu desempenho se alcançavam honras e mercês públicas, como também se granjeavam, e rapidamente, boas fortunas.[85]

---

81 Denise Aparecida Soares de Moura, "De uma freguesia serra acima à costa atlântica: produção e comércio da aguardente na cidade de São Paulo (1765-1822). In: *Topoi – Revista de História do Programa de Pós-Graduação de História Social da Universidade Federal do Rio de Janeiro* (UFRJ), v. 13, nº 24, janeiro-junho 2012, p. 75.

82 *Idem, ibidem.*

83 João Fragoso, "A formação da economia colonial no Rio de Janeiro e de sua primeira elite senhorial (séculos XVI e XVII)". In: João Fragoso; Maria Fernanda Bicalho; Maria de Fátima Gouvêa (orgs.). *O antigo regime nos trópicos: a dinâmica imperial portuguesa (séculos XVI-XVIII)*, 2001, p. 41.

84 Jorge M. V. Pedreira, "Os homens de negócio da praça de Lisboa de Pombal ao vintismo (1755-1822). Diferenciação, reprodução e identificação de um grupo social", tese de doutoramento, Faculdade de Ciências Sociais e Humanas da Universidade Nova de Lisboa, mimeo., 1995, p. 18 *apud* João Fragoso, *op. cit.*, 2001, p. 41.

85 Virgínia Rau, "Fortunas ultramarinas e a nobreza portuguesa no século XVII". In: *Estudos sobre história econômica e social do Antigo Regime*, 1984, p. 29.

Como observa o historiador Nuno Gonçalo Monteiro, sempre foi bem sabido que os vice-reis da Índia e do Brasil se dedicavam à remessa de mercadorias para Portugal, contratando com negociantes, o que se dava também com os capitães-generais e governadores das capitanias, de que o primeiro marquês de Alorna, d. Pedro Miguel de Almeida Portugal, foi um dos exemplos mais notórios.

Então conde de Assumar, d. Pedro Miguel governou a capitania de São Paulo e Minas do Ouro de 1717 a 1721, período em que fez diversas remessas de mercadorias para Lisboa,[86] usando como seu procurador o comerciante Domingos Rodrigues Cobra, estabelecido em Mariana. As rendas auferidas teriam permitido ao conde de Assumar resgatar suas dívidas em Lisboa, ao seu retorno a Portugal, o que, mais tarde, levou o ministro Sebastião José de Carvalho e Melo a suspeitar de que houvesse enriquecido ilicitamente no ultramar.[87]

Aliás, não foram poucos os governantes que, ao seu retorno ao Reino, tornaram-se suspeitos da prática de atividades mercantis ilícitas. Mas essa questão, como observa Nuno Gonçalo Monteiro, sempre foi cercada de ambiguidade, pois não é fácil determinar até que ponto os vice-reis e os governadores infringiam as autorizações régias. O historiador cita o caso do primeiro conde da Ega, d. Manuel de Saldanha de Albuquerque e Castro (1712-1771), que, condenado em 1768, entre outras coisas, sob a acusação de comércio ilícito quando vice-rei da Índia, acabaria sendo postumamente reabilitado em 1779 sob o argumento de que as práticas a que confessadamente se dedicara cabiam dentro dos limites concedidos aos vice-reis.

---

86 ANTT, Inventários Orfanológicos, C, 60, Testamentos do conde de Assumar, D. João de Almeida, 1731, *apud* Nuno Gonçalo F. Monteiro, "Trajetórias sociais e governo das conquistas: Notas preliminares sobre os vice-reis e governadores-gerais do Brasil e da Índia nos séculos XVII e XVIII". In: João Fragoso; Maria Fernanda Bicalho; Maria de Fátima Gouvêa (orgs.), *O antigo regime nos trópicos: a dinâmica imperial portuguesa (séculos XVI-XVIII)*, 2001, p. 275.

87 Maria José Távora e Rubem Queiroz Cobra, *Um comerciante do século XVIII*, 1999, pp. 7-30.

Para Monteiro, a ideia que fica é que era o valimento na Corte o que acabava por pesar nos juízos sobre a matéria.[88] Em outras palavras: a Corte estava sempre disposta a fazer vistas grossas à atividade comercial que vice-reis e capitães-generais e governadores pudessem praticar durante seus mandatos, até porque as remunerações que recebiam por seus serviços não seriam muito compensadoras, mas o ato poderia ser visto como prática ilegal, se o mandatário caísse em desgraça política no Reino.

É o que conclui também o historiador Ernst Pijning, que estudou a fundo a questão do contrabando no século XVIII, especialmente no Rio de Janeiro e Atlântico Sul. Pijning reconhece que as margens que determinavam o que seria legal ou ilegal seriam muito fluidas. "O *status* do participante é que determinava até onde seria permitido o seu engajamento em atividades ilegais", ressalta. "Administradores que deveriam atuar no combate ao contrabando, frequentemente, viravam intermediários nos negócios", acrescenta.[89] O próprio d. Marcos de Noronha e Brito (1771-1828), o conde dos Arcos, último vice-rei do Brasil (1806-1808), admitia que os navios que arribavam no Rio de Janeiro estavam envolvidos no contrabando,[90] mas não tomava nenhuma medida para reprimir a prática.

Como diz Pijning, seria impossível confiscar todos esses navios e, mesmo que isso fosse possível, razões políticas impediam Portugal de fazê-lo, pois era dependente da Inglaterra para a sua sobrevivência como país na Europa.[91] E não reunia condições de contrariar abertamente os interesses da França e da Espanha e até da Holanda. Na prática, muitas vezes, as autoridades portuguesas encorajavam o comér-

---

88 Nuno Gonçalo Monteiro, *op. cit.*, 2001, p. 277.
89 Ernst Pijning, *Controlling contraband: mentality, economy and society in Eighteenth-century in Rio de Janeiro*, tese de doutorado, Johns Hopkins University, EUA, 1997, pp. 1-2.
90 AHU, Avulsos, Rio de Janeiro, caixa 239, doc. 24, 22/7/1807.
91 Ernst Pijning, "Contrabando na legislação portuguesa durante o período colonial". In: *Anais da XIV Reunião da Sociedade Brasileira de Pesquisa Histórica (SBPH)*, Salvador, 1994, p. 86.

cio ilegal, levando em conta o interesse nacional, como no caso com Buenos Aires.[92]

Segundo o historiador, esse tráfico ilegal era aceito e lícito na perspectiva dos moradores do Brasil muito antes da abertura dos portos em 1808. "Ainda mais, como o contrabando também era uma realidade no próprio Portugal, é quase impossível imaginar que as autoridades do Reino ficassem com os olhos fechados a este fenômeno", diz.[93]

Sem contar que a venalidade, durante períodos do século XVIII, foi uma prática de governo oficializada, com a venda de ofícios, como a de provedor da Fazenda e outros. Para Pijning, a corrupção, de fato, foi uma prática incorporada à pré-moderna burocracia portuguesa, já que "os oficiais e mesmo a Coroa consideravam seus cargos e ofícios como propriedade pessoal". Citando o *scholar* M. N. Pearson, Pijning observou que o rei português incorporou esse fenômeno em sua política, uma vez que ele terceirizava os cargos pelo seu potencial de renda legal e ilegal, e não por seu *status*.[94] Como esses ofícios eram vendidos por altas somas, obviamente, o favorecido se sentia no direito de recuperar o montante "investido" e lucrar o quanto podia. Mesmo assim, não se pode dizer que os monarcas tenham abusado dessa prerrogativa, já que a cautela e a prudência parecem ter sido regra comum.[95]

Seja como for, se a venalidade se converteu em um instrumento eficaz para sanear as dificuldades do erário régio em Castela e não só em períodos de conflitos bélicos, no caso português, segundo Roberta

---

92 *Idem, Controlling contraband: mentality, economy and society in Eighteenth-century in Rio de Janeiro*, tese de doutorado, Johns Hopkins University, EUA, 1997, p. 12.

93 *Idem*, "Contrabando na legislação portuguesa durante o período colonial". In: *Anais da XIV Reunião da Sociedade Brasileira de Pesquisa Histórica* (SBPH), Salvador, 1994, p. 85.

94 M. N. Pearson, *Coastal Western Índia: Studies from the Portuguese Records*, 1981, pp.18-25 *apud* Ernst Pijning, "Conflicts in the portuguese colonial administration: trials and errors of Luís Lopes Pegado e Serpa, provedor-mor da Fazenda Real in Salvador, Brazil, 1718-1721". In: *Colonial Latin American Historical Review*, University of New Mexico, EUA, Outono de 1993, p. 406.

95 Roberta G. Stumpf, "Formas de venalidade de ofícios na monarquia portuguesa do século XVIII". In: Roberta G. Stumpf; Nandini Chaturvedula (orgs.), *Cargos e ofícios nas monarquias ibéricas: provimento, controlo e venalidade (séculos XVII e XVIII)*, 2012, p. 283.

G. Stumpf, ainda que fosse legítimo desde o ponto de vista jurídico que o monarca vendesse mercês em contextos de "necessidade pública",[96] são escassos os indícios de que a venalidade dirigida pela Coroa portuguesa tenha tido a mesma intensidade que na monarquia vizinha, a da Espanha, ou mesmo na França.[97]

No caso de Lorena, sabe-se que funcionou como sócio ou aliado de Jacinto Fernandes Bandeira, importante negociante da praça de Lisboa, que mandou por anos seguidos o seu navio *Santos Mártires, Triunfo do Mar* e outros ao porto de Santos e criou condições para o envio em 1791 da corveta *Nosso Senhor dos Passos* com escravatura[98] que seria vendida por seu procurador Bento Tomás Viana aos senhores de engenho da capitania de São Paulo. Mas, se assim agiu, foi em cumprimento às ordens do ministro Martinho de Melo e Castro ou pelo menos com o seu explícito consentimento.

Da documentação, o que se percebe é que não só Bandeira como outros grandes negociantes lisboetas tinham franco acesso ao ministro, pois não hesitavam em escrever diretamente à rainha pedindo que determinasse a governadores de capitanias que não embaraçassem a estada de seus navios nos portos que lhes estavam sujeitos. Ao favorecer os negócios de Bandeira especialmente, Lorena cumpria uma estratégia do governo imperial, o que não significa dizer que não tenha auferido grandes lucros com esse favorecimento.

Filho de um sapateiro, Bandeira, nomeado primeiro barão de Porto Covo já quase no fim da vida, em 1806, foi um gênio dos negócios a ponto de se ter tornado um dos maiores capitalistas da Lisboa de seu tempo, sócio da Real Companhia do Novo Estabelecimento, ao lado de outros membros de um restrito grupo do grande comércio e

---

96 Fernanda Olival, *As Ordens Militares e o Estado Moderno: honra, mercê e venalidade em Portugal (1641-1789)*, 2001, p. 239.

97 Roberta G. Stumpf, "Venalidad de oficios en la monarquía portuguesa: un balance preliminar". In: Francisco Andújar Castillo; Maria Del Mar Felices de la Fuente (eds.). *El poder del dinero. Ventas de cargos y honores en el Antiguo Régimen*, 2011, p. 332.

98 AESP, lata C00242, p. 51, 28/6/1791.

das altas finanças, como Antônio José Ferreira, Gaspar Pessoa Tavares, Carlos Francisco Prego e Joaquim Pereira de Almeida. Ao iniciar-se profissionalmente como caixeiro do negociante Domingos Dias da Silva, graças a sua astúcia como empreendedor, logo passaria a fazer negócios por conta própria.[99]

A "LEI DO PORTO ÚNICO"

Cumprindo as instruções do Reino, que incluíam o favorecimento aos negócios de Bandeira, Lorena logo que chegou à cidade de São Paulo procurou examinar os rendimentos da capitania, verificando que a despesa excedia a receita em 40.410$810 réis. Além de observar que a capitania do Rio de Janeiro devia à de São Paulo 50.930$154 réis, constatou que os rendimentos haviam diminuído muito depois que se desviara o comércio de Minas Gerais, Goiás e Cuiabá para o Rio de Janeiro, sertões da Bahia e Pernambuco.[100]

Em função disso, foram registrados consideráveis decréscimos nos rendimentos, que basicamente vinham dos direitos que se pagavam sobre os animais no registro de Curitiba, da alfândega de Santos, dos cruzados do sal, da captura e comércio das baleias e dos novos impostos. Dos tributos, constatou Lorena, o dos dízimos pouco contribuía como rendimento da capitania, depois de pagas as despesas eclesiásticas.

Percebeu que, em 1779, a capitania havia recebido provisão do Erário Régio para que fossem remetidos para o Reino todos os quintos, mas que a Junta da Fazenda Real de São Paulo suspendera a remessa, pedindo em ofício de 11 de setembro de 1780 que dos quintos se satisfizessem as dívidas da capitania, tal era a situação de penúria dos cofres régios.[101]

---

99 Jorge Miguel Viana Pedreira. *Estrutura industrial e mercado colonial. Portugal e Brasil (1780-1830)*, 1994, pp. 435-436; 444 e 448.
100 DI, v. 45, 1924, p. 89, 8/7/1788
101 AHU, Conselho Ultramarino, São Paulo, caixa 39, doc. 3205, 16/7/1788.

De fato, a Junta da Fazenda Real em fevereiro de 1779 escrevera para d. Maria I dizendo que os rendimentos da capitania não chegavam para cobrir as despesas, principalmente depois do retorno de dois regimentos que haviam sido enviados para a campanha do Sul, acrescentando que a arrecadação com o novo imposto não era suficiente para o pagamento dos soldos dos sargentos-mores e ajudantes.

Lorena logo iria concluir que os recursos disponíveis eram insuficientes para colocar em prática os planos que trazia,[102] como priorizar a demarcação de limites da capitania com a de Minas Gerais e as províncias espanholas, a manutenção da tropa paga e o regimento de Infantaria, bem como incentivar a agricultura e o comércio, especialmente a lavoura de açúcar, que precisava de meios para que sua produção aumentasse e fosse devidamente escoada. E especificamente aumentar a arrecadação da alfândega de Santos, a partir do estabelecimento de uma linha regular de navios procedentes de Lisboa, que teria início com a chegada da nau *Santos Mártires, Triunfo do Mar*, de propriedade de Bandeira.

O rendimento da alfândega de Santos havia diminuído bastante devido à falta de descobrimentos de minas de ouro, ao desvio do comércio da capitania de Minas Gerais, Goiás e Cuiabá para o Rio de Janeiro e sertões da Bahia e Pernambuco, e, finalmente, à dificuldade de exportar produções naturais,[103] especialmente em razão da precariedade do caminho entre São Paulo e Santos, a despeito das obras que seus antecessores haviam mandado fazer. Além disso, eram muitas as queixas dos moradores de Serra acima e da vila de Santos em relação aos prejuízos que sofriam por causa do imposto que a Junta da Fazenda Real instituíra ao tempo do governador Lobo de Saldanha para a "passagem" do Caniú, em Cubatão.[104]

---

102 AHU, Conselho Ultramarino, São Paulo, caixa 39, doc. 3205, 16/7/1788.
103 AHU, Conselho Ultramarino, São Paulo, caixa 39, doc. 3205, 25/2/1779.
104 AHU, Conselho Ultramarino, São Paulo, caixa 39 doc. 3219, c. 1788

Segundo o governador, o contrato das baleias rendia pouco, enquanto o novo imposto, que havia sido criado para financiar a reconstrução de Lisboa depois do terremoto e continuara a ser cobrado após o término de seu prazo, fora, nos últimos tempos, empregado no pagamento dos soldados, sargentos-mores, ajudantes e auxiliares, mas agora "não chegava sequer para esse fim".[105] Portanto, concluiu Lorena, se os rendimentos não davam sequer para conservar um corpo de tropa militar suficiente para a defesa da capitania, não havia como pensar em grandes obras urbanas ou viárias.

Por isso, uma de suas primeiras preocupações foi reorganizar as formas de arrecadação dos rendimentos da capitania, procurando valorizar os circuitos mercantis inter-regionais, as principais fontes de renda da Fazenda Real. Para tanto, procurou centralizar as atividades comerciais no porto de Santos.[106] O seu primeiro alvo foi a alfândega daquela vila que, a essa época, não recebia os dízimos dos gêneros que saíam de diferentes portos da capitania, "o que não podia continuar pelo prejuízo que causava", conforme argumentou em ofício ao ministro Martinho de Melo e Castro.[107]

Provavelmente com autorização do ministro, determinou, então, que o porto de Santos deixasse de ser exclusivamente de cabotagem, passando a receber navios que viessem diretamente de Lisboa, o que se deu a partir de 1789, já que antes as transações com a metrópole eram feitas por intermédio do Rio de Janeiro, com grande perda de tempo e despesas que aumentavam o preço final das mercadorias.[108]

Na verdade, alvará régio de 2 de junho de 1766 permitia que os navios se dirigissem de um local para outro da América portuguesa e

---

105 AHU, Conselho Ultramarino, São Paulo, caixa 39, doc. 3205, 16/7/1788

106 Denise Aparecida Soares de Moura, "Poder local e o funcionamento do comércio vicinal na cidade de São Paulo (1765-1822)". In: *História*, Franca, v. 24, nº 2, 2005, p. 14. <Disponível em: http://www.scielo.br/scielo.php?script=sci_arttext&pid=S0101=90742005000200011-&lng-pt&nrm=.iso. Acesso em 28/10/2013.>

107 AHU, Conselho Ultramarino, São Paulo, caixa 39, doc. 3255, ant. 3/9/1789.

108 DI, v. 15, 1895, p. 124; AHU, Conselho Ultramarino, São Paulo, caixa 39, doc. 3260, 22/10/1789.

seguissem para o Reino, sem ter de obrigatoriamente passar pelo Rio de Janeiro, mas essa legislação não foi capaz de fomentar o comércio da capitania de São Paulo porque não havia porto que conseguisse reunir quantidade de carga suficiente para a viagem de retorno a Portugal.[109] Dizia o alvará: "[...] é lícito aos mesmos navios e carregadores deles não só navegá-los para qualquer dos portos do Brasil, onde o comércio se acha livre, ainda que não sejam os de seu destino, mas também o passarem fazendas secas de uns para outros dos ditos portos".[110]

Disposto a oferecer ao porto de Santos condições para que pudesse reunir a carga necessária que justificasse uma linha regular com o Reino, em 18 de julho de 1788, apenas treze dias depois de sua posse, Lorena mandou correspondência ao capitão-mor de São Sebastião, Manoel Lopes da Ressurreição, determinando que impedisse que o açúcar produzido naquela vila fosse enviado para o Rio de Janeiro, desde que houvesse interessados em comprá-lo na capitania ou ainda que só fosse enviado para a Europa (Portugal) depois de encaminhado ao porto de Santos.[111]

Essa seria a primeira ordem de Lorena para colocar em prática um sistema de controle sobre a saída dos gêneros de subsistência ou exportação para outras capitanias que, obviamente, não seria bem recebido por produtores e negociantes de São Sebastião, Ubatuba, Cananeia e Paranaguá, acostumados que estavam a práticas comerciais com a praça do Rio de Janeiro, onde encontravam melhores preços para os seus produtos, além de maior facilidade de crédito e transporte dos "efeitos".[112]

Em outubro daquele mesmo ano, Lorena ordenou aos capitães-mores das vilas litorâneas que procurassem incentivar o cultivo dos

---

109 Maria Thereza Schorer Petrone, *A lavoura canavieira em São Paulo: expansão e declínio (1765-1851)*, 1968, p. 148.

110 *Idem, ibidem.*

111 DI, v. 46, 1924, p. 7, 18/7/1788.

112 Maria Thereza Schorer Petrone, *op.cit*, 1968, p. 28

gêneros que mais facilmente pudessem encontrar mercado no Reino, como açúcar, café, goma, anil e algodão, que deveriam ser encaminhados ao porto de Santos, dentro de sua estratégia de aumentar a oferta de produtos aos comerciantes reinóis, atraindo assim maior número de embarcações com a perspectiva de que poderiam retornar a Portugal com carga completa.[113]

Do mesmo teor é o ofício que Lorena escreveria ao sargento-mor da vila de Paranaguá, Francisco José Monteiro, determinando que envidasse esforços para incrementar a agricultura na região de marinha, sem deixar de encaminhar a produção para o porto de Santos a fim de que fosse comercializada diretamente com Portugal. Ao ouvidor da comarca de Paranaguá, Lorena haveria de sugerir que usasse todo o peso da lei sobre aqueles que tentassem burlar suas determinações.[114]

No começo de 1790, Lorena distribuiu uma circular aos capitães-mores das principais vilas da capitania informando que "se achava estabelecido presentemente um comércio direto para a Europa pelo porto de Santos", ressaltando que todos deveriam "empregar seu cuidado em promover a cultura de gêneros mais próprios para aquele comércio", ou seja, açúcar, café, goma, anil, arroz e algodão.[115]

Embora a medida fosse desvantajosa para os produtores e comerciantes dos demais portos da capitania e pudesse dar a entender que o governador havia sido "cooptado" para a defesa dos interesses de negociantes da vila de Santos, a verdade é que, segundo Lorena, a determinação deveria ter duração limitada ao cumprimento de algumas metas fixadas para a recuperação das finanças da capitania.

Acreditando que a medida significaria a redenção da capitania, Lorena encaminhou correspondência ao capitão-mor da vila de Ubatuba em que dizia: "Estimarei que Vossa Mercê seja um dos primeiros a quem convenha a negociação em direitura para Lisboa". Na carta-res-

113 DI, v. 46, 1924, p. 20, 30/10/1788.
114 DI, v. 46, 1924, p. 20, 30/10/1788.
115 DI, v. 46, 1924, São Paulo, p. 67-68, 26/2/1790.

posta, Lorena elogiava a conduta do capitão-mor que lhe informara que havia remetido 33 pipas de aguardente para o porto de Santos, dizendo que esperava que continuasse "a atuar do mesmo modo". O governador dizia esperar que, com o cuidado mostrado pelo capitão-mor, a vila de Ubatuba "perdesse o mau conceito que até agora tem tido junto aos prelados, generais e ministros de Sua Majestade nesta capitania".[116]

Nada disso impediu que a Câmara da vila de Ubatuba encaminhasse ao governador uma representação em que alegava os prejuízos que os produtores e comerciantes locais teriam com a obrigatoriedade de encaminhar seus produtos para o porto de Santos, em vez de vendê-los diretamente para os negociantes do Rio de Janeiro. Mesmo assim, Lorena não voltou atrás, argumentando que a medida que tomara estava baseada em "razões sólidas e só tendentes ao serviço de Vossa Majestade e ao bem comum".[117]

Que Lorena não tinha a intenção deliberada de prejudicar os negócios dos produtores e comerciantes da vila de Ubatuba depreende-se de carta que enviou ao capitão-mor daquela vila oito meses depois. Nessa correspondência, manifesta sua preocupação em mandar conservar o caminho que ia da vila de São Luís do Paraitinga, no alto da Serra, à de Ubatuba, não só para facilitar o comércio como para as diligências que poderiam ocorrer por conta do real serviço. Lorena determinou ainda que os moradores por cujas terras passasse a estrada deveriam ter suas "testadas limpas e desembaraçadas".[118]

O capitão-mor da vila de Itu, Vicente da Costa Taques Góes e Aranha, também receberia correspondência em que Lorena dizia que os produtores da região, que estavam acostumados "a procurar no Rio de Janeiro quem comprasse os seus açúcares", a partir daquele momento, teriam a comodidade de receber em suas casas compradores

116 DI, v. 46, 1924, p. 39, 1/6/1789.
117 DI, v. 46, 1924, p. 53-54, 16/12/1789.
118 DI, v. 46, 1924, p. 64-65, 11/2/1790.

que poderiam adquirir tudo quanto pudessem fabricar. "Agora, são os compradores que irão a suas casas comprar o açúcar", garantiu.

Lorena reclamava que os senhores de engenho haviam aumentado o preço de suas mercadorias apenas com o objetivo de "embaraçar" o comércio da capitania e a carga do navio que se achava ancorado no porto de Santos, já que teriam interesse em negociar diretamente com comerciantes do Rio de Janeiro, obviamente porque conseguiriam preços melhores.[119]

Ao capitão-mor, o governador deixaria expresso em outra correspondência que, se algum produtor ou comerciante procurasse burlar as suas ordens, deveria ser "logo preso" e remetido a sua presença na sala do governo.[120] Isso deixa claro também que não eram apenas os produtores das vilas litorâneas que mantinham laços mercantis com negociantes radicados na capital do vice-reinado, mas também os do interior.[121] Ao capitão-mor da vila de Itu, Lorena diria que, por sua vontade, os senhores de engenho daquela região estariam, a partir de 20 de março de 1789, isentos de serem recrutados para as tropas auxiliares para que, dessa maneira, pudessem se dedicar exclusivamente a suas "fábricas".[122]

Fosse como fosse, a "lei do porto único" – nome consagrado impropriamente pela historiografia, já que nunca se tratou de uma lei régia, mas apenas de uma determinação do governador – provocou um significativo aumento dos rendimentos da alfândega de Santos, ainda que até 1792 tenha sido difícil não só lotar os navios destinados a Lisboa como impedir que embarcações viessem a fazer escala em outros portos da América portuguesa.[123]

---

119 DI, v. 46, 1924, p. 32, 15/3/1789.
120 DI, v. 46, 1924, p. 32, 1/6/1789.
121 Renato de Mattos. *Política, Administração e Negócios: A capitania de São Paulo e sua inserção nas relações mercantis do Império Português (1788-1808)*, dissertação de mestrado em História Social apresentada ao Departamento de História da Faculdade de Filosofia, Letras e Ciências Humanas da Universidade de São Paulo, 2009, p. 82.
122 DI, v. 46, 1924, p. 34, 20/3/1789.
123 Ana Paula Medicci. *Administrando conflitos: o exercício do poder e os interesses mercantis na ca-*

De qualquer modo, o que se constata é que essa medida, aliada à melhoria da via de acesso da capital à vila de Santos, acabou por dar início a uma fase de prosperidade econômica, ainda que atendesse a certos círculos do poder na capitania, como os senhores de engenho da vila de Itu e redondezas, alguns comerciantes da cidade de São Paulo e da vila de Santos e, principalmente, aos interesses do magnata metropolitano Jacinto Fernandes Bandeira, interlocutor privilegiado do governador no Reino.

Em contrapartida, viria a causar descontentamentos entre comerciantes e produtores de Ubatuba, São Sebastião, Cananeia e Paranaguá durante os oito anos de sua vigência.[124] E acabaria estimulando muitas tentativas de descaminho e burla da lei. Alguns pró-homens com assento na Câmara de São Paulo também sofreriam reveses, especialmente em seus interesses no circuito vicinal de abastecimento, em função da política metropolitana de estimular o comércio inter-regional marítimo.[125]

As razões de Lorena para as determinações que expedira ficariam claras na correspondência que enviou ao ministro Martinho de Melo e Castro, em 3 de setembro de 1789, ao ressaltar os prejuízos que a capitania de São Paulo havia suportado por falta de providências como aquelas que tomara, pois, até o seu governo, "todos os gêneros saíam dos diferentes portos da marinha sem pagar as dízimas na alfândega de Santos" e mesmo aqueles que vinham até este porto acabavam por seguir viagem sob a alegação de que seriam pagas no Rio de Janeiro.

Com a concentração das cargas no porto de Santos, segundo Lorena, a sonegação das taxas deixaria de existir. Só na ausência de navios no porto de Santos é que os produtos poderiam ser liberados com destino ao Rio de Janeiro, desde que todos os tributos tivessem sido

pitania/província de São Paulo (1765-1822), tese de doutorado em História Social apresentada à Faculdade de Filosofia, Letras e Ciências Humanas da Universidade de São Paulo, 2010, p. 116.

124 AHU, Conselho Ultramarino, São Paulo, caixa 45, doc. 3528, 31/1/1799.

125 Denise Aparecida Soares de Moura, *op. cit.*, 2005, p. 14.

pagos na alfândega santista, dependendo ainda de liberação do próprio governador.

No papel, parecia que o governador poderia controlar de forma mais efetiva a cobrança de tributos no porto de Santos, mas havia outros expedientes que acabavam por fugir ao seu controle e ao de seus subordinados. Na verdade, muitos comandantes de navios, instruídos de fora, na viagem para o Rio de Janeiro, em alto-mar, "passavam as aguardentes e os açúcares para navios estrangeiros, não pagando por este modo nem nesta alfândega (de Santos) nem na do Rio". Mas, segundo Lorena, nada daquilo iria mais acontecer "porque tudo deve vir ao porto de Santos, pagar na alfândega, e levar as guias para o Rio dos gêneros que aqui não forem precisos [...]". Nessa mesma carta, Lorena avisava ao ministro que o navio *Santos Mártires, Triunfo do Mar* estava pronto a deixar o porto bastante carregado, para fazer a sua viagem de retorno ao Reino, consolidando assim uma linha de comércio direto com Lisboa.[126]

É de se lembrar que, em 15 de abril de 1789, Lorena já havia enviado correspondência ao ministro com o mapa de carga do mesmo navio,[127] mas não se sabe se o navio partiu naquela data em direção a Lisboa ou se foi obrigado a permanecer no porto de Santos até setembro à espera de carga que completasse sua capacidade.

Na correspondência de setembro de 1789, Lorena deixava claro que todos os gêneros que seguiram pelo *Santos Mártires, Triunfo do Mar* haviam pagado as dízimas na alfândega, o que não ocorria quando saíam de outros portos da capitania que não dispunham sequer de aduana. Para tanto, na correspondência não só anexava o mapa de carga do navio como dizia que esperava que, a partir daquele carregamento, o porto de Santos viesse a "florescer muito", já que "a capitania

---

126 DI, v. 45, 1924, p. 34-36, 3/9/1789.
127 DI, v. 45, 1924, p. 60, 15/4/1789.

produz tudo quanto há de melhor, o porto está excelente, pois tem todas as boas comodidades".[128]

Lorena voltou a lembrar ao ministro que, antes, todos os gêneros da capitania saíam dos diferentes portos sem pagar as dízimas na alfândega de Santos "porque não vinham a ela, indo pagá-las, segundo diziam, no Rio de Janeiro, tudo em prejuízo desta capitania". E o pior é que, na maior parte, nem assim sucedia, argumentou. "Isso agora não pode suceder porque tudo deve vir ao porto de Santos pagar na alfândega e levar as guias para o Rio de Janeiro", disse, fazendo questão de elogiar o trabalho do juiz de fora da vila de Santos, José Antônio Apolinário da Silveira, que atuava também como juiz da alfândega.[129]

As determinações de Lorena para garantir a exclusividade do porto de Santos seriam cumpridas por Apolinário a partir de dezembro de 1789. Segundo o juiz da alfândega, somente estava liberada a outros portos da capitania a exportação de gêneros que não entravam no comércio atlântico, ou seja, milho, feijão, farinha, toucinho, fumo "e todos os pomos e raízes que a terra produzir". Já produtos como aguardente, peixe seco e louças deveriam seguir primeiro para o porto de Santos, onde seria pago o "dízimo competente", antes de seguir para outros destinos. Em Santos, seria emitida uma "carta-guia" para que o produto não pagasse dízimo em outras partes.[130]

Segundo parecer de Apolinário, produtos como açúcar, goma e arroz não podiam ser vendidos para outras capitanias sem licença, pois, se houvesse negociantes na vila de Santos que quisessem comprá-los, teriam de ser colocados naquele porto. Por esses produtos, seriam pagos os preços que eram oferecidos na praça do Rio de Janeiro. Se não houvesse compradores que os quisessem para completar a carga de

---

128 DI, v. 45, 1924, p. 34-35, 3/9/1789.
129 DI, v. 45, 1924, p. 36, 3/9/1789.
130 DI, v. 46, 1924, p. 67-68, dez. 1789.

um navio, então, sim, seria concedida licença para o transporte desses produtos para outros lugares.[131]

Obviamente, a pretensão de Lorena de estabelecer essa espécie de "monopólio" para o porto de Santos só poderia obter êxito se, além de melhorias no caminho, houvesse o incremento da produção de gêneros que tivessem aceitação no Reino que, por sua vez, por seu diminuto mercado e população reduzida, funcionava praticamente como intermediário para a colocação dos produtos em outros pontos da Europa.

Por isso, o secretário do governador, José Romão Jeunot, escreveu, em 20 de janeiro de 1790, carta ao capitão-mor da vila de Itu, Vicente da Costa Taques Góes e Aranha, ordenando que remetesse 200 sacos de açúcar com destino ao porto de Santos, ainda que para tanto tivesse de dispor de "todo o auxílio necessário", o que incluiria até o uso de força militar.[132] Um mês depois, o governador decidiu escrever a todos os capitães-mores das vilas da capitania exigindo que se empenhassem em incentivar a produção de gêneros que pudessem atender ao comércio direto entre o porto de Santos e Portugal.[133]

Não por coincidência, o primeiro navio a sair carregado do porto de Santos era de propriedade do minhoto Jacinto Fernandes Bandeira, já à época um dos maiores negociantes de Portugal. Um dos beneficiados pela política do ministro Sebastião José de Carvalho e Melo ao tempo de d. José I, Bandeira fizera fortuna, consolidando seu poder durante o reinado de d. Maria I, quando se tornou arrematante do contrato que previa o consumo do tabaco brasileiro em Espanha, associando-se a outros negociantes da praça de Lisboa, como os irmãos Caldas, Antônio Francisco Machado, Joaquim Pedro Quintela e Antônio José Ferreira, elite comercial que praticamente dominava a renovação dos contratos leiloados pela Coroa.

---

131 DI, v. 46, 1924, p. 67-68, 12/1789.
132 DI, v. 46, 1924, p. 59, 22/1/1790.
133 DI, v. 46, 1924, p. 67-68, 26/2/1790.

Consignatário de navios que levavam não só gêneros como escravos africanos para a América portuguesa, Bandeira, que tinha representantes em quase toda a parte do império português e em Espanha, arrematou, ao longo de sua carreira, muitos contratos, como o do pau-brasil, que eram administrados por seus agentes. Foi deputado e inspetor da Junta do Comércio, administrador do Porto Franco de Lisboa, que funcionou de 1796 a 1806, diretor da Companhia de Comércio de Pernambuco e tesoureiro da Mesa da Santa Casa da Misericórdia de Lisboa, entre outros cargos, além de conselheiro da Sua Majestade.[134]

O que se percebe pela documentação é que Lorena, antes de viajar para o Rio de Janeiro, já sabendo que a capitania de São Paulo não dispunha de capitalistas ou grupos econômicos com força para competir por contratos ou disputar espaço em redes comerciais na América portuguesa, por orientação do ministro Martinho de Melo e Castro, tratou de estabelecer aliança com Bandeira, que, de olho em futuros contratos e oportunidades comerciais, responsabilizou-se desde o início por cuidar também de sua casa e de seus negócios particulares no Reino.

Obviamente, a "lei do porto único" e a melhoria dos caminhos da Serra de Cubatão em direção ao porto de Santos permitiriam que Lorena e Bandeira fizessem lucrativos negócios à sombra do Estado, como se pode comprovar em um conjunto de 35 cartas enviadas pelo capitalista ao governador entre os anos de 1788 e 1797, que constam hoje da Coleção Pombalina da Biblioteca Nacional de Lisboa.[135]

Mas, se Bandeira aparece como o interlocutor mais privilegiado de Lorena em Lisboa, outros comerciantes, a mando do ministro Martinho de Melo e Castro, também passaram a enviar embarcações

---

134 Jorge Miguel Viana Pedreira, *Os homens de negócio da praça de Lisboa de Pombal ao vintismo (1755-1822). Diferenciação, reprodução e identificação de um grupo social*, tese de doutoramento apresentada à Faculdade de Ciências Sociais e Humanas da Universidade Nova de Lisboa, mimeo, 1995, p. 239-241.

135 Ana Paula Medicci, *op. cit.*, 2010, p. 122.

ao porto de Santos, como Joaquim Pedro Quintela, dono do navio *Nossa Senhora da Piedade e Albuquerque*. Em maio de 1790, o governador, ao enviar ao ministro o mapa de carga desse navio, aproveitaria para dizer que "a alfândega de Santos poderá ser, um dia, o principal rendimento de Sua Majestade nesta capitania".[136] Em março de 1791, Lorena escreveria novamente ao ministro, desta vez, para enviar o mapa de carga do navio *Mercúrio*, de Bernardo Clamouse, outro grande negociante de Lisboa.[137]

Como já assinalou o historiador Renato de Mattos, apesar de todos os esforços do governador, a disponibilidade de embarcações para a condução de gêneros do porto de Santos para o Reino não se tornou constante nos anos iniciais da vigência da medida.[138] De fato, em agosto de 1791, Lorena teve de recuar em seus propósitos e liberar o juiz de fora da vila de Santos, Sebastião Luís Tinoco da Silva, a deixar passar para o Rio de Janeiro todo o excedente que havia no porto, diante da ausência de embarcações disponíveis para fazer a carregação.[139]

Apesar dessas dificuldades, ao mesmo tempo em que reforçava os laços comerciais com o Reino, Lorena, graças a sua habilidade política, permitia que os principais grupos comerciais da cidade de São Paulo e da vila de Santos e os produtores de Itu, Jundiaí, Sorocaba, Mogi Mirim e outras vilas do interior também obtivessem lucros excepcionais, o que justifica a maneira como esses comerciantes passaram a idolatrar a sua figura.

Apesar da maneira impositiva como o governador se dirigia às autoridades do interior da capitania, o que fica evidente é que o governo nada mais fazia do que favorecer os interesses particulares desses produtores. É o que se depreende de carta em que Lorena se dirige ao comandante da vila de Itu, Vicente da Costa Taques Góes e Ara-

---

136 DI, v. 45, 1924, p. 50, 20/5/1790.
137 DI, v. 45, 1924, p. 57, 22/3/1791.
138 Renato de Mattos, *op. cit.*, 2009, p. 87.
139 DI, v. 46, 1924, p. 127-128, 12/8/1791.

nha, determinando-lhe que utilizasse todas as tropas de muares de que dispunha na região para transportar o açúcar em direção ao porto de Santos.[140]

Ao sargento-mor de Paranaguá, Francisco José Monteiro, o secretário de governo, José Romão Jeunot, disse que o governador Lorena ordenava que não consentisse transportar-se mais arroz daquela vila para fora da capitania, mas somente para a vila de Santos, "como de antes se praticava para ali distribuir o seu consumo para o porto de Lisboa".[141]

REAÇÕES À "LEI DO PORTO ÚNICO"

Naturalmente, as queixas contra a atuação de Lorena partiam daqueles produtores e comerciantes das vilas que se sentiam prejudicados com a medida que impedia que os demais portos da capitania vendessem seus gêneros "a quem lhes bem parecesse", obrigando-os a comercializá-los na vila de Santos, antes que seguissem para o Reino, o que passou a ser visto como um privilégio em favor dos comerciantes de Serra abaixo.

Irritados com a determinação de Lorena, donos de engenho de Paranaguá, no segundo semestre de 1790, deixaram de fabricar aguardente por julgar que o produto não teria saída no porto de Santos pelos navios que vinham da Europa. Além disso, entendiam que o produto, ao ser encaminhado a Santos, teria de pagar duas vezes subsídios, o que prejudicava seus negócios. De fato, por pipa, a aguardente teria de pagar não só o novo imposto como o subsídio literário aos contratadores e ainda na alfândega um subsídio de 2$400 réis e uma pataca de selos.[142]

---

140 DI, v. 46, 1924, p. 151-152, 21/1/1792.
141 DI, v. 46, 1924, p. 243, 14/12/1793.
142 DI, v. 46, 1924, p. 102, 11/12/1790.

Por todo o governo Lorena, grande seria a resistência à chamada "lei do porto único", pois não faltariam estratagemas para burlar a determinação. Em março de 1794, por exemplo, o secretário José Romão Jeunot escreveu ao sargento-mor Francisco José Monteiro, da vila de Paranaguá, dizendo que o governador lhe ordenara que não deixasse mais sair daquele porto embarcação alguma sem seguir "em direitura" ao porto de Santos, "ainda mesmo aquelas que levavam madeira, pois por baixo das madeiras carregavam disfarçadamente para fora da capitania arroz e outros gêneros tendentes ao comércio".[143]

Dois meses depois, o próprio governador escreveria ao sargento-mor alertando-o para a necessidade de que produtos como arroz e outros gêneros pagassem dízima na alfândega de Santos. Exceção só poderia ser aberta, segundo Lorena, para navios que saíssem em direção ao Norte sem carregamento de gêneros para a Europa. "Nem para o Sul devem sair, se levarem gêneros que vão para a Europa, pois há abusos", argumentou.[144]

Apesar da determinação, muitos produtores de São Sebastião continuaram a vender seus gêneros para comerciantes do Rio de Janeiro, o que levou o governador a destacar para aquela vila o alferes Ignácio José de Siqueira, da Legião de Voluntários Reais, acompanhado por dois soldados, com ordem expressa para executar o que lhe determinasse o juiz de fora da vila de Santos, Sebastião Luís Tinoco da Silva. O alferes igualmente deveria pressionar um tal capitão Brandão na vila de Ubatuba a concluir um engenho de descascar arroz, tarefa em que este vinha se "eternizando".[145]

Em setembro de 1796, comerciantes que costumavam conduzir em suas próprias embarcações "efeitos" de Paranaguá e Curitiba para o Rio de Janeiro escreveram à rainha para reclamar da situação. Diziam que se viam embaraçados porque o governador havia ordenado que

143 DI, v. 46, 1924, p. 256, 30/3/1794.
144 DI, v. 46, 1924, p. 297, 17/5/1795.
145 AESP, lata C00389, p. 76, 3/1/1792.

todas as embarcações que fossem carregadas de Paranaguá para o Rio de Janeiro, primeiro, fizessem escala no porto de Santos para vender os mantimentos "e mais efeitos" àqueles comerciantes e só depois seguissem adiante.

"Acresce que, tornando a embarcação à barra com risco, os moradores entram a aproveitar os preços diminutos dos mantimentos", acrescentavam, ressaltando que, às vezes, as vendas não chegavam "a salvar os gastos". Essa prática, segundo os comerciantes, causava-lhes muitos prejuízos porque os impedia de desviar parte das cargas para outros interessados, ficando assim "os efeitos diminutos". Diziam também que o juiz de fora da vila de Santos, Sebastião Luís Tinoco da Silva, obrigava-os a vender tudo em Santos "com prejuízos dos suplicantes", contrariando uma provisão de 1746 em que o rei d. João V permitia "a livre negociação".[146]

O comandante da vila de Ubatuba, o tenente-coronel Cândido Xavier de Almeida e Sousa, também reclamou dos prejuízos causados pela determinação de Lorena para que os comerciantes locais obtivessem "carta de guia" no porto de Santos para as suas mercadorias. "Enquanto vai e volta o enviado (a Santos), envelhece o peixe, vai-se o comprador e perde-se a venda", queixou-se, lembrando que esse prejuízo poderia ser evitado se fosse o comandante da vila – ou seja, ele mesmo – quem passasse as "cartas de guia".

Xavier argumentou ainda que no porto de Santos não havia compradores nem dinheiro para a compra dos "ditos gêneros", dizendo que era público e notório que comerciantes do Rio de Janeiro arrematavam tudo pelo preço que impunham, "mediante pagamento de comissão aos comerciantes de Santos que se prestavam a isso". Segundo Xavier, aquela situação vinha provocando forte descontentamento entre os povos que haviam incendiado canaviais e desarrumado engenhos, en-

---

146 AHU, Conselho Ultramarino, São Paulo, caixa 13, doc. 649, ant. 2/9/1796

quanto muitos lavradores haviam sido levados "a vender seus escravos para sustentar suas famílias".[147]

Como se vê, não foram poucos aqueles comerciantes que procuraram burlar a chamada "lei do porto único". Um deles teria sido Antônio Nunes, mestre e dono do bergantim *Josefina*, que conseguira por coação obrigar o capitão de ordenanças José Mendes da Costa a assinar um recibo admitindo que lhe havia vendido um lote de farinha, que depois teria ido vender em Angola, de onde trouxera um carregamento de escravos. Mendes da Costa, em companhia de Joaquim José dos Santos, capitão-mor das ordenanças de São Paulo, teria fretado o bergantim *Josefina* para levar o carregamento de farinha de Paranaguá para Pernambuco, sem passar pelo porto de Santos.

Esses acontecimentos seriam relatados por Lorena em carta ao vice-rei, d. José Luís de Castro (1744-1819), o conde de Resende, com um pedido de "providências para impedir tais desmandos, cujo exemplo é muito nocivo".[148] Essas providências, por certo, não vieram, pois, para fazer valer sua determinação, Lorena teria de intensificar cada vez mais a repressão aos recalcitrantes. Em 1798, por exemplo, mandaria prender em São Sebastião os comerciantes Amaro Alves da Cruz, acusado de vender uma pipa de aguardente de cana, e José Garcia, por mandar de presente um feixe de açúcar para o Rio de Janeiro, sem autorização do governo.[149]

Para fazer valer suas intenções, o governador acabaria contando com a participação decisiva dos capitães-mores das vilas de marinha e do juiz da alfândega de Santos, sem contar o apoio velado de juízes ordinários e vereadores das vilas de Santos e São Vicente e, obviamente, daqueles produtores e comerciantes que acabariam favorecidos pela "lei do porto único". É de se lembrar que a ideia de privilegiar o porto santista que Lorena trouxera do Reino seria também um consenso en-

---

147 AHU, Conselho Ultramarino, São Paulo, caixa 45, doc. 3528, 22/11/1797.
148 AHU, Conselho Ultramarino, São Paulo, caixa 41, doc. 3392, 31/1/1795.
149 AHU, Conselho Ultramarino, São Paulo, caixa 45, doc. 3526, 3/2/1798.

tre os donos de engenhos do interior da capitania e comerciantes da cidade de São Paulo e das vilas de Santos e São Vicente.

Basta ver que a maioria das decisões do governo Lorena sobre o assunto contemplava as reivindicações que Marcelino José Pereira Cleto Cortês da Silva e Vasconcelos, juiz de fora da vila de Santos e, depois, ouvidor interino da comarca de São Paulo de 1786 a 1787, colocara em dissertação de 1782 em que apontara as causas da "decadência" da capitania de São Paulo, especialmente na região de marinha.

A principal causa teria sido a instituição, em 1778, à época do governo de Lobo de Saldanha (1775-1782), de uma "passagem" no rio Caniú, que corre da vila de Santos até o pé da Serra, que seria "onerosa para os moradores", e a cobrança de um imposto excessivo sobre o sal que era vendido no armazém da vila de Santos, ao qual era ainda acrescido mais um cruzado para a sustentação de um regimento. Para Cleto, o povo da vila não suportava mais tanta sanha fiscal.[150] Mas, a rigor, essa "passagem" vinha do tempo dos padres jesuítas que mantiveram ali uma grande fazenda, antes que seus bens tivessem sido confiscados pela Coroa, e eram à época os proprietários das barcas que faziam a travessia entre o porto fluvial de Cubatão e a vila de Santos.[151]

O juiz de fora e juiz da alfândega defendia que a produção da agricultura do interior de São Paulo fosse desviada para o porto de Santos, onde os donos das embarcações e contratadores de sal e óleo de baleia poderiam arrematar seus produtos. Para ele, os produtores paulistas poderiam obter melhores preços se negociassem seus produtos diretamente com os navios europeus.

O juiz de fora, porém, deixava explícita sua preocupação em evitar que a prática se tornasse um "monopólio", o que, de fato, viria a ocorrer poucos anos depois quando a medida seria imposta pelo governo

---

150 AHU, Conselho Ultramarino, São Paulo, caixa 39, doc. 3219, c. 1782. O AHU data o documento como de 1788 aproximadamente, mas a dissertação foi escrita em 1782, época em que Cleto desempenhava o cargo de juiz de fora e juiz da Alfândega de Santos.

151 Alberto Sousa, *op. cit.*, v. 1, 1922, pp.116-117.

Lorena. Para Cleto, seria importante que a liberdade dos produtores de vender a "quem lhes parecesse bem" fosse garantida. Ele acreditava que, com o tempo, a oferta de navios procedentes do Reino atracados no porto de Santos seria capaz de permitir que os produtores fizessem a escolha que mais bem atendesse aos seus interesses.[152]

Para ele, seria perfeitamente possível que os navios saíssem à barra de Santos completamente carregados com mercadorias produzidas na capitania e, mesmo quando isso não ocorresse, o espaço vago poderia ser preenchido com pipas de azeite de peixe produzido especialmente na vila de São Sebastião e outros gêneros da região de marinha.

Se fosse estabelecido esse comércio direto entre o porto de Santos e o Reino, não mais seria necessário que os comerciantes paulistas ficassem na dependência dos atravessadores do Rio de Janeiro, o que significava que poderiam obter melhores preços por seus produtos, evitando a atuação de intermediários. Para reforçar seus argumentos, Cleto lembrava que, em 1779, de oito a nove navios procedentes de Portugal já haviam atracado no porto de Santos, "uns em direitura, outros com escala no Rio", comprando boa parte da produção paulista, o que trouxera "pequeno aumento na agricultura".[153]

Cleto mostrar-se-ia homem de visão, pois, ao final do governo Cunha Meneses, em 1786, a "passagem" de Cubatão chegou a render à Fazenda Real 5:560$000 réis, excedendo em muito a arrematação anterior.[154] Sem contar que, em 1792, uma década depois de sua previsão, Lorena admitiria que a produção paulista já seria suficiente para carregar pelo menos doze navios por ano.[155]

Segundo Cleto, como apenas o porto de Santos na costa paulista dispunha de alfândega, seria possível aumentar, dessa maneira, a arrecadação de tributos, alcançando, praticamente, todos os gêneros que

152 AHU, Conselho Ultramarino, São Paulo, caixa 39, doc. 3219, c. 1782.
153 AHU, Conselho Ultramarino, São Paulo, caixa 39, doc. 3219, c. 1782.
154 DI, v. 31, s/d, pp. 140-141, 15/4/1786.
155 AHU, Conselho Ultramarino, São Paulo, caixa 45, doc. 3528, c. 1792

saíssem da capitania. Sem contar que a medida facilitaria a ação dos oficiais da alfândega e do juiz de fora no sentido de fiscalizar e coibir os "descaminhos". Cleto citava ainda o exemplo do algodão, insinuando que navios da capitania do Espírito Santo que traziam esse produto costumavam procurar portos que não dispunham de alfândega. "Servindo há mais de dois anos de juiz desta (vila de Santos), ainda nela se não despachou uma vara de algodão", escreveu Cleto em sua dissertação.[156]

Para tanto, dizia Cleto, seria indispensável a reparação dos caminhos que ligavam a cidade de São Paulo à vila de Santos, pois isso permitiria a vinda de comerciantes de Cuiabá, Goiás, Minas de Campanha e Rio de Janeiro que, além de pagar na alfândega "subsídios velhos e novos e o novo imposto para as mercadorias que traziam", comprariam grande quantidade de sal. Se o estado dos caminhos permitisse, argumentava, viriam para a vila de Santos moradores de Serra acima dispostos a vender os mantimentos que costumavam comprar em São Sebastião e Parati.[157]

Cleto também advogaria que a capital da capitania fosse transferida de São Paulo para Santos. Nesse sentido, como deduziu Renato de Mattos, parecia traduzir os interesses de grupos econômicos estabelecidos em Santos e na vila vizinha de São Vicente, que estariam insatisfeitos com a restauração da autonomia da capitania, que se dera em 1765, o que acarretou à vila de Santos a perda da antiga função de sede de um governo subalterno que se dirigia diretamente ao Rio de Janeiro. Para Cleto, a autonomia paulista só seria justificável se a vila de Santos tivesse continuado como "cabeça" da capitania.[158]

Antes de Cleto escrever sua dissertação, o Senado da Câmara de São Vicente, em documento posterior a 1777, data em que se deu a morte de d. José I e a consequente queda do marquês de Pombal, es-

---

156 AHU, Conselho Ultramarino, São Paulo, caixa 39, doc. 3219, c. 1782.
157 AHU, Conselho Ultramarino, São Paulo, caixa 39, doc. 3221, c. 1782
158 AHU, Conselho Ultramarino, São Paulo, caixa 39, doc. 3219, c. 1782.

creveu à rainha d. Maria I pedindo que a capital fosse transferida de São Paulo para Santos, com a instalação naquela vila da Casa de Governo e das demais instituições. Para os camaristas, a medida só traria benefícios para os cofres reais, além de facilitar a reação, em caso de ameaça externa.

O documento também deixava implícita a necessidade de se proceder a melhoria dos caminhos do interior da capitania em direção ao mar, dizendo que "os efeitos da agricultura de Serra acima, à exceção daquela que a si mesmo tem consumo, só podem ter saída pelo porto de Santos ou qualquer de marinha, para os quais é dificultoso conduzi-los, e só em cargas se pode fazer".

O Senado da Câmara vicentina argumentava ainda que os moradores de Serra acima eram obrigados a buscar no porto de Santos as cargas de sal e fazenda seca e molhada e, para não trazer seus animais devolutos, neles conduziam alguns "efeitos" de sua agricultura. Ao mesmo tempo, diziam os camaristas, era necessário estimular a agricultura na área de marinha, "porque tudo o que nela se produzir tem por meio da navegação pronta saída". E acrescentava que não havia sentido em "povoar-se estudiosamente o sertão e empobrecer e despovoar-se a marinha".[159]

Também o juiz de alfândega e juiz de fora da vila de Santos, José Antônio Apolinário da Silveira, sucessor de Cleto, alinharia pontos de vista semelhantes, ao escrever, em 17 de março de 1788, ao ministro Martinho de Melo e Castro, para defender a concentração dos gêneros da capitania destinados à exportação no porto de Santos, o que, em outras palavras, haveria de se traduzir na estratégia adotada por Lorena pouco tempo depois.

Nesse documento, Apolinário expôs as razões pelas quais dera ordem para que a galera *Santa Rita* continuasse a sua viagem para Lisboa, depois de ter permanecido no porto de Santos por mais de "vinte e

159 ANTT, seção Brasil, Papéis Avulsos 5, doc. 5-5, fls. 83-86.

tantos meses", em razão de desentendimentos entre os correspondentes e os carregadores, período em que boa parte de sua carga havia sido extraviada às escondidas para o porto do Rio de Janeiro. Segundo o juiz da alfândega, a perda da carga só não fora total porque ele teria mandado vigiar a embarcação, evitando que os gêneros continuassem a ser transferidos para sumacas.[160]

DECADÊNCIA, UM ARGUMENTO DE RETÓRICA

O que marca os documentos arrolados acima é a insistência de seus autores em argumentar que à época a capitania de São Paulo enfrentava uma fase de franca decadência, o que não se justifica, já que em poucos anos a região começaria a passar por um processo de expansão não só de seus negócios como de sua população. Afinal, a oferta de melhores condições de vida atrairia gente de outras capitanias e até do Reino. E isso só foi possível porque nos anos anteriores ter-se-ia dado o início da construção das bases de seu desenvolvimento, o que seria intensificado a partir do governo de Lorena com a abertura de melhores caminhos em direção ao porto de Santos.

Sem contar que, por sua posição estratégica, a capitania abrigava a maior parte dos registros, ou seja, postos de cobrança de tributos como o de passagem dos rios, entradas de mercadorias e contagem de animais, entre os quais se destacavam especialmente os de Curitiba e Sorocaba. Inicialmente, esses registros foram administrados pela Fazenda Real, mas, depois, arrematados por negociantes, que tinham a obrigação de repassar à Coroa, ao final do ano, um valor estipulado em contrato, ficando com o montante que excedesse. Dessa maneira, esses comerciantes construíam fortunas e passavam a exercer papel preponderante no governo da capitania, além de assumir cargos na Câmara de São Paulo. Eram interlocutores privilegiados dos capitães-generais e

---

160 AHU, Avulsos, São Paulo, caixa 9, doc. 11, Santos, 17/3/1788.

governadores, dos ouvidores e outras altas autoridades, com os quais, fatalmente, estabeleciam relações promíscuas.

Como já assinalou a historiadora Ana Paula Medicci, a imagem de "decadência" que se procurou dar a esse período vivido pela capitania talvez fosse mais um "elemento de retórica" ou ainda um instrumento de defesa de práticas favoráveis aos interesses de determinados grupos locais, mas, de qualquer modo, resumia uma articulação das elites que resultaria também no crescimento da economia da capitania.[161] É de se notar que esse mesmo discurso seria utilizado pelas elites mineiras ao imaginar a extinção do domínio português em 1789, com a formação de uma república à imitação das colônias inglesas, como percebeu o ministro Martinho de Melo e Castro em correspondência ao visconde de Barbacena, ao admitir que "não conseguia entender como os inconfidentes pintavam Minas em estado de depressão econômica enquanto diziam que a capitania era rica e capaz de defender sua independência, pondo fim ao domínio de Portugal".[162]

O discurso da "decadência" se vê também em dissertação de 1788 em que José Arouche de Toledo Rendon, pró-homem da cidade de São Paulo, faria uma "reflexão" sobre o estado em que se achava a agricultura na capitania de São Paulo. Na idade provecta, às vésperas da separação do Brasil de Portugal, quando já estava com 65 anos de idade, Rendon ocuparia o cargo de diretor-geral das aldeias indígenas.[163] Doutor em Leis pela Universidade de Coimbra em 1779, seria diretor do primeiro curso jurídico de São Paulo de 1828 a 1833. Morava em uma grande chácara no centro da cidade de São Paulo, que incluía o terreno onde hoje está o Largo do Arouche, assim chamado em sua homena-

---

161 Ana Paula Medicci, "De capitania a província: o lugar de São Paulo nos projetos do Império, 1782-1822". In: ANPUH - XXIII Simpósio Nacional de História: guerra e paz, Londrina-PR, 2005, p. 7. <Disponível em http:// www.anpuh.org/anais/?p=16854. Acesso em: 5/12/2013.>
162 AHU, códice 600, fls. 171-186v., 29/9/1790.
163 ATCSP, v. XX, 1921, p. 386.

gem, próximo à praça da República. Depois da Independência, seria eleito deputado por São Paulo para a Assembleia Constituinte.

Naquele documento escrito especialmente para colocar o novo governador a par da situação da agricultura na capitania, Rendon, então com 32 anos de idade, dizia que a "decadência" paulista teria começado a partir de 1755, quando, por orientação do ministro Sebastião José de Carvalho e Melo, o Reino passou a baixar legislação em favor da liberdade dos índios. Segundo Rendon, desde então, os indígenas teriam passado a plantar apenas para o próprio sustento, quando antes não seriam "supérfluos ao Estado" porque os proprietários de terra os faziam trabalhar.

Para o pró-homem paulista, os indígenas tão logo haviam sido declarados "livres" tinham passado a viver vadios, ao lado da "gente livre" – ou seja, brancos pobres, forros e mestiços –, que seria avessa ao trabalho no campo. Segundo Rendon, aquela situação poderia mudar se as autoridades fizessem com que tanto indígenas quanto "livres não aldeados" cultivassem a terra. Assim, os indígenas deveriam ser coagidos ao trabalho escravo pelos diretores dos aldeamentos e os "livres não aldeados" ameaçados de recrutamento militar. Dizia:

> Na verdade, antes que o senhor rei d. José I, de saudosa memória, os declarasse livres, não eram supérfluos ao Estado; os paulistas, que os conquistaram, os faziam trabalhar; porém, desde a época da soltura da sua natural liberdade, que no ano de 1755, lei de 6 de junho, tornaram ao costume de não plantarem para a sua sustentação.[164]

A se levar em conta os argumentos de Rendon, o que impedia o crescimento da capitania seria a persistência dos indígenas em cultivar a terra apenas para a sua própria sobrevivência, sem produzir para vendê-la e acumular bens, como era do feitio do homem branco. Para

164 DI, v. 44, 1915, p. 198.

ele, os indígenas seriam "desprovidos daquela bem regulada ambição que faz florescer os Estados e impele os homens ao trabalho e às indústrias". Para piorar, dizia, muitos mestiços haviam se deixado levar por hábitos indígenas. Acrescentava: "Um índio, um mameluco ou bastardo, tendo hoje o que comer, não se anima a trabalhar para adquirir o sustento do dia seguinte. Esta é a primeira causa da falta de agricultura nesta capitania".[165]

Essa situação só seria superada, segundo Rendon, se a capitania deixasse para trás hábitos indígenas de fazer o cultivo por apenas três meses, adotando práticas mais desenvolvidas para que a terra pudesse produzir frutos o ano inteiro, especialmente com a produção de anil, café e algodão, produtos que poderiam ser facilmente exportados para as capitanias vizinhas ou para a Europa, por intermédio de Portugal. Para tanto, Rendon recomendava que os capitães-mores fossem mais rígidos, recrutando à força aqueles que se dedicavam "aos divertimentos e à folia". Dizia: "[...] será esse o meio de se aumentar a lavoura porque o que é vadio fica sendo empregado no serviço da República e outros, com medo do cativeiro militar, resolvem-se a trabalhar".[166]

Para Rendon, o primeiro meio de obrigar "esta gente" ao trabalho seria o Estado conceder amplas licenças àqueles que quisessem tirar das aldeias indígenas assalariados, desde que houvesse vigilância para que fossem devidamente pagos e "tratados com humanidade":

> A vadiação só por si é um crime público dos mais prejudiciais ao Estado e por consequência não há nisto infração aos direitos da liberdade porque nenhum vassalo pode eximir-se da observância das leis da sociedade e nenhum pode ter o direito de, em boa saúde, sustentar-se à custa dos mais, como sucede com todos os vadios. Além disto, os diretores das aldeias deviam ter sumo cuidado em obrigá-los a cultivar as terras

165 DI, v. 44, 1915, p. 196.
166 DI, v. 44, 1915, p. 198.

de suas aldeias; assim seriam úteis ao Estado e a si mesmos e evitavam-se muitos latrocínios.[167]

Rendon, no entanto, reconhecia que seria preciso exercer maior vigilância na escolha daquelas pessoas que eram indicadas para diretores das aldeias indígenas porque, não raro, esses funcionários do Estado acabavam fazendo "negócio de um ofício público e gratuito", explorando a mão de obra indígena em proveito próprio. Para o pró-homem, seria muito útil que fossem empregados nas obras públicas da cidade de São Paulo, "para as quais se alugam escravos ao jornal", os índios pouco aplicados à lavoura, "pagando-se-lhes o competente salário". Garantia:

> Eu já vi alguns trabalhando nas minas de Apiaí, onde já tinham ambição e já desejavam outra vida à ridícula vida que passavam nas aldeias. Contudo, sem ser preciso recorrer a tantos, só nas obras públicas, calçadas, caminhos etc. se podia ocupar uma boa porção de índios vadios com notória utilidade da capitania, porque os escravos, que andam assalariados em semelhantes ocupações, iriam trabalhar na cultura das terras de seus senhores.[168]

Na visão escravocrata de Rendon, também os negros deviam ser tratados a ferro e fogo. Dizia: "[...] qualquer negro que se liberte já se supõe tão bom como seu próprio amo, e é mais fácil furtarem ou morrerem de fome do que irem servir assalariados".[169]

Essa falta de rigor no trato com os negros e os indígenas, segundo Rendon, seria a causa de o centro da cidade de São Paulo viver atulhado de pedintes, entre eles, muitos ex-escravos de idade avançada que teriam sido atirados às ruas por seus senhores:

167 DI, v. 44, 1915, p. 198.
168 DI, v. 44, 1915, pp. 198-199.
169 DI, v. 44, 1915, p. 198.

Há no centro da cidade, impunemente, uma causa originária de muita vadiação: nutre-se aqui uma multidão de pedintes capazes de se sustentar. Esta dita multidão compõe-se de velhos cativos e livres, de aleijados e cegos, e de meninos e meninas livres. Não se deve tolerar impunemente que um senhor de um escravo que envelheceu no cativeiro ou que nele se impossibilitou por qualquer modo para o trabalho o largue em um estado de miséria para ser sustentado à custa do público. O seu senhor deve tratar dele até à sepultura – obrigação esta que se lhe impõe não só a lei divina, mas também a civil.[170]

Não seriam só velhos escravos abandonados à própria sorte que pululavam nas ruas do centro da cidade de São Paulo, mas também meretrizes de tenra idade. Para isso, o pró-homem lamentava que muitos homens de sua classe social deixassem "grandes esmolas para templos, para frades e freiras", quando poderiam ajudar a fundar uma casa em que se criassem os "enjeitados".[171]

Para Rendon, a lavoura na capitania não progredia por causa da preguiça dos lavradores, que preferiam trabalhar apenas três meses por ano. E isso não se dava só nas vilas de Serra acima, pois na marinha a situação era ainda pior. Nos arredores da cidade de São Paulo, a se levar em conta o diagnóstico de Rendon, a lavoura também não era muito desenvolvida. Por isso, as "casinhas", em sua maior parte, recebiam víveres que eram colhidos nas matas de São João de Atibaia, em Nazareth e Jaguari, a atual Bragança.[172] A vila de Santos, segundo ele, a exemplo da cidade de São Paulo, também vivia dos gêneros que eram produzidos naquela região de Serra acima, ainda que o seu comércio local apresentasse "algum calor". Mas de Santos em direção ao Sul a situação da agricultura seria lamentável:

170 DI, v. 44, 1915, pp. 199-200.
171 DI, v. 44, 1915, pp. 200-201.
172 DI, v. 44, 1915, p. 205.

[...] correndo a costa para o Sul até o rio de São Francisco, nada ou quase nada se trabalha e até faz vir lágrimas aos olhos ver como aquela gente vive cercada de uma espantosa pobreza. A costa é só habitada nas praias porque os habitantes se sustentam unicamente do mar. Em faltando-lhes, alimentam-se com a água de congonha.[173]

Rendon dizia que, embora os matos da região do litoral paulista fossem fertilíssimos, dando "cana melhor do que em Itu, algodão melhor do que em São Paulo", o açúcar e a aguardente seguiam de São Paulo e Santos para as vilas litorâneas. Para lá seguiam também o pano de algodão de São Paulo e da capitania do Espírito Santo. Mesmo com pouco trabalho, garantia, a região de marinha poderia produzir mandioca e arroz "melhor que em parte nenhuma": "[...] ainda com tão pouco trabalho, vai (de Iguape) bastante farinha para Santos, Rio e Bahia. Se os homens trabalhassem, podia haver um comércio muito florescente".[174]

Rendon atribuía a situação de penúria na lavoura paulista à desídia dos povos, lembrando que havia duas coisas que mais desviavam a atenção da população do trabalho e que arruinavam o comércio: "uma é o jogo e outra é a dança".[175] Para ele, não era por falta de terras férteis que a agricultura não alcançava maior desenvolvimento. Admirador de Pedro, o Grande, Pyotr Alekseyevich Románov (1672-1725), construtor da cidade de São Petersburgo, erguida em 1703 e capital russa de 1712 a 1922, dizia que nem o talento do czar "em abrir canais para facilitar o comércio de seus povos" seria capaz de "formar um país tão celebremente dotado de rios navegáveis como a natureza formou nesta costa".[176]

173 DI, v. 44, 1915, pp. 208-209.
174 DI, v. 44, 1915, p. 211.
175 DI, v. 44, 1915, p. 201.
176 DI, v. 44, 1915, p. 211.

Como se constata, Lorena, ao tomar posse, teve de lidar com o descontentamento da classe de proprietários da capitania, que, pela escrita de Rendon, reivindicava principalmente mão de obra escrava para o trabalho na lavoura. Como a legislação impedia desde 1758 que o indígena pudesse ser utilizado como escravo, a solução que os proprietários buscavam estava na escravatura africana.

É de se lembrar que a liberdade dos índios havia sido fixada por d. José I em leis de 6 e 7 de junho de 1755 para o Estado do Grão-Pará e Maranhão, que seriam estendidas ao Estado do Brasil por alvará de 8 de maio de 1758. Foi pensando em atender a essas reivindicações da classe proprietária paulista que Lorena procurou, por meio de seus contatos com o magnata Jacinto Fernandes Bandeira, em Lisboa, promover a entrada de escravos na capitania.

É o que se pode depreender de correspondência de 1789 encaminhada por Bandeira a Lorena em que o comerciante dizia que, tendo estado com o ministro Martinho de Melo e Castro no dia anterior, havia conversado a respeito da "negociação dos negros", ao que a autoridade dissera que ele poderia empreender aquele negócio "quando quisesse".[177]

Ao que parece, em função das articulações de Lorena com Bandeira, a primeira embarcação com escravos de Angola e Benguela que chegaria a São Paulo, sem a intermediação de negociantes fluminenses, seria a galera *Paquete da Ásia*, que arribou ao porto de Santos em 1789. Desse ano até 1795, pelo menos mais quatro embarcações empenhadas no tráfico negreiro estiveram no porto de Santos: a corveta *Cabo Frio* em 1793, a galera *Flora* e a sumaca *Pensamento Ligeiro* em 1794 e a corveta *Conceição* em 1795. Todas não teriam tido a intermediação de comerciantes fluminenses.[178]

---

177 BNP, Coleção Pombalina, códice 643, fls. 226-227 *apud* Ana Paula Medicci, *Administrando conflitos: o exercício do poder e os interesses mercantis na capitania/província de São Paulo (1765-1822)*, tese de doutorado em História Social apresentada à Faculdade de Filosofia, Letras e Ciências Humanas da Universidade de São Paulo, 2010, p. 124.

178 Renato de Mattos, *op. cit.*, 2009, p. 109.

Resolvida essa questão de mão de obra, haveria, portanto, razões de sobra para que a capitania de São Paulo, mais de duas décadas depois da restauração de sua autonomia, tivesse o direito de participar do comércio direto com o Reino, sem a intermediação do porto do Rio de Janeiro. Em função dessa situação, até àquela época, a se levar em conta uma avaliação que o próprio Lorena fez em 1797, já ao final de seu governo, os negociantes de São Paulo não passavam de "caixeiros dos do Rio de Janeiro".[179]

Obviamente, por trás dessa iniciativa que visava ao fornecimento de mão de obra à lavoura da capitania, haveria outros interesses subalternos, como o de auferir altos lucros com a passagem de escravos para outras capitanias, especialmente a de Minas Gerais. A manobra foi prontamente detectada pelo vice-rei, o conde de Resende, que, em julho de 1791, escreveu ao Conselho Ultramarino para queixar-se dos prejuízos que a praça do Rio de Janeiro teria se deixasse de intermediar a venda de cativos e gêneros para Minas Gerais.

> [...] não serão unicamente os escravos, que por aquela praça introduzirão em Minas, como também quaisquer outros efeitos, de que resultará maior abatimento aos rendimentos da alfândega desta cidade, o das passagens do Paraíba e Paraibuna, do mesmo, e do da Casa da Moeda, infalivelmente há de ter: porque quanto menos efeitos forem do Rio de Janeiro para Minas, tanto diminuirão as remessas de ouro que se faziam daquela capitania para esta cidade. E finalmente é franquear mais as portas para os descaminhos do ouro, diamantes e mais direitos.[180]

Portanto, a ação de Lorena despertou o descontentamento dos negociantes do Rio de Janeiro que estavam acostumados a repassar escravaria para as demais capitanias, inclusive para São Paulo, além de

---

179 DI, v. 15, 1895, p.147-153.
180 ANRJ, NP, códice 68, v. 9, 20/7/1791 *apud* Renato de Mattos, *op. cit.*, 2009, p. 109.

comprar a produção paulista para revendê-la com altos lucros. Estes comerciantes, desde logo, trataram de pressionar o vice-rei, o conde de Resende, que, por sua vez, também teria motivos para queixas, já que as medidas de Lorena, segundo ele, resultavam em "prejuízos gravíssimos à Fazenda Real, à agricultura e ao comércio do Rio de Janeiro".[181]

Sem contar que o estabelecimento de linha direta entre o porto de Santos e Lisboa redundava em diminuição na arrecadação da alfândega do Rio de Janeiro. Além disso, os direitos pagos em Santos seriam inferiores aos que se pagavam na alfândega do Rio de Janeiro. Por tudo isso, o vice-rei passou a questionar a legalidade da medida tomada por Lorena.[182]

Diante de tanta disputa comercial, o que se conclui é que a capitania não passava por nenhuma fase de decadência, como indicam "o extraordinário crescimento de sua população no século XVIII e a integração de São Paulo em redes de comércio internas na América portuguesa, geradoras de dividendos que acabavam sendo reaplicados na produção local".[183]

Isso significa que a produção da capitania já estava passando da fase de subsistência à de excedente. Ou seja, boa parte da produção já saía da capitania por cabotagem para outras capitanias, mas os produtores entendiam que tinham condições de exportá-la diretamente para o Reino, sem intermediários. Só não o faziam porque as dificuldades para conduzir a produção – principalmente, a de açúcar – ao porto de Santos ou a outros portos da capitania eram muitas.

Além disso, é de se observar que algumas capitanias dependiam do fornecimento de gêneros de subsistência da capitania de São Paulo. Basta lembrar que, em 1793, o governador Lorena teve de intervir para

---

181 *Idem, ibidem.*
182 Renato de Mattos, *op. cit.*, 2009, p. 112.
183 Ana Paula Medicci, "De capitania a província: o lugar de São Paulo nos projetos do Império, 1782-1822". In: ANPUH - XXIII Simpósio Nacional de História: guerra e paz, Londrina-PR, 2005, p. 6. <Disponível em http://*www*.anpuh.org/anais/?p=16854. Acesso em: 5/12/2013.>

atender às necessidades das capitanias do Rio de Janeiro, Pernambuco e Bahia, que sofriam com a falta de farinha. Para atender a essas capitanias, o governador autorizou a saída de farinha do porto de Paranaguá em quantidade suficiente para o carregamento de quatro embarcações que se achavam em Santos à espera de licença para irem lá carregar.

Lorena recomendava, porém, que fossem reservados 3 mil alqueires de farinha para a tropa e para o povo de Santos e "também a (quantidade) que for bastante para essa vila (de Paranaguá) e as mais da marinha".[184] Determinações no mesmo sentido o governador passou para os capitães-mores das vilas de Cananeia, Iguape e Antonina.[185]

Essa preocupação com o fornecimento de farinha que marcou boa parte do governo de Lorena, na verdade, era uma imposição da Corte. Tanto que, ao final de 1795, em bando que enviou aos capitães-mores, o governador recordava que "a esterilidade dos anos" havia causado uma grande falta de pão na Europa, o que havia levado o príncipe regente a determinar que se aumentasse a cultura de mandioca na América portuguesa.[186] Isso também mostra que a capitania já era vista como aquela que reunia as maiores condições de produzir farinha de pau[187] em quantidade excedente para ser exportada para a Europa, remediando sua falta naquele continente.

Do que se expõe aqui o que fica claro é que a "lei do porto único", se encontrou muitos obstáculos para o seu cumprimento, levando o governador a flexibilizar sua aplicação de acordo com as necessidades, constituiu a primeira etapa de um plano de desenvolvimento da capitania que incluía, em seguida, o melhoramento dos caminhos em direção à vila de Santos, especialmente pela íngreme Serra do Mar, o que se afigurava fundamental para que a produção excedente da capitania fosse exportada, como era a intenção da Corte. Tanto que na

---

184 DI, v. 46, 1924, p. 203-204, 15/4/1793.
185 DI, v. 46, 1924, p. 205, 16/4/1793.
186 AESP, lata C00389, p. 189v., 2/12/1795.
187 Farinha de pau: farinha de mandioca.

documentação percebe-se a preocupação do governador de não só orientar os produtores e negociantes a comercializar da melhor forma a sua produção como ainda de tomar as primeiras providências para a construção da obra que passaria também a ser conhecida mais tarde como Calçada do Lorena.

Em março de 1789, oito meses depois de sua posse, o governador mandou uma expedição com um índio à frente para abrir uma picada na Serra com o objetivo de encontrar as melhores opções para a abertura de novo caminho.[188] Três anos depois de sua posse, Lorena escreveu carta ao juiz de fora da vila de Santos, Sebastião Luís Tinoco da Silva, em que dizia que a obra da Serra de Cubatão estava completamente concluída, observando que o pequeno espaço de aterrado na parte debaixo estava consertado. Diante disso, dizia Lorena, não restava ao juiz de fora "mais do que fazer a entrega de tudo isso à Câmara, que ficava com a obrigação de conservar o caminho".[189]

Essa preocupação de Lorena com a melhoria do estado das estradas fica clara ao longo de seu governo. De 13 de março de 1792 é uma correspondência que dirigiu ao capitão-mor da vila de Guaratinguetá, Manuel da Silva Reis, para elogiar o "estado excelente" em que aquela autoridade havia colocado "o caminho desse sertão", dizendo que "os Estados bem governados se conhecem, principalmente, pela comodidade das estradas públicas".[190] Já na região de Mogi Mirim, o mau estado do caminho causava preocupação ao governador, que recomendava aos produtores cautela na condução de 480 arrobas de açúcar para o porto de Santos.[191]

---

188 DI, v. 46, 1924, p. 31, São Paulo, 12/3/1789.
189 DI, v. 46, 1924, pp. 127-128, 12/78/1791.
190 DI, v. 46, 1924, p. 158, 13/3/1792.
191 DI, v. 46, 1924, p. 171, 6/6/1792

Em São Paulo e Santos, só elogios

Se contribuiu para fomentar o comércio pelo porto de Santos, a medida adotada por Lorena atendeu principalmente aos interesses imediatos dos produtores e negociantes do interior da capitania e da vila de Santos, mas teria consequências desastrosas para cultivadores de cana e anil, plantadores de café e proprietários de engenhos das vilas de marinha, que acumulariam sensíveis prejuízos por oito anos, até 1798, quando a decisão seria revogada por Antônio Manuel de Melo Castro e Mendonça (?-1812), seu sucessor, em atendimento a reivindicações das câmaras de Ubatuba e São Sebastião.

Em novembro de 1798, o sucessor de Lorena, ainda que reconhecesse que seu antecessor tivera "a melhor das intenções", suspenderia a "lei do porto único". Segundo ele, pouco antes de assumir o governo, teriam ocorrido várias manifestações de protesto contra a medida, com "os povos incendiando canaviais e desarrumando engenhos", ao mesmo tempo em que os lavradores eram obrigados a vender seus escravos e liberar a mão de obra, já que não tinham como sustentá-los e tampouco as suas próprias famílias.[192]

Já entre a elite mercantil da cidade de São Paulo e da vila de Santos, o prestígio de Lorena só cresceu desde o dia em que assumira o governo da capitania. Em 28 de abril de 1791, a Câmara de São Paulo escreveu à rainha solicitando a permanência de Lorena por mais um triênio à frente do governo da capitania.[193] Naquele mesmo ano, a 17 de dezembro, dia do aniversário de d. Maria I, três anos, cinco meses e 11 dias depois de sua posse, Lorena seria homenageado pelos camaristas de São Paulo com uma sessão literária, a propósito de se louvar a conclusão da "importantíssima obra do Senado e Nova Cadeia". Nesse dia, foram recitados sonetos e odes e feitas orações em sua homenagem.

192 AHU, Conselho Ultramarino, São Paulo, caixa 45, doc. 3528, 15/4/1799
193 AHU, Avulsos, São Paulo, caixa 9, doc. 36, 28/4/1791.

À frente dos homens principais da terra, o bacharel José Arouche de Toledo Rendon, mais uma vez, haveria de se destacar, ao fazer uma oração em que reconhecia em Lorena "as virtudes de Minerva", enumerando as obras empreendidas até ali pelo seu governo, especialmente o edifício da Casa da Câmara e Cadeia, o aquartelamento da Legião de Voluntários Reais, o chafariz do Largo da Misericórdia e a calçada pavimentada entre a capital e a vila de Santos, que seriam resultado da sabedoria de "um homem de superior instrução". Em seu discurso intitulado "Problema: a um governador resulta mais glória em ser aluno de Marte ou de Minerva?", disse Rendon a respeito da construção da cadeia:

> Não é um guerreiro, é só um homem de superior instrução, um homem raro, singular e grande; quem poderia em tão breve tempo fazer com tão pouca despesa, sem o menor vexame dos vassalos, uma obra de tanto preço, tão útil à soberana, tão útil a nossa pátria, em que se beneficiou até os mesmos encarcerados, que nela trabalharam voluntários e alegres e receberam o benefício da justa liberdade?[194]

Em seu afã louvaminheiro, Rendon acrescentou: "Vede, senhores, vede a polícia[195] desta cidade, as suas calçadas; vede o reparo das ruínas; refleti na obra de primeira necessidade, a elevada obra do chafariz; olhai como está aberta a porta do comércio, a estrada de Santos, obra que, julgando-se sempre superior as nossas forças, foi em breve tempo concluída sem despesa nossa".[196] De fato, a obra teria sido financiada por um empréstimo de 2.820$172 réis tirado do Cofre dos Ausentes, o que, mais tarde, causaria problemas ao governador, depois de denúncia à Corte.

---

194 DI, v. 44, 1915, p. 318.
195 Polícia: no século XVIII, no sentido de administração pública.
196 DI, v. 44, 1915, p. 313.

Mais adiante, em sua peroração, Rendon voltou a se lembrar de Pedro, o Grande, sugerindo que o capitão-general e governador de São Paulo teria sido até mais ágil que o czar ao transformar São Paulo em uma grande cidade: "O grande Aleixowitch, que mereceu de Voltaire (1694-1778) os maiores e justos elogios por ter mudado a face da Rússia, tirando-a da confusão, do seio da barbaridade, consumiu nessa grande obra não menos de um longo reinado (1682-1725). Eu, porém, sem hora, vejo felicitada a minha pátria em um só instante; a sua transformação foi repentina. E se ao nosso benfeitor só pelo benefício resulta a maior glória, quanto lhe não resultaria de o fazer com tanta prontidão, com tanta pressa?"[197]

A se levar em conta o entusiasmo de Rendon, também a agricultura da capitania em apenas dois anos teria se transformado radicalmente. Dizia que, até dois anos atrás, os frutos que eram produzidos no país escassamente chegavam para a subsistência dos moradores da capitania, mas, desde a chegada de Lorena, a presença constante de embarcações no porto de Santos teria sido decisiva para alterar esse quadro de penúria:

> Quando o nosso benfeitor se propôs a fazer carregar o primeiro navio, todos cremos que ou não sairia à luz este comércio ou nos faltariam os gêneros necessários; mas que vemos hoje, senhores?: eu vejo que, cheia de abundância a minha pátria, dos restos temos um grosso comércio, com evidente utilidade nossa. Extinguiu-se a inércia, cresceu a lavoura, animou-se o comércio, aumentaram-se as exportações dos gêneros e tudo gira com a mais bela ordem.[198]

197 DI, v. 44, 1915, p. 313.
198 DI, v. 44, 1915, pp. 313-314.

Também o porto de Santos, depois da chegada de Lorena, teria se despertado de um grande langor, com a presença de vários navios no seu cais:

> O porto de Santos, chave importante desta capitania que há tantos anos gemia escravo da mais melancólica e pálida pobreza, já é animado do calor do comércio. Os seus habitantes já libertos da miséria, arrojando ao mar toda a preguiça, cultivam as terras; já em seus semblantes aparece aquele ar de alegria que infunde a geral felicidade.[199]

Do discurso de Rendon, também se pode imaginar Lorena como um homem estudioso, preocupado em encontrar as melhores soluções para o seu governo:

> Não é o braço forte de um filho de Marte, mas a poderosa mão deste grande político, deste espírito perspicaz, deste gênio criador, deste que dentro do seu gabinete, rodeado somente de livros, estuda de noite o modo de nos beneficiar no outro dia, quem unicamente merece o maior louro, quem consegue a maior de todas as glórias.[200]

No mesmo dia, antes de Rendon, o pró-homem José Vaz de Carvalho (1746-1823) fez uma oração em que reconhecia em Lorena uma "pessoa rara" e ainda lembrou que o governador seria descendente do condestável d. Nuno Álvares Pereira (1360-1431), chefe dos exércitos de d. João I (1357-1433), o mestre de Avis, que conquistara o trono luso e dera início à dinastia dos Avis, em 1385.[201]

---

199 DI, v. 44, 1915, p. 314.
200 DI, v. 44, 1915, pp. 315-316.
201 BNP, Coleção Pombalina, códice 643, fl. 295-300 *apud* Ana Paula Medicci, *Administrando conflitos: o exercício do poder e os interesses mercantis na capitania/província de São Paulo (1765-1822)*, tese de doutorado em História Social apresentada à Faculdade de Filosofia, Letras e Ciências Humanas da Universidade de São Paulo, 2010, p. 113.

Por trás da atitude servil, haveria o agradecimento compungido dos dois pró-homens pelos altos lucros obtidos em função das medidas tomadas pelo governador logo ao início de seu governo. Na verdade, Rendon seria largamente beneficiado por sua aproximação a Lorena. Em 1795, iria arrematar o contrato de passagens dos cubatões de Santos e Mogi do Pilar pelo triênio seguinte.[202] Mesmo com a saída de Lorena, Rendon continuaria a desfrutar de muito prestígio no governo e, inclusive, haveria de se solidarizar com Mendonça, seu substituto, quando este governador tornou-se alvo de denúncias de corrupção.

A exemplo de Rendon, José Vaz de Carvalho e Francisco José de Sampaio Peixoto (1751-1811), presidente do Senado da Câmara, tornaram-se arrematantes de rendas reais na capitania ao tempo de Lorena, privilégio reservado àqueles que desfrutavam de prestígio especialmente junto ao governador e ao ouvidor, já que as licitações desses contratos tradicionalmente eram jogos de cartas marcadas em que já se conhecia de antemão os vencedores. Até porque era fundamental que houvesse esse entendimento tripartite, pois o arrematante dependia da força militar do governador e das luzes jurídicas do ouvidor para constranger os inadimplentes, geralmente pessoas que deviam ao Erário Régio *tênues somas*.[203]

Muitas vezes, como ocorrera nos anos que antecederam a conjuração de 1789 na vizinha capitania de Minas Gerais, durante o governo de Luís da Cunha Meneses (1783-1788), esse bom entendimento poderia também permitir que os arrematantes não repassassem para os régios cofres grande parte dos valores arrecadados, aplicando-a em seu próprio benefício. Tornavam-se assim *grossos devedores*, repartindo com o governador *os cabedais que seriam do Reino*, como denunciaria na Carta 8ª das *Cartas chilenas* o poeta Critilo, *alter ego* de Tomás Antônio Gonzaga, ouvidor de Vila Rica.[204]

---

202 AHU, Conselho Ultramarino, São Paulo, caixa 43, doc. 3489, 16/10/1795.
203 Tomás Antônio Gonzaga, *Obras Completas*, 1942, vv. 146-147, pp. 302-303.
204 *Idem, ibidem.*

Em seu governo, Lorena teria de enfrentar outros obstáculos, além daqueles levantados por sua decisão de privilegiar o porto de Santos, em detrimento dos demais da capitania. No Registro de Curitiba, por exemplo, dos direitos que pagavam sobre os animais que do Rio Grande de São Pedro do Sul vinham para São Paulo, a metade pertencia desde 1759 à casa do ex-ministro Tomé Joaquim da Costa Corte Real, em função de acertos antigos que já não tinham razão de ser e constituíam privilégios descabidos. É de se lembrar que Corte Real, em outubro de 1756, havia sido nomeado pelo rei d. José I secretário de Estado da Marinha e Negócios Ultramarinos e, mais tarde, seria membro do Conselho Ultramarino. Lorena defendeu que todos direitos cobrados pelos animais que passavam pelo Registro de Curitiba fossem revertidos à Coroa.

Segundo o contador-geral da Junta da Fazenda Real de São Paulo, Clemente José Camponeses, destacado por Lorena para encontrar meios de aumentar os rendimentos reais, a família Corte Real havia usurpado aqueles direitos, agindo contra a lei de 29 de dezembro de 1761, que proibia que fossem dados rendimentos públicos sem termo de legitimação.[205] Mas a verdade é que havia um alvará régio assinado por d. João V que concedia a Corte Real "a mercê da metade dos direitos que no Registro de Curitiba pagavam para São Paulo os gados e cavalgaduras".[206]

Em 1747, d. João V também havia concedido por doze anos ao coronel de milícias Cristóvão Pereira de Abreu a metade dos direitos que pagavam pela entrada na capitania de São Paulo os gados e cavalgaduras que vinham do Rio Grande de São Pedro do Sul, que já pagavam direitos de saída no registro de Porto Alegre, chamado da Patrulha, e da Capela de Viamão.[207] Na década de 1730, Abreu havia participado

205 AHU, Conselho Ultramarino, São Paulo, caixa 39, doc. 3260, 22/10/1789.
206 AHU, Conselho Ultramarino, São Paulo, caixa 66, doc. 5046, post. 8/8/1757.
207 AHU, Conselho Ultramarino, São Paulo, caixa 39, doc. 3276, 21/1/1790.

dos trabalhos de abertura da chamada Estrada Real, que ligava Viamão, Curitiba e Sorocaba às Minas.

Para recuperar as combalidas finanças da capitania, além de diminuir despesas com os prelados, Lorena mandou subir o preço das arrematações dos contratos e ofícios. Havia ainda a perspectiva de aumento nos rendimentos da alfândega de Santos. Por isso, dentro de pouco tempo, o governador esperava conservar toda a arrecadação dos quintos que se achava nos cofres e mandar para o Reino todo o rendimento anual, de forma que aquela capitania não constituísse mais encargo para a Corte, mas, sim, "uma fonte de receita".[208]

Ainda dentro de sua política em favor do aumento da arrecadação da capitania, Lorena conseguiu com que a rainha d. Maria I, em 1792, mandasse arrematar a José Nunes de Aguiar o contrato do Cubatão Geral de Santos ao preço de 8.100$000 réis, livres para a Fazenda Real por três anos, principiando a 1º de janeiro de 1793, com encerramento previsto para 31 de dezembro de 1796. Aguiar, porém, não passava de um agente do sargento-mor Manuel Joaquim da Silva e Castro, um dos principais comerciantes do Rio de Janeiro, com acesso direto ao vice-rei. Aguiar arremataria também o contrato do cubatão de Mogi das Cruzes, a que chamavam de Porto dos Pilares, "ficando todos os demais portos vedados por serem desnecessários ao giro do comércio".[209]

Com o aumento da arrecadação, Lorena pôde mandar realizar melhoramentos na cidade de São Paulo, como o chafariz do largo da Misericórdia, obra que teria sido paga pela Câmara e pelas principais pessoas da cidade,[210] provavelmente com pequena parte dos recursos que haviam levantado depois de negócios que haviam sido beneficiados por medidas tomadas pelo governador. Com o apoio das classes privilegiadas, Lorena pôde também reconstruir uma ponte sobre o rio Anhangabaú, a que a população passou a chamar de ponte do Lorena,

208 AHU, Conselho Ultramarino, São Paulo, caixa 39, doc. 3276, 4/2/1790, ofício nº 3.
209 AHU, Conselho Ultramarino, São Paulo, caixa 40, doc. 3331, 17/7/1792.
210 DI, v. 46, 1924, p. 202, 9/4/1793.

e erguer o prédio do Teatro da Ópera, além de mandar fazer um levantamento topográfico da cidade.

Preocupou-se também em levar adiante obras de pavimentação, embora fosse grande a irregularidade em que se encontravam quase todas as ruas da cidade, como dizia em correspondência ao Reino. Garantia que não era possível fazer "emendas" nas ruas sem destruir tudo, "por ser a mesma cidade uma península formada pelo rio e por um ribeirão, que corre em um pantanal, certamente muito nocivo à saúde do povo".[211]

Em maio de 1790, dizia em ofício ao ministro Martinho de Melo e Castro que estava sendo construído também um quartel para a Legião de Granadeiros, que antes estava estabelecido em casas particulares, o que significava gastos com aluguel para os cofres régios. Dizia Lorena que a obra vinha sendo paga por particulares, garantindo que dos cofres de d. Maria I não sairia mais que 1 conto de réis para aquela construção.[212]

Para estimular o povoamento da capitania, por essa época, o governador elevou à condição de vila a freguesia de Nossa Senhora da Piedade, que tomou o nome de Lorena em sua homenagem. Uma das primeiras medidas de sua nova Câmara foi pedir à rainha isenção do pagamento de "quaisquer tributos", levando em conta a pobreza de seus moradores.[213]

Em poucos meses, com as providências que tomou, Lorena conseguiu aumentar a arrecadação da alfândega de Santos, a partir do crescimento do movimento de navios em função da maior oferta de produtos para a metrópole.[214] Foi em razão disso que ordenou ao astrô-

211 DI, v. 46, 1924, p. 165, 17/6/1792.
212 AHU, Conselho Ultramarino, São Paulo, caixa 40, doc. 3288, 20/5/1790.
213 AHU, Conselho Ultramarino, São Paulo, caixa 39, doc. 3276, São Paulo, 4/2/1790, ofício 3.
214 AHU, Conselho Ultramarino, São Paulo, caixa 41, doc. 3360, vila de Santos, 31/12/1792. Documento registra saída de Santos do navio *Santo Antônio de Sant'Anna Cisne* com destino a Lisboa com carga de açúcar, goma, arroz, aguardente, mel, algodão sem rama, couros com cabelos e miudezas.

nomo régio Francisco de Oliveira Barbosa que fizesse as observações necessárias para que os navios pudessem com segurança demandar o porto e entrar na sua barra.[215] A Barbosa tratou de oferecer todo o apoio possível, enviando a Londres óculos acromáticos de astrônomos para os reparos necessários, além de providenciar almanaques náuticos.[216]

Entre os obstáculos que impediam maior crescimento do comércio da capitania, estava a ação de falsificadores que misturavam cochonilha à farinha de pau. Outros produtores ou atravessadores recorriam a expedientes escusos para falsificar a aguardente paulista, o que contribuía para a perda da boa reputação que a bebida alcançara em outros tempos, o que, aliás, havia acontecido à época também com o vinho do Pico dos Açores.[217]

Para combater esses falsificadores, Lorena procurou recorrer a medidas repressivas, mas a distância e a precariedade dos caminhos também constituíam obstáculos à ação do governo. Do ouvidor-geral da comarca, bacharel Caetano Luís de Barros Monteiro, nomeado em março de 1790, em substituição a Miguel Marcelino Veloso e Gama, Lorena recebeu irrestrito apoio. Monteiro, que permaneceu no cargo até 1798,[218] sempre procurou desempenhar suas funções sem entrar em atrito com o governador e com as demais autoridades e homens-bons da capitania.

REORGANIZANDO AS FINANÇAS

Ao se sentar na cadeira de governador, Lorena dedicou-se logo a analisar as contas da capitania. É verdade que recebia uma capitania assentada em bases mais sólidas, especialmente em função das medidas

---

215 AHU, Conselho Ultramarino, São Paulo, caixa 40, doc. 3308, 15/4/1790.
216 AHU, Avulsos, São Paulo, caixa 10, doc. 8, 6/3/1793.
217 AHU, Conselho Ultramarino, São Paulo, caixa 45, doc. 3528, 3/1/1797.
218 AHU, Conselho Ultramarino, São Paulo, caixa 45, doc. 3534, São Paulo, ant. 21/6/1798.

que haviam sido tomadas durante o governo do morgado de Mateus (1765-1775), depois da restauração da autonomia.

Com este governador, depois de uma série de desmembramentos territoriais de áreas mais favorecidas,[219] tivera início o preparo de um arremedo de infraestrutura que permitiria o aumento da produção agrícola e o crescimento do comércio,[220] já ao tempo dos governadores Martim Lopes Lobo de Saldanha, Francisco da Cunha Meneses e do interino José Raimundo Chichorro da Gama Lobo. Caberia, portanto, a Lorena começar a colher os frutos dessa rearrumação e também ampliar, de maneira mais efetiva, as bases do desenvolvimento da capitania.

A se levar em conta o que o governador Antônio Manuel de Melo Castro e Mendonça escreveu em exposição ao seu sucessor, Antônio José de Franca e Horta (1802-1808), antes de seu governo, não teria havido comércio da capitania com o Reino, já que essas relações comerciais ter-se-iam dado a partir de sua administração, depois que mantivera conversações com negociantes de Lisboa e do Alto Douro.[221] É de 1798 a ordem de Mendonça que revogou determinação de 1789, liberando o comércio a todos os portos da capitania, principalmente, com o objetivo de incentivar a produção de açúcar.

Mas parece que havia certa tergiversação na afirmação. Em 28 de dezembro de 1789, Lorena já havia expedido ordem para que toda a produção do Planalto fosse exportada exclusivamente pelo porto de Santos. Depois dessa ordem, segundo Lorena, a cada ano, saíam do porto de Santos para Portugal, sem passar pelo Rio de Janeiro, doze navios carregados de açúcar, arroz, café e outros gêneros.[222] De fato, durante a década de 1790, o comércio do porto de Santos aumentou de maneira significativa, com a exportação para o Reino de arroz, algodão, aguardente de cana, café, couros e madeira, embora o açúcar fosse

219 Heloísa Liberalli Belotto, *op. cit.*, 2007, p. 315.
220 *Idem, ibidem*, p. 191.
221 DI, v. 44, 1915, p. 129, 28/12/1802.
222 DI, v. 55, 1924, pp. 192-193

o principal produto exportado.[223] Portanto, o que Mendonça determinara fora permitir que outros portos da capitania fizessem o comércio direto com o Reino, o que antes só era permitido pelo porto de Santos.

Em sua disposição de reorganizar as finanças da capitania, Lorena viu, com a morte do terceiro bispo diocesano de São Paulo, frei d. Manuel da Ressurreição, a 21 de outubro de 1789,[224] a oportunidade de o Tribunal da Junta da Fazenda Real tomar posse do edifício que pertencera aos extintos jesuítas bem como do ouro, da prata e ornamentos que nele se achavam, que passaram para os cofres régios. Além disso, o governador decidiu instalar-se naquele edifício, depois que o escrivão da Junta da Fazenda Real lhe expôs que era grande o encargo para os cofres régios pagar o aluguel das casas para os capitães-generais, para o Tribunal da Junta da Fazenda Real, para a Contadoria e para a Secretaria de Governo.[225]

Todos esses órgãos passaram a funcionar no antigo Colégio dos Jesuítas, depois que o governador dobrou a oposição do Cabido, que defendia que o edifício fosse concedido para residência dos bispos, pretensão que o procurador da Coroa refutou, dizendo que nada provava que a graça fosse extensiva aos sucessores do bispo diocesano. O procurador considerou ainda a reivindicação eivada de falsidade, pois o Cabido alegava que o edifício estava vago, quando, na verdade, dizia, d. Luís Antônio Botelho Mourão, o morgado de Mateus, "havia residido nele todo o tempo de seu longo governo". Aliás, o edifício ficara vago durante todo o período em que a capitania ficara subjugada à do Rio de Janeiro, de 1748 a 1765, deteriorando-se bastante, até a chegada do novo governador.

O morgado de Mateus habitaria o edifício por sete dos seus dez anos de governo, período em que mandou fazer melhoramentos para

---

223 Maria Beatriz Nizza da Silva (org.), Carlos de Almeida Prado Bacellar, Eliana Rea Goldschmidt; Lúcia M. Bastos P. Neves, *op. cit.*, 2009, p.191.

224 AHU, Conselho Ultramarino, São Paulo, caixa 39, doc. 3261, 26/10/1789.

225 AHU, Conselho Ultramarino, São Paulo, caixa 39, doc. 3276, 4/12/1790.

abrigar a Junta da Real Fazenda, a Contadoria, a Secretaria de Governo e a Casa dos Cofres. Em 1772, antes de assumir efetivamente a dignidade de bispo de São Paulo, frei d. Manuel da Ressurreição obteve ordem régia para ocupar o antigo Colégio dos Jesuítas, "tendo o governador ido viver em uma parte do Colégio Velho por três anos". Depois, o sucessor do morgado de Mateus, Lobo de Saldanha, haveria de se apossar por completo do Seminário, permanecendo nele até o fim do seu mandato.[226]

O Cabido ainda alegou que se gastava muito com a residência dos prelados, mas o procurador da Coroa concluiu que se despendia muito mais com a dos capitães-generais e o aluguel do prédio onde funcionava o Tribunal da Junta da Fazenda Real. Além disso, segundo o procurador, a informação de que não havia casas para a residência do novo bispo não era verdadeira.[227]

A decisão do governador, ao contrário do que certamente ocorreria ao tempo de frei d. Manuel da Ressurreição, não encontrou maiores resistências por parte do novo bispo diocesano de São Paulo, frei d. Miguel da Madre Deus Galrão. Talvez por isso o governador tenha procurado ressaltar a "boa conduta" do prelado da diocese da capitania, sugerindo que a rainha fizesse justiça a frei d. Miguel da Madre de Deus Galrão "por seus serviços".[228] Mas, na realidade, o governador só seguia orientação da Corte que, em agosto de 1784, já havia advertido o bispo d. Manuel da Ressurreição para o grande número de pessoas ordenadas, considerando desnecessário o aumento do corpo eclesiástico, "já bastante numeroso em relação à diminuta povoação da capitania".[229]

Com a morte do bispo d. Manuel da Ressurreição, o novo bispo de São Paulo, d. Bernardo Rodrigues Nogueira e o seguinte, d. Miguel da Madre de Deus Galrão, passaram a residir em uma casa de propriedade do padre Ângelo de Sequeira, ao mesmo tempo em que

226 AHU, Conselho Ultramarino, São Paulo, caixa 42, doc. 3428, 4/4/1796.
227 AHU, Conselho Ultramarino, São Paulo, caixa 39, doc. 3276, 4/2/1790.
228 AHU, Avulsos, São Paulo, caixa 9, doc. 16, 20/2/1789.
229 AHU, Conselho Ultramarino, São Paulo, caixa 42, doc. 3451, 17/8/1796.

trataram de conduzir a construção de uma residência que seria destinada exclusivamente aos bispos, mas que ficaria por terminar por falta de recursos, até que o governador Lorena decidiu aproveitar o local para construir um quartel para a Legião dos Voluntários.[230] Nada disso, porém, foi suficiente para motivar maiores desavenças do governador com os religiosos.

REFLEXOS DA CONJURAÇÃO MINEIRA DE 1789

De Portugal, o governador trouxera na bagagem um exemplar do livro *História filosófica e política do estabelecimento e comércio dos europeus nas duas Índias*, em que o abade Raynal, ex-jesuíta, fazia uma descrição realista da situação nas colônias europeias do Caribe, mostrando que a massa de escravos submetidos ao regime mais desumano de exploração se encontrava em um ponto crítico, próximo de explosiva rebelião. O livro circulava no Reino entre as camadas mais cultas e na capitania de Minas Gerais seria leitura obrigatória entre alguns dos conjurados de 1789.

Mas a informação do livro que mais o interessava seria a de que era possível explorar minas de ferro e estanho entre os rios Tietê e Mogi Guaçu, na cordilheira de Paranapiacaba, a quatro léguas de Sorocaba. Mandou constatar a veracidade da informação e soube que o abade Raynal havia errado no nome da serra, que se chamava Araçoiaba e estava a 2,5 léguas de Sorocaba. Além disso, não havia notícia de minas de estanho por ali, mas, sim, de ferro e aço. Foi o que informou ao ministro Martinho de Melo e Castro.[231]

A intenção do governador era estimular ao máximo o desenvolvimento da capitania para evitar manifestações de descontentamento como aquela que ocorreria pouco depois em Minas Gerais, onde

---

230 AHU, Conselho Ultramarino, São Paulo, caixa 43, doc. 3428, 4/4/21796.
231 AHU, Conselho Ultramarino, São Paulo, caixa 39, doc. 3207, 1/8/1788.

grandes proprietários e potentados financeiros, com o apoio de um alto funcionário, o ex-ouvidor Tomás Antônio Gonzaga, e um oficial de baixa patente, o alferes Joaquim José da Silva Xavier (1746-1792), conhecido pela alcunha de Tiradentes, imaginariam uma rebelião contra o poder de Lisboa.

Levando-se em conta algumas declarações atribuídas a Tiradentes, é possível imaginar que boa parte das elites da capitania de São Paulo também estivesse envolvida na conspiração, mas essa ideia não passa de mera especulação. A rigor, o que se sabe é que, segundo o praticante de cirurgia Salvador Carvalho do Amaral Gurgel (1762-1812), filho de um comerciante da vila de Parati e inconfidente condenado a degredo na África Oriental em 1792, o alferes lhe teria dito em Vila Rica que as conversações com paulistas estariam adiantadas. "Já tenho esta capitania e a de São Paulo na mão", teria dito o alferes a Gurgel. "Vários regimentos vão se levantar, ministros serão presos, pois querem uma testa coroada em Minas", acrescentaria, conforme Gurgel afirmou ao ouvidor-geral Pedro José Araújo de Saldanha, substituto de Gonzaga, encarregado de fazer a devassa da conspiração em Minas Gerais.

Outro suspeito ouvido na devassa, Crispiniano da Luz Soares, acusaria o próprio Gurgel de lhe ter dito que pretendia encaminhar algumas "cartas de muita importância – umas para o Rio e outras para as partes de São Paulo". Mas Gurgel diria que seriam cartas dirigidas aos seus familiares que moravam na vila de Parati e que tratavam de assuntos particulares, embora as autoridades suspeitassem de que fizessem parte de um plano de articulação para a frustrada conspiração de 1789.[232]

É de se lembrar que o então arrematante João Rodrigues de Macedo (c.1730-1807), considerado aquele que seria o grande financiador do movimento se, de fato, os planos dos inconfidentes tivessem sido colocados em prática, mantinha relações estreitas com pelo menos dois pró-homens da capitania de São Paulo, Antônio Fernandes do

232 ADIM, V. 2, p. 219; v. 4, pp. 143 e 222-224

Vale, "pessoa de sua maior confiança", e José Vaz de Carvalho, grande proprietário e juiz ordinário por várias legislaturas.

Em 1776, Fernandes do Vale, alegando problemas de saúde, recusou-se a assumir a administração do contrato das entradas da capitania de São Paulo, do qual Macedo era arrematante, mas indicou José Vaz de Carvalho, que se responsabilizou por colocar "pessoas capazes nos registros".[233] Por carta de Macedo a José Vaz de Carvalho, percebe-se que o contrato das entradas na capitania de São Paulo oferecia "pequeno rendimento", mas que, em compensação, o trabalho não seria "grande". O prêmio que o administrador deveria receber seria de 150$000 réis.[234]

Como se sabe, o potentado Macedo, valendo-se do tráfico de influência e de subornos, conseguiu escapar dos processos da devassa mineira, especialmente por favorecimento do escrivão José Caetano César Manitti, que se esforçou ao máximo para não incriminá-lo nas inquirições. Em 1797, alguns dias antes de se retirar para Portugal, Manitti conseguiria do ex-contratador um empréstimo de 1 conto de réis, sob a alegação de que precisava pagar despesas da viagem que faria em companhia do visconde de Barbacena.[235]

No começo do governo do visconde de Barbacena, Macedo também teria subornado o governador, que, depois do desbaratamento da conjuração, nunca o chamou para depor, apenas autuando-o como testemunha no sequestro de bens de seu funcionário, o guarda-livros Vicente Vieira da Mota (1735-1798), que morava em sua casa e seria condenado ao degredo em Rios de Sena, Moçambique, na África Oriental, onde exerceria o comércio de marfim.[236] A Barbacena, em julho de 1788, o contratador forneceu a "ajuda" de 40 mil cruzados, o

---

233 Tarquínio J. B. de Oliveira, *Correspondência ativa de João Roiz de Macedo*, 1981, pp. 98-99, cartas de Macedo a Vale e Carvalho, 23/4/1776.

234 *Idem, ibidem*, 1981, p. 159, carta de 10/6/1777.

235 FBN/CC, 1-10, 15, 023 *apud* André Figueiredo Rodrigues, *A fortuna dos inconfidentes: caminhos e descaminhos dos bens dos conjurados mineiros (1760-1850)*, 2010, p. 75, carta de Manitti a Macedo, 24/8/1797.

236 André Figueiredo Rodrigues, *op. cit.*, 2010, pp. 74-75.

que equivalia a três anos de seu soldo como governador ou ao preço de dezesseis casas assobradadas.[237]

As relações de Macedo com José Vaz de Carvalho começaram pouco tempo depois da chegada deste à cidade de São Paulo em 1774, procedente de Aveiro, depois de formado em Coimbra. Durante certa época, Carvalho teria sido administrador de Macedo no contrato das entradas da capitania de Minas Gerais. Depois, arrematou sozinho o contrato das entradas das Minas no triênio de 1783/1785.[238]

Em São Paulo, Carvalho casou-se com Escolástica Joaquina de Macedo, filha de um grande negociante local, de origem lusa, Manuel de Macedo, herdando sua posição no grupo de mercadores na capitania. Tornou-se negociante de bestas do Sul e morava à rua Direita, na cidade de São Paulo. Nas décadas seguintes, atuou como arrematante de importantes tributos da capitania, por períodos ininterruptos, juntamente com sócios como Paulino Aires de Aguirre (?-1798), negociante de tropas e criador em Sorocaba, José de Andrade e Vasconcelos e Francisco José de Sampaio Peixoto (1751-1811), seu colega na homenagem a Lorena na Câmara de São Paulo ao final de 1791.

Carvalho, Peixoto e Aguirre arremataram o contrato do Registro de Curitiba de 1799-1805. Na verdade, o reinol Peixoto, formado em Direito em Coimbra, que fora casado em Portugal de 1770 a 1804, ao ficar viúvo, casaria com a filha de Carvalho, mais jovem que ele 36 anos. No fim da vida, Carvalho, já brigadeiro, seria um comerciante falido, com dívidas avaliadas em 24 contos de réis, das quais o maior credor seria o fazendeiro de café Nicolau Pereira de Campos Vergueiro (1778-1859), reinol, formado em Direito por Coimbra, que ficaria mais conhecido como senador Vergueiro e seria constituinte em 1823.[239]

---

237 Márcio Jardim, *A Inconfidência Mineira: uma síntese factual*, 1989, p. 226.

238 Maria Lucília Viveiros Araújo, "Contratos régios e contratadores da capitania de São Paulo, 1765-1808", 2009, pp. 18-19. <Disponível em: www.fea.usp.br/feaecon/media/fck/File/Maria_28.09.09.pdf. Acesso em: 14/10/2014.>

239 *Idem*, "Rede de negócios no registro de Curitiba na passagem do século XVIII para o XIX". In: *XXIV Simpósio Nacional de História/Associação Nacional de História* (ANPUH), 2007, pp.

Carvalho ainda foi fiador de diversos tropeiros que passavam pelo Registro de Sorocaba, os quais só poderiam passar com pagamento ou com fiança.[240] Por outro lado, parece ter feito um bom investimento em relações de compadrio. No Registro de Curitiba, esta relação chegou a ser utilizada como garantia de pagamento futuro pelo afilhado José Manuel Tavares da Cunha, de Jundiaí, em novembro de 1797. Ele ainda mantinha negócios em Curitiba, dentre os quais o próprio Registro, assim como era sócio de comerciantes em Sorocaba, Guaratinguetá e São Paulo.[241]

Apesar das suas relações comerciais com Macedo, não se pode tirar a conclusão de que José Vaz de Carvalho e seus sócios tivessem conhecimento das articulações que se entabulavam em Minas Gerais às vésperas do desbaratamento da conjuração de 1789. Na verdade, as ramificações daquele movimento nunca alcançariam grande repercussão em São Paulo, o que deixa evidente que não houvera uma estratégia planejada para eliminar o domínio da Coroa e estabelecer uma república.[242]

Até porque as circunstâncias na capitania paulista seriam diferentes: não havia um grupo hegemônico descontente com a condução da economia, ao contrário do que ocorrera em Minas Gerais, onde um clã perdera posições na disputa pelas arrematações dos rendosos contratos de cobrança dos dízimos e das entradas de mercadorias e no controle governamental do comércio e contrabando de diamantes,

---

3-4. <Disponível em: anpuh.org/anais/wp-content/uploads/mp/ ... /ANPUH.S24.0375.pdf. Acesso em: 15/5/2014.>

240 BNRJ-II-35, 25, 05 *apud* Tiago Luís Gil. "A nobreza da terra e o comércio de animais no centro-sul do Brasil: redes sociais, crédito, controle social e hierarquia no além-mar", 2011, p. 25. In: Congresso Internacional da Pequena Nobreza nos Impérios Ibéricos de Antigo Regime, Lisboa, 18/21/maio/2011, pp.1-27. <Disponível em: www.iict.pt/pequenanobreza/arquivo/Doc/t3s2-02.pdf. Acesso em: 15/5/2014.>

241 *Idem, ibidem.*

242 A. J. R. Russel-Wood, "Pré-condições e precipitantes do movimento da independência da América portuguesa". In: Júnia Ferreira Furtado (org.). *Diálogos oceânicos: Minas Gerais e as novas abordagens para uma história do Império Ultramarino Português*, 2001, p. 458.

quando o governador Luís da Cunha Meneses passara a reservar esses postos a protegidos, na maioria reinóis.[243]

Tampouco havia na capitania paulista temor com a cobrança de possíveis débitos, como em Minas Gerais, onde as dívidas acumulavam-se, especialmente, na cobrança do quinto do ouro: com a decadência e o contrabando praticado pelos poderosos, governantes, oficiais e delinquentes comuns, além da sonegação generalizada, o confisco necessário para regularizar os atrasados chegava, em 1786, a 384 arrobas, ou seja, 5,7 toneladas, o equivalente a toda a produção de um exercício, ficando os moradores ainda devendo 44 arrobas à Coroa.[244]

Na capitania de São Paulo, ao contrário, não havia contratadores insolventes com a Real Fazenda.[245] Em compensação, a arrecadação dos impostos régios na capitania paulista, se possibilitou a formação de expressivo número de pequenos e médios contratadores, não permitiu o surgimento de uma casa comercial sólida, capaz de competir com os grandes comerciantes do Rio de Janeiro e de Lisboa.[246]

Na capitania de São Paulo, de 1783 a 1789, os contratos dos dízimos, que eram os de maior rendimento, foram administrados por um grupo paulista, encabeçado pelo capitão Francisco Rodrigues de Macedo e os sócios José Vaz de Carvalho, Jerônimo Martins Fernandes e Paulino Aires Aguirre. No triênio seguinte, Manuel de Oliveira Cardoso (1714-1795), que, como contratador, fiança ou caixa, havia dominado por largos anos essa concessão "em prejuízo da Real Fazenda", segundo acusação do governador e capitão-general Luís Antônio de Sousa Botelho Mourão, o morgado de Mateus, assumiria a arrecadação dos dízimos pela última vez. Só no triênio seguinte, a partir de 1792, em

---

243 Kenneth Maxwell, *A devassa da devassa: a Inconfidência Mineira, Brasil e Portugal (1750-1808)*, 1977, pp. 89-92; Valentim Alexandre, *Os sentidos do Império: questão nacional e questão colonial na crise do antigo regime português*, 1993, p. 80.

244 Tarquínio J. B. de Oliveira. *As Cartas Chilenas: fontes textuais*, 1972, p. 163.

245 Maria Lucília Viveiros Araújo, *op. cit.*, 2009, p. 21.

246 *Idem, ibidem*, p. 19.

meio ao governo de Lorena, Jacinto Fernandes Bandeira, grande negociante de Lisboa, assumiria o contrato, renovando-o seguidamente até 1804.[247] Isso significa que, à época do movimento conspiratório em Minas Gerais em 1789, não haveria razões para descontentamento com o poder régio de Lisboa entre os maiorais da capitania paulista.

Também não havia ex-arrematantes de contratos que se tivessem transformado em *grossos devedores*, embora houvesse a mesma relação promíscua entre esses licitantes e as altas autoridades. Em Minas Gerais, os ex-arrematantes João Rodrigues de Macedo e Joaquim Silvério dos Reis seriam aqueles que mais lucrariam com um possível rompimento com Lisboa, pois, fatalmente, dessa maneira, ficariam livres das dívidas. Ao que parece, foi a insatisfação com a demora dos conspiradores para colocar os planos em prática o que levou Silvério a procurar em abril de 1789 o visconde de Barbacena, governador e capitão-general da capitania, para lhe entregar uma carta em que denunciava a trama.[248]

Como todo governador e capitão-general setecentista, Lorena não deixou de trazer consigo uma "quadrilha", ou seja, "criados que, depois de comerem a honra, a fazenda e os ofícios que deviam ser dos habitantes, se iam rindo deles para Portugal", como dissera, à época, o alferes Tiradentes, ao se referir aos capitães-generais que haviam governado Minas Gerais.[249]

É de se notar que, em abril de 1785, três anos antes de Lorena chegar a São Paulo e quatro do desbaratamento da conspiração de Minas Gerais, alvará régio censurava funcionários superiores do governo da capitania de Moçambique, Rios de Sena e Sofala por comerciarem com o seu próprio capital e "mesmo com o do Tesouro Real", através de intermediários e nomes falsos, reunindo fortunas consideráveis que

---

247 *Idem, ibidem*, 2009, p. 7.
248 RAPM, jan.-mar.1901, p. 201.
249 ADIM, v. 5, 1976-78, p.118.

enviavam para o estrangeiro ou investiam como sócios comanditários no comércio retalhista.[250]

Obviamente, isso não se dava apenas nas possessões da costa oriental da África, mas era comum em todas as conquistas do império luso. Até porque, como disse o historiador Charles R. Boxer, uma vez que a Coroa não podia pagar salários adequados, os seus funcionários no ultramar estavam, umas vezes expressa, outras tacitamente, autorizados a negociar por sua própria conta.[251]

Portanto, essa preocupação periódica do governo metropolitano com a venalidade de seus altos funcionários soa mais como uma justificativa perante o público externo. Basta ver que, em 1808, seria nomeado para o governo daquela capitania africana exatamente o sucessor de Lorena em São Paulo, Antônio Manuel de Melo Castro e Mendonça, o Pilatos, notório açambarcador de negócios coloniais.

Ao redor de Lorena no governo de São Paulo, não seriam muitos esses "criados", para se usar aqui a expressão de Tiradentes, mas dois deles aparecem com insistência na correspondência: José Romão Jeunot e Bento Tomás Viana, ambos ligados ao capitalista Jacinto Fernandes Bandeira. Jeunot viera na companhia do governador já destacado como secretário de governo, nomeado pouco depois da indicação de Lorena em 1786, como fica claro em requerimento em que pede à rainha d. Maria I provisão para receber seu ordenado desde o dia do embarque para a capitania de São Paulo.[252] Teria participado de todos os entendimentos prévios que Lorena mantivera ainda em Lisboa com Bandeira e funcionaria como uma espécie de correspondente do capitalista na capitania, embora essa não fosse uma função admissível em um alto funcionário régio, ainda que a legislação que a proibisse não passasse de um engodo. Tanto que na primeira arrematação que

---

250 Charles R. Boxer, *O império colonial português (1415-1825)*, 1981, p. 309.
251 *Idem, ibidem*, p. 307.
252 AHU, ACL, Conselho Ultramarino, 023, caixa 11, doc. 527; AHU, Mato Grosso, caixa 23, doc. 4, ant. 16/12/1786.

Bandeira fez em Lisboa do contrato dos dízimos da capitania de São Paulo, em julho de 1792, por dois triênios, Jeunot aparece como seu procurador,[253] o que, em outras palavras, significava também a participação disfarçada de Lorena.

Aliás, a atuação de Jeunot no governo equivalia quase à do próprio governador, como fica evidente na correspondência pelo menos até 1792, quando a rainha d. Maria I mandou dizer ao secretário que as participações que lhe eram encaminhadas tinham de seguir assinadas pelo próprio governador e não por ele. Essa reprimenda vinha a propósito de uma correspondência que Jeunot enviara à rainha dizendo que havia recebido uma ordem régia de 26 de maio de 1791.[254]

Está claro que a estratégia de Lorena e Jeunot seria a de reduzir a participação de comerciantes fluminenses nos negócios da capitania, substituindo-os por comerciantes estabelecidos em Lisboa que tinham acesso direto ao ministro da Marinha e Ultramar, Martinho de Melo e Castro, grupo restrito em que se destacava Bandeira. Essa estratégia faria parte de um plano do próprio ministro de diminuir a influência de comerciantes fluminenses, que ocupavam uma posição privilegiada nos negócios com a metrópole e com outros centros do capitalismo europeu.

Como controlavam a liquidez, esses negociantes de *grosso trato* pugnavam pela venda em bloco de grandes lotes de mercadorias ainda nos portos, embora os seus mais altos lucros viessem mesmo do tráfico de escravos com a África. Como observa o historiador Manolo Florentino, "a submissão dos pequenos comerciantes e varejistas do centro receptor ou de áreas do interior lhes era fácil, pois os negociantes de grosso trato controlavam o crédito".[255]

253 Ana Paula Medicci, *op. cit.*, 2010, p. 129.
254 DI, v. 25, 1898, p. 121, c. 1792.
255 Manolo Florentino, *Em costas negras: uma história do tráfico atlântico de escravos entre a África e o Rio de Janeiro (séculos XVIII e XIX)*, Arquivo Nacional, 1995, p. 200.

Naturalmente, os governadores e capitães-generais tinham de se preocupar também em articular uma composição política com os grupos locais, o que incluía facilitar-lhes os negócios. Como as principais forças econômicas e políticas estavam na maior parte concentradas e representadas na Câmara da cidade ou vila onde estava a sede do governo, era fundamental que usassem sua influência sempre que ocorriam eleições para a escolha de seus membros (juízes ordinários e vereadores).

Com as câmaras das demais vilas essa preocupação não existia em razão da distância ou do isolamento, mas, de qualquer modo, o poder da Coroa se manifestava com a presença periódica do ouvidor da comarca ou do juiz de fora. Ou, em último caso, com a atuação do capitão-mor. Todas as câmaras tinham a sua importância porque podiam funcionar como caixa de ressonância das insatisfações das elites locais, pois tinham o direito de encaminhar suas reivindicações diretamente ao monarca ou ao ministro do Ultramar ou ao Conselho Ultramarino, mas as queixas afloravam principalmente quando o governador e capitão-general ou outro alto funcionário régio já estava longe, de volta ao Reino ou destacado para outra capitania.

Fosse como fosse, não se pode deixar de reconhecer que esses grupos locais tinham força suficiente para, muitas vezes, embaraçar o desenvolvimento de um governo, o que exigia a prática permanente de negociação entre as elites coloniais e o centro do poder, envolvendo diferentes agentes do império: "casas aristocráticas do reino, oficiais régios, negociantes e nobreza da terra".[256]

Livrando os produtores paulistas ou pelo menos aqueles estabelecidos na cidade de São Paulo e na área produtora de açúcar – Itu, Mogi Mirim, Sorocaba, Jundiaí e Piracicaba, freguesia de Jundiaí, e arredores – e os comerciantes estabelecidos no porto de Santos das mãos dos

---

256 João Fragoso; Maria de Fátima S. Gouvêa, "Vitorino Magalhães et les réseaux impériaux". In: *Arquivos do Centro Cultural Calouste Gulbenkian*, v. 50, 2005, p. 89.

negociantes fluminenses, Lorena imaginava aumentar os seus lucros, conquistando também o seu apoio político. Com certeza, conseguiu seu intento, como comprovam documentos que atestam o quanto esses produtores e comerciantes ficaram sensibilizados e agradecidos com a sua atuação. Por isso, é de se imaginar que esses negociantes nunca se deixariam seduzir pelas pregações do alferes Tiradentes ou de outros conjurados mineiros de 1789, se alguma vez tivessem tido a oportunidade de ouvi-las.

Para reforçar o apoio desses pró-homens ao seu governo, Lorena procurou se valer também do direito que tinha de nomear comerciantes locais para altas patentes milicianas, a exemplo do que ocorrera largamente na capitania de Minas Gerais ao tempo de Luís da Cunha Meneses. Esses títulos eram, praticamente, honoríficos, já que só em casos excepcionais o governo iria recorrer à força armada que seria conduzida por esses pró-homens – geralmente, tropas formadas por escravos. Os títulos, porém, serviam para dar distinção aos que os ostentavam e a suas famílias. Só que a distribuição desses títulos seguia um ritual secreto que incluía o pagamento "por fora" para "aliados" do governador.

No caso de Lorena, o intermediário era o seu ajudante de ordens, José Romão Jeunot. Por outras palavras, Lorena até justificava que esses títulos fossem dados a pessoas abonadas, como escreveu em correspondência que encaminhou ao ministro Martinho de Melo e Castro:

[...] as promoções destes corpos se não podem fazer com a regularidade que se pratica nas tropas pagas; porque muitas vezes é preciso preferir um homem que tenha posses para fazer seus uniformes a um de muito maior merecimento a quem não faria conta a sua promoção por esta única razão.[257]

---

257 DI, v. 45, 1924, p. 32, 31/7/1789.

Foram tantas as nomeações feitas por Lorena sem levar em consideração outro requisito que não fossem as "posses" do nomeado que a prática despertou a suspeita do ministro Martinho de Melo e Castro, que chegou a repreendê-lo por ter nomeado, em 1794, para sargento-mor das Ordenanças da cidade de São Paulo uma pessoa que não mereceria a menor confiança.[258] Preocupada com esse "comércio" de títulos, a Coroa, em 1797, haveria de baixar ordens para que os regimentos auxiliares fossem organizados de acordo com as normas seguidas no Reino.

Dessa maneira, esses regimentos passaram a ser chamados de "milícias" e seus chefes, os antigos "mestres de campo", de "coronéis".[259] Em 1802, a Coroa acabaria por proibir que o vice-rei e os governadores e capitães-generais continuassem a distribuir patentes militares nos corpos milicianos sem apresentar razões que as justificassem. A partir daí, seria o Conselho Ultramarino o órgão que daria a palavra final, antes da assinatura régia, para a concessão do título.[260]

Além de José Romão Jeunot, que atuaria como "intermediário" de Lorena nesse comércio clandestino de concessão de patentes militares, outro que fazia parte do círculo íntimo do governador era Bento Tomás Viana, caixeiro do negociante Jacinto Fernandes Bandeira, que chegara em junho de 1790 com o objetivo de estabelecer uma casa comercial no porto de Santos. De início, a função de Viana seria a de acompanhar o encaminhamento dos escravos vendidos a produtores de São Paulo, além de providenciar para que os navios de Bandeira retornassem a Lisboa com carga completa.[261]

O prestígio de Bandeira no Palácio da Ajuda, então sede do governo português, era tanto que o próprio ministro Martinho de Melo e Castro escreveu a Lorena mandando que facilitasse tudo o que pudesse ser necessário para a acomodação de Viana "bem como para o seu

---

258 AESP, lata Coo244, maço 16ª, pasta 2, 1794.
259 DI, v. 89, 1967, p. 30, 20/11/1797.
260 DI, v. 89, 1967, pp. 258-259-261-263, 20/7/1802.
261 Ana Paula Medicci, *op. cit.*, 2010, p. 128.

comércio".[262] Com a chegada de Viana, parece que Jeunot começou a se afastar dos negócios de Bandeira na capitania, à medida que o jovem protegido do capitalista passava a ganhar maturidade e a se enfronhar nos negócios. Um ano depois de sua chegada a Santos, Bandeira escrevia a Lorena para agradecer por "olhar o Bento", que começava a se mostrar "um homem de negócios perfeito", mas que precisava continuar sob a proteção do governador por ser "muito rapaz", ainda que tivesse "muita viveza".[263]

Com tamanho apoio, não foi difícil ao "caixeiro" Viana superar a inexperiência da juventude, participando dos negócios que eram tramados por Bandeira em Lisboa com a parceria de Lorena em São Paulo. Sempre apadrinhado pelo seu mentor no Reino, chegaria, em 1796, ao posto de capitão do Terço de Auxiliares da capitania de São Paulo.[264] Em 1798, seria nomeado capitão-mor da vila de São Vicente.[265] A essa época, Bandeira ainda teria a preocupação de pedir a Lorena para recomendar Bento ao seu sucessor, Antônio Manuel de Melo Castro e Mendonça.[266]

Para Bandeira, embora os negócios que pudesse fazer com a capitania de São Paulo não fossem prioridade nem lhe parecessem como de grande vulto, aquela seria uma oportunidade de aumentar a concorrência que fazia aos traficantes fluminenses de escravos, que já haviam estabelecido relações altamente lucrativas não só com as possessões lusas da costa ocidental – Angola e Benguela, sobretudo –, mas também com a costa oriental, ou seja, com a ilha de Moçambique e Quelimane.

Seguia assim a estratégia do ministro Martinho de Melo e Castro que procurava diminuir a influência dos traficantes brasileiros, o que

---

262 DI, v. 45, 1924, pp. 445-446, 6/6/1790.
263 BNP, Coleção Pombalina, códice 643, fl. 336, 29/7/1971 *apud* Ana Paula Medicci, *op. cit.*, 2010, p. 128.
264 ANTT, Registro Geral de Mercês de D. Maria I, livro 28, fl. 185v, 26/11/1796, *apud* Ana Paula Medicci, *op. cit.*, 2010, p. 128.
265 DI, v. 87, 1963, p. 54, 24/1/1798.
266 BNP, Coleção Pombalina, códice 643, fl. 490 *apud* Ana Paula Medicci, *op. cit.*, 2010, p. 131.

obviamente incluía os fluminenses, que se haviam apossado do fluxo atlântico. Para o ministro, na concorrência com os americanos (leia-se brasileiros) nos portos da África, os reinóis é que deveriam ter a preferência nos negócios:

> Sem fazermos a menor reflexão dos gravíssimos inconvenientes que podiam resultar a este Reino, em deixarmos o comércio da Costa d'África entregue nas mãos dos americanos, lhes permitimos, particularmente aos habitantes da Bahia e Pernambuco, uma ampla liberdade de poderem fazer aquela navegação e negociar em todos os portos daquele continente, não nos lembrando de acordar ao mesmo tempo dos negociantes das praças deste Reino alguns privilégios, graças ou isenções, para que na concorrência com os ditos americanos nos referidos portos da África, tivessem os portugueses a preferência, mesma sorte que a capital e seus habitantes o devem sempre ter em toda a arte sobre as colônias e habitantes delas.[267]

Embora cite diretamente comerciantes da Bahia e Pernambuco, o trecho, além de expor a mentalidade mercantilista de que estava imbuído o ministro à época, mostra que o avanço dos negociantes fluminenses – quase um monopólio – no tráfico da escravatura nos dois lados da África, com certeza, também não agradava ao governo de Lisboa. Era preocupação do ministro Melo e Castro evitar que o controle dos negócios ultramarinos escapasse das mãos dos grandes negociantes metropolitanos, que cuidavam de revender os produtos coloniais – entre eles, o açúcar, que seguia em grandes quantidades para a Itália e outros países mediterrânicos, depois que, em 1750, o mercado inglês deixara praticamente de existir para esse produto brasileiro.[268] Ao mes-

---

267 Pierre Verger, *Fluxo e refluxo de tráfico de escravos entre o golfo do Benin e a Bahia de Todos os Santos (dos séculos XVII e XIX)*, 1987, p. 22 *apud* Manolo Florentino, *op. cit.*, 1995, p. 123.
268 Charles R. Boxer, *op. cit.*, 1981, p. 177.

mo tempo, a preocupação do ministro serve para demonstrar que, ao final do século XVIII, a relação reino-colônia já começara a se inverter.

Melo e Castro ainda tentaria reverter essa tendência, mas não poderia avançar muito em seus intentos e tampouco viveria para testemunhar essa *virada*: a partir de 1808, com a transferência da família real para o Rio de Janeiro, constrangida pela invasão francesa, Portugal seria reduzido ao *status* de colônia de um governo imperial instalado no Rio de Janeiro, tal como consta do manifesto publicado pelos rebeldes do Porto em 1820, inconformados com aquela situação que reputavam por humilhante.[269]

A estratégia de Melo e Castro de favorecer os negociantes metropolitanos, de que os privilégios concedidos à atuação de Bandeira seriam o melhor exemplo, não seria bem sucedida porque os comerciantes fluminenses continuariam a dominar o tráfico procedente de Angola e Benguela e ainda reforçariam seus laços com a ilha de Moçambique e Quelimane, na contracosta africana,[270] pois passariam a ter um interlocutor especial na ilha de Moçambique, Eleutério José Delfim, filho de Antônio Delfim Silva, abastado empreiteiro de obras públicas do Rio de Janeiro, que, no começo de julho de 1788, a bordo da nau *Conceição e São José,* seguira para Lisboa com hospedagem já garantida na casa do magnata Joaquim Pereira de Almeida, que morava na rua Augusta, na baixa pombalina.[271] Almeida fazia parte do reduzido círculo de comerciantes que tinham acesso direto ao ministro Martinho de Melo e Castro, mas a essa época estava instalado temporariamente desde 1787 em Macau.[272]

Em seguida, Delfim viajaria para Montpellier, na França, com o objetivo de entregar ao estudante brasileiro José Joaquim da Maia e Barbalho uma credencial da maçonaria que lhe permitiria se aproxi-

---

269 Kenneth Maxwell, *Mais malandros: ensaios tropicais e outros,* 2002, p. 175.
270 José Capela, *O escravismo colonial em Moçambique,* 1993, p. 13.
271 AHU, Avulsos, Rio de Janeiro, caixa 141, doc. 61, 8/7/1788.
272 AHU, Macau, caixa 18, doc. 35, 2/1/1790, anexo M846A1.

mar do ex-ministro da América inglesa, Thomas Jefferson (1743-1826), para negociar o apoio do governo daquela nação aos planos dos inconfidentes de 1789. Isso mostra que as ligações dos inconfidentes incluíam grandes comerciantes ligados ao tráfico negreiro, o que reforça a ideia de que a liberdade dos escravos nunca fez parte do seu ideário.

É de se lembrar ainda que Almeida, por sua fortuna, sempre teve atrás de si uma legião de empregados e aduladores. Nesta última categoria, inclui-se o poeta Manoel Maria de Barbosa du Bocage, que pagou em versos o favor que Almeida lhe fez em 1790 ao facilitar o seu retorno de Macau para Lisboa. Ao negociante, o poeta chamou de "meu benfeitor, meu caro amigo".[273]

Depois de sentar praça voluntariamente na Casa da Índia, em Goa,[274] Delfim chegaria à ilha de Moçambique em 1792. A partir de 1794, teria início em larga escala o comércio entre a costa oriental africana e o Rio de Janeiro, com a participação direta do governador e capitão-general d. Diogo de Sousa Coutinho (1755-1829), notório negociante de escravos que usava como preposto o seu ex-secretário de governo, o baiano Manuel Galvão da Silva, advogado e cientista.[275]

Na realidade, a presença de comerciantes fluminenses na ilha de Moçambique datava de 1763, com a chamada Casa do Rio de Janeiro, empresa de Antônio Lopes da Costa & Cia. Desde então, várias casas comerciais de fluminenses se estabeleceram na ilha de Moçambique e em Quelimane com o objetivo de traficar escravos para os portos da América.[276]

Como se vê, as ideias republicanas rondavam a cabeça dos pró-homens daquele tempo, pois atravessavam também o Atlântico a bordo dos navios que traziam mercadorias e escravos. Tanto que, no começo

---

273 Manuel Maria de Barbosa du Bocage, *Rimas*, t. II, 1813, p. 168.
274 AHU, Moçambique, caixa 69, doc. 28, 30/10/1794.
275 Adelto Gonçalves, *Tomás Antônio Gonzaga*, 2012, pp. 36-37; *Gonzaga, um poeta do Iluminismo*, 1999, p. 364.
276 Fritz Hoppe, *A África Oriental portuguesa no tempo do marquês de Pombal (1750-1777)*, 1970, p. 228.

de 1792, o ministro Martinho de Melo e Castro distribuiu uma circular extensiva a todos os governadores em que o governo externava sua preocupação com as consequências que pudessem ter na América portuguesa a revolta dos escravos ocorrida na ilha francesa de São Domingos, prevenindo-os para "o pernicioso e perverso intento em que os clubes estabelecidos em França procuram propagar os abomináveis e destrutivos princípios da liberdade". O ministro dizia que muitos senhores de escravos, influenciados por esses princípios, de que o abade Raynal era grande propagador, poderiam colocar em risco a sua própria sobrevivência.[277]

Mas, na capitania de São Paulo, os negros não eram em número tão significativo como em Minas Gerais. Além disso, os senhores de escravos e homens de negócio na capitania de São Paulo não só eram menos poderosos como, entre eles, não havia quem se mostrasse em público seduzido pelas "ideias do século".[278]

Os negócios dos amigos de Lorena

Antes de amigo de Lorena, Jacinto Fernandes Bandeira era um magnata diretamente ligado ao ministro Martinho de Melo e Castro: seus negócios confundiam-se com os interesses do próprio Estado português. Depois de ganhar muito dinheiro como arrematante do contrato do consumo do tabaco brasileiro em Espanha, tornara-se sócio de Inácio Pedro Quintela (?-1775),o maior capitalista português da época, nos contratos do sal e da pesca de baleia no Estado do Brasil, a ponto de ter comprado vários navios e lançar-se como traficante negreiro, atividade de alto risco, mas que por isso mesmo era aquela que poderia produzir maiores lucros.

---

277 DI, v. 45, 1924, pp. 449-452, 21/2/1792.
278 José Esteves Pereira, "As ideias do século". In: *Portugal contemporâneo*, v. 1, de António Reis (dir.), 1990, p. 273.

Ao lado de Quintela e Anselmo José da Cruz Sobral (c.1730-1802), havia acumulado muita riqueza à época do marquês de Pombal, usufruindo de empreendimentos estatais. Fizera parte de um grupo seleto de comerciantes radicados em Lisboa que haviam lucrado bastante com as três companhias fundadas por Pombal sob proteção régia para monopolizar o comércio das regiões amazônica (Maranhão e Pará) e nordestina (Pernambuco e Paraíba) e do vinho do Porto, esta empresa para concorrer com os comerciantes ingleses, até sua extinção em 1778-1780, já depois da queda do ministro.[279]

Bandeira assumiria a direção da Real Fábrica da Louça, criada em 1767 como anexa à Real Fábrica das Sedas, e mais conhecida como Fábrica do Rato, em razão de sua localização no bairro do Rato, em Lisboa. Seria também um dos diretores da Companhia de Pernambuco e provedor da Junta do Comércio, fazendo grandes negócios sempre à sombra do marquês de Pombal.[280] Seria ainda um dos beneficiados com a transferência das fábricas reais de Covilhã e Fundão, com todos os seus privilégios, para um grupo privado. Desse grupo, faziam parte também João Ferreira, Joaquim Pedro Quintela (1748-1817), sobrinho de Inácio Pedro Quintela, e Joaquim Machado. Em 1788, a Real Fábrica de Lanifícios de Portalegre, no Alentejo, seria entregue a Anselmo José da Cruz Sobral e Gerardo Venceslau Braancamp de Almeida Castelo Branco, passando depois para o controle do grupo Ferreira-Quintela-Bandeira.[281]

Muitos desses capitalistas seriam ligados aos meios maçônicos, como Anselmo José da Cruz Sobral e Joaquim Pedro Quintela,[282] a exemplo de homens de Estado como o marquês de Pombal, Martinho de Melo e Castro e d. Rodrigo de Sousa Coutinho.[283] É de se lembrar

---

279 Charles R. Boxer, *op. cit.*, 1981, pp. 182 e 192.
280 Kenneth Maxwell, *Marquês de Pombal: paradoxo do Iluminismo*, 1996, p. 149.
281 *Idem, A devassa da devassa: a Inconfidência Mineira, Brasil e Portugal (1750-1808)*, 1977, p. 96.
282 A. H. de Oliveira Marques, *História da maçonaria em Portugal: das origens ao triunfo*, 1990, v. 1, pp. 337 e 386.
283 *Idem, ibidem*, pp. 299, 413 e 423.

que, mesmo com o afastamento de Pombal em 1777 em consequência da morte de d. José I, se alguns homens de confiança do todo-poderoso ministro foram destituídos, Martinho de Melo e Castro continuou como ministro do Ultramar, o que explica a ascendência direta que Bandeira, Quintela, Cruz e mais alguns poucos continuaram a ter no governo. Depois do afastamento de Pombal, Bandeira continuou como membro da Junta do Comércio, ao lado de outros dois abastados comerciantes, Francisco José Lopes e Teotônio Gomes de Carvalho, que atuava como secretário.[284]

No ultramar, a política de Pombal, porém, havia estimulado a ascensão das camadas dominantes a altos postos fazendários e jurídicos, o que favorecera a corrupção mais deslavada e a criação de grandes fortunas locais. Esses potentados, ao menos em regiões mais desenvolvidas, viam-se agora em condições de avançar em negócios ultramarinos que antes ficavam concentrados nas mãos de grandes comerciantes reinóis.

Os mais ricos comerciantes coloniais haviam sido estimulados mediante a fixação de soldos atraentes a colocar sua perícia comercial a serviço dos negócios públicos, "assim como os Bandeira e os Cruz concorriam com sua experiência para a orientação da política da metrópole".[285] Mas, no entender do ministro Martinho de Melo e Castro, essa orientação teria sido levada longe demais. Em razão disso, sua estratégia previa agora a recolocação da burguesia metropolitana no poder.

À época da nomeação de Lorena, Joaquim Pedro Quintela, sobrinho de Inácio Pedro, haveria de arrematar, ao lado de João Ferreira, o contrato de pesca de baleias nas costas do Brasil e ilhas adjacentes por doze anos, a partir de abril de 1789, por 48 contos de réis por ano para a Fazenda Real,[286] mantendo o privilégio em família, já que o tio desde

---

284 Kenneth Maxwell, *Marquês de Pombal: paradoxo do Iluminismo*, 1996, p. 165.
285 *Idem, A devassa da devassa: a Inconfidência Mineira, Brasil e Portugal (1750-1808)*, 1977, p. 63.
286 DI, v. 25, 1898, p. 103, 16/1/1788.

1774 havia sido o arrematante.[287] Segundo Kenneth Maxwell, a queda de Pombal, longe de debilitar o poder e influência desse grupo, forneceu um disfarce para a manipulação do Estado em favor de seus interesses, permitindo que açambarcasse a maioria dos empreendimentos que o Estado havia estabelecido.[288]

Bandeira tiraria boa parte de seus lucros do tráfico negreiro, ainda que tivesse de disputar espaço com muitos negociantes fluminenses, que haviam estabelecido casas comerciais em várias partes das costas africanas. Mas não parece que tenha tido a oportunidade de fazer muitos negócios nesse segmento com a capitania de São Paulo, pois, durante o longo governo de Lorena, há registro de que apenas cinco navios trouxeram escravos diretamente de portos africanos para o porto de Santos,[289] atendendo às reivindicações dos senhores de engenho de Itu e redondezas, que reclamavam com frequência da falta de mão de obra.

Protegido pelo governo, Bandeira teria de dar como contrapartida apoio aos objetivos de que o ministro incumbira o governador Lorena. Por isso, em algumas das cartas encaminhadas a Lorena, o magnata deixava claro que seguia apoiando o governador mais por uma deferência pessoal e por ter empenhado a sua palavra com o ministro Martinho de Melo e Castro, já que os lucros que obtinha com aquele comércio seriam de pouca monta. Até porque a reputação dos produtos paulistas seria sofrível.

Para piorar, a aguardente paulista não encontrava boa receptividade nos mercados tradicionalmente consumidores do produto. Como os produtos paulistas não encontravam boa saída, Bandeira chegou a pedir a Lorena que o pagamento das fazendas vendidas no porto de Santos fosse feito em moeda "e não em gêneros",[290] pedido prontamente atendido, em razão da influência do solicitante no Reino.

---

287 DI, v. 43, 1903, p. 5, 7/5/1774.
288 Kenneth Maxwell, *Marquês de Pombal: paradoxo do Iluminismo*, 1996, p. 166.
289 Ana Paula Medicci, *op. cit.*, 2010, p. 117.
290 BNP, Coleção Pombalina, códice 643, fl. 221 *apud* Ana Paula Medicci, *op. cit.*, 2010, p. 123.

A influência de Bandeira no Palácio da Ajuda, aliás, fica explícita logo em uma das primeiras correspondências que Lorena enviou ao ministro Martinho de Melo e Castro, no começo de agosto de 1788, menos de um mês depois de sua posse. Nessa carta, Lorena reforçava ao ministro o pedido para que Bandeira mandasse seus navios diretamente ao porto de Santos. E aproveitava para recomendar ao ministro que enviasse no primeiro navio de Bandeira que deixasse Lisboa um mestre, caso Sua Majestade quisesse mesmo colocar em execução uma fábrica de ferro na capitania de São Paulo, que, aliás, dizia, sentia muita "falta de ferro e aço". Afirmava ainda esperar que o caminho em direção ao porto de Santos se pusesse logo em boas condições, "mas, ainda mau como está, se pode conduzir o ferro".[291]

O que se percebe também é que o navio *Santos Mártires, Triunfo do Mar*, de propriedade de Bandeira, passou a frequentar o porto de Santos nos primeiros meses do governo Lorena. Em abril de 1789, nove meses depois de sua posse, o governador enviou ao ministro o mapa de carga dessa embarcação.[292] Uma carta de Bandeira a Lorena, com a data de 24 de setembro de 1788, anuncia uma carregação de fazendas que o navio *Santos Mártires, Triunfo do Mar* faria de Santos para Lisboa.

Autorizada pelo ministro Martinho de Melo e Castro, essa embarcação, se não viesse a ter sua carga completada em Santos, poderia fazer escala em Pernambuco, onde o magnata Bandeira mantinha também negócios.[293] Portanto, o primeiro navio de Bandeira com destino a Santos teria saído de Lisboa em setembro de 1788 e retornado em abril do ano seguinte. Há ainda notícia de que em setembro de 1789 o *Santos Mártires, Triunfo do Mar* estava atracado no porto de Santos, conforme mapa de carga encaminhado pelo governador Lorena ao Reino,[294]

291 DI, 45, 1924, p. 11, 2/8/1788.
292 DI, v. 45, 1924, p. 60, 15/4/1789.
293 BNP, Coleção Pombalina, códice 643, fl. 221 *apud* Ana Paula Medicci, *op. cit.*, 2010, p. 123.
294 AMP, t. XV, 1961, p. 241, 3/9/1789.

mas não se pode assegurar que se tratava da segunda viagem da nau ao porto de Santos.

Tamanha demora nas viagens de retorno ao Reino, com certeza, seria justificada pela grande dificuldade de estocar no porto de Santos gêneros em quantidade suficiente para que o navio voltasse a Portugal carregado. Pouco tempo antes, à época do governador interino José Raimundo Chichorro da Gama Lobo, a galera *Santa Rita* tivera de permanecer atracada em Santos "pouco mais de um ano, apodrecendo à espera de despacho", por falta de carga e em razão de desentendimentos entre os correspondentes dos proprietários e carregadores.[295] De acordo com cálculos do historiador Renato de Mattos, nos anos iniciais do governo Lorena, pelo menos três navios teriam saído de Santos e completado carga no Rio de Janeiro, Pernambuco e Bahia, por falta de gêneros em quantidade suficiente para embarque.[296]

Esse não foi o caso do *Santos Mártires, Triunfo do Mar*, de propriedade do magnata Bandeira, que, no começo de 1792, saiu com carga completa, embora tivesse sido obrigado a permanecer atracado no porto pelo menos dois ou três meses à espera de autorização para sair. É o que se depreende de carta com data de 21 de novembro de 1791 em que o secretário de governo José Romão Jeunot instruía o capitão-mor João José da Silva Costa, da vila de São Sebastião, a providenciar o envio de "50 caixas de açúcar para embarcar no navio *Santos Mártires*".[297]

Esse tratamento preferencial ao navio de propriedade de Jacinto Fernandes Bandeira dar-se-ia por quase todo o governo Lorena. Ao final de 1792, isso fica explícito também em uma ordem do governador passada pelo secretário de governo José Romão Jeunot ao sargento-mor da praça de Santos, Francisco Aranha Barreto, para que não deixasse seguir viagem o navio *Santos Mártires, Triunfo do Mar* antes que recebesse um saco de cartas da Junta da Real Fazenda endereçada ao

295 AHU, Avulsos, São Paulo, caixa 9, doc. 11, 17/3/1788.
296 Renato de Mattos, *op. cit.*, 2009, p. 87.
297 DI, v. 46, 1924, p. 145, 21/11/1791.

O REINO, A COLÔNIA E O PODER 279

Erário Régio.[298] Dez dias mais tarde, a autorização para a saída da nau seria dada por Lorena em outro ofício de Jeunot a Aranha.[299] Isso mostra que o navio de Bandeira também era encarregado de transportar a correspondência oficial do governo da capitania.

Outro exemplo do tratamento preferencial aos negócios de Bandeira aparece em uma correspondência ao sargento-mor Francisco José Monteiro, comandante da vila de Paranaguá, em que o secretário mandava que fosse dado todo apoio ao capitão José Mendes da Costa, que ia àquela vila comprar farinha em nome do capitão-mor da cidade de São Paulo, Joaquim José dos Santos. Jeunot deixa claro que a preferência de embarque no porto de Santos seria para o navio que o capitão Bento Tomás Viana, "caixeiro" de Bandeira, indicasse. Só na ausência de embarcação apontada por Viana, é que a carga poderia seguir para uma embarcação que vinha da Bahia e, em terceiro lugar, para um navio que fosse da indicação do capitão José Mendes da Costa.[300]

O favoritismo dado ao magnata de Lisboa fica explícito também em uma correspondência do próprio governador ao juiz de fora da vila de Santos, Sebastião Luís Tinoco da Silva, determinando que remetesse para Lisboa uma partida de couros de diversos tamanhos por conta de uma sociedade da qual Jacinto Fernandes Bandeira era o sócio principal. Tinoco deveria fazer embarcar a maior porção que coubesse no navio *Santos Mártires, Triunfo do Mar,* enquanto o resto seguiria na galera *Silveira.*[301]

Ao sargento-mor Manoel Rodrigues Aranha Belém, comandante da vila de Mogi Mirim, Jeunot escreveu, ao final de 1792, dizendo que o capitão-general lhe ordenava que fizesse aprontar os cavalos necessários para a condução de 400 arrobas de açúcar para o porto de Santos, em nome do capitão Bento Tomás Viana. Jeunot alertava

---

298 AESP, lata Coo389, p. 101v., 2/12/1792.
299 AESP, lata Coo289, p. 102, 12/12/1792.
300 DI, v. 46, 1924, p. 212, 10/6/1793.
301 DI, v. 46, 1924, p. 113, 5/4/1791.

o sargento-mor ainda para que tomasse a providência "sem demora alguma", pois "o mesmo senhor general" dava aquela carga "por muito recomendada".[302]

De abril de 1793 é uma ordem de Lorena para o sargento-mor da vila de Paranaguá, Francisco José Monteiro, para que desse preferência a duas sumacas que se achavam naquele porto por conta do capitão Bento Tomás Viana para carregar o remanescente de uma carga de farinha. "Presentemente há fome em Pernambuco e Bahia que se vai sentindo no Rio de Janeiro", escreveu o governador na ordem.[303]

Apesar de todo o favoritismo de que desfrutava na capitania, Bandeira ainda se queixava dos negócios que seria "obrigado" a fazer com comerciantes paulistas, para manter seu compromisso com o ministro Martinho de Melo e Castro e o governador Lorena. Essas queixas, porém, só duraram até 1792, quando o potentado arrematou pela primeira vez o contrato dos dízimos reais,[304] derrotando um grupo de negociantes enraizados na capitania e que era liderado por José Vaz de Carvalho, que, por sua vez, iria "monopolizar" o contrato a respeito dos direitos que se cobravam sobre os animais e, portanto, não haveria de se sentir prejudicado.

Arrematado por um "lanço" de 74 contos, livres para a Fazenda Real, o contrato dos dízimos da capitania teria início a 1º de julho de 1792, por um período de três anos,[305] mas seria renovado sucessivamente até 1804, dois anos antes da morte do contratador. A partir daquela data, é de se presumir que os lucros de Bandeira tenham sido progressivos, já que seu relacionamento com comerciantes paulistas continuou, mesmo depois da substituição de Lorena por Antônio Manuel de Melo Castro e Mendonça.

---

302 DI, v. 46, 1924, p. 171.
303 AESP, lata C00389, p. 110v., 15/4/1793.
304 AHU, Conselho Ultramarino, São Paulo, caixa 41, doc. 3344, ant. 22/8/1792.
305 DI, v. 45, 1924, p.455, 27/8/1792.

Além disso, o magnata continuou a promover, por meio de representantes na África, a venda de escravos para São Paulo, sem a intermediação de negociantes estabelecidos no Rio de Janeiro, o que significa que os cativos chegariam à capitania a preços mais interessantes. Tudo era feito com concordância e incentivo do ministro Martinho de Melo e Castro, como Bandeira deixou claro em correspondência a Lorena da qual se depreende que as negociações para o envio de escravos tinham sido iniciadas em 1789, mas efetivadas apenas a partir de 1791.[306]

Foi a 30 de janeiro de 1791 que a corveta *Senhor dos Passos e Santo Antônio*, de propriedade de Bandeira, partiu de Lisboa com ordens do ministro Martinho de Melo e Castro aos governadores de Angola e Benguela para que auxiliassem o capitão da nau e lhe dessem preferência na saída do porto.[307] De fato, a 29 de junho de 1791, partiu da capitania de São Felipe de Benguela a corveta *Senhor dos Passos e Santo Antônio*, capitaneada pelo mestre Sebastião José de Vasconcelos, com destino ao porto de Santos com uma carga de "429 escravos e doze crias de peito", dos quais quatrocentos eram de propriedade de Bandeira e de seus sócios na negociação.[308] Essa carga de escravos rendeu na alfândega de Santos direitos no valor de 877$500 réis e seria "revendida para Serra acima".[309]

Seria uma carga ansiosamente aguardada, como se depreende de correspondência que a Câmara da vila de Itu encaminhou ao governador Lorena avisando-o da iminente chegada da corveta. Nessa carta, os camaristas de Itu derramavam-se em elogios ao governador, dizendo que, graças aos seus esforços, aquela vila havia saído do "amortecido estado em que se achava", desde que começara "a respirar à sombra

---

306 BNP, Coleção Pombalina, códice 643, fls. 226-227 *apud* Ana Paula Medicci, *op. cit.*, 2010, p. 124.

307 BNP, Coleção Pombalina, códice 643, fl.247, 22/1/1791 *apud* Ana Paula Medicci, *op. cit.*, 2010, p. 125.

308 AESP, lata C00242, Provedoria de Santos (1770-1820), pasta 3, doc. 15-3-11, pp. 49 e 51, 28/6/1791.

309 AESP, lata C00400, Ofícios dos generais aos vice-reis e ministros (1782-1802), p. 60, 1791.

de v. Exᵃ". Diziam ainda que a "fortuna" daquela vila seria completa se perdurasse "tão desejado governo".[310]

Naquele mesmo ano, Lorena escreveu outra carta ao juiz de fora Tinoco pedindo que desse ao capitão Bento Tomás Viana "casas" que pudessem acomodar uma escravatura, em razão da possibilidade de que uma epidemia de bexigas que assolava a cidade de São Paulo viesse a se espalhar pela vila de Santos. Dizia que Viana iria pagar o aluguel competente, acrescentando que tinha certeza de que ele não haveria "de pedir coisa que cause prejuízo a pessoa alguma".

Da correspondência, percebe-se também que os negócios de Viana, preposto de Bandeira, seguiam um ritmo intenso, pois a galera que na ocasião estava no porto de Santos encontrava-se abarrotada com carga expedida por ele. Lorena deixava claro ao juiz de fora que, como não havia outro navio ancorado no porto naquela altura, o seu governo se via na "má situação de deixar passar para o Rio de Janeiro" alguma carga excedente, mas alertava-o para que reservasse outro qualquer navio que chegasse para "tudo quanto tem comprado Bento Tomás Viana".[311]

Ao final do ano de 1791, chegaria ao porto de Santos mais uma corveta com escravatura, levada por um piloto de sobrenome Portela, o que significa que não seria a nau *Senhor dos Passos e Santo Antônio*, capitaneada por Sebastião José de Vasconcelos. Em carta ao juiz de fora Tinoco, Lorena pediu para que a autoridade visse com negociantes locais se queriam embarcar na corveta ao menos a metade das "caixas de vários efeitos" que tinham depositado em um trapiche do porto.

No entender do governador, essa seria uma forma de recompensar o dono da embarcação pelos riscos que correra ao levar escravos para a capitania. Lorena lembrou que aqueles comerciantes, tal como ele o fazia, deveriam reconhecer a utilidade que lhes resultava a vinda de escravatura para a capitania. "E coisas desta espécie não se consegue

---

310 DI, v. 45, 1924, p. 345, 23/4/1791.
311 DI, v. 46, 1924, pp. 127-128, 12/8/1791.

sem recompensar com algum favor de nossa parte a quem primeiro intentou semelhante negociação", argumentou Lorena ao juiz de fora.[312]

Essa negociação direta de escravos da África, por um lado, se beneficiou largamente a capitania paulista, já que a alfândega de Santos recebia 6$400 réis em direitos por africano, por outro, suscitou queixas dos negociantes do Rio de Janeiro, que reclamaram com o vice-rei, o conde Resende, que, por sua vez, escreveu ao Conselho Ultramarino para se queixar dos prejuízos causados à praça fluminense. Sem contar que praticamente seria impossível impedir que muitos daqueles africanos fossem revendidos por negociantes paulistas para a capitania de Minas Gerais, até então um mercado cativo dos fluminenses.

Para piorar, dizia o conde de Resende, as restrições impostas por Lorena aos portos de São Sebastião, Ubatuba, Cananeia e Paranaguá, que estavam impedidos de enviar produtos diretamente ao Rio de Janeiro, vinham causando sensíveis danos à alfândega fluminense.[313]

Como contava com o apoio irrestrito do ministro Martinho de Melo e Castro, Bandeira, aparentemente, não foi afetado pelas queixas do vice-rei. Tanto que, em julho de 1791, o magnata escreveu carta a Lorena oferecendo-se para providenciar nova viagem à África com o objetivo de levar mais uma carregação de escravatura para o porto de Santos. Ao mesmo tempo, informava que o açúcar e o arroz produzidos na capitania de São Paulo haviam encontrado boa recepção entre os compradores do Reino, o que não ocorria com a goma e a aguardente. Bandeira dizia ainda que admitia receber o pagamento da escravatura enviada com "efeitos", ou seja, gêneros, para que pudesse recuperar os recursos investidos na negociação.[314] De maio de 1794, há ainda o registro da chegada ao porto de Santos de uma sumaca vinda de Benguela, na África Ocidental, com escravos.[315]

---

312 DI, v. 46, 1924, pp.145-146, 22/11/1791.
313 ANRJ, NP, códice 68, v. 9, 24/7/1791 *apud* Renato de Mattos, *op. cit.*, 2009, pp. 109-111.
314 BNP, Coleção Pombalina, códice 643, fls. 336-339, 29/7/1791 *apud* Ana Paula Medicci, *op. cit.*, 2010, p. 127.
315 AESP, lata C00242, pasta 3, doc. 15-3-14, p. 54, 7/5/1794.

Ao mesmo tempo, por intermédio de Bento Tomás Viana, Bandeira continuava a fazer outros negócios bastante lucrativos, especialmente com a compra de grandes quantidades de açúcar. Em dezembro de 1792, o secretário de governo José Romão Jeunot avisava o capitão-mor de Itu, Vicente da Costa Taques Góes e Aranha, para "aprontar e remeter" a Santos as 11.320 arrobas de açúcar que Viana havia comprado naquela vila,[316] o que deixava explícita a desfaçatez com que as altas autoridades do governo usavam de seus cargos para participar de negócios particulares.

Portanto, se o governador e capitão-general, por intermédio de seu secretário de governo, era o primeiro a meter-se em redes comerciais, valendo-se de seus laços com grandes comerciantes em Lisboa, não se pode imaginar que ouvidores, juízes de fora e funcionários de grau mais baixo, recrutados em casas menos prósperas, uma vez chegados às colônias, pudessem deixar de se envolver em redes de interesses locais.[317]

Alguns problemas para Bandeira em seus negócios com a capitania de São Paulo só começaram a surgir a partir de 24 de março de 1795, data da morte do ministro Martinho de Melo e Castro,[318] que seria substituído por d. Rodrigo de Sousa Coutinho na Secretaria de Estado dos Negócios da Marinha e dos Domínios Ultramarinos.[319] Na prática, porém, as atribuições de Melo e Castro ficariam com d. Luís Pinto de Sousa Coutinho (1735-1804), o visconde de Balsemão, que era secretário de Estado desde 25 de dezembro de 1788, cargo que equivalia ao de primeiro-ministro.[320]

D. Rodrigo iria entrar em choque com a elite mercantil-industrial metropolitana, ao desaprovar os monopólios na América do capitalis-

---

316 DI, v. 46, 1924, p. 187, 6/12/1792.
317 António Manuel Hespanha, "Por que é que foi "portuguesa" a expansão portuguesa? Ou o revisionismo nos trópicos". In: Laura de Mello e Souza, Júnia Ferreira Furtado; Maria Fernanda Bicalho (orgs.), *O governo dos povos*, 2009, pp. 45-46.
318 DI, v. 45, 1924, p. 464.
319 DI, v. 25, 1898, p. 162, 9/9/1796.
320 DI, v. 45, 1924, p. 124, 2/7/1795.

ta Joaquim Pedro Quintela, sobrinho de Inácio Pedro Quintela, o controle das antigas fábricas reais pelo grupo Ferreira-Quintela-Bandeira e outros privilégios oligárquicos, defendendo que a Fazenda tivesse a proeminência que tivera à época de Pombal, mas, por outro lado, não tinha interesse em romper as relações com esse grupo porque precisava da cooperação e do capital dos oligarcas – Quintela, Bandeira, Caldas, Machado, Braamcamp, Ferreira, Araújo e outros – para a criação de um banco nacional.[321]

Em função disso, ao que parece, o magnata Bandeira não continuaria a entrar pelas portas da frente do Palácio da Ajuda com a desenvoltura de antes, embora não deixasse de manter sua influência no governo. Tanto que deixaria de usufruir de seu "quase monopólio" com o porto de Santos, passando a aceitar a participação de outros negociantes lisboetas no comércio da capitania de São Paulo com o Reino. Em 1796, por exemplo, o negociante lisboeta João de Oliveira Guimarães, seu concorrente, escreveu à rainha d. Maria I pedindo para que autorizasse que o seu bergantim *Nossa Senhora do Carmo Leão* partisse de Santos em direção a Pernambuco para completar sua carga antes de se dirigir a Lisboa.[322]

A rainha autorizou a solicitação que não se dava em razão de dificuldades para que o navio saísse de Santos com a carga completa, mas porque Guimarães não poderia deixar que seus interesses em Pernambuco não fossem correspondidos. Assim, por ordem do secretário de Estado d. Luís Pinto de Sousa Coutinho, Lorena não pôde obrigar o comandante do bergantim a carregar mais de sessenta ou oitenta caixas de açúcar e 1.600 sacas de arroz, já que era do interesse de Guimarães que a embarcação recebesse "mais carga miúda", deixando espaço para que a carga fosse completada em Pernambuco.[323]

321 Kenneth Maxwell, *A devassa da devassa: a Inconfidência Mineira, Brasil e Portugal (1750-1808)*, 1977, p. 257.
322 DI, v. 25, 1898, p. 152.
323 DI, v. 25, 1898, p. 151, 22/3/1796.

Fosse como fosse, a influência de Bandeira no Palácio da Ajuda transcenderia a passagem de Lorena por São Paulo, ainda que não fosse tão alargada como ao tempo de Martinho de Melo e Castro. Tanto que, já à época de Mendonça no governo da capitania, arrematou o contrato dos dízimos por seis anos pelo preço anterior, segundo provisão do Erário Régio, de 25 de abril de 1799, o que acabaria por desagradar ao novo governador, que procurou reverter a situação. Segundo Mendonça, a arrematação anteriormente era feita na própria capitania, com maiores ganhos para os cofres régios. Mas, durante a administração de Lorena, "passou-se a fazer a rematação em Lisboa ao mesmo Bandeira, seu sócio e administrador", acusou o governador.

Para Mendonça, "o melhor método para fazer render mais avultadamente os dízimos da capitania seria rematar (o contrato) em pequenos ramos, ao contrário de fazê-lo em massa total". Segundo ele, não convinha que os lucros provenientes desta arrematação saíssem da capitania. Por fim, sugeriu ao Reino que fosse abolido aquele sistema que "favorecia Bandeira".[324] Provavelmente, em função da pressão de Mendonça, em julho de 1801, o príncipe regente mandaria fazer nova arrematação em ramos parciais dos dízimos já conferidos a Bandeira.

Em carta que escreveu ao ministro d. Rodrigo de Sousa Coutinho, Mendonça disse que, já esperando aquela "real determinação", havia obrigado o procurador de Bandeira, Bento Tomás Viana, a fazer a arrematação pública de cada um dos ramos parciais dos dízimos antes de principiar o segundo ano do triênio. Mas, ao contrário do que aguardava o governador, o príncipe regente não determinaria a rescisão do contrato, exceto se houvesse a comprovação de que ocorrera "lesão enorme" ao Estado. E como isso não ocorrera, segundo Mendonça, o contrato continuaria da mesma forma sob a administração do procurador de Bandeira.[325]

---

324 DI, v. 29, 1899, p. 177, 30/1/1800.
325 DI, v. 93, 1980, p. 106, 12/6/1802.

Portanto, durante todo o governo de Mendonça, Bandeira continuaria como arrematante do contrato dos dízimos reais, o principal da capitania, concluindo os dois triênios em junho de 1804, já à época do governo de Franca e Horta.[326]

Reforçando a defesa

Logo que chegou a São Paulo, Lorena procurou saber o estado em que estavam os regimentos da capitania. Afinal, viera do Reino com instruções que o alertavam para a necessidade de cuidar do correto provimento da tropa paga a fim de evitar insatisfações, levantar a situação real das tropas auxiliares e preparar as tropas disponíveis para que estivessem prontas não só diante de ameaças nas fronteiras com as províncias espanholas como combater o contrabando e os descaminhos nas costas da capitania.[327] Entre os papéis que trouxera do Reino, havia uma correspondência que o ministro Martinho de Melo e Castro expedira ao vice-rei em 3 de janeiro de 1785 determinando que fizesse o possível para evitar os "contrabandos e descaminhos".[328]

Preocupado em mostrar serviço, Lorena, aparentemente, fez uma avaliação precipitada da situação, pois, em 20 de outubro de 1788, quatro meses e quinze dias depois de sua posse, escreveu ao Conselho Ultramarino dizendo que nada constava sobre roubos e contrabandos na capitania de São Paulo, ainda que garantisse que continuaria a tomar "todas as providências precisas tanto no porto de Santos como nas estradas que se dirigem a outras capitanias".[329]

Outra correspondência que consta dos papéis que Lorena trouxera do Reino era o alvará que Martinho de Melo e Castro assinara a

---

326 ANRJ, Rio de Janeiro, Junta da Fazenda, códice 446, v. 6, 1802-1804, fl. 30, provisão de 21/7/1802 *apud* Ana Paula Medicci, *op. cit.*, 2010, pp. 149-150.
327 DI, v. 25, 1898, p. 3.
328 DI, v. 25, 1898, p. 69, 3/2/1788.
329 AESP, Projeto Resgate, doc. 3215, ofício nº 3, 20/10/1788.

5 de janeiro de 1785 ordenando a destruição de fábricas no Estado do Brasil, medida que atendia principalmente aos interesses da indústria da Inglaterra, país que colocava praticamente com exclusividade seus produtos nas colônias lusas.[330]

Obviamente, providências para cumprir essas determinações só seriam possíveis se a capitania contasse com uma força militar bem equipada e treinada. Por isso, uma das primeiras obras que mandou executar, ainda que não dispusesse em caixa de muitos recursos, foi construir dependências para o aquartelamento da Legião de Voluntários Reais, para a qual contou com a "contribuição voluntária" de alguns dos principais comerciantes da capital. Logo de início, pediu ao engenheiro João da Costa Ferreira que fizesse uma planta iconográfica do quartel da Legião.[331]

Da qualidade do material humano das tropas, não reclamou. Pelo contrário, em correspondência que encaminhou ao ministro Martinho de Melo e Castro sete meses depois de tomar posse, foi enfático ao elogiar a atuação dos soldados que tinha à disposição:

> Com toda a verdade, digo a v. Exª. que são os melhores soldados da América e que será muito útil a sua conservação para a segurança dos domínios de Sua Majestade. O Regimento de Santos está bem fardado e armado com o novo armamento que veio comigo.[332]

Se em outros tempos a pigmentação dos paulistas denunciava a sua ancestralidade indígena, ao final do século XVIII essa característica já havia praticamente desaparecido. Pelo menos é o que se deduz da avaliação que Lorena fez dos regimentos da capitania: "[...] os paulistas na cara e figura do corpo nenhuma diferença têm de europeus. Se

330 DI, v. 25, 1898, pp. 70-92.
331 DI, v. 45, 1924, p. 48.
332 DI, v. 45, 1924, p. 48, 20/2/1789.

fosse possível aparecer um destes regimentos em Lisboa, todos sem os ouvir falar diriam que eram gente de Portugal".[333]

Para colocar em prática a ideia do "porto único", não raras vezes, Lorena teve de recorrer à tropa miliciana, que atuava sempre que o juiz de fora da vila de Santos, que acumulava o cargo de juiz da alfândega, tivesse necessidade. Ou quando os capitães-mores de São Sebastião, Iguape e Ubatuba encontrassem dificuldades para cumprir o que fora determinado pelo juiz da alfândega de Santos no sentido de impedir o despacho de gêneros para outros portos da capitania ou do Estado do Brasil.[334]

Quem atuaria de início nessa função seria José Antônio Apolinário da Silveira, que receberia de Lorena muitos elogios por sua "atividade e diligência". Nomeado primeiro juiz de fora da cidade de São Paulo em 1789, depois de ter sido juiz de fora e, mais tarde, cumulativamente, juiz da alfândega de Santos desde 1786, Apolinário passaria em 1789 o cargo para Sebastião Luís Tinoco da Silva, que igualmente procuraria cumprir à risca as determinações para restringir o comércio dos demais portos da capitania com o Rio de Janeiro.

Para aumentar o número de soldados nas tropas, o governador não deixou de recorrer à força do Estado: rapazes de até 16 anos foram convocados para assentar praça e aqueles que insistissem em desobedecer às ordens sofriam perseguição e represálias.[335] Ao que parece, o envio apenas de uma pequena tropa de soldados para as vilas de marinha não foi suficiente para evitar que gêneros fossem "extraviados" para o porto do Rio de Janeiro, onde, com certeza, os produtores obtinham melhores preços entre os intermediários fluminenses, que tinham seus correspondentes no Reino.

O comerciante Francisco Vicente Bittencourt, da vila de Ubatuba, foi um dos que procuraram desafiar a ordem do capitão-general, en-

333 DI, v. 45, 1924, 20/2/1789.
334 DI, v. 46, 1924, pp. 70-71, 9/4/1790.
335 DI, v. 46, 1924, p. 189, 7/12/1792.

viando sem ter dado fiança uma sumaca carregada, "que se supõe ter fugido para o Rio de Janeiro". Em função disso, Lorena mandou que o tenente Manuel Leite Garcia redobrasse a vigilância a fim de que nenhuma embarcação saísse carregada daquele porto, "sem ter dado fiança". E determinou que o dono da embarcação fosse preso e remetido para São Paulo.

Bittencourt seria um pró-homem da vila de Ubatuba, atuando como vereador ou juiz ordinário na Câmara, pois, na correspondência que encaminhara ao tenente Garcia, Lorena reconheceu que não estranhava que o dono da sumaca "obrasse assim", acrescentando que tinha em "pouco conceito" os oficiais daquela Casa. "Aliás, essa é a causa de Vossa Mercê aí estar", disse ao tenente.[336] No mesmo dia, Lorena enviou correspondência ao alferes Joaquim José da Costa, que estava na vila de São Sebastião desde o começo do ano por ordem do juiz de fora Sebastião Luís Tinoco da Silva, também para dizer que nenhuma embarcação deveria sair carregada daquele porto, "sem ter dado fiança".[337]

Outra preocupação de Lorena desde o início de seu governo foi o combate ao extravio de ouro e pedras preciosas, embora a capitania não tivesse grande produção nesse segmento. Se em outros tempos havia sido grande o rendimento do quinto de Sua Majestade, à época de Lorena, na maioria, as lavras e "faisqueiras" ficavam na comarca de Paranaguá, pois ali se extraía "mais ouro que no resto da capitania". Na vila de Paranaguá, porém, tamanho era o extravio que os oficiais da Casa de Fundição diziam que quase não chegava àquela repartição o ouro da comarca. Por isso, Lorena mandou o ouvidor da comarca Manuel Lopes Branco da Silva redobrar os esforços para evitar o extravio.[338]

Apesar dos esforços do ouvidor, continuaram a ser registrados tantos extravios na região que o governador, dois anos mais tarde, proibiu a abertura de novo caminho de Cananeia para o distrito de Curitiba,

336 DI, v. 46, 1924, pp. 186-187, 3/12/1792.
337 DI, v. 46, 1924, p. 186, 3/12/1792.
338 DI, v. 46, 1924, pp.119-120, 18/5/1791.

em razão das consequências que poderia trazer, facilitando não só o extravio de ouro e diamantes como a circulação de "facinorosos".[339] A essa época, o governador preocupava-se também com os "gentios" que costumavam assaltar fazendas em Itu, Itupeva, Itapetininga e Sorocaba. "As estradas estão infestadas por esses bárbaros", reconheceu.[340]

O crescimento das vilas próximas aos limites com outras capitanias também atraía problemas. Era o caso da vila de Cunha, a mais próxima da linha divisória com a capitania do Rio de Janeiro, que, segundo a Câmara local, progredia e, por isso, estava sujeita a discórdias. Situada na estrada geral que ligava São Paulo ao Rio de Janeiro, "a vila tinha de defender constantemente seus limites e ficava exposta a graves perturbações". Por isso, os camaristas pediam ao governador o provimento do posto de sargento-mor para que fosse possível organizar melhor uma força repressiva.[341]

Desde o começo de seu governo, Lorena queixou-se das ameaças que os índios representavam para o avanço da colonização. Em correspondência ao ministro Martinho de Melo e Castro em setembro de 1789 já dizia que "dos vastíssimos sertões, que ficam entre a vila de Curitiba e o Paraná", os índios gentios haviam principiado a se aproximar, tendo chegado a matar algumas pessoas na estrada geral que ia da cidade de São Paulo para Curitiba "e por consequência por todo o continente que chamamos de Sul".[342]

Na carta, Lorena disse ainda que em um embate com os gentios alguns indígenas haviam sido aprisionados, mas garantia que teriam sido bem tratados, embora alguns tivessem morrido. "Talvez a diferença de vida e de alimentos lhes causasse a morte", especulou. Uma índia, de tenra idade, havia sobrevivido e Lorena decidira enviá-la para o Reino aos cuidados de sua mãe para que, depois de educada, fosse

339 DI, v. 46, 1924, pp. 202-203, 10/4/1793.
340 DI, v. 46, 1924, pp. 206-207, 23/4/1793.
341 AHU, Conselho Ultramarino, São Paulo, caixa 40, doc. 3303, 29/1/1790.
342 AMP, t. XV, 1961, pp. 241-242, 3/9/1789.

entregue às mãos do ministro e apresentada à rainha, o que, dizia, seria "a maior felicidade que ela poderia conseguir". Segundo Lorena, a língua falada pela indiazinha e seus familiares seria tão desconhecida que um índio que fora enviado de São Paulo para a região não conseguira entender-se com eles, embora estivesse acostumado a comunicar-se com diferentes grupos.[343]

Desavenças com os espanhóis

Alguns meses depois de tomar posse, Lorena recebeu cópia de um ofício que o vice-rei de Buenos Aires, marquês de Loreto, encaminhara ao vice-rei d. Luís de Vasconcelos e Sousa no Rio de Janeiro, enfatizando a necessidade de que Portugal e Espanha discutissem com seriedade suas fronteiras na América. Loreto fazia um apelo para que a 2ª Divisão de São Paulo se encaminhasse para o povoado português de Iguatemi, garantindo que, do outro lado da fronteira, estaria a sua espera a "partida" espanhola para o início das negociações.

Embora o litígio estivesse localizado na região Sul da capitania de Mato Grosso, fora a capitania de São Paulo encarregada de assumir as negociações em razão da maior facilidade de acesso ao local de que dispunha. Só que os governos da capitania nunca receberam da Corte autonomia para discutir a questão em profundidade, até porque não interessava a Portugal tomar na América atitudes a que não se dispunha na Península, onde as duas cortes procuravam contemporizar a respeito de suas divergências.[344]

Talvez seguindo uma orientação que já trouxera da Corte, Lorena não se mostrava muito disposto a atender ao apelo do vice-rei de Buenos Aires, até porque, enquanto do lado espanhol a navegação de Assunção até à vila de Curuguati era fácil, do lado português não havia

---

343 AMP, t. XV, 1961, p. 242, 3/9/1789.
344 Heloísa Liberalli Belotto, *op. cit.*, 2007, p. 105.

de Araritaguaba até Iguatemi nenhuma povoação. Tanto que datava de 25 de janeiro de 1779 a carta régia que dera ordem para que a 2ª Divisão de São Paulo se reunisse com a "partida" espanhola no povoado de Iguatemi, mas o governo da capitania de São Paulo nunca se sentira em condições de cumprir a determinação, em razão das dificuldades e das más notícias que chegavam.

Sem contar que, àquela altura, a povoação de Iguatemi não existia mais, restando apenas escombros do que fora a tentativa de instalar um destacamento no local, que funcionaria como o núcleo de um futuro povoado. "Além disso", dizia Lorena, "não seria aconselhável que a divisão permanecesse em lugar tão distante e tão pouco sadio". Fosse como fosse, garantia o governador, a divisão portuguesa estava pronta, mas seria recomendável que o vice-rei de Buenos Aires, marquês de Loreto, viesse a autorizar a sua passagem à vila de Curuguati, em razão da falta de condições de permanência em Iguatemi.[345]

As negociações, porém, não prosperaram, limitando-se a uma troca de correspondência entre o vice-rei do Estado do Brasil e o vice-rei de Buenos Aires. Tanto que, por volta de 1790, o novo vice-rei de Buenos Aires, Nicolau de Arredondo, dizia a d. Luís de Vasconcelos e Sousa que havia mais de seis anos – a rigor, desde 28 de dezembro de 1783 – que uma "partida" espanhola saíra para Assunção à espera de ordem para encontrar-se com a divisão portuguesa na região contestada.

Desta vez, em junho de 1790, Lorena prometia que, em abril de 1791, a expedição portuguesa, finalmente, seguiria para a região, depois que recebera autorização de Buenos Aires para que ficasse em Curuguati. Mesmo assim, Lorena preocupava-se com o abastecimento da "partida" portuguesa naquela localidade. Outro motivo de preocupação para Lorena era que os espanhóis queriam substituir no futuro tratado o Igurei pelo Iguatemi, negando a existência daquele rio. Para o governador, porém, os portugueses estavam certos da existência do

345 AHU, Conselho Ultramarino, São Paulo, caixa 39, doc. 3261, 25/10/1789.

294   O REINO, A COLÔNIA E O PODER

rio Igurei, vendo naquela proposta uma tentativa espanhola de avançar muitas léguas em terras que seriam de Portugal.[346]

Em setembro de 1790, Lorena escreveria ao ministro Martinho de Melo e Castro para dizer que havia recebido pelo navio *Santos Mártires, Triunfo do Mar* sua correspondência que trazia o ofício de 20 de outubro de 1789 do vice-rei de Buenos Aires, Nicolau de Arredondo, em que este procurava estabelecer de uma vez por todas um encontro entre negociadores de ambos os lados. Na carta, fica claro que a estratégia de Lorena seria a de ganhar tempo, evitando que a "partida" portuguesa viesse a se encontrar com a "partida" espanhola para discutir a questão de limites.[347]

De fato, a demarcação da fronteira entre os domínios portugueses e espanhóis na América, tendo como base o Tratado de Madri de 1750, gerou muita incerteza quanto ao limite entre as duas coroas no interior do continente. A questão remontava a 1753, quando os principais comissários José Custódio de Faria, pelo lado luso, e Manuel Antonio de Florez, pelo lado espanhol, não puderam cumprir o texto do Tratado, ao não encontrar em Assunção notícias da existência dos rios Igurei e Corrientes. Foi, então, que decidiram começar o reconhecimento pelo sentido contrário, ou seja, pelo rio Jauru.[348]

De Assunção, foram até Curuguati e desceram pelo rio Iguatemi e, depois, pelo Paraná, atingindo a foz do rio Garei, que seria o Igurei do Tratado. Chegaram até Salto Grande (Foz do Iguaçu) e voltaram para Iguatemi. Estabeleceram, então, a linha de fronteira pelo rio Iguatemi, e não pelo Igurei e pelo Jejuí, como estava no Tratado. O resultado é que sobrara uma região que ficaria indefinida: não se sabia se pertencia a Espanha ou a Portugal. Mas, como era pouco povoada, a região nunca fora alvo de maiores hostilidades entre os dois lados. E assim permaneceu mesmo quando o Tratado de Madri foi anulado em 1761

346 AHU, Conselho Ultramarino, São Paulo, caixa 40, doc. 3290, 6/6/1790.
347 DI, v. 45, 1924, p. 52, 10/9/1790.
348 Heloísa Liberalli Bellotto, *op. cit.*, 2007, p. 104.

pelo Tratado de El Pardo e os ânimos acirraram-se em função do Pacto de Família, pois, em 1763, as hostilidades irromperam-se apenas no Rio Grande e em Colônia, mas não em Mato Grosso.[349]

A situação permanecia indefinida, mesmo depois do malogro português para estabelecer a vila de Iguatemi. Assim, em março de 1791, como não recebera ordem positiva do Reino, Lorena decidiu adiar mais uma vez a partida da divisão portuguesa para a região contestada. Pediu ao novo vice-rei do Estado do Brasil, d. José Luís de Castro (1744-1819), o segundo conde de Resende, que avisasse ao vice-rei de Buenos Aires sobre o adiamento da partida da expedição. Como desculpa, alegava que o astrônomo régio, Bento Sanches d'Orta (1739-1794), encontrava-se doente. Para dar maior verossimilhança ao sucedido, Lorena dizia que mandara o astrônomo tratar da saúde no Rio de Janeiro.[350]

Notícias de eclosão de hostilidades em Mato Grosso Lorena só receberia nos últimos dias de seu governo, quando lhe chegou às mãos carta do governador daquela capitania, Caetano Pinto de Miranda Montenegro (1748-1827), dizendo que espanhóis da província de Assunção marchavam de Vila Real para as cabeceiras do rio Mondego, antes chamado de Embotetiu. Sob a alegação de que combatiam os "bárbaros" índios vaicuruz, espanhóis armados haviam invadido 80 léguas de território português. Mas, aparentemente, não demonstravam intenção de atacar. Pelo contrário, o comandante do presídio de Nova Coimbra recebera uma carta do coronel José Spínola, comandante da divisão espanhola, pedindo auxílio na luta contra os indígenas.[351]

Montenegro duvidava das boas intenções dos espanhóis, pois haviam se estabelecido em uma área próxima a Camapuã, "(em) cujo vértice confinam-se São Paulo, Mato Grosso e Goiás, podendo facilmente, em caso de guerra, interceptar o comércio luso". Por isso,

349 Idem, ibidem, p. 105.
350 AHU, Conselho Ultramarino, São Paulo, caixa 40, doc. 3307, 22/3/1791.
351 AHU, Conselho Ultramarino, São Paulo, caixa 44, doc. 3507, 26/6/1797.

mandara fortificar o presídio de Nova Coimbra com as poucas forças de que dispunha e apelava a Lorena para que enviasse auxílio, "já que havia falta de artilharia e munição".[352] Só que a decisão ficaria para o sucessor de Lorena.

CALÇADA DO LORENA

Logo que chegou, Lorena pôde colocar em prática a sua obsessão em fazer de São Paulo uma capitania produtiva, estimulando o fluxo de produtos agrícolas para o porto de Santos. Até então, o caminho da cidade de São Paulo até o Cubatão de Santos "era quase invadiável", ou seja, impossível de se invadir, como o dissera, em 1781, o governador Lobo de Saldanha, ao afirmar que por ali "não se transitava sem que fosse nos ombros dos índios e sempre em um evidente perigo de vida".[353]

Foi o que levou Lorena a projetar um caminho com pedras na Serra do Mar, que constituiu a primeira via de ligação pavimentada entre o litoral e o planalto de Piratininga. Com o apoio do Real Corpo de Engenheiros de Lisboa e projeto do brigadeiro engenheiro João da Costa Ferreira, a estrada foi construída, entre 1790 e 1792, serpenteando a serra de Cubatão, para vencer um desnível de mais de 800 metros.

Em maio de 1790, Lorena já escrevia ao ministro Martinho de Melo e Castro para dizer que o engenheiro Ferreira, auxiliado pelo ajudante engenheiro Antônio Rodrigues Montesinhos, andava a concluir o caminho da Serra de Cubatão.[354] Na época, a obra causou admiração não só entre a gente local como entre visitantes estrangeiros em razão da alta qualidade de sua construção.

Uma das maneiras que Lorena encontrou para conseguir recursos com vistas à construção do caminho foi a utilização do *novo imposto*, criado apenas para financiar a reconstrução de Lisboa, mas que aca-

352 AHU, Conselho Ultramarino, São Paulo, caixa 44, doc. 3507, 9/11/1797.
353 DI, v. 43, 1903, p. 393.
354 AHU, Conselho Ultramarino, São Paulo, caixa 40, doc. 3288, 20/5/1790.

bou sendo utilizado para outras finalidades. Para viabilizar essa obra e melhorar alguns trechos da ligação entre São Paulo e Santos, o governador iria procurar outros recursos.

Garantiu ao ministro Martinho de Melo e Castro que os trabalhos seguiam em ritmo tão intenso que, no começo de 1792, já se achava concluído o caminho que ligava São Paulo a Cubatão, na vila de Santos,[355] mas suspeita-se de que estivesse exagerando sua avaliação, pois por muitos anos ainda se sucederiam queixas quanto às más condições do percurso. Dizia Lorena em carta ao ministro Martinho de Melo e Castro com data de 15 de fevereiro de 1792:

> [...] está finalmente concluído o Caminho desta cidade até o Cubatão da vila de Santos, de jeito que até de noite se segue viagem por ele. A serra é toda calçada e com largura para poderem passar tropas de bestas encontradas sem pararem; o péssimo caminho antigo e os princípios da Serra bem conhecidos eram o mais forte obstáculo contra o comércio. Como agora se venceu, tudo fica mais fácil.[356]

Para viabilizar essa primeira etapa das obras de melhoria do caminho na Serra do Mar, Lorena teve de recorrer, de forma arbitrária, ao dinheiro do cofre da Provedoria da Fazenda dos Defuntos e Ausentes, que era gerido pelo juiz dos órfãos, responsável pela administração dos espólios em processos de herança em litígio, embora houvesse uma provisão de 5 de janeiro de 1728 que proibia a utilização do "dinheiro dos ausentes", por mais urgente e relevante que fosse a necessidade.[357] Em correspondência ao ministro Martinho de Melo e Castro, para justificar a arbitrariedade, Lorena disse que a restituição do "empréstimo" seria feita com as "pensões" que seriam pagas pelos tropeiros.

---

355 AHU, Avulsos, São Paulo, caixa 10, doc. 2, 15/2/1792.
356 DI, v. 45, 1924, pp. 70-71, 15/2/1792.
357 DI, v. 45, 1924, pp. 70-71, 15/2/1792.

Ou seja, cada tropeiro que passasse pelo Novo Caminho teria de pagar 40 réis por besta e 120 réis por cabeça de gado. Para o governador, o preço desse pedágio seria irrisório, já que os condutores dos animais nem sentiriam incômodo no caminho e, além disso, poderiam lucrar mais com a facilidade que as bestas encontrariam para percorrer o caminho.[358]

Na carta, Lorena garantia ainda ao ministro que o dinheiro tirado do cofre dos ausentes já havia sido restituído em boa parte, mas reconhecia que ainda faltava devolver uma parcela para satisfazer o empréstimo. Em seguida, informava que a Câmara de São Paulo e de outras vilas tinham ficado com a responsabilidade de conservar o caminho até o pico da Serra, acrescentando que a vila de Santos passara "a cuidar da Serra desde o Cubatão até o pico".[359]

A atitude de Lorena de subtrair dinheiro do cofre dos ausentes, sem que tivesse competência para tanto, porém, não agradou às autoridades do Reino, que concordaram com denúncia feita pelo tesoureiro dos Ausentes da vila de Santos, João Manuel Pereira. Por isso, em 9 de maio de 1791, Lorena teve de prestar contas de sua atitude, dizendo que já havia sido "restituído o resto do dinheiro que se tinha tomado por empréstimo para o Caminho da Serra de Cubatão",[360] o que, certamente, não condizia com a verdade, pois em correspondência posterior anexaria uma certidão em que se podia ver "o que faltava para satisfazer o empréstimo".[361]

Até o final de seu governo, Lorena continuaria a enfrentar dificuldades para a obtenção de recursos que viabilizassem não só a manutenção como a ampliação do caminho até o porto de Santos. Em abril de 1797, quase ao final de seu mandato, escreveu ao juiz de fora Sebastião Luís Tinoco da Silva para determinar que reunisse negociantes ra-

---

358 DI, v. 45, 1924, pp. 70-71, 15/2/1792.
359 DI, v. 45, 1924, pp. 70-71, 15/2/1792.
360 DI, v. 45, 1924, pp. 77-78, 9/5/1791.
361 DI, v. 45, 1924, pp. 70-71, 15/2/1792.

dicados na vila de Santos, tanto aqueles que compravam açúcares para os carregarem para a Europa como os que atuavam por comissão, a fim de que contribuíssem para a construção de um caminho na margem oriental do rio Cubatão até a vila de Santos.

Para tanto, o governador pretendia que cada comerciante pagasse certa quantia por arroba de açúcar que chegasse à vila de Santos. Além disso, queria que fosse escolhido um negociante "da melhor nota" para depositário da quantia arrecadada, com a responsabilidade de "fazer os necessários pagamentos aos trabalhadores e artífices empregados na obra".[362] Ao que parece, a iniciativa do governador receberia ampla adesão dos comerciantes santistas, já que, um mês depois, Lorena escreveria ao juiz de fora Sebastião Luís Tinoco da Silva para manifestar sua satisfação com a boa acolhida que sua proposta tivera entre eles.[363]

É de se ressaltar que, de acordo com alvará régio de 1766, a produção do interior da capitania podia sair pelo porto de Santos, o que, paulatinamente, foi aumentando o movimento de navios, deixando para trás os tempos pré-restauração em que, anualmente, passavam por ali escassos cinco ou seis navios.[364] Ao tempo de Lorena, durante a década de 1790, por ali já transitavam todos os produtos destinados à exportação, como arroz pilado, café, que era abundante e da melhor qualidade, couros secos, azeite de baleia, aguardente de cana, borracha, farinha de mandioca, madeira de lei e peixe seco, que, depois de abastecidos os moradores da praça, eram enviados para Lisboa, Rio de Janeiro, Bahia e Rio Grande de São Pedro do Sul.

Também passavam mercadorias importadas como vinho, vinagre, azeite, aguardente de uva, panos de lã, bofetes, chapéus, fitas, lenços, meias, chitas, sal e miudezas trazidas de Lisboa; linho, linhas, retrós, enxadas, pregos e pomada que vinham do Rio de Janeiro; e miudezas diversas, louças, panos de algodão, sal, feijão e toucinho, que vinham

362 DI, v. 46, 1924, p. 361, 24/4/1797.
363 DI, v. 46, 1924, pp. 362-363, 4/5/1797.
364 Heloísa Liberalli Bellotto, *op. cit.*, 2007, pp. 191-192.

de outros lugares da capitania e de outros portos do Estado do Brasil; além de baetas,[365] bretanhas,[366] durantes,[367] baetões[368] e castores,[369] que vinham do estrangeiro via Lisboa e Rio de Janeiro.[370]

O caminho escolhido pelo governador Lorena para a construção de uma estrada calçada seria o mesmo que Mem de Sá (c.1.500-1572), governador do Estado do Brasil de 1558 a 1572, considerara como o menos difícil e perigoso, colocando de lado o antigo por onde Martim Afonso de Sousa (1490-1571), em outubro de 1532, passara em direção ao alto da Serra do Mar em companhia do aventureiro português João Ramalho (1493-1580), que encontrara na região onde seria erguida a vila de São Vicente já casado com a filha do cacique Tibiriçá.[371] Este caminho, conhecido à época como Caminho de Paranapiacaba, localiza-se onde passava a Estrada Velha da Inglesa (via férrea), com pequena diferenciação, sobre o vale do Ururaí, e vinha a sair no porto velho de Piaçaguera, ou Piassaguera de Cima, próximo de onde construíram a estação da Estrada de Ferro na mesma localidade .[372]

O caminho escolhido, aberto em 1553, também pelos índios, de acesso difícil, em ziguezague, era chamado de Caminho do Padre José, já que por ele teria subido o jesuíta espanhol José de Anchieta (1534-1597), ou Caminho do Mar. Foi este caminho que o governador Mem de Sá escolheu, em 1560, por achar-se o outro "muito infestado do gentio contrário".[373]

Uma tentativa de tornar mais transitável esse caminho foi feita pelo governador da capitania Jorge Fernandes da Fonseca em 1660-1661, especialmente no trecho do planalto, abandonando-se a viagem por

365 Baetas: tecidos geralmente de lã pesada e grossa.
366 Bretanhas: tecidos finos, de algodão ou linho.
367 Durantes: tecidos finos ou ordinários.
368 Baetões: panos grossos.
369 Castores: provavelmente, duquetes castores (tecidos na cor castor).
370 Alberto Sousa, *op. cit.*, v. 1, 1922, p. 140.
371 AHU, Conselho Ultramarino, São Paulo, caixa 45, doc. 3528, 22/11/1797.
372 Fernando Martins Lichti, *Polianteia santista*, v. 1, 1986, p. 115.
373 *Idem, ibidem.*

O REINO, A COLÔNIA E O PODER *301*

canoas pelos rios Pequeno, Grande, Jurubatuba e Pinheiros. Depois, em 1681, o capitão-mor Diogo Pinto do Rego, governador da capitania, acertou com a Câmara e três "homens-bons" a construção de uma via de comunicação entre o alto da Serra e a marinha, mas a empreitada seria cumprida apenas em parte pelos contratantes.[374]

Ao tempo de seu longo governo, o morgado de Mateus procurou encontrar formas de melhorar o caminho pela Serra do Mar. Ao final de 1767, o governador determinou ao coronel Francisco Pinto do Rego a tarefa de fazer uma diligência com o objetivo de apontar algumas soluções para "não só abrir o caminho da Serra do Mar, reduzindo-o a uma estrada tratável para se poder conduzir por ela toda a casta de cargas, mas, ao mesmo tempo, fazer navegáveis os rios que há por aquelas partes, para que o comércio se possa fazer com mais grandeza".[375]

Três meses depois, com a devida autorização da Corte, assinou portaria em que determinava ao tenente Francisco Nobre da Luz a abertura de "um novo caminho desde a cidade de São Paulo até o Cubatão Geral do rio de São Vicente", ao pé da Serra do Mar, onde se embarcavam as cargas para o porto da vila de Santos. Na portaria, o governador recomendava que se devia "procurar a menor distância, a menor altura da Serra e a menor dificuldade de passar a varja do rio Grande", dando ordens ao tenente para nomear "quaisquer pessoas" que considerasse necessárias[376] para a abertura de um caminho que permitisse a passagem de carros com cargas, o que era impossível na trilha indígena que era utilizada, praticamente, desde os primeiros tempos.

Por falta de recursos, porém, o governador pouco pôde fazer durante o seu governo,[377] ainda que tivesse obtido autorização da Corte para empregar na obra o produto do chamado *novo imposto* para a ree-

---

374 *Idem, ibidem*, p. 116.

375 DI, v. 65, 1940, p. 190, 10/11/1767.

376 DI, v. 65, 1940, pp.196-197, 18/2/1768.

377 Maria Beatriz Nizza da Silva (org.), Carlos de Almeida Prado Bacellar, Eliana Rea Goldschmidt; Lúcia M. Bastos P. Neves, *op. cit.*, 2009, pp.190-191.

dificação de Lisboa, destruída em grande parte pelo terremoto de 1º de novembro de 1755.[378] Tanto que, praticamente dois anos depois, os trabalhos pouco tinham evoluído.

Segundo o governador, eram notórios os "precipícios e ruínas" com que se achava desbaratado o caminho de Cubatão. "São tão grandes as dificuldades que nele se experimentam, que têm afugentado dele os viandantes, transportando o comércio e outras partes, com notável detrimento do bem comum dos povos, sendo esta uma das maiores causas da decadência e pobreza desta capitania", escreveu o morgado de Mateus na nova portaria em que, desta vez, ordenava ao sargento-mor Manoel Caetano Zuniga "consertar imediatamente o dito caminho".

Na realidade, o caminho estava tão "interrompido e embaraçado" que por ele se fazia impraticável transportar munições e petrechos, "que é preciso mover repetidas vezes para as expedições do real serviço". Levando em conta a necessidade de "uma pronta e eficaz providência" para cessar totalmente "os danos e inconvenientes que se padecem há tantos", o governador ordenou que as pessoas que tivessem terras na estrada que ia da cidade de São Paulo para o porto de Cubatão mandassem compor logo suas testadas e que o fizessem de "tal modo que não houvesse o maior embaraço para passarem por ela carros". Ao sargento-mor Zuniga, mandou que retirasse as ferramentas necessárias do Armazém Real da vila de Santos, bem como utilizasse nas obras índios e negros da Fazenda de Cubatão, que pertencia a Sua Majestade, mais a escravatura dos donos das terras.[379]

Mas as obras não foram adiante e, por muitos anos, transitar pela Serra da cidade de São Paulo ao Cubatão de Santos só continuou sendo possível por caminhos apertados em meio à vegetação, "nascidos da primeira picada que os primeiros habitantes tinham feito", e, às vezes,

378 Fernando Martins Lichti, *op. cit.*, v. 1, 1986, p. 116.
379 DI, v. 65, 1940, pp.279-280, 11/8/1769.

por passagem tão estreita, "que não cabia mais do que uma pessoa ou animal, ficando muitas vezes (muitos) abafados debaixo da terra que com as chuvas desabava e outros mortos nas profundas covas que com os pés faziam, que aqui chamam caldeirões", conforme testemunho de Lobo de Saldanha, que governou a capitania de 1775 a 1782.[380]

Desde então, segundo memória que o governador Antônio Manuel de Melo Castro e Mendonça encaminhou ao ministro d. Rodrigo de Sousa Coutinho em 1797, o caminho da cidade de São Paulo ao Cubatão, termo da vila de Santos, mereceria a atenção de todos os governadores, mas, da mesma maneira, os poucos recursos de que então a capitania dispunha constituíram o grande obstáculo para a realização de obras mais efetivas.[381]

Segundo Mendonça, o governador Lobo de Saldanha mandara fazer um aterro junto ao rio Grande para evitar inundações. Para tanto, teria recebido um donativo no valor de 2.668$903 réis das câmaras da cidade de São Paulo e das vilas de Santos, Itu, Atibaia, Sorocaba, Parnaíba, Jundiaí, Mogi Mirim e Mogi Guaçu. Há uma correspondência ao Reino de Lobo de Saldanha, de 1781, em que ele dizia que "até o fim deste mês iria completar o melhor (caminho) de toda a América e ainda de muitos da Europa, tendo-se-lhe formado infinitas pontes das mais duráveis madeiras, confessando todo este povo que, em um século, nem estas nem o caminho poderão ser arruinados".[382] Ao que parece, tratava-se de um "delírio" do governador em seu afã de agradar aos seus superiores em Lisboa porque, pelo menos nove anos depois, todo o caminho estaria arruinado e intransitável.[383]

De acordo com Mendonça, só no governo de Francisco da Cunha Meneses é que começaria a nascer o comércio na capitania, pelo menos em maiores volumes, o que exigiria mais do caminho para a passagem

380 AHU, Conselho Ultramarino, São Paulo, caixa 35, doc. 2988, 12/11/1781.
381 AHU, Conselho Ultramarino, São Paulo, caixa 45, doc. 3528, 22/11/1797.
382 DI, v. 43, 1903, p. 393.
383 DI, v. 43, 1903, p. 394.

das tropas de carga em direção às vilas da marinha. Por isso, o substituto de Cunha Meneses, o interino José Raimundo Chichorro da Gama Lobo, mandaria fazer um aterro entre o fim da Serra e o rio Cubatão até o rio das Pedras. Seria mesmo o governador Lorena quem mandaria arranjar o caminho pelo qual passavam as bestas, mas que "não servia para a passagem de carros com produtos, especialmente açúcar".[384]

A exemplo do que ocorria no caminho da vila de Itu até a cidade de São Paulo, também na Serra havia falta de ranchos que pudessem armazenar o açúcar e demais produtos que seguiam para o porto de Santos. Por isso, o açúcar que ia de Itu, São Carlos e outros lugares para o porto de Santos acabava por sofrer perdas e avarias em razão da umidade e do clima chuvoso e nevoento que era frequente na região. Essas circunstâncias desvalorizavam o açúcar de São Paulo que, por isso, não tinha boa reputação no Rio de Janeiro nem em Lisboa.[385]

A obra mandada fazer por Lorena entusiasmou tanto a classe dominante da cidade de São Paulo que a Câmara, em 1790, mandou erigir um monumento de pedra com uma inscrição em latim. Eis a inscrição:

ILLUSTRISSIMIS, AC EXCELLENTISSIMUS

DUX GENERALIS

BERNARDUS JOSEPHUS DE LORENA,

ANC ASPERRIMAM

ET IMPRATICABILEM, AUTE VIAM

MUNIVET:

QUAM OBREM

INSTANTI NOMINIS MEMORIAM,

SENATUS PAULOPOLITANUS

SIGNUM

EREXIT

---

384 AHU, Conselho Ultramarino, São Paulo, caixa 45, doc. 3528, 22/11/1797.
385 AHU, Conselho Ultramarino, São Paulo, caixa 45, doc. 3528, 3/1/1797.

ANNO DOMINE

1790[386]

De fato, foi, praticamente, depois da construção da calçada manda-da fazer por Lorena que o movimento mercantil começou a aumentar, já na década de 1790, valendo-se da decisão do governador de estabe-lecer o comércio direto da capitania para a Europa (Portugal) apenas pelo porto de Santos, especialmente de gêneros "mais próprios para aquele comércio", como açúcar, café, goma, anil, arroz e algodão.[387]

Apesar disso, quando Lorena completou seu segundo triênio à frente do governo de São Paulo, muitos camaristas de vilas de mari-nha, descontentes com a medida, apostavam em sua substituição. Sem contar que, na mesma época, em julho de 1794, a soberana atenderia à reivindicação semelhante de negociantes da Bahia, o que indicaria que poderia revogar também a medida tomada por Lorena. Mas nada se alterou, persistindo o descontentamento das populações das demais vilas de marinha.

Se provocou queixas entre as populações mais remotas da capita-nia, a medida de Lorena causou satisfação nas vilas de Serra acima e na vila de Santos, especialmente a partir do começo de 1792, quando o governador informou ao ministro Martinho de Melo e Castro que já se achava concluído o caminho que ligava a cidade de São Paulo ao Cuba-tão da vila de Santos. Para concluir a obra, dizia, tivera de convencer as câmaras de São Paulo e das vilas de Serra acima "da importância de se conservar o bom caminho até ao pico da Serra".[388]

No pico, informava ao ministro, mandara, inclusive, colocar uma pedra na figura de um paralelogramo retangular, com uma face na qual se lia "o Reinado em que se concluiu a obra e, por baixo o mapa topo-

386 DI, v. 43, 1903, p. 394.
387 DI, v. 46, 1924, p. 66.
388 AESP, lata C00400, p. 33, 5/2/1792.

306 O REINO, A COLÔNIA E O PODER

gráfico de todo o caminho".[389] Na pedra, haveria ainda uma inscrição em latim: *Omnia vincit amor subditorum* (O amor conquista todos os assuntos).[390] Concluído, o caminho ficara com 180 curvas, calçado com pedras, em uma largura de 3 metros e em uma extensão de 9 quilômetros.

Ainda no início de seu mandato, desfrutando do prestígio que lhe dera a construção da obra, Lorena teve o privilégio de ver o seu retrato colocado na sala principal da Câmara de São Paulo como retribuição por ter sido "um governador excepcional" que conseguiu "melhorar o nível de vida dos paulistas". Para empreender tal iniciativa, os oficiais da Câmara pediram licença à rainha, lembrando que a concessão já havia sido feita à Câmara do Rio de Janeiro, "onde se encontrava retrato do vice-rei Gomes Freire de Andrade". Para os camaristas, a autorização para a colocação do retrato do governador, "um fidalgo que tem sido o pai dos paulistas", serviria "de estímulo aos seus sucessores para imitarem suas virtudes".[391]

Para reforçar o pedido, lembravam que "os paulistas, mais de uma vez, haviam derramado seu sangue em defesa dos domínios de Sua Majestade e dado todas as provas de obediência e de sua fidelidade".[392] Antes disso, os oficiais da Câmara de São Paulo já haviam pedido à rainha a permanência de Lorena por mais um triênio à frente da capitania.[393]

Os camaristas diziam que Lorena, logo que tomou as suas primeiras providências, fizera com que todos vissem que "amava a paz, aborrecia o despotismo e a soberba". Destacavam que o governador respeitava o sacerdócio, os magistrados, "deixando a todos livre o campo para o exercício de suas funções, do que se tem seguido uma perfeita harmonia". E lembravam que Lorena "fez calçar a intransitável Serra do

---

389 AHU, Conselho Ultramarino, São Paulo, caixa 11, doc. 566, São Paulo, 15/2/1792.
390 AESP, lata Coo400, p. 33, 5/2/19792; DI, v. 45, 1924, pp. 70-71, 15/2/1792.
391 AHU, Conselho Ultramarino, São Paulo, caixa 41, doc. 3357, 6/3/1793.
392 AHU, Conselho Ultramarino, São Paulo, caixa 41, doc. 3357, 6/3/1793.
393 AHU, Avulsos, São Paulo, caixa 9, doc. 36, 28/4/1791.

Cubatão da vila de Santos, obra a mais interessante para o comércio e comunicação da marinha".

Acrescentaram ainda que o governador mandara construir um chafariz que beneficiara a entrada da cidade de São Paulo, além de calçar várias ruas de maior necessidade, "em boa simetria, tomando debaixo de sua proteção as obras da nova Cadeia e Casa da Câmara, sendo possível pagá-las pelo método econômico deste governo".[394]

Mas, se o trecho de Serra estava com boas condições de tráfego para os carros e muares que traziam as cargas, o percurso de Cubatão até as vilas de Santos e São Vicente ainda era feito por embarcações ao longo dos vários canais que chegam à ilha, enfrentando as dificuldades do largo do Caniú, local de baixa profundidade onde era comum que, com tempo instável, as embarcações fossem invadidas pelas águas, arruinando o açúcar e demais gêneros, ou virassem, causando a morte de seus tripulantes.

Sem contar que, três meses antes de passar o governo a Mendonça, Lorena encaminhou ao comandante da praça de Santos, sargento-mor Manoel José da Graça, planta do caminho daquela vila até o Cubatão com recomendações sobre as obras de aterro que estavam previstas para aquele trecho de "duas léguas e um terço". Ao se referir à planta, disse que "o tremedal[395] notado no saboó[396]A até B se pode evitar encostando o caminho mais aos morros que mostra o penejado, assim como o pântano que se acha entre E e F". E recomendou: "No caso que a terra para os aterrados fique longe, podem fazer-se valas e, tirando delas para fora (a terra), esta facilmente se enxuga e pode servir".[397]

Por aqueles dias, o governador procurou ainda viabilizar economicamente as obras, exigindo que negociantes de Santos fizessem uma

---

394 AHU, Avulsos, São Paulo, caixa 11, doc. 557, 28/4/1791.
395 Tremedal: pântano, terreno alagadiço.
396 Saboó: morro pelado, de pouca vegetação.
397 DI, v. 46, 1924, p. 362, 24/4/1797.

"contribuição voluntária" para a abertura do Novo Caminho da margem oriental do rio Cubatão até àquela vila. E mandou que o comandante da praça de Santos, sargento-mor Manoel José da Graça, "principiasse logo a obra com ferramentas dos Reais Armazéns e índios que se acham aldeados nessa marinha".[398]

A princípio, os comerciantes, que seriam beneficiados em seus negócios com a melhoria do caminho, escreveram carta ao comandante da praça de Santos, Manoel José da Graça, dizendo que "estavam prontos a contribuir" para a obra, mas três se recusaram a assinar o documento que estabelecia a "contribuição" de cada um. Por isso, o governador mandou que o comandante da praça fizesse vir a sua presença o capitão Francisco Xavier da Costa Aguiar e "os dois que não assinaram o papel".[399] O negociante Costa Aguiar pertencia por casamento ao conhecido clã dos Andrada, de que José Bonifácio de Andrada e Silva (1763-1838), à época ainda no Reino, era a figura mais notória.

Depois de Lorena, Mendonça, oito meses após assumir o governo, abriu uma lista de contribuição popular para arrecadar fundos destinados a fazer um aterrado que fosse do sopé da Serra e da barreira fiscal de Cubatão até a vila de Santos, evitando assim o trajeto por rio e mar, que exigia baldeações dos produtos do lombo dos animais para canoas e outras embarcações e navios.

De imediato, recebeu a adesão de comerciantes da cidade de São Paulo, que se comprometiam a pagar uma "contribuição voluntária" de 20 réis por arroba, "além do que se paga ao contrato", para "as obras do caminho de terra do Cubatão de Santos", não só "em virtude da necessidade que dele sentem os ditos moradores" como pelo fato de que a obra contribuiria para "aumentar o comércio daquele porto para Serra acima". A contribuição seria paga enquanto durasse a execução

---

398 DI, v. 46, 1924, p. 363, 4/5/1797.
399 DI, v.46, 1924, p. 364, 10/5/1797.

da obra, mas, depois de sua conclusão, os consertos seriam feitos "na mesma forma que se pratica no Caminho da Serra do Cubatão".[400]

Apesar das "contribuições voluntárias" dos comerciantes da cidade de São Paulo, as obras, que tiveram início em setembro de 1798, não seguiram adiante por falta de recursos financeiros e equipamentos adequados, permanecendo praticamente paralisadas por quase três décadas. Finalmente, a 7 de fevereiro de 1827, já à época do reinado de d. Pedro I, o primeiro presidente da província de São Paulo, Lucas Antônio Monteiro de Barros (1767-1851), visconde de Congonhas do Campo, inaugurou a ligação por terra de Cubatão à vila de Santos.[401]

O mineralogista inglês John Mawe (1764-1829), que, em 1807, fez uma viagem de Santos a São Paulo, deixou um testemunho do que era a Calçada do Lorena em seus primeiros tempos. Depois de observar que em Cubatão havia um posto fiscal por onde passavam cerca de 100 bestas carregadas sob a condução de tropeiros negros, Mawe disse que, no começo da Serra, a estrada era bem pavimentada, mas estreita, talhada em ziguezague, devido às subidas íngremes. Muitas mulas não resistiam aos declives escarpados e caíam pelo caminho. Algumas ele encontrou mortas à beira da estrada. Apesar dos obstáculos naturais, o mineralogista não hesitou em reconhecer que a estrada estava bem construída: "Poucas obras públicas, mesmo na Europa, lhe são superiores, e se considerarmos que a região por onde passa é quase desabitada, encarecendo, portanto, muito mais o trabalho, não encontraremos nenhuma, em país algum, tão perfeita".[402]

Segundo o mineralogista, algumas vezes, a estrada atravessava vários pés de rocha e seguia ladeando precipícios, lugares perigosos que estavam protegidos por parapeitos. Além disso, garantiu, as florestas

---

400 AHU, Conselho Ultramarino, São Paulo, caixa 65, doc. 5018, c. 1798. O documento está sem data, mas a assinatura de Luís Antônio Neves de Carvalho, secretário de governo ao tempo de Mendonça, é um indício claro de que foi escrito em 1798.

401 Fernando Lichti, *op. cit.*, v. 1, 1986, p. 117.

402 John Mawe. *Viagens ao interior do Brasil*, 1978, p. 61.

eram tão espessas que, exceto na trilha das mulas, não se enxergava o solo. "Os galhos das árvores, em certos trechos, se entrelaçavam formando um caramanchão sobre o caminho e protegendo o viajante da chuva e dos ardores do sol", escreveu.[403]

Quase três décadas depois, a obra ainda arrancava elogios de visitantes estrangeiros de prestígio, como o capitão e engenheiro-militar português Luiz d'Alincourt (1787-1841), que, em 1818, destacava a obra mandada erguer por Lorena:

> A subida da serra é assaz íngreme e em ziguezague; o terreno é todo coberto de alto e espesso arvoredo; em alguns lugares passa a estrada junto a medonhos precipícios que se abrem entre montes e montes, e horrorizam a vista; tem este caminho a grande vantagem de ser todo calçado, obra utilíssima e que saneou a dificuldade do trânsito, principalmente em tempo chuvoso.[404]

Só no começo do século xx o caminho pavimentado ficou conhecido como Calçada do Lorena. Hoje, suas ruínas constituem atração turística.

Balanço de governo

O governo de Lorena durou até 1797, quando o capitão-general teve de cumprir ordem régia para assumir o governo de Minas Gerais, em substituição a d. Luís Antônio Furtado de Castro do Rio de Mendonça e Faro (1754-1830), primeiro conde de Barbacena, sobrinho do vice-rei d. Luís de Vasconcelos e Sousa. Deixava nas mãos de seu sucessor uma capitania em franco desenvolvimento, que havia registrado crescimento populacional intenso nos últimos anos. Para Lorena,

403 *Idem, ibidem.*
404 Fernando Lichti, *op. cit.,* v. 1, 1986, p. 118.

a capitania estava pronta para ganhar as suas primeiras fábricas, que poderiam ser as de ferro, conforme sugestão sua ao secretário de Estado, d. Luís Pinto de Sousa Coutinho.[405]

A nomeação de Lorena para a capitania de Minas Gerais não só constituía uma aprovação da Corte para o trabalho que desenvolvera em São Paulo como significava uma ascensão no conjunto do poder que emanava de Lisboa. D. Rodrigo de Sousa Coutinho fora nomeado ministro plenipotenciário pelo príncipe regente em 9 de setembro de 1796,[406] em substituição a d. Luís Pinto de Sousa Coutinho, que temporariamente substituíra Martinho de Melo e Castro, e tinha claro que a política da metrópole em relação ao Brasil precisava mudar. Aliás, o próprio d. Luís Pinto, como ministro dos Negócios Estrangeiros, já havia contrariado a orientação de Melo e Castro. Para d. Rodrigo, não só era necessário abrir espaço para as elites coloniais brasileiras como estimular reformas estruturais que incluíam a abolição do monopólio do sal e o desenvolvimento da mineração e da manufatura de ferro em Minas Gerais e São Paulo.[407]

Para fazer essas reformas, d. Luís Pinto chamara a Lisboa d. Rodrigo, embaixador em Turim, que não era seu parente, mas com quem tinha grande afinidade de ideias até porque eram ligados à maçonaria.[408] E convencera o príncipe regente a nomeá-lo ministro do Ultramar. Por coincidência ou não, d. Rodrigo era amigo de Lorena, que, desde 25 de agosto de 1795, já estava nomeado para o governo de Minas Gerais. Eles haviam sido colegas no Colégio dos Nobres.[409]

Seguindo a orientação de d. Rodrigo, Lorena iria criar em Minas Gerais, pouco mais de um ano depois, fundições por conta da Fazenda Real, conseguindo com que o ferro passasse a ser vendido a preços

405 AHU, Avulsos, São Paulo, caixa 11, doc. 4, 20/4/1796.
406 AHU, Moçambique, códice 1364, f. 210.
407 Kenneth Maxwell, *op. cit.*, 1977, p. 234.
408 A. H. de Oliveira Marques, *op. cit.*, 1990, v. 1, pp. 132-134.
409 AHU, códice 610, f.215v.-216, Arroios, 11/10/1798 *apud* Kenneth Maxwell, *op. cit.*, 1977, p. 264.

razoáveis, a exemplo do que seria feito também em São Paulo por seu sucessor.[410]

Lorena foi substituído por d. Antônio Manuel de Melo Castro e Mendonça (?-1812), nomeado a 29 de maio de 1795,[411] mas só seguiu para Minas Gerais em junho de 1797, ao passar pessoalmente o governo a seu sucessor. A transferência de São Paulo para Minas Gerais também foi acompanhada em Lisboa pelo magnata Jacinto Fernandes Bandeira junto ao secretário de Estado d. Luís Pinto de Sousa Coutinho. Em carta a Lorena, datada de agosto de 1795, Bandeira garantia que sua transferência para o governo de Minas Gerais já estava sacramentada, mas admitia que a sua saída poderia colocar em risco seus interesses na capitania de São Paulo. "Sem a proteção de v. Exª.", o magnata temia pelo futuro de seus negócios, reconhecendo que "as cobranças dos dízimos são muito custosas de fazer".[412]

Lorena levou em sua companhia José Romão Jeunot, "o amigo José Romão", como dizia, mestre de campo do Terço da Marinha da vila de Santos, que continuaria como seu ajudante de ordens.[413] Viu, assim, atendida pelo Reino solicitação que fizera ao ministro d. Luís Pinto de Sousa Coutinho, ao garantir que Jeunot tinha "limpeza de mãos".[414]

Pressionado por Lorena, ao que parece, Jeunot teria voltado atrás em sua pretensão de retornar ao Reino, onde "deixara mulher e família", pois em 1795 escrevera ao ministro do Ultramar pedindo substituto, lembrando que fora nomeado para secretário de governo por três anos, "mas já se haviam passado de sete a oito anos e não fora substituído".[415] Naquele mesmo ano, o secretário de Estado d. Luís Pinto de Sousa Coutinho assinaria a licença para que Jeunot retornasse a Por-

---

410 AHU, códice 610, f. 212v.-231v., 20/10/1798, *apud* Kenneth Maxwell, *op. cit.*, 1977, pp. 237 e 265.

411 AHU, São Paulo, caixa 10, doc. 24, 29/5/1795; AHU, Conselho Ultramarino, caixa 42, doc. 3404, 4/7/1795.

412 BNP, Coleção Pombalina, códice 643, fls. 490 *apud* Ana Paula Medicci, *op. cit.*, 2010, p. 131.

413 AHU, Avulsos, São Paulo, caixa 11, doc. 4, 20/4/1796.

414 DI, v. 45, 1924, p. 187, 20/4/1796.

415 DI, v. 45, 1924, 469, s/d.

tugal.[416] Com a saída de Jeunot, Bento Tomás Viana assumiria maiores funções na condução dos negócios de Bandeira na capitania de São Paulo, tendo sido nomeado procurador e sócio do capitalista na administração dos dízimos reais.

Foi em 23 de abril de 1796 que Lorena comunicou oficialmente à Câmara da cidade de São Paulo e todas as vilas da capitania de São Paulo a sua substituição por Antônio Manuel de Melo Castro e Mendonça e nomeação para o governo de Minas Gerais.[417] Antes de partir, porém, segundo instrução do ministro d. Rodrigo de Sousa Coutinho, teria de fazer uma reunião com Mendonça em que lhe apresentaria um balanço de seu governo. Dizia o ministro:

> [...] V.Sª. deve instruir de palavras e por escrito a Antônio Manuel de Melo Castro do estado da capitania e dos principais negócios dela para que ele siga com uniformidade de princípios as acertadas disposições de V. Sª. e o louvável sistema de seu governo, que tem merecido uma completa aprovação de Sua Majestade, e isto mesmo se participa ao dito novo governador.[418]

Ao fazer um balanço de seu governo para o seu sucessor, Lorena destacou que a região acusava um grande desenvolvimento na agricultura, "de sorte que se pode dizer que acabou a preguiça de que geralmente era acusada a capitania de São Paulo". Segundo Lorena, só a vila de Itu produzia mais de 50 mil arrobas de açúcar por ano e "vai em aumento". Lembrou que o produto também era produzido em grande quantidade na freguesia de Araritaguaba, termo da vila de Itu, na freguesia de Campinas, termo da vila de Jundiaí, e nas vilas de Piracicaba e Sorocaba.[419]

416 DI, v. 45, 1924, p. 137, 28/7/1795.
417 DI, v. 46, 1924, p. 333, 23/4/1796.
418 DI, v. 25, 1898, p. 169, 5/11/1796.
419 AHU, Conselho Ultramarino, São Paulo, caixa 43, doc. 3502, 28/6/1797.

Segundo ele, em São Sebastião e sua ilha e na vila de Ubatuba, igualmente fabricavam-se muito açúcar e aguardente de bom conceito. "Por toda a marinha, principalmente em Paranaguá, há produção infinita de milho, arroz, muita farinha de mandioca e muita goma", disse, garantindo que, em toda a capitania, havia "muita coirama", planta com propriedades medicinais que era muito usada como diurético e anti-inflamatório, especialmente, no tratamento de furúnculos. Lorena lembrou ainda que, na capitania, abundavam as culturas de algodão e anil, ressaltando que, na vila de Santos, havia "muito café e da melhor qualidade".[420]

O governador destacou também que, até o ano de 1789, as transações que se faziam eram por cabotagem, mas que "presentemente acha-se o comércio do porto de Santos para a Europa (Portugal) estabelecido, como é notório".[421] E observou que, para tanto, muitas providências haviam sido tomadas porque o habitual era que os "efeitos do comércio" com a Europa (Portugal) saíssem pelo Rio de Janeiro, pelo costume em que estavam os negociadores de São Paulo de atuar mais como "caixeiros" dos negociantes fluminenses. Lorena ressaltou que, antes, os efeitos saíam pelo porto do Rio de Janeiro, pagando a dízima na alfândega fluminense – "até pagavam e satisfaziam-na na de Santos com as guias –, mas, hoje, sucede o contrário: fica aqui o dinheiro e vai para lá o papel", argumentou.

Observou ainda que o costume agora era o de não saírem os "efeitos de comércio" com a Europa por outro porto da América sem licença do capitão-general, "para assim se facilitar mais a carga dos navios". E acrescentou que se achavam encarregados de cumprir aquela determinação o juiz de fora da vila de Santos, Sebastião Luís Tinoco da Silva, que "se tem conduzido excelentemente", e o sargento-mor da comarca de Paranaguá, Francisco José Monteiro, "oficial do melhor conceito".[422]

---

420 DI, v. 15, 1904, pp. 121-124
421 DI, v. 15, 1904, p. 128.
422 DI, v. 15, 1904, pp. 124-125.

Para o aumento do comércio, disse Lorena, havia sido "absolutamente necessário o fazer praticável e conservar cômodos os caminhos". Agora, segundo ele, era preciso cuidar todos os anos daquele caminho da cidade de São Paulo para a vila de Santos. "Já representei a Sua Majestade a necessidade de se fazer esta despesa pela sua Real Fazenda, calculando em pouco mais ou menos 200 mil réis uns anos pelos outros (os serviços) no Caminho e Serra", acrescentou.

Lorena reconheceu ainda que nos embarques para Lisboa ocorriam falsificações e misturas de açúcares finos com redondos e mascavos, o que tem "desgostado os comerciantes daquela praça e tem sido a causa de não virem mais navios ao porto de Santos". Diante disso, contou, encaminhou uma representação a Sua Majestade pelo Tribunal da Justiça do Comércio em que destacou a necessidade de "haver aqui uma inspeção". Como estava em final de mandato, Lorena disse a Mendonça que julgara que não devia avançar mais nesse sentido sem a sua ordem nem mesmo arbitrar a respeito dos indivíduos que deveriam se responsabilizar por aquela inspeção. "Porém, (as coisas) não têm sucedido como se esperava", admitiu, sugerindo ao sucessor que representasse à rainha e reforçasse "semelhante necessidade".[423]

Segundo o governador, o outro grande ramo de comércio da capitania era o de bestas, cavalos e bois que vinham de Viamão e passavam pelo Registro de Curitiba, onde eram cobrados direitos pelo governo de Sua Majestade, antes de serem vendidos para as capitanias vizinhas com "grandes lucros", que só não eram maiores porque na viagem para a vila de Lajes as tropas passavam por péssimo caminho e muitos animais morriam.

"Fosse bom aquele caminho, seria possível dobrar o rendimento real do Registro de Curitiba e igual utilidade resultaria aos tropeiros", disse. Também em direção à vila de Santos, ressaltou, seria necessário fazer obras no caminho que exigiriam "mais ou menos 200 mil réis que

---

423 DI, V. 15, 1904, p. 126.

deveriam sair da Fazenda Real", a despeito das obras que mandara fazer na parte de baixo da Serra, com a construção de uma calçada de pedras.

Ao seu sucessor, Lorena explicou também que, nas transações diárias e regulares, circulava com mais frequência a barra de ouro, mas que igualmente eram usados o provincial de ouro, peças de 4 mil, 2 mil e 1.000 réis e as peças de 6 mil e 400 réis. Igualmente, circulavam moedas de prata e cobre.[424]

Ao tempo de Lorena, teria ocorrido também muito extravio de escravos para Montevidéu, em função de "bastante descuido" no cumprimento das leis, como diria o ministro d. Rodrigo de Sousa Coutinho, ao pedir ao sucessor Mendonça mais empenho no combate a essas irregularidades. Ao mesmo tempo, mandaria favorecer a exportação de cachaça para os portos da África, o que indica que o plantio de cana de açúcar continuava em franca expansão na capitania. Para favorecer essa exportação para a África, o ministro recomendava a Mendonça que mandasse colocar altas taxas na cachaça que se consumia no país, "aliviando de todo – ou ao menos consideravelmente" – o imposto sobre o produto destinado à exportação.[425]

De sua vida privada na capitania de São Paulo, Lorena não deixava exemplos abonadores. Solteiro, ter-se-ia envolvido em muitas aventuras amorosas, "de modo que as famílias de São Paulo não tiveram garantia alguma durante a sua administração", conforme escreveu um fazendeiro de Itu, Antônio Augusto da Fonseca, em crônica publicada em data incerta em jornal daquela cidade e reproduzida por A. de Toledo Piza (1848-1905), destacado propagandista republicano, no volume 12 dos *Documentos interessantes para a história e costumes da capitania de São Paulo*.[426]

Só que essa crônica foi escrita quase um século depois dos possíveis acontecimentos que relata com base em uma tradição oral e, por-

424 AHU, Conselho Ultramarino, São Paulo, caixa 43, doc. 3502, 28/6/1797.
425 DI, v. 89, 1967, pp. 68-69, 1/10/1798.
426 DI, v. 12, 1901, p. 147, nota 51.

tanto, deve ser lida com a devida cautela, pois não se sabe de nenhum documento da época que possa avalizá-la. Como se pode perceber no texto, a crônica teria sido escrita depois de 1870 e antes de 13 de maio de 1888, data em que foi assinada pela princesa Isabel (1846-1921) a Lei Áurea que colocava fim à escravidão no Brasil.[427] Portanto, é de uma época em que havia grande efervescência política em favor da proclamação da República e manifesta predisposição dos republicanos em achincalhar tudo o que se referisse à monarquia.

Também republicano exaltado, o autor valera-se de uma tradição da família Fonseca, "cujo chefe na ocasião estivera presente a uma caçada em Barueri" de que participara o governador e capitão-general Lorena. Aliás, esse Fonseca, grande proprietário de terras na região de Itu ao final do século XVIII e alto prócer político na capitania, teria sido quem propusera a ideia de se promover a caçada em Barueri, nos arredores da cidade de São Paulo, e fora o responsável pela sugestão dada ao governador.[428]

Observou Antônio Augusto Fonseca, provavelmente neto do Fonseca citado, que Lorena, "elegante e muito devasso, passava por ser filho natural do rei d. José I".[429] Contou que um alferes de nome José Correa teria surpreendido, à noite, em seu quintal, ninguém menos que d. Bernardo, "de sanguinolenta memória", tendo-lhe dado uma chicotada, para vingar a honra de sua irmã. Como aparentemente não fora identificado, o governador teria continuado a tratar Correa, seu ajudante de ordens, de maneira carinhosa, levando-o àquela caçada em Barueri, "onde mandou um soldado assassiná-lo no campo".

Segundo Fonseca, o alferes morava com a mãe, perto da igreja da Sé, na rua da Esperança ou do Quartel, que era próxima ao Palácio do Governo. Disposto a seduzir a moça, d. Bernardo, como conta o cronista, teria penetrado à noite no quintal da casa, subornando e peitan-

427 DI, v. 12, 1901, p. 157, nota 64.
428 DI, v. 12, 1901, p. 147.
429 DI, v. 12, 1901, p.147, nota 51.

do algum escravo da família. "Porém, o alferes José Correa que estava em casa na ocasião e era moço cheio de brio, tendo percebido gente estranha no quintal, tomou de um chicote, saiu no quintal e azorragou o capitão-general a valer, sem, contudo, dar a perceber que conhecia a pessoa surrada", escreveu.

O capitão-general também não se teria dado a conhecer, fingindo não saber quem o chicoteava. Depois da tremenda sova tomada na escuridão da noite, fugiu como lhe foi possível. "D. Bernardo continuou a tratar cordialmente o seu ajudante de ordens e este nunca deu a entender a pessoa alguma estranha que tivesse sido o autor da surra", escreveu o cronista, lembrando que, passados muitos dias, talvez semanas, "teve lugar uma das grandes costumadas caçadas de d. Bernardo no Barueri, com convidados vindos de Parnaíba, Araçariguama e Itu, ficando os caçadores muitos dias no lugar por ser longe de São Paulo cinco ou seis léguas".

Um dia, continuou Fonseca, terminada a caçada, todos voltaram ao abarracamento, menos o alferes José Correa, que não apareceu. "Partem pessoas a sua procura por todos os lados, gritam, dão salvas, mas o alferes não aparecia; continuou a procura no dia seguinte e, no fim de muitas horas, o alferes é encontrado por José Rodrigues, um dos convivas vindo de Itu, sentado à beira de um vale, em atitude de quem descansava ou meditava", contou.

Chamaram Correa, mas ele não respondeu. "Estava vivo, movia os olhos e alguns outros membros do corpo, mas não falava nem podia andar; carregaram-no para a barraca e faleceu no dia seguinte, não apresentando, entretanto, nenhum indício de ferimento", disse. Segundo Fonseca, depois do sepultamento de Correa, tudo logo ficou esquecido, sendo geralmente acreditado que ele tinha falecido de uma lesão interna.

"Alguns anos depois, d. Bernardo já não estava no Brasil, foi enforcado em Cuiabá, por ter cometido um crime de morte, um indivíduo que tinha sido soldado da guarda do governador de São Paulo e *in ar-*

ticulo-mortis confessou que não era esse o único assassinato que havia praticado e que tinha sido autor da morte do alferes José Correa, por ordem do capitão-general, e que o matara enterrando-lhe na cabeça um instrumento fino perfurante, o que nunca fora descoberto por causa da vasta cabeleira do alferes José Correa, usada no século passado, e por não ter havido derramamento externo de sangue", acrescentou.[430]

Fonseca escreveu também que d. Bernardo, que em São Paulo teria sido "o mais terrível Lovelace",[431] conquistara por meios ignóbeis também uma donzela cujo nome de família preferiu não declinar. "Esta tinha um irmão capitão de cavalaria, o qual suspeitou que d. Bernardo entrava no quintal de sua casa, onde morava com irmã e mãe viúva!", contou. E acrescentou: "Estando ele uma noite de guarda em palácio, viu sair pela porta da cocheira um vulto, seguiu-o e viu-o entrar no portão do seu quintal! Entrou após, resolvido a acutilá-lo como a um insolente; mas ele escondeu-se de modo que não pôde ser encontrado".

Segundo o cronista, no dia seguinte, depois que o oficial da guarda foi chamado para a sala, lá se apresentou o capitão-general com ar solene e mandou o secretário ler o artigo do regulamento do conde de Lippe[432] sobre a pena aplicável ao capitão que abandona a guarda. "Finda a leitura, disse-lhe: – *Consta-me que o capitão esta noite abandonou a guarda; por que o fez? – Porque estive doente*, lhe respondeu o capitão: – *Pois se torna a cometer uma tal falta*, disse-lhe o general, *aplicar-lhe-ei a pena*. Replicou o capitão: – *Todas as vezes que for acometido da moléstia de que fui acometido ontem, Exmo. Sr., hei de abandonar a guarda*", escreveu Fonseca.

---

430 DI, v. 12, 1901, pp. 147-148.

431 Lovelace é o nome de um dos personagens mais libertinos da história da literatura, saído do romance epistolar *Clarissa or The History of a Young Lady*, escrito pelo inglês Samuel Richardson (1689-1761) no século XVIII.

432 O alemão Guilherme de Schaumburg-Lippe (1724-1777), conde de Lippe, nomeado em 1762 pelo marquês de Pombal para o posto de marechal-general dos Exércitos de Portugal, escreveu os *Regulamentos para Infantaria e Cavalaria* e os chamados *Artigos de Guerra*, que foram aplicados em Portugal e no Brasil até a entrada em vigor dos códigos relativos à área criminal militar.

Segundo o cronista, d. Bernardo encarou o capitão de cavalaria, assustado pelo tom resoluto e audaz em que foram proferidas estas palavras. "Fingiu não entendê-las, disfarçou e dali a poucos meses o brioso capitão morreu em um calabouço, no Rio de Janeiro, onde foi parar pela mais negra traição de d. Bernardo, coadjuvado na sua torpe vingança pelo vice-rei", disse, referindo-se ao segundo conde de Resende, que desempenhou o cargo de 1790 a 1801.

Em nota de rodapé, Fonseca acrescentou que o capitão de cavalaria havia ido ao Rio de Janeiro como portador de um ofício reservado de d. Bernardo para o vice-rei, observando que, nesse mesmo ofício, constava o pedido de sequestro da liberdade do próprio capitão, que morreu preso em uma das fortalezas daquela cidade. É de se notar a semelhança desse episódio com a passagem bíblica em que o rei Davi manda uma carta a Joabe pelas mãos de Urias, o heteu, dizendo que o colocasse na frente da batalha, para que fosse ferido e morresse.[433]

Sem contar como, tantos anos depois, pudera reproduzir o diálogo do governador com o capitão, Fonseca considerou a resposta do subordinado ao general um verdadeiro ato de heroísmo. "Era preciso uma coragem heroica para naquele tempo assim falar a um capitão-general, tendo consciência de que o mataria se quisesse, como o matou covarde e traiçoeiramente".[434] De acordo com Fonseca, os meios de que se servira d. Bernardo para vencer a tenaz resistência de d. Mariana, "as pessoas empregadas por ele nesse combate, as diversas peripécias do drama – tudo daria um belo romance da pena de W. Scott".[435]

Em nota de rodapé, A. de Toledo Piza observou que Fonseca dissera no início da crônica que não daria o nome da família a que pertencia a moça, "vítima sacrificada à lascívia de d. Bernardo e irmã do

---

433 *Samuel*, 2, 11, v.14-15. In: *A Bíblia Sagrada contendo o Velho e o Novo Testamento*, 2006, p. 250.
434 DI, v. 12, 1901, p. 148.
435 DI, v. 12, 1901, p. 149. Walter Scott (1771-1832), inglês, é considerado o criador do romance histórico.

capitão de sua guarda", mas, por um lapso, citara o nome de d. Mariana, "que era a infeliz moça, irmã do mesmo capitão".[436]

Abandonando esses comentários sobre sua vida privada, que provavelmente só seriam ditos à meia voz, Lorena seguiu para Minas Gerais e, naquela capitania, casou-se com d. Mariana Angélica Fortes de Bustamante, que, obviamente, não seria aquela Mariana e morreu em poucos anos. Em sua passagem por Minas Gerais, deixaria igualmente má fama a respeito de sua vida privada.

Segundo Joaquim Felício dos Santos (1822-1895), que não fora contemporâneo dos acontecimentos, em 1801, ao se saber da notícia de viagem de d. Bernardo ao Distrito Diamantino, "muitos pais de família" se retiraram do Arraial do Tijuco porque "já se conheciam de fama os costumes devassos e dissolutos de Bernardo José de Lorena e sua comitiva: era gente que não poupava a violência quando falsas promessas e astúcias não bastavam para a corrupção de donzelas incautas". Ainda segundo o autor, em Vila Rica, d. Bernardo teria tido duas amantes paulistas, que atuavam como intermediárias em muitos negócios do governo.[437]

Em Minas Gerais, Lorena fundou a cidade de Campanha.[438] Encerrado o seu governo em 1805, ao voltar a Portugal, foi nomeado conselheiro de capa e espada do Conselho Ultramarino e também deputado da Junta da Administração do Tabaco.[439] Meses depois, recebeu a mercê dos títulos de conde de Sarzedas e vice-rei do Estado da Índia.[440]

Segundo o historiador Tiago C. P dos Reis Miranda, a razão de sua escolha para o Estado da Índia tanto parece ter sido a sua longa expe-

---

436 DI, v.12, 1901, p. 148.
437 José Felício dos Santos, *Memórias do Distrito Diamantino da comarca do Serro Frio (Província de Minas Gerais)*, 1976, p. 192.
438 *Grande Enciclopédia Portuguesa e Brasileira*, v. 27, 1953, pp. 778-779.
439 ANTT, Chancelarias Régias, D. Maria, Lº73, fls.87 e 132 *apud* Tiago C. P. dos Reis Miranda, *op. cit.*, 2008, p. 86.
440 ANTT, Chancelarias Régias, Lº75 (F.3495), fl.30, 24/5/1805 *apud* Tiago C. P. dos Reis Miranda, *op. cit.*, 2008, p. 86.

riência noutros governos ultramarinos como a vontade do governo de o afastar outra vez de Lisboa. Miranda lembra que d. José Trazimundo Mascarenhas Barreto (1802-1881), sétimo marquês da Fronteira e d'Alorna, conta em suas *Memórias* que d. Bernardo andara envolvido com uma ordem paramaçônica, a Sociedade da Rosa, que acabou por ser dissolvida em 1803 por Diogo Inácio de Pina Manique (1733-1805), intendente-geral de Polícia.[441]

Sua organizadora, d. Leonor de Almeida Portugal, a marquesa de Alorna, então condessa de Oeynhausen, poetisa de renome, foi, inclusive, expulsa para fora do Reino, "onde se conservou doze anos".[442] D. Leonor fora casada desde 1779 com Karl August, conde de Oeynhausen (1738-1793), da linha westfálica de nobreza austríaca, oficial a serviço da coroa portuguesa a partir de 1776,[443] maçom iniciado na Alemanha.[444] João Carlos Augusto de Oeynhausen e Gravenburg (1776-1838), enteado da marquesa d'Alorna, foi governador e capitão-general de São Paulo de 1819 a 1821 e integrante da junta provisória que governou a capitania de 1821 a 1822, ao lado de José Bonifácio de Andrada e Silva e Miguel José de Oliveira Pinto.

Em Goa, d. Bernardo desembarcou em maio de 1807, tendo sido recebido com muito entusiasmo por chegar investido como vice-rei, dignidade que, em 1774, havia sido suprimida pelo marquês de Pombal. O título implicava o restabelecimento de uma corte, o que muito lisonjeava a vaidade dos filhos fidalgos da Índia. Tomou posse efetiva do cargo a 27 de maio de 1807, substituindo Francisco Antônio da Veiga Cabral (1733-1810), que consentira na ocupação de Goa por tropas inglesas que o marquês de Welesley, irmão do duque de Wellington,

---

441 Marquês de Fronteira e D'Alorna, *Memórias*, 1928, pp.145 e 189 *apud* Tiago C. P. dos Reis Miranda, *op. cit.*, 2008, p. 87.
442 A. H. de Oliveira Marques, *op. cit.*, 1990, v. 1, p. 300.
443 Ferdinand Schröder. *A imigração alemã para o sul do Brasil*, 2003, p. 36.
444 A. H. de Oliveira Marques, *op. cit.*, 1990, v. 1, p. 402.

lhe impusera, a pretexto de defender a cidade contra as forças napo-
leônicas.

O quinto conde de Sarzedas esteve à frente do Estado da Índia
durante nove anos, tempo em que conseguiu revigorar a autoridade
portuguesa na colônia. Além da expulsão dos ingleses do território,
o que se deu por completo só a 2 de abril de 1813, o vice-rei obteve a
completa extinção da Inquisição de Goa, que fora restabelecida em
1779, no bojo da reação contra a política pombalina. Lorena entregou
o governo ao seu sucessor a 29 de novembro de 1816, retirando-se para
o Rio de Janeiro, onde estava a Corte. Faleceu em 1818.

Lorena deixou filhos que foram legitimados por despacho do Desembargo do Paço em 4 de abril de 1818. O filho varão legitimado foi d.
Francisco de Assis de Lorena e Silveira, governador e capitão-general
da capitania de Mato Grosso, do Conselho de d. João VI, homem de
grande cultura e dono de uma notável livraria. D. Francisco casou-se
com d. Maria Rita de Almeida de Sousa e Faro, com quem teve o filho d. Bernardo Heitor da Silveira e Lorena, oficial-mor honorário da
Casa Real do Conselho de Sua Majestade Fidelíssima, moço-fidalgo
com exercício no Paço, comendador da Ordem de Cristo e cavaleiro
da Ordem de Nossa Senhora da Conceição de Vila Viçosa. Nascido em
Bardez, na Índia portuguesa, a 7 de abril de 1810, d. Bernardo Heitor
morreu em Goa a 12 de dezembro de 1871. Passou a ser o sexto conde
de Sarzedas por decreto de 1862.[445]

445 *Grande Enciclopédia Portuguesa e Brasileira*, v. 27, 1953, pp. 778-779.

CAPÍTULO III

Depois de Lorena

Antônio Manuel de Melo Castro e Mendonça desembarcou no Rio de Janeiro a 22 de abril de 1797, depois de uma longa viagem com escala na Bahia. No dia seguinte, preocupou-se em mandar um aviso ao seu antecessor, comunicando a sua presença no vice-reino. Em São Paulo, só chegaria a 15 de junho, tomando posse a 28.[1]Recebeu o governo das mãos do próprio governador cessante, tornando-se o 14º capitão-general da capitania. Mendonça fez a Lorena as "despedidas devidas a um general", acompanhando-o até meia légua fora da cidade. E determinou que se lhe fizessem todas as honras nas vilas e lugares da capitania por onde passasse.[2]

Seu nome havia sido escolha pessoal do secretário de Estado de Negócios da Marinha e Domínios Ultramarinos, d. Rodrigo de Sousa Coutinho, que, ao lhe desejar um bom governo, ordenaria que adotasse as mesmas medidas tomadas por Lorena,[3] o que é um indício claro de como a administração do conde de Sarzedas havia sido bem recebida na Corte. Para Mendonça, d. Rodrigo recomendaria que nunca "abandonasse a capitania, a não ser em circunstâncias muito especiais"[4] e que promovesse maior intercâmbio comercial entre São Paulo e o Reino.[5]

---

1 AHU, Conselho Ultramarino, São Paulo, caixa 43, doc. 3502, 28/6/1797.
2 AHU, Conselho Ultramarino, São Paulo, caixa 44, doc. 3507, 14/8/1797.
3 AHU, Avulsos, São Paulo, caixa 22, doc.17, 27/10/1796; AHU, Conselho Ultramarino, São Paulo, caixa 31, doc. 661, 27/10/1796.
4 AHU, Conselho Ultramarino, São Paulo, caixa 44, doc. 3507, 14/8/1797.
5 AHU, Conselho Ultramarino, São Paulo, caixa 45, doc. 3518 24/7/1797.

Ainda em Lisboa, Mendonça teve demasiado tempo para planejar até os mínimos detalhes o seu governo e mesmo sua vida pessoal, como mostra a sua preocupação em pedir autorização à rainha para passar pela alfândega das Sete Casas, livres do pagamento de direitos, dois barris de azeite que comprara em Torres Novas para o seu abastecimento.[6] Sem que as razões sejam conhecidas, permaneceu em Lisboa quase dois anos à espera de ordem para viajar e assumir o cargo que lhe cabia.

Durante esse tempo, travou no Palácio de Queluz uma batalha jurídica para garantir o direito de fazer do antigo Colégio dos Jesuítas, em São Paulo, sua residência e sede de governo, mas não se pode garantir que tenha sido essa a razão de sua demora em Lisboa. Criado no Palácio Cunhal das Bolas, no Bairro Alto, em Lisboa, Mendonça preocupou-se com as condições de sua nova morada em São Paulo. Afinal, descendia de linhagem da mais alta nobreza lusitana, os Melo e Castro, alcaides-mores de Colares e comendadores de Fornelos na Ordem de Cristo, formada por militares, navegadores, vice-reis e governadores coloniais. Era sobrinho do todo-poderoso ministro Martinho de Melo e Castro, que havia sido secretário de Estado dos Negócios da Marinha e Domínios Ultramarinos.[7]

Mendonça era conhecido em Lisboa como Pilatos, apelido que herdara do pai, Diniz Gregório de Melo e Castro de Mendonça (?-1793), fidalgo conselheiro de Estado e segundo general dos Açores, que, enriquecido, comprara o célebre palácio construído por um rico comerciante lisboeta conhecido como Pilatos, o que levou a população a estender a alcunha ao novo proprietário. Célebre representante lisboeta da Renascença, o Palácio Cunhal das Bolas, localizado na rua da Rosa com rua Luz Soriano, hoje abriga o Hospital São Luís (dos Franceses), destacando-se pela imponência de sua construção e por

6 AHU, Conselho Ultramarino, São Paulo, caixa 42, doc. 3415, 20/10/1795.
7 AHU, Conselho Ultramarino, São Paulo, caixa 48, doc. 3752, 28/10/1799.

seus grandes cunhais de pedra, bolas largas de cantaria esculpida que, em seus primeiros tempos, seriam revestidas de ouro.

Diniz Gregório de Melo e Castro de Mendonça fora também o último governador da cidade portuguesa africana de Mazagão, que, por ordem do ministro Sebastião José de Carvalho e Melo, foi entregue, em 1769, ao sultão de Marrocos, seguindo a sua população em 1770 para fundar no Brasil a Vila Nova de Mazagão, no Amapá. O avô materno de Diniz, bisavô de Antônio Manuel, d. Rodrigo da Costa (1657-1722), fora o 31º governador do Estado do Brasil entre 1702 e 1705.

Acostumado a viver em palácio, embora datasse sua correspondência de Campo Grande, o que indica que, a essa altura, a exemplo de outros nobres, manteria morada em alguma quinta naquela freguesia lisboeta, Mendonça não estaria disposto a passar por privações em terra distante. Por isso, três meses depois de sua nomeação, escreveu ao secretário de Estado dos Negócios Estrangeiros e de Guerra, d. Luís Pinto de Sousa Coutinho, visconde de Balsemão, reivindicando o direito de se instalar no edifício do antigo Colégio dos Jesuítas.[8] Pretendia estabelecer em definitivo no Colégio, além da residência dos governadores, o Erário Régio e a Casa dos Cofres e Contadoria.[9]

Em seu arrazoado, lembrou que, depois da retirada do governador d. Luís de Mascarenhas em 1749 (na verdade, em 1748), com o estabelecimento da capitania de Goiás e a subordinação do governo da capitania de São Paulo ao do Rio de Janeiro, o edifício ficara, praticamente, abandonado, sofrendo graves danos por não ter sido habitado nem reparado. Depois, em 1765, ao ser restaurada a autonomia à capitania de São Paulo, o novo governador, o morgado de Mateus, passara a residir no edifício, fazendo vários melhoramentos e nele estabelecendo a Junta da Fazenda, Contadoria, Secretaria e a Casa dos Cofres.

---

8 AHU, Conselho Ultramarino, São Paulo, caixa 42, doc. 3428, 4/4/1796.
9 AHU, Conselho Ultramarino, São Paulo, caixa 42, doc. 3451, 21/6/1796.

O REINO, A COLÔNIA E O PODER 331

Essa forma de estabelecimento, disse Mendonça, teria durado cerca de sete anos, pois o então bispo de São Paulo, frei d. Manuel da Ressurreição, obtivera, em 1775, ordem régia para também ocupar o prédio. Assim, o governador, durante três anos, teve de "viver em uma parte do Colégio Velho", deixando outras dependências para o religioso. Com a saída do morgado de Mateus, o bispo teria aproveitado a ocasião para se apossar por completo do prédio.

Segundo Mendonça, com a morte do bispo, o governador Lorena ocupou de novo o antigo Colégio dos Jesuítas, levando para o local toda a administração de seu governo. Ainda em Lisboa, Mendonça recebeu carta em que o bispo d. Mateus de Abreu Pereira (1742-1824) dizia que a rainha o havia autorizado a fazer do Colégio que fora dos jesuítas sua residência, acrescentando que obtivera ordem para que o governador Lorena lhe entregasse o edifício. Para Mendonça, d. Mateus, a exemplo de seus antecessores, podia muito bem residir em uma casa particular com aluguel pago pela Coroa.[10]

Apesar do empenho de Mendonça, a Coroa decidiu conceder licença a d. Mateus para ocupar o edifício por aviso de 28 de outubro de 1795, cinco meses depois da sua nomeação. Isso o levou a recorrer novamente a d. Luís Pinto de Sousa Coutinho, desta vez, para insinuar que d. Mateus havia omitido que "Lorena tinha reposto tudo no seu primitivo estado e se encontrava a habitar o Colégio", levando a Corte a incorrer em erro ao atendê-lo em sua reivindicação.[11] De fato, em 1796, Lorena havia arranjado uma casa para d. Mateus de Abreu Pereira, "para onde se transferiram os móveis do referido Colégio".[12]

A batalha jurídica seria resolvida com a vitória do governador, mas deixaria sequelas que se materializariam na má vontade com que o bispo acompanharia o governo de Mendonça. Sem contar que, entre

10 AHU, Conselho Ultramarino, São Paulo, caixa 42, doc. 3428, 4/4/1796.
11 AHU, Conselho Ultramarino, São Paulo, caixa 42, doc. 3451, 17/8/1796.
12 AHU, Conselho Ultramarino, São Paulo, caixa 44, doc. 3507, 16/8/1797.

as sugestões que o governador encaminhou a d. Luís Pinto de Sousa Coutinho, "para diminuir despesas ao Erário Régio", estava a de impedir o aumento do corpo eclesiástico. Na mesma carta em que fez a sugestão, acusou religiosos franciscanos e carmelitas reformados de possuírem fazendas na capitania "sem licença de d. Maria I".[13]

Embora seu nome não apareça ostensivamente ligado à maçonaria, o comportamento de Mendonça leva todo o jeito de maçom, até porque, já em São Paulo, seria acusado por d. Mateus, em correspondência a d. Rodrigo de Sousa Coutinho, de "falar em público contra a religião cristã, ridicularizando as cerimônias e preceitos da Igreja e desprezando os ministros".[14] As acusações de d. Mateus, extensivas também ao ajudante de ordens do governo de São Paulo, o sargento-mor de Artilharia Tomás da Costa Correia Rebelo e Silva, porém, não cairiam em terreno fértil na Corte.

Pelo contrário. As ligações de d. Luís Pinto de Sousa Coutinho com a maçonaria eram íntimas, a tal ponto que uma propriedade sua aos Arciprestes, na freguesia de Santa Engrácia, em Lisboa, havia abrigado sessões maçônicas em 1790.[15] Já d. Rodrigo de Sousa Coutinho, amigo dileto do príncipe regente d. João, embora tenha negado oficialmente ser maçom em cartas de 1802, era conhecido pedreiro-livre, tendo sido iniciado em uma loja de Coimbra na década de 1770. Ficaria conhecido pela proteção que estenderia a numerosos maçons perseguidos pelo intendente-geral de Polícia, Diogo Inácio de Pina Manique.[16]

Logo depois de desembarcar em Santos, Mendonça tratou de inspecionar as obras no caminho para São Paulo que, ao tempo de Lorena, embora executadas de maneira contínua, teriam seguido com

---

13 AHU, Conselho Ultramarino, São Paulo, caixa 42, doc. 3451, 17/8/1796.
14 AHU, Conselho Ultramarino, São Paulo, caixa 43, doc. 3494, 23/11/1797.
15 ANTT, Inquisição de Lisboa, nos 8611 e 8614, fl. 18, *apud* A. H. de Oliveira Marques, *op. cit.*, v. 1, 1990, pp. 76 e 134.
16 ANTT, Inquisição de Coimbra, nos 726 e 8094, *apud* A. H. de Oliveira Marques, *op. cit.*, v. 1, 1990, pp. 106, 132, 266 e 421.

excessiva lentidão e sem muito progresso, a tal ponto que, em dias de chuvas, por ali "mal se podia andar a pé, ou com muito risco".[17]

Ao tempo de Lorena, segundo Mendonça, havia sido feito o primeiro caminho por terra de Cubatão a Santos, mas ainda em precárias condições, o que o levaria, em setembro de 1798, a retomar o projeto, determinando a construção de pontes de madeira, assentadas sobre pilares de pedra e cal, em todos os rios e pedaços de mar, exceto o rio Cubatão, onde haveria uma barca.[18] Mas suspeita-se que Mendonça não tenha obtido êxito em seus planos, já que, até depois de 1822, nenhum caminho transitável permitiria a comunicação por terra entre a vila de Santos e o porto fluvial de Cubatão.[19]

Apesar do quadro otimista traçado por Lorena em seu balanço de governo, a situação logo passou a ser vista por Mendonça com cores menos róseas. Por isso, no começo de 1798, o governador tratou de afrouxar algumas medidas adotadas por seu antecessor, inclusive a chamada "lei do porto único", permitindo que a produção de açúcar e demais gêneros da vila de São Sebastião fosse exportada para qualquer lugar, sem a obrigatoriedade de ser encaminhada até Santos. Em novembro daquele ano, acabaria por permitir a exportação de quaisquer gêneros pelos demais portos da capitania, sem necessidade de encaminhá-los antes ao porto de Santos.[20]

Para justificar tal medida, o governador argumentou que havia carência de navios no porto de Santos, em razão dos tumultos provocados na Europa pela Revolução Francesa (1789-1799), além de dificuldades para completar a carga das embarcações em suas viagens de retorno ao Reino. Sem contar que, depois da saída de Lorena, as câmaras de Ubatuba e São Sebastião haviam feito apelos desesperados

---

17 DI, v. 39, 1902, pp. 112-114.
18 DI, v. 39, 1902, pp. 116-117.
19 DI, v. 39, 1902, p. 118.
20 DI, v. 87, 1963, pp. 118 e 130, 22/11/1798.

ao Conselho Ultramarino para que a exclusividade dada ao porto de Santos fosse revogada.[21]

Mais tarde, em memória que escreveu sobre a capitania de São Paulo ao final de seu governo, Mendonça questionou a decisão de seu antecessor de proibir a exportação de gêneros para Lisboa, que não fosse feita pelo porto de Santos, acrescentando que não sabia "com que autoridade" Lorena havia feito aquilo. Até porque aquela decisão não competiria ao governador, mas ao soberano, argumentava. Para Mendonça, as vilas do Litoral Norte da capitania "costumavam ter no seu próprio porto uma excelente venda".[22]

Além disso, segundo ele, os produtores da capitania não estavam errados "em mandar seus efeitos por sua conta por via da praça do Rio de Janeiro", argumentando que na capital do vice-reinado não só achavam "fretes mais em conta", mas porque embarcavam (as cargas) "em navios de melhor conceito".[23] Dessa medida arbitrária de Lorena, segundo Mendonça, teriam resultado muitos prejuízos aos produtores do Litoral Norte da capitania: de 25 engenhos que São Sebastião tivera em 1788 haviam sobrado apenas seis em 1797, "ficando por consequência arruinada aquela vila que pela bondade de seus efeitos podia ser a mais opulenta da capitania". Já em Ubatuba, dos quatorze engenhos que funcionavam em 1788, conservavam-se cinco em 1797. Segundo Mendonça, ao final de seu governo (1797-1802), São Sebastião teria 37 engenhos e Ubatuba, sete.[24]

Mal tomou posse no antigo Colégio dos Jesuítas, Mendonça reclamou com d. Rodrigo de Sousa Coutinho da "situação lastimável" em que se encontrava o sistema de defesa da capitania: não havia recebido do vice-rei d. José Luís de Castro (1744-1819), o segundo conde de Resende, o armamento prometido nem dispunha de fardas para

---

21 DI, v. 89, 1967, pp. 105-108.
22 Antônio Manuel de Melo Castro e Mendonça, *op. cit.*, 1961, p. 205.
23 *Idem, ibidem*, p. 208.
24 *Idem, ibidem*, p. 205.

os novos recrutas.[25] Diante disso, Mendonça teve de recusar apoio militar ao governador da capitania de Mato Grosso, Caetano Pinto de Miranda Montenegro (1748-1827): por falta de recursos, não poderia auxiliá-lo, a propósito de acompanhar a movimentação de espanhóis na fronteira.[26]

Mas foi por pouco tempo: logo d. Rodrigo de Sousa Coutinho recomendou a Mendonça que, se houvesse avanços por parte dos espanhóis, mandasse a cavalaria para os campos de Curitiba e também assegurasse o importante posto de Iguatemi, "por meio do qual se poderá dar socorro a Mato Grosso". O ministro, porém, insinuava a Mendonça que adotasse uma política de duas faces: sem comprometer o governo de Lisboa ou criar atrito com a Coroa espanhola, deveria "animar o antigo ardor de descobertas dos paulistas", incitando-os secretamente para que assegurassem e criassem novas povoações. Enfim, d. Rodrigo queria que os paulistas continuassem "a ser o terror e flagelo dos índios espanhóis", passando a ocupar as cabeceiras dos rios que iam desaguar no rio da Prata e no rio Paraguai.

O comércio em São Paulo também não andava tão franco, como Lorena procurara fazer crer, segundo Mendonça:[27] por causa "da guerra entre Portugal e seus aliados e a França e seus aliados", os navios mercantes que vinham do Sul carregados para retornar ao Reino tinham de rumar até a Bahia, de onde seguiam escoltados por naus de guerra. Tudo aquilo causava apreensão, demora e perdas.[28]

Provavelmente em razão disso, dois anos mais tarde, quando teve de preparar um relatório sobre as condições em que encontrara a capitania de São Paulo, Mendonça optou por um tom menos triunfalista. Lembrou a d. Rodrigo de Sousa Coutinho que Lorena havia construí-

---

25 AHU, Conselho Ultramarino, São Paulo, caixa 45, doc. 3518, 22/11/1797.
26 AHU, Conselho Ultramarino, São Paulo, caixa 45, doc. 3518, 27/7/1798.
27 DI, v. 89, 1967, p. 101, c.1798.
28 AHU, Conselho Ultramarino, São Paulo, caixa 45, doc. 3518, 27/11/1797.

do um caminho em ziguezague na Serra, aproveitando uma trilha antiquíssima por onde o padre José de Anchieta subira ao planalto.

Dizia que era o mesmo caminho por onde, em outubro de 1532, Martim Afonso de Sousa passara com João Ramalho, mas parece que cometeu um erro de avaliação, pois esse não seria o Caminho do Padre José, e sim o Caminho de Paranapiacaba. Evitando elogios ao antecessor, disse que o caminho mandado fazer por Lorena era "muito cômodo para as conduções em besta, e por este modo se transportam todos os efeitos de Serra acima para a borda do rio Cubatão, sendo o principal gênero o açúcar".[29]

"É um caminho difícil e perigoso", observou, lembrando que o governador Lobo de Saldanha mandara fazer um aterrado junto ao rio Grande para evitar novas inundações e que o governador interino Chichorro determinara a construção de outro aterro entre o fim da Serra e o rio Cubatão e o rio das Pedras. Contou que pensara em fazer um caminho por terra para Santos, mas desistira em razão dos grandes obstáculos naturais e da falta de recursos.[30]

A única iniciativa de Mendonça fora mandar construir ranchos ao longo do caminho para abrigar o açúcar que seguia de São Carlos, Itu e outras vilas para Santos. Disse ainda que a vila de Santana do Parnaíba se encontrava em decadência porque a estrada que seguia em direção a Itu passava um pouco longe. Até propusera que a estrada passasse por lá, mas encontrara oposição por parte de moradores. Entendia que aquelas medidas seriam necessárias para que o açúcar paulista perdesse a "má reputação" que tinha no Rio de Janeiro e em Lisboa.[31]

Para estimular os produtores e demais moradores, decidira elevar vários povoados à categoria de vila: Antonina, em homenagem ao d. Francisco Antônio (1795-1801), príncipe da Beira, filho de d. João e d. Carlota Joaquina; Vila Nova de Bragança, termo da vila de Atibaia; vila

29 DI, v. 29, 1899, p. 113.
30 AHU, Conselho Ultramarino, São Paulo, caixa 45, doc. 3518, 22/11/1797.
31 AHU, Conselho Ultramarino, São Paulo, caixa 45, doc. 3519, 31/1/1797.

de Campinas, termo da vila de Jundiaí; e vila de Porto Feliz, em substituição ao nome indígena da freguesia de Araritaguaba, termo da vila de Itu e porto fluvial de onde partiam as monções para Mato Grosso e Goiás.[32] Essas localidades passavam a dispor de autonomia política e administrativa, o que seria simbolizado pela ereção de pelourinho, além do direito de definir seu território e constituir Casa da Câmara e Cadeia, com a eleição de juízes, vereadores e demais oficiais.

Ao contrário do governo de seu antecessor, o de Mendonça originou muitas queixas e representações de moradores, como a que o bispo de São Paulo, d. Mateus de Abreu Pereira, enviou à rainha sete meses depois da posse do governador. Segundo o religioso, Mendonça, a quem acusou de "déspota e herege", fazia sofrer os moradores de São Paulo. D. Mateus dizia a d. Rodrigo que gostaria de contar pessoalmente à rainha os vexames que o povo sofria, a exemplo do que fizera frei Bartolomeu de las Casas (c.1484-1566), bispo de Chiapas, na Corte de Madri, sobre vexames que os governadores espanhóis praticaram no México e no Peru.[33]

A partir da queixa do bispo, não haveria navio que seguisse do Rio de Janeiro para Lisboa que não levasse representações de paulistas contra o governador, como a que o tenente-coronel agregado ao Regimento de Marinha da vila de Santos, Jerônimo Martins Fernandes, enviou, reclamando da administração e dos vexames que Mendonça vinha causando ao povo da capitania.[34]

Segundo Fernandes, o governador havia, por violência, obrigado uma filha sua, "de pouca idade", a casar com um de seus criados. De acordo com o denunciante, o governador e seu ajudante de ordens, Tomás da Costa Correia Rebelo e Silva, haviam tentado lhe retirar a filha por meio da Justiça, "pressionando o ouvidor".[35] Acusava também

---

32 AHU, Conselho Ultramarino, São Paulo, caixa 45, doc. 3518, 22/11/1797.
33 AHU, Conselho Ultramarino, São Paulo, caixa 45, doc.3523, 14/1/1798.
34 AHU, Avulsos, São Paulo, caixa 13, doc. 1, 25/1/1799; caixa 29, doc.58, 25/1/1799.
35 AHU, Conselho Ultramarino, São Paulo, caixa 46, doc. 3575, 5/10/1798.

a ambos de terem pedido dinheiro emprestado a muitos moradores da vila de Santos, sem que se "lembrassem" de pagar.[36]

Mais tarde, Fernandes voltaria à carga para acusar o governador de violar os correios, "roubando avisos e cartas de particulares". Disse ainda que, a pretexto de abrir caminho por terra entre a vila de Santos e o posto de Cubatão, Mendonça teria dobrado, por seu livre arbítrio, o preço das passagens entre os dois pontos, "sendo o rendimento avultado e o seu destino pouco conhecido".[37]

Já o padre Antônio Ribeiro Cerqueira escreveria a d. Maria I queixando-se do "estado de opressão e desordem em que vivia a capitania de São Paulo depois que saíra o governador d. Bernardo José de Lorena". Dizia que a opressão era tanta que o ajudante de ordens do capitão-general Mendonça, Tomás da Costa Correia Rebelo e Silva, vivia com sua mulher no palácio do governador e "valia-se da amizade deste com a sua esposa para conseguir os seus fins". Para o padre, o ajudante de ordens não passava de um libertino, que não respeitava "mulher alguma, casada ou solteira". Segundo o padre, Tomás da Costa teria tentado seduzir a filha de sua criada, Maria Madalena Baena.[38]

Além disso, feito comandante das tropas, Tomás da Costa, ao promover o recrutamento, segundo o religioso, tratava os homens "com tal crueldade que muitos fugiam com medo", razão pela qual, se detidos, acabavam mortos. "Os ricos eram poupados em virtude dos presentes que davam a Tomás da Costa, enquanto os pobres eram obrigados a alistar-se", disse.

De acordo com o religioso, os juízes eram subornados para que absolvessem aqueles que Tomás da Costa protegia. "Outros juízes foram espancados e postos para fora da sala em que se realizavam julgamentos", denunciou. Disse ainda que o ajudante de ordens mandara construir em Sorocaba uma casa que abrigava 120 cavalos de que se

---

36 AHU, Conselho Ultramarino, São Paulo, caixa 46, doc. 3574, 5/10/1798.
37 AHU, Conselho Ultramarino, São Paulo, caixa 47, doc. 3620, 25/1/1799.
38 AHU, Conselho Ultramarino, São Paulo, caixa 66, doc. 5076, 15/10/1798.

servia para transportar sal, açúcar e outros gêneros para Santos "a fim de embarcarem com destino ao Rio de Janeiro, Bahia e Porto Alegre do Sul".

Segundo ele, as vacas e as galinhas que os proprietários da região tinham para vender eram apreendidas pelos soldados e levadas para a quinta do Ipiranga, propriedade de Tomás da Costa, "de onde depois são vendidas". O ajudante de ordens ainda abriria as correspondências para evitar que saíssem da capitania "cartas denunciadoras de tais torpezas", segundo o padre. "Os abusos e opressões chegam a tal ponto que o povo foi obrigado a sair para as Minas Gerais e Rio de Janeiro, mas isso também Tomás da Costa impediu por meio de força armada, vivendo assim as gentes como que sob prisão", acrescentou.[39]

Já o capitão-mor José Gomes de Sequeira e Mota acusaria Tomás da Costa de, com suas arbitrariedades, ter causado a fuga de muitos moradores para outras capitanias. Queixou-se ainda que, por empenho de seu ajudante de ordens, o governador Mendonça o perseguia.[40] De outros moradores da capitania também partiram representações contra os "disparates" que o governador teria praticado desde que assumira. Mendonça era especialmente acusado de, em conluio com seu ajudante de ordens, participar de vários negócios de açúcar, sal, animais, algodão e mantimentos. "Por isso, os antigos comerciantes não têm saída", reclamaram, acusando o governador de favorecer apenas os negócios de seus amigos, "todos criaturas de má espécie".[41]

O capitão de milícias Belchior Álvares Pereira, escrivão da Fundição da capitania de Mato Grosso, confirmou que o governador, logo à chegada, havia-se fingido de roubado para contrair vários empréstimos cujo produto teria aplicado em negócios que envolviam a fabricação de açúcar. Em carta a d. Maria I, Pereira procurou traçar um panorama da situação da capitania àquela altura: o contrato de sal estava "todo

39 AHU, Conselho Ultramarino, São Paulo, caixa 66, doc. 5076, 15/10/1798.
40 AHU, Conselho Ultramarino, São Paulo, caixa 66, doc. 5076, 9/9/1799.
41 AHU, Conselho Ultramarino, São Paulo, caixa 46, doc. 3548, 5/12/1798.

embaraçado" e os animais dos roceiros eram apreendidos pela força militar do governador. "A justiça não é cumprida", disse, acusando ainda o ajudante de ordens de exercer "as vezes" do governador, embora fosse "destituído de capacidade moral".

Segundo Pereira, o governador havia comprado uma ocaira, ou seja, uma propriedade rural, nos arredores da cidade de São Paulo e mandara abrir uma estrada até a sua entrada com despesas pagas pelo Almoxarifado. Por causa daquele desgoverno, dizia Pereira, tabeliães e oficiais da Câmara recusavam-se a permanecer na capitania. "A única felicidade é que os comandantes Manuel Mexia Leite e Antônio Luís da Rocha animam as tropas e procuram manter a paz do povo", ressalvou.[42]

Pereira dizia também que os indígenas e muitos moradores das vilas de Jundiaí e Parnaíba seriam obrigados a trabalhar sem nenhum rendimento nos negócios do governador e de seu ajudante de ordens, com a devida condescendência dos capitães-mores. Já os capitães-mores de Itu, Sorocaba e Campinas não permitiriam "tais excessos". Por isso, Pereira reivindicava o envio de um juiz de fora para a cidade de São Paulo que viesse a proibir essa prática.[43]

Moradores da vila de Itu não deixaram por menos e acusaram o governador de ser "movido por ambição". Segundo eles, Mendonça não permitia que os comerciantes da região fizessem comércio de açúcar diretamente com o Rio de Janeiro e a Corte, atravessando seus negócios, ao franquear o porto de Santos apenas aos navios que vinham por sua conta. "O governador também monopoliza os víveres necessários para o sustento dos moradores", disseram, observando que o sal era distribuído em quantidade tão reduzida que não chegava a um décimo da população. "Com isso, os preços do sal são exorbitantes", queixaram-se.

42 AHU, Conselho Ultramarino, São Paulo, caixa 45, doc. 3540, 4/8/1798.
43 AHU, Conselho Ultramarino, São Paulo, caixa 45, doc. 3639, 30/1/1799.

Segundo esses moradores, Mendonça só permitia o embarque de açúcar para o Rio de Janeiro ou para outro destino pelo porto de Santos se viesse por conta de seu ajudante de ordens, Tomás da Costa Correa Rebelo e Silva, que estaria também monopolizando o comércio de tecidos e víveres, como o sal. Segundo os ituanos, tudo dependia do ajudante de ordens e de sua mulher, d. Ana Rita Mascarenhas, "que assistindo em Palácio põe e dispõe os negócios conforme os donativos que recebe". Ao arbítrio de d. Ana Rita, diziam, faziam-se coronéis, capitães-mores e outros oficiais, obviamente a troco de peitas.[44]

Oficiais de milícias e republicanos da cidade de São Paulo também escreveram a d. Maria I para reclamar das perseguições a que estava exposto o povo da capitania. "Houve só um governador que foi bom para o povo", garantiram, referindo-se a Lorena, que os teria tratado "como um pai, fazendo com que a agricultura se desenvolvesse". Segundo a representação, Lorena havia sido sucedido por "um homem cruel e colérico".[45]

Outro documento encaminhado pelo "povo da capitania de São Paulo" acusava Mendonça e seu ajudante de ordens de fazer negócios com açúcar, sal, bestas, algodões e mantimentos, prejudicando vários comerciantes. Além disso, as perseguições que ambos faziam teriam levado 2 mil pessoas a buscar refúgio em outras capitanias.

Esse documento – com certeza, escrito por encomenda de comerciantes alijados dos negócios por Mendonça – acusava também os pró-homens José Arouche de Toledo Rendon e José Vaz de Carvalho, arrematantes de rendas reais, de terem sido elevados a juízes ordinários na Câmara da cidade de São Paulo para defender interesses subalternos do governador. Segundo os acusadores, o governador e seu ajudante de ordens comprariam dívidas de produtores e os obrigavam a pagá-las com gêneros, ou seja, com "o melhor açúcar branco

44 AHU, Conselho Ultramarino, São Paulo, caixa 45, doc. 3536, 8/7/1798.
45 AHU, Conselho Ultramarino, São Paulo, caixa 47, doc. 3710, 5/6/1798.

que produzissem". E ainda prendiam e castigavam quem ousasse desobedecer-lhes.[46]

O bispo de São Paulo, d. Mateus de Abreu Pereira, voltou a acusar o governador de cometer "patifarias", ao mandar abrir subscrição pública a pretexto de construir um "imaginário" hospital. Teria também obtido atestados de boa conduta das câmaras da capitania, extorquindo "por todo o modo" os oficiais.[47]

Tantas foram as cartas que chegaram ao Conselho Ultramarino reclamando de sua conduta[48] que o governador tratou de se defender, protestando contra "as infâmias que seus opositores diziam de seu governo".[49] Mas houve também quem o defendesse, apoiando a sua administração. Foi o caso da Câmara da vila de Taubaté que, em carta à rainha, solidarizou-se com Mendonça, condenando as "críticas que seu governo tem recebido".[50]

Com a Igreja, o relacionamento de Mendonça sempre foi tumultuado, como se conclui de ofício que enviou a d. Rodrigo de Sousa Coutinho comunicando que, para evitar novas questões com o Cabido, lhe fosse restituído, na Sé Catedral, o lugar destinado aos generais, pedindo que a sua chegada fosse anunciada pelos repiques do sino da igreja.[51]

Do governador, o bispo de São Paulo, d. Mateus de Abreu Pereira, dizia que deixava toda a capitania "consternada" com as prisões e castigos que ordenava a rapazes de 13 e 14 anos, obrigando-os a serem soldados, enquanto "dava baixa em soldados veteranos e robustos". Por essa razão, segundo o religioso, muitos jovens fugiam para Minas Gerais, deixando parados os engenhos "e ficando as terras por cultivar".[52]

---

46 AHU, Conselho Ultramarino, São Paulo, caixa 45, doc. 3548, 5/9/1798.
47 AHU, Conselho Ultramarino, São Paulo, caixa 45, doc. 3527, 3/2/1798.
48 AHU, Avulsos, São Paulo, caixa 12, doc. 19, post. 18/10/1799.
49 AHU, Avulsos, São Paulo, caixa 13, doc. 8, 23/4/1799.
50 AHU, Avulsos, São Paulo, caixa 28, doc. 10, 9/8/1799.
51 AHU, Avulsos, São Paulo, caixa 13, doc. 9, 27/4/1799.
52 AHU, Conselho Ultramarino, São Paulo, caixa 43, doc. 3494, 23/11/1797.

Ainda segundo o bispo, Mendonça costumava monopolizar os gêneros, arruinando o comércio, ao dissipar as rendas da Fazenda Real.[53] As divergências foram tantas que o bispo teve de fazer à Corte a promessa de terminar a discórdia com o governador.[54] Dois anos mais tarde, foi a vez do governador comunicar a d. Rodrigo de Sousa Coutinho a sua reconciliação com o bispo.[55]

As promessas de lado a lado nunca foram cumpridas, pois, pouco antes do encerramento do mandato de Mendonça, o bispo escreveu ao príncipe regente para, depois de destacar a conduta exemplar de Lorena, fazer novas e antigas cargas contra o governador cessante. "Ele monopoliza os gêneros de primeira necessidade para, depois, negociá-los no Rio de Janeiro e na Bahia, obrigando o povo a pagar elevados preços em virtude da escassez", acusou.

D. Mateus observou ainda que o governador mantinha por conselheiro o religioso Francisco Vieira Goulart, clérigo "libertino e escandaloso", a quem dera instruções para retornar ao Reino. "Mas ele não me obedeceu, recolhendo-se ao Palácio do Governo sob a proteção do governador", queixou-se. Ao tempo em que ficou recolhido no Palácio do Governo, porém, Goulart, que já exercera o cargo de professor régio de Filosofia Racional e Moral, pôde redigir uma memória econômico-política que seria assinada por Mendonça e que, hoje, constitui um precioso documento sobre as condições em que se encontrava a capitania de São Paulo.[56]

O bispo voltou a reclamar do comportamento público do governador, a quem acusava de "ridicularizar" suas pastorais. "Tendo ordenado a celebração de exéquias por d. Maria Inácia da Silveira, atendendo ao muito que ao povo dera o seu filho, d. Bernardo José de Lorena, a Câmara, instigada pelo governador, marcou para o mesmo dia ponti-

53 AHU, Conselho Ultramarino, São Paulo, caixa 46, doc. 3629, 25/1/1799.
54 AHU, Avulsos, São Paulo, caixa 13, doc. 20, 28/10/1799.
55 AHU, Avulsos, São Paulo, caixa 15, doc.8, 8/6/1801.
56 AHU, Avulsos, São Paulo, caixa 15, doc. 8., 27/2/1801.

ficial para festejar a reconciliação entre o príncipe regente e a França", queixou-se.[57]

Anteriormente, o bispo já havia atribuído a má vontade de Mendonça com ele ao fato de que, certa vez, ao entrar o governador na Catedral, os sinos não terem repicado antes da cerimônia em honra ao nascimento do príncipe infante. "Em nada ele se compara a Lorena", assegurou mais uma vez.[58]

Em outra denúncia, desta vez bem consistente e fundamentada, o bispo acusou Mendonça de contratar armazém em Santos para ali recolher o açúcar comprado por seu ajudante de ordens Tomás da Costa Correia Rebelo e Silva, que, "à sombra do governador, pratica toda espécie de patifaria". Acusou ainda o governador de nomear um de seus criados fiel do sal da vila de Santos, contrariando alvará da rainha de 1785 segundo o qual "todo governador que desse a qualquer criado seu ou pessoa da família qualquer ofício de Justiça ou Fazenda seja obrigado a pagar pelos seus bens o que o provisor tiver cobrado".[59]

Ao processo que correu no Conselho Ultramarino foi juntado o alvará de 14 de abril de 1785 que determinava que todo governador que fizesse qualquer negócio por conta própria ou alheia, além do confisco dos bens, deveria ser expulso do governo e nunca mais governar qualquer capitania. Esse alvará, aliás, havia sido baixado por d. Maria I a propósito das "prevaricações cometidas pelos governadores e capitães-generais e pelos ouvidores" da capitania de Moçambique, Rios de Sena e Sofala.[60]

Só que esse alvará com força de lei nunca seria colocado em prática, tanto na África como no Estado do Brasil e demais possessões portuguesas, a ponto de, uma década mais tarde, a *Gazeta de Lisboa*, em 25 de maio de 1795, reivindicar a sua efetiva aplicação, igualmente sem

---

57 AHU, Conselho Ultramarino, São Paulo, caixa 51, doc. 3938, 15/7/1802.
58 AHU, Conselho Ultramarino, São Paulo, caixa 47, doc. 3710, 10/1/1798.
59 AHU, Conselho Ultramarino, São Paulo, caixa 47, doc. 3710, 20/8/1799.
60 AHU, Conselho Ultramarino, São Paulo, caixa 47, doc. 3710, 20/8/1799.

êxito. A Corte continuaria a executar uma política dúbia em relação aos administradores ultramarinos, pagando ordenados e emolumentos pífios, que, implicitamente, serviam como incentivo a que muitos governantes e capitães-generais e ouvidores procurassem por meio de negócios ilícitos – geralmente, acobertados por terceiros – a recompensa material pelos anos de sacrifício longe do Reino.

O governador Mendonça defendeu-se como pôde da acusação do bispo – afinal, era pública e notória a sua atuação como comerciante. Em seu favor, saiu o coronel do Segundo Regimento de Infantaria de Milícias e juiz ordinário da Câmara de São Paulo, José Arouche de Toledo Rendon, que considerou "injustas as calúnias ao governador", dizendo que o bispo teria ficado contrariado por ter sido o antigo Colégio dos Jesuítas destinado para palácio dos governadores. Também o deputado da Junta de Administração e Arrecadação da Fazenda Real, João Vicente da Fonseca, considerou esse o motivo principal do mal-entendido entre o bispo e o governador.[61]

Mendonça retrucou em carta a d. Rodrigo de Sousa Coutinho que "nunca esperava que o bispo fosse como era, um homem de maus intentos, que tratava mal os povos, falando mal dos outros, admitindo na Igreja pessoas incompetentes".[62] Depois, acusou o bispo de pretender "macular" o seu nome, ao procurar fazer com que as pessoas acreditassem em coisas inauditas a seu respeito, tratando de incitar o povo à rebelião.[63] Em outra correspondência, o governador acusou o bispo de ser "o mais escandaloso fautor de libertinagem de costumes", responsabilizando-o pela "relaxação moral" que haveria na capitania.[64]

Mendonça apontou o coronel agregado do Regimento de Marinha da vila de Santos, Jerônimo Martins Fernandes, de ser o "principal autor" das acusações que se levantaram contra seu governo, dizendo que

61 AHU, Conselho Ultramarino, São Paulo, caixa 47, doc. 3669, 6/5/1799.
62 AHU, Conselho Ultramarino, São Paulo, caixa 47, doc. 3702, s/d.
63 AHU, Conselho Ultramarino, São Paulo, caixa 46, doc. 3612, 1/12/1798.
64 DI, v. 29, 1899, p. 220, 1/11/1800.

ele havia se servido de assinaturas falsas para fazer crescer o número de descontentes com sua administração. Para o governador, Fernandes tinha a mania de acusar "os generais de roubarem a Fazenda paulista".[65]

De volta ao Reino, Mendonça teria muito trabalho para se defender do que chamava de "queixas sem fundamento" ou de "insultos", solicitando "punição por todas as difamações contra a sua honra".[66] Mas a verdade é que vários comerciantes encaminharam representação à Corte, reclamando o pagamento de empréstimos pessoais feitos a Mendonça.[67]

Diante dos protestos, o governador tratou de despachar para Goiás o seu ajudante de ordens, imaginando que, assim, eliminaria um dos principais focos da insatisfação que grassava entre os comerciantes da capitania. Na ocasião, moradores de São Paulo encaminharam ao Reino carta em que agradeceram o fato de o governador ter "mandado embora da cidade" o sargento-mor Tomás da Costa Correia Rebelo e Silva, mas, ao mesmo tempo, reclamaram da maneira triunfal como deixara o governo, "por tudo que tinha feito ao governador".

Para eles, o ajudante de ordens, provavelmente, teria ido para Goiás apenas com o objetivo disfarçado de continuar a tratar de negócios de interesse do governador.[68] Mas, depois de Goiás, o sargento-mor iria comandar uma diligência na capitania de Mato Grosso, que seria concluída já ao tempo do sucessor de Mendonça em São Paulo.[69] Lá, Tomás da Costa teria se envolvido em várias negociações de gado, conforme denúncias anônimas que chegaram ao Reino. Também contra Tomás da Costa pesaria a acusação de ter desviado verba do cofre de órfãos da vila de Itu.[70]

---

65 AHU, Conselho Ultramarino, São Paulo, caixa 49, doc. 3888, 24/10/1801.
66 AHU, Avulsos, São Paulo, caixa 22, doc. 4, 28/9/1804 e 11/10/1804.
67 AHU, Avulsos, São Paulo, caixa 22, doc.4, 16/10/1804.
68 AHU, Conselho Ultramarino, São Paulo, caixa 47, doc. 3676, 12/7/1799.
69 AHU, Avulsos, São Paulo, caixa 20, doc. 6, 9/5/1803.
70 AHU, Avulsos, São Paulo, caixa 22, doc.4, 26/10/1804.

Em sua defesa, Tomás da Costa argumentou que os seus acusadores eram "pessoas de mau caráter", ressaltando que sempre desempenhara o cargo de ajudante de ordens do governador com consciência, "procurando evitar as intrigas e conservar a paz". Disse também que o recrutamento a que procedeu, "por ordens superiores", foi feito com equidade, "não sendo poupados os ricos, mas antes preferidos". Por isso, supunha que talvez essa fosse a causa das calúnias, garantindo que sempre tratara seus subordinados "com bondade e justiça".

Ao capitão Belchior Alves Pereira acusou de praticar maus tratos em uma escrava de nação mina, que teria ido se queixar ao governador. Por isso, Mendonça decidira mandá-lo para a prisão "por alguns dias". Tomás da Costa lembrou que Belchior Alves Pereira e o capitão-mor José Gomes de Sequeira e Mota, seus acusadores, já haviam também denunciado "o tão leal governador antecedente", o que mostra a boa fama de que d. Bernardo José de Lorena desfrutava ao fim de seu governo. Em favor de Tomás da Costa, escreveram ao Conselho Ultramarino o governador[71] e seu novo ajudante de ordens, o capitão Joaquim José Costa Gavião.[72]

Quase dois anos mais tarde, o ministro d. Rodrigo de Sousa Coutinho, atendendo à sugestão do Conselho Ultramarino, determinaria que Tomás da Costa fosse restituído ao governo da capitania de São Paulo e ao seu quartel-general.[73] o que, de fato, ocorreu ao tempo do governo de Antônio José da Franca e Horta, sucessor de Mendonça.[74]

Apesar da veemência com que fez a sua defesa, Mendonça não pôde evitar que fosse aberta sindicância sobre sua administração no Rio de Janeiro por ordem do vice-rei.[75] A desfaçatez com que desenvolveu sua vida pública, achando-se sempre acima da lei e de todos,

71 AHU, Conselho Ultramarino, São Paulo, caixa 66, doc. 5076, post. 9/9/1799.
72 AHU, Conselho Ultramarino, São Paulo, caixa 66, doc. 5076, post. 20/8/1799.
73 AHU, Conselho Ultramarino, São Paulo, caixa 49, doc. 3873, 30/3/1801.
74 AHU, Conselho Ultramarino, São Paulo, caixa 51, doc. 3966, 29/12/1802.
75 AHU, Conselho Ultramarino, São Paulo, caixa 48, doc. 3752, 28/10/1799.

talvez em função de sua ascendência nobre, ficaria escancarada anos mais tarde quando ele já não estava à frente do governo da capitania. Em 1804, ao tempo do governo de Franca e Horta, a Coroa, acossada pela guerra na Europa, teve de recorrer ao que, de maneira eufemística, denominava "donativo voluntário", exigindo dos vassalos paulistas durante os três anos seguintes contribuições para a sua sobrevivência. Pressionada, boa parte da elite de proprietários e comerciantes da capitania repassou como "donativo" as dívidas que haviam sido contraídas pelo ex-governador Mendonça e seu ajudante de ordens.[76]

Como sabiam que dificilmente receberiam ou conseguiriam cobrar aqueles papéis, esses comerciantes – que incluíam moradores de Goiás – resolveram doar à Real Fazenda os soldos que tinham a receber. A atitude não seria bem recebida pela Coroa que, obviamente, dava preferência às doações em moeda, já que as dívidas em letras seriam de difícil liquidação.[77] É de se imaginar que as extorsões praticadas por Mendonça e seu ajudante de ordens tenham tido contrapartidas que pudessem avivar a cobiça dos sacados, especialmente as benesses que o Estado patrimonialista poderia oferecer. Com certeza, ao assinar as letras, Mendonça e seu ajudante de ordens sabiam que aqueles títulos nunca seriam resgatados.

Apesar da intensidade com que a corrupção lavrava, o seu governo em termos administrativos não foi dos piores, mantendo a evolução econômica que se dera a partir do governo de Francisco da Cunha Meneses. O crescimento da lavoura, aliás, teria sido tão intenso que exigiu a instalação de um novo mercado público em São Paulo "para atender ao comércio da agricultura".[78] Ao tempo do governo de Mendonça, houve ainda uma aceleração nos trabalhos de instalação de uma fá-

---

76 DI, v. 95, 1990, p. 311.

77 ANRJ, Junta da Fazenda, códice 4744, v. 2, 1803-1804, fl. 110 *apud* Ana Paula Medicci, *op. cit.*, 2010, p.171.

78 AHU, Avulsos, São Paulo, caixa 14, doc. 9, 16/6/1800.

brica de ferro em Araçoiaba.[79] Tudo isso, de certo modo, refletiu-se no empenho com que as câmaras de Taubaté, Cunha, São Sebastião, Santos, Porto Feliz e Santo Antônio de Castro encaminharam cartas ao príncipe regente d. João solicitando a permanência de Mendonça no cargo.[80]

O otimismo do governador com o futuro da capitania ficou explícito em um ofício que escreveu a d. Rodrigo no dia 22 de abril de 1802: "Graças ao excesso da exportação sobre a importação, marcha a capitania para um estado de considerável opulência", previu. A pauta de exportação da capitania incluía farinha de mandioca, sal, feijão, farinha de trigo, marmelada, ferro, aço, chapas de cobre, cera do reino, chumbo, vinho, aguardente do reino, aguardente da terra, malvásia, azeite doce, vinagre, escravos, machados, enxadas, foices, almocafres, pregos sortidos, cravos de ferrar, alavancas, fazendas, panos de algodão, louças, pólvora e capados.[81] O fomento da plantação de mandioca e a exportação de sua farinha para o Reino estavam entre as grandes realizações que Mendonça atribuía a seu governo.[82]

Ao tempo de Mendonça, depois de várias tentativas, um alvará régio de 20 de janeiro de 1798 instituiu em caráter permanente o serviço postal periódico entre a metrópole e as capitanias do Estado do Brasil. Em cumprimento à decisão, nesse mesmo ano, a 27 de julho, o governador inaugurou o correio entre São Paulo e Santos e, em seguida, providenciou outro por terra entre São Paulo e Rio de Janeiro[83].

Apenas na área cultural não se pode dizer que a capitania vivesse uma boa fase: o governador chegou a reclamar com d. Rodrigo da indigência cultural dos moradores da capitania, em razão da "falta de compradores" para os livros que chegavam de Portugal, o que era uma

---

79 AHU, Avulsos, São Paulo, caixa 14, doc. 9, 18/6/1800.
80 AHU, Avulsos, São Paulo, caixa 15, doc.23, 29/3/1801; caixa 15, doc.25, 11/4/1801; caixa 15, doc.33, 18/4/1801; caixa 15, doc. 34, 18/4/1801; e caixa 15, doc.36, 26/4/1801, caixa 16, doc.3, 11/5/1801.
81 AHU, Avulsos, São Paulo, caixa 15, doc. 8, 25/2/1801.
82 AHU, Avulsos, São Paulo, caixa 15, doc. 8, 15/12/1801.
83 Alberto Sousa, *op. cit.*, v. 1, 1922, p. 143.

demonstração cabal da "negligência e descuido" da população "em cultivar as artes e as ciências".[84]

Já na área de segurança, Mendonça pôde comemorar a expulsão dos espanhóis na região de fronteira da Fortaleza de Iguatemi, que havia sido instalada por paulistas na capitania de Mato Grosso ao tempo do morgado de Mateus. Com o apoio da capitania de São Paulo, o governo de Mato Grosso havia concluído as demarcações territoriais, assegurando a posse de vasta faixa de terra que havia sido contestada pelo governo da Espanha.[85] Já dispondo de maiores recursos e efetivos militares, Mendonça teve a oportunidade de enviar socorros para as capitanias do Rio de Janeiro e Mato Grosso[86] e manter as fortalezas da capitania em estado de prontidão para evitar "quaisquer surpresas por parte dos espanhóis".[87]

O mandato de Mendonça estendeu-se até 10 de novembro de 1802, favorecido por contratempos que marcaram a indicação de seu sucessor porque, a rigor, desde princípios de 1800, o príncipe regente d. João havia decidido por sua substituição. Em 21 de março de 1800, decreto régio nomeou por três anos o brigadeiro Bernardim Freire de Andrade (1759-1809) para governador e capitão-general da capitania de São Paulo.[88]

Freire de Andrade, que vivia em uma morada na freguesia de Picoas, em Lisboa, chegou a pedir ao príncipe regente autorização para mandar vir da Inglaterra o que carecia para a longa viagem que teria de realizar até a América portuguesa.[89] Recebeu instruções do príncipe regente para que, na capitania de São Paulo, tivesse o maior interesse nos assuntos eclesiásticos, procurando "aumentar o cristianismo, sem descurar a educação da mocidade".

84 AHU, Avulsos, São Paulo, caixa 15, doc. 8, 18/1/1801.
85 AHU, Avulsos, São Paulo, caixa 17, doc. 9, 8/10/1802; caixa 17, doc.12, 23/11/1802.
86 AHU, Avulsos, São Paulo, caixa14, doc. 9, 12/11/1800.
87 AHU, Avulsos, São Paulo, caixa 14, doc.9, 12/11/1800.
88 AHU, Conselho Ultramarino, São Paulo, caixa 48, doc. 3810, 21/3/1800.
89 AHU, Conselho Ultramarino, São Paulo, caixa 48, doc. 3816, 23/5/1800.

D. João recomendou que dedicasse atenção às culturas de pimenta, cânhamo, canela, linho, milho, feijão, legumes e hortaliças, "enviando amostras para o Jardim Botânico da Ajuda". Mandou que construísse navios mercantes, favorecendo não só aqueles armadores que se dedicassem à pesca da baleia como todos os que quisessem comerciar com os portos dos domínios ultramarinos portugueses.

Entre as preocupações do príncipe regente à época, estava a preservação das matas bem como o desenvolvimento da fábrica de ferro em Araçoiaba, então a cargo do engenheiro, químico autodidata e professor de Humanidades (latim, grego e hebraico) João Manso Pereira (c.1750-1820), que seria substituído por Martim Francisco Ribeiro de Andrada (1775-1844), bacharel formado em Leis e Filosofia Experimental pela Universidade de Coimbra. O príncipe regente mandou, por fim, que o novo governador proibisse a saída de escravos para os domínios castelhanos e determinou o máximo empenho na conservação do posto de Iguatemi com o objetivo de evitar o avanço dos espanhóis.[90] Com os indígenas, o príncipe regente sugeriu o máximo cuidado no trato, admitindo o uso de força "só contra os índios antropófagos".[91]

Em Lisboa, Freire de Andrade chegou a solicitar algumas providências para a capitania que pretendia governar, como a nomeação de um médico hábil para estabelecer um hospital de inoculação[92], além da criação de uma botica.[93] Depois, escreveu ao príncipe regente pedindo providências para a eliminação do "déficit" da Fazenda Real da capitania de São Paulo. Sem ter ainda colocado os pés na capitania, Freire de Andrade dizia que uma das consequências graves daquele "déficit" era que os soldados do regimento de infantaria da vila de Santos ficavam sem receber pagamento durante alguns meses a cada ano.

---

90 AHU, Conselho Ultramarino, São Paulo, caixa 49, doc. 3824, 7/7/1800.
91 AHU, Conselho Ultramarino, São Paulo, caixa 49, doc. 3825, 7/71800.
92 AHU, Conselho Ultramarino, São Paulo, caixa 49, doc.3855, 26/11/1800.
93 AHU, Avulsos, São Paulo, caixa 15, doc. 7, ant.23/1/1801.

No documento, há um lembrete de d. João Rodrigues Sá e Melo Souto Maior (1755-1809), o visconde de Anadia, que substituíra d. Rodrigo de Sousa Coutinho à frente da Secretaria de Estado de Negócios da Marinha e Domínios Ultramarinos, dizendo a Freire de Andrade que o príncipe regente não aceitara suas propostas por julgá-las "imponderadas". E que, oportunamente, tomaria providências para eliminar o "déficit".[94]

A maneira seca como o visconde de Anadia respondeu à pretensão de Freire de Andrade indica que a atitude do governador nomeado não repercutira bem na Corte, embora não se possa afiançar que esse episódio lhe tenha custado o cargo. Seja como for, o certo é que Bernardim Freire de Andrade não chegou a tomar a posse do governo da capitania de São Paulo.[95]

A outra hipótese é que o governo tenha optado por lhe confiar missão mais espinhosa. Em 1801, desencadearam-se os acontecimentos que levaram à Guerra das Laranjas, conflito de curta duração com a Espanha que começou a 20 de maio e terminou a 6 de junho, com a perda da vila de Olivença por parte de Portugal. Foi, então, Freire de Andrade nomeado comandante da brigada de granadeiros e caçadores do exército do Alentejo. Depois da expulsão das tropas francesas que haviam invadido Portugal a 17 de novembro de 1807, Freire de Andrade seria assassinado, no dia 18 de março de 1809, junto à prisão de Braga, no Norte de Portugal, por populares inconformados que o acusavam de ter colaborado com os franceses.[96]

Embora a Secretaria de Estado não tenha nunca anunciado oficialmente a nomeação de Freire de Andrade para o governo da capitania de São Paulo, a notícia chegou ao governador Mendonça, que, em carta a Sebastião Xavier da Veiga Cabral (1742-1801), capitão-general e governador da capitania do Rio Grande (do Sul), manifestou preo-

---

94 AHU, Conselho Ultramarino, São Paulo, caixa 49, doc. 3859, 4/12/1800.
95 AHU, Conselho Ultramarino, São Paulo, caixa 49, doc. 3867, c.12/1/1801.
96 Joaquim Martins de Carvalho, *Apontamentos para a história contemporânea*, 1868, p. 11.

cupação com o seu destino e com o tempo que ainda poderia demorar a chegada de seu sucessor.[97]

Ao final de 1801, finalmente, saía a nomeação por três anos de Antônio José da Franca e Horta para suceder Mendonça.[98] Em 1803, Franca e Horta haveria de propor a retomada da exclusividade do comércio direto entre Santos e Lisboa, elogiando a medida que havia sido tomada por Lorena, apesar das queixas que despertara entre os produtores e comerciantes ligados a negociantes fluminenses,[99] fortalecendo assim o comércio marítimo com o Reino.

Apesar da sindicância aberta no vice-reinado e das acusações que se levantaram contra seu governo, o tenente-coronel Antônio Manuel de Melo Castro e Mendonça, comendador da Ordem de Santiago,[100] não teve abalado seu prestígio junto às autoridades da Corte. Ao tempo da instalação da família real no Rio de Janeiro, seria nomeado capitão-general e governador-geral da capitania de Moçambique, cargo que desempenhou entre agosto de 1809 e agosto de 1812, quando foi remunerado por seus serviços com o governo da Ilha da Madeira. Vinte e seis dias depois de ter passado o governo da capitania de Moçambique para Marcos Caetano d'Abreu e Meneses, tendo já parte de sua bagagem embarcada, faleceu a 22 de setembro de 1812.[101]

97 DI, v. 39, 1902, p. 56, 16/10/1800.
98 AHU, Conselho Ultramarino, São Paulo, caixa 50, doc. 3897, 17/12/1801.
99 DI, v. 94, 1990, pp. 17-19.
100 AHU, Conselho Ultramarino, São Paulo, caixa 65, doc. 5017, 23/5/1806.
101 Francisco da Costa Mendes, *Catálogo cronológico e histórico dos capitães-generais e governadores da província de Moçambique desde 1752, época de sua separação do governo de Goa até 1849*, 1892, p. 50.

CAPÍTULO IV

Considerações finais

Ao contrário do que a historiografia tradicional sempre defendeu, a capitania de São Paulo não vivia isolada nem tampouco estava despovoada, sobrevivendo de uma economia de subsistência, à época da chegada do governador d. Luís Antônio de Sousa Botelho, o morgado de Mateus, em 1765, quando deixou de ficar adjudicada à capitania do Rio de Janeiro. Esse período que se iniciara em 1748 sempre foi visto por historiadores mais antigos, como Roberto Simonsen (1889-1948) e Caio Prado Júnior (1907-1990), como de completa decadência e isolamento em relação às demais regiões da América portuguesa, em comparação com as capitanias do Nordeste e da zona de mineração, que apresentariam padrões de crescimento superiores.

Hoje, esse conceito tem sido revisto, ao reconhecer-se que, se São Paulo não dispunha de uma economia pautada na grande lavoura e na monocultura escravista nem tampouco na extração mineral, teve participação decisiva no avanço em direção ao Oeste e à descoberta das minas de ouro ao final do século XVII,[1] além de, geograficamente, localizar-se no entroncamento de importantes circuitos regionais, terrestres e fluviais.[2] E que esse fator continuou a pesar decisivamente no rumo do desenvolvimento da capitania.

---

1 Denise Mendes. *A Calçada do Lorena: o caminho de tropeiros para o comércio do açúcar paulista*, mimeo, dissertação de mestrado apresentada ao Departamento de História da Faculdade de Filosofia, Letras e Ciências Humanas da Universidade de São Paulo (USP), 1994, p. 2.
2 Denise Aparecida Soares de Moura, "Região, relações de poder e circuitos mercantis em São Paulo (1765-1822). In: *Saeculum - Revista de História*, João Pessoa-PB, nº 14, janeiro-junho, 2006, p. 42.

Também não se pode admitir que a capitania, entre os anos de 1765 e 1822, tenha passado por enfraquecimento político ou decadência econômica, já que, no período, além de aumento demográfico, a capital continuou a atuar como peça-chave das principais vias, fluviais e terrestres, mercantis e de comunicação, o que sempre tendeu a fortalecer o circuito vicinal de comércio, ou seja, a economia de abastecimento local.[3]

A economia da capitania de São Paulo sempre esteve baseada na comercialização dos produtos, servindo como entreposto de cargas. Até porque a lavoura praticada na região era feita em pequenas propriedades, sem larga escala, voltada mais para o abastecimento local e não para a exportação. A mão de obra escrava tampouco vinha majoritariamente da África, mas do elemento local, ou seja, o indígena capturado nos sertões. Enquanto as demais capitanias localizadas à beira do Oceano Atlântico concentravam seu interesse no tráfico marítimo com Portugal, especialmente para a venda da produção canavieira, os moradores do planalto de Piratininga estavam preocupados com o sertão inexplorado e as riquezas que poderiam encontrar.

Por isso, quando o governador Lorena chegou para exercer o seu primeiro triênio, não encontrou uma capitania depauperada ou isolada, mas em desenvolvimento. E tratou de dar continuidade a uma política de fortalecimento de sua economia, procurando, na medida do possível, encetar uma série de obras de melhoramento dos caminhos do interior em direção à capital e, principalmente, ao litoral, pois os produtores agrícolas só se sentiriam estimulados a produzir mais se pudessem escoar a sua produção para outras capitanias e para o Reino.

Foi o que o levou a tomar duas medidas que são fundamentais e aparecem como as marcas de seu governo. Uma delas foi a proibição de que embarcações saíssem dos demais portos da capitania (São Se-

---

3 *Idem, ibidem*, p. 43.

bastião, Ubatuba, Cananeia e Paranaguá) diretamente para o Rio de Janeiro, sem fazer escala em Santos, onde deveriam pagar dízimas à alfândega. Se assim não o fizessem, continuariam a pagar dízimas na alfândega do Rio de Janeiro, com sensíveis prejuízos à arrecadação da capitania de São Paulo.

Embora tenha causado muitos protestos por parte dos produtores e comerciantes de outros portos, a medida foi fundamental para canalizar a produção de açúcar e outros gêneros para o porto de Santos, que, a partir de seu governo, passou a comercializar diretamente com a Europa, ou seja, com Portugal. Ao partir do princípio de que governar é estabelecer prioridades, Lorena tomou uma decisão que seria fundamental para abrir literalmente o caminho para o desenvolvimento da capitania, determinando que toda carga produzida na capitania teria de passar primeiro pelo porto de Santos. A medida permitiu que o porto de Santos passasse a receber mais navios e a fazer o comércio diretamente com Portugal. Mais: a partir daí, as embarcações passaram a vir a Santos porque seus armadores entendiam que não retornariam mais vazias ou com meia carga.

Obviamente, isso causou descontentamento entre os grupos prejudicados: intermediários do Rio de Janeiro que atravessavam os negócios dos paulistas, produtores que costumavam escoar a produção por outros portos da capitania e até o vice-rei, que viu a arrecadação da alfândega fluminense cair. Em compensação, as rendas da alfândega santista aumentaram sobremaneira porque antes os produtos tinham de passar pelo Rio de Janeiro e lá é que eram pagas as taxas.

Ao priorizar o caminho para o porto de Santos, em detrimento dos demais povoados de marinha, Lorena levou basicamente em conta a proximidade daquela vila à capital, ainda que a Serra do Mar se afigurasse como uma região praticamente impenetrável, tantos eram os obstáculos que se apresentavam. Mas, da mesma forma, esses obstáculos se colocariam, se tivesse optado por São Sebastião, Ubatuba, Cananeia ou Paranaguá, vilas mais distantes da cidade de São Paulo.

Por outro lado, na capital e mesmo na vila de Santos, com certeza, Lorena sabia que contaria com maior apoio financeiro e político para os seus planos de expansão, em função dos interesses econômicos de produtores e comerciantes. Ao mesmo tempo, atenderia aos interesses dos donos de engenho do interior da capitania, que defendiam o escoamento da produção pelo porto santista. Mas encontrou também oposição na Câmara de São Paulo, já que alguns comerciantes da capital não tinham interesse em que a vila de Santos viesse a assumir uma posição de liderança na capitania.

Essa briga de interesses vinha de longe. É de se lembrar que a família Andrada, à frente de outros negociantes da vila de Santos, tentou em 1768, à época do governo do morgado de Mateus, autorização para instalar uma casa que controlasse o comércio atacadista da capitania com o Reino e outros portos da América portuguesa.[4] Essa teria sido a primeira iniciativa de um grupo de comerciantes no sentido de estabelecer uma casa que funcionasse como intermediária, comprando os gêneros produzidos na capitania para revendê-los aos negociantes do Reino, que, por sua vez, acabavam por distribuí-los para os demais portos da Europa e até da Ásia.

A ideia, porém, não foi adiante porque muitos produtores estavam acostumados a passar as suas mercadorias diretamente para o Rio de Janeiro e outros funcionavam como "caixeiros" desses negociantes fluminenses. Houve, portanto, também reação por parte de forças que dominavam a Câmara de São Paulo, pois não queriam perder o controle que exerciam sobre os circuitos regionais. E assim a sugestão foi bombardeada sob a alegação de que não havia gêneros no porto de Santos suficientes para satisfazer a necessidade de consumo dos moradores da cidade de São Paulo e revenda ao mercado externo.[5]

---

4   *Idem, ibidem*, p. 48.
5   ATCSP, v. XV, 1768, pp. 339-340.

Esse receio de que o controle do mercado inter-regional caísse nas mãos de comerciantes santistas reflete-se na morosidade e má vontade com que a Câmara de São Paulo trataria nos anos seguintes as obras de construção e manutenção dos caminhos em direção ao mar. Só quando esse equilíbrio de forças foi rompido com a presença de um representante do Reino a favor da melhoria desses caminhos é que isso se tornou possível.

Para tanto, foi fundamental a maneira como o governador capitalizou o apoio de vários grandes comerciantes para a execução dos planos que trazia da Corte, especialmente José Arouche de Toledo Rendon, José Vaz de Carvalho, Francisco José de Sampaio Peixoto, Salvador Nardi de Vasconcelos Noronha e Antônio José Vaz, camaristas e importantes negociantes e produtores locais que, a 17 de dezembro de 1791, participaram de uma sessão literária na Câmara em homenagem ao governador, que então já levava quase três anos e meio à frente da capitania.

Lorena chegou do Reino com a mesma ideia do grupo liderado pela família Andrada em 1768. Só que, em vez de uma casa comercial estabelecida por comerciantes santistas, quem funcionaria como atravessador dos negócios e fomentador de crédito aos produtores e comerciantes de menor expressão seria um preposto indicado diretamente por Jacinto Fernandes Bandeira, grande negociante de Lisboa. Obviamente, as forças que dominavam a Câmara não se opuseram de maneira tenaz como antes: uma coisa seria solapar a iniciativa de concorrentes locais, outra seria contrariar os interesses do representante régio na capitania.

Assim, contando com o apoio da elite dirigente da capital, o governador tratou de melhorar os caminhos da Serra de Cubatão em direção a Santos, determinando a construção da primeira via pavimentada da América, a hoje chamada Calçada do Lorena, além de mandar fazer um aterrado que permitiu a passagem com mais desenvoltura das cargas que vinham em lombo de muares e até em carroças.

Naturalmente, alguns grupos enriqueceram com a medida imposta com mão de ferro por Lorena, em prejuízo de outros, que passaram a considerar a proibição um monopólio – o que, de fato, era –, mas, afinal de contas, a produção paulista, especialmente a de açúcar, que vinha de Itu, Porto Feliz, Mogi Mirim, Sorocaba, Guaratinguetá, Lorena, Jundiaí e São Carlos, começou a crescer de maneira vertiginosa. Esse crescimento da lavoura de cana-de-açúcar, especialmente naquelas vilas, pode ser constatado em números, com a multiplicação de engenhos: de um total de 78 que havia em 1793, chegou-se a 359 em 1798.[6]

Se não bastasse isso para valorizar a administração de Lorena à frente da capitania de São Paulo, da consulta à documentação de arquivo ressalta que nenhum outro capitão-general e governador deixou o governo tão elogiado quanto d. Bernardo, ao menos pelas elites escravocratas da cidade de São Paulo e da vila de Santos, representadas pelas câmaras, que, obviamente, reuniam muitos produtores e comerciantes que haviam obtido altos lucros com a chamada "lei do porto único".

Em muitos documentos escritos após a sua saída para o governo de Minas Gerais, é possível encontrar vários elogios a sua forma de governar. Em julho de 1797, por exemplo, a Câmara de São Paulo fez questão de cumprimentar Lorena por ter escolhido para ajudante de ordens José Joaquim da Costa Gavião, em substituição a José Romão Jeunot. Gavião viera do Regimento de Moura, no Alentejo, em Portugal, e àquele tempo ocupava o posto de capitão de cavalaria dos Voluntários Reais, além de já estar estabelecido e casado em São Paulo: "A experiência mostra que um bom ajudante de ordens influi muito na felicidade de um bom governo: agora o acabamos de ver em o feliz governo do general Bernardo José de Lorena, que Vossa Majestade foi servida de promover para Minas Gerais".[7]

---

6   AHU, Conselho Ultramarino, São Paulo, caixa 14, doc. 698, post.1798.
7   DI, v. 89, 1967, p. 104, 29/7/1797.

Contra Lorena, como se observou, levantaram-se as demais câmaras das vilas à beira-mar que se sentiram prejudicadas pela determinação que obrigava os produtores locais a enviar seus gêneros para o porto de Santos. Pouco mais de seis meses depois da saída de d. Bernardo, a Câmara de São Sebastião encaminhou representação à rainha queixando-se da "opressão e vexame em que os moradores daquela vila se achavam desde 1791, quando foram intimados por ordem do governador mandando suprimir a liberdade de levarem os seus efeitos a qualquer porto do Estado do Brasil, onde melhor pudessem reputar; e isto com pena de prisão".[8]

Da correspondência, percebe-se que, de início, por recomendação da Corte, o substituto de Lorena, Antônio Manuel de Melo Castro e Mendonça, manteve a proibição, que, segundo a Câmara de São Sebastião, favorecia os monopolistas de Santos "que pagam menos que os do Rio de Janeiro". Para os camaristas, Mendonça teria acreditado nas "antigas e novas falarias dos mesmos (monopolistas)".

Os pró-homens de São Sebastião ainda acusaram o juiz de fora da vila de Santos, Sebastião Luís Tinoco da Silva, a essa altura já transferido para a cidade de São Paulo, de ter sido "bem instruído nos dolosos subterfúgios dos ditos monopolistas com quem vive". E justificaram o silêncio em que se haviam mantido durante o governo de Lorena porque temiam represálias. "Por isso, fomos tolerando a opressão na esperança de que o futuro sucessor talvez quebrasse o pesado grilhão", justificaram-se.[9]

À época em que escreveram essa representação à rainha, porém, o governador Mendonça já havia mudado de opinião. Tanto que, em correspondência datada de quatro dias depois daquela representação, Mendonça já avisava ao capitão-mor de São Sebastião, Cândido Xavier de Almeida e Souza, que havia derrubado a determinação que privile-

8 DI, v. 89,1967, p. 105, 3/2/1798.
9 DI, v. 89, 1967, p. 107, 3/2/1798.

giava o porto de Santos, concedendo licença para aquele porto e para o de Ubatuba "de enviarem dos seus efeitos para qualquer porto da nossa América a terça parte dos açúcares e aguardentes que haviam feito entrar na vila de Santos".[10]

A partir de então, Mendonça seria um contumaz crítico das medidas tomadas por seu antecessor: ao final de seu governo, ao escrever uma memória dirigida ao seu sucessor, Antônio José Franca e Horta, acusou Lorena de ter tomado a medida de definir a vila de Santos como porto único "por seu próprio interesse". Uma acusação que, embora as evidências possam induzir que tivesse razão, partia de um governador que se tornara conhecido como notório atravessador dos negócios coloniais, tantas foram as queixas de comerciantes que chegaram à Corte.

Na memória, porém, ao mesmo tempo, Mendonça deixou implícito um elogio à medida tomada por seu sucessor, ao admitir que a sua revogação "reduzira o comércio à fraqueza em que V. Exa. (o governador Franca e Horta) vem o achar", ainda que, a partir dali, cada um voltasse a ser "livre para transportar os gêneros que têm para onde mais conta lhe faz".

Para justificar a derrubada daquele sistema que obrigava "os povos de São Sebastião e Ubatuba a conduzirem a Santos os seus efeitos para ali serem comprados pelos preços que queriam as pessoas encarregadas de sua compra", Mendonça argumentou que aquele monopólio trazia "insanável prejuízo aos agricultores que, desanimados com semelhantes procedimentos, abandonaram aquela ocupação, donde resultou a decadência das mencionadas vilas".[11]

Em um excesso de autocrítica, o governador reconheceu que a revogação da medida tomada por Lorena não aumentara o comércio direto com a metrópole, observando que "os gêneros que haviam de

10 DI, v. 87, 1963, p. 68, 7/2/1798.
11 DI, v. 44, 1915, p. 129, 28/12/1802.

formar a carga dos poucos navios que em direitura se dirigiam à Corte formaram a dos muitos vasos pequenos que anualmente navegam desta capitania para todas as da América, além de dois ou três que constantemente têm ido em direitura ao referido porto de Lisboa".[12] Depois, ressaltou que, com a saída dos gêneros da capitania, animou-se a agricultura, observando que "os compradores enviaram (os gêneros) para onde os convidou a boa venda que tiveram em referidos portos".

Ao contrariar ordem do Reino para seguir os ditames de seu antecessor, Mendonça justificou-se alegando que só fizera a mudança depois de muito estudo e "fundado em sólidas razões".[13] Mas, por outro lado, a sua decisão iria ao encontro da orientação de d. Maria I que, em razão das tensões vividas na Europa entre França e Inglaterra, ordenara que os "vasos pequenos" das demais vilas de marinha da América portuguesa não se dirigissem "em direitura" a Lisboa, mas antes passassem por portos mais importantes, como o Rio de Janeiro, seguindo até a Bahia, fazendo o transbordo para embarcações mais seguras.[14] Dali as embarcações seguiriam para o Reino protegidas por naus de guerra.

A decisão de derrubar a prática exclusiva atribuída ao porto de Santos talvez resultasse de cooptação do governador e capitão-general por produtores das vilas litorâneas da capitania – São Sebastião, Ubatuba, Cananeia e Paranaguá – e de negociantes fluminenses, que, de fato, haviam sido prejudicados pelas restrições impostas ao tempo de Lorena.[15] Mas para Mendonça, a navegação do porto de Santos para o de Lisboa haveria de ser sempre diminuta, enquanto as culturas de café e de algodão não chegassem ao seu auge, "pois que estes gêneros são os que oferecem mais carga que, por ser especificamente mais cara, é mais apropriada para os altos das embarcações".[16]

---

12 DI, v. 44, 1915, p. 131, 28/12/1802.
13 DI, v. 29, 1899, pp. 130-134.
14 DI, v. 39, 1902, p. 145.
15 Renato de Mattos, *op. cit.*, 2009, pp. 135-136.
16 DI, v. 44, 1915, pp. 131-132, 28/12/1802.

Ao se referir à "curtíssima" instrução que seu antecessor lhe deixara, Mendonça contestou a informação de que, a partir da "lei do porto único", a capitania passara a fornecer carga suficiente para abastecer doze navios por ano rumo a Lisboa. "Ele mesmo (Lorena) se convenceria do pouco fundamento desta assertiva, se ali declarasse o total dos gêneros que podiam ser transportados para aquela capital", argumentou. Mendonça disse ainda que, ao contrário do que Lorena dizia, foi só ao tempo de seu governo que a capitania pôde subministrar carga para 12 navios no porto de Santos.[17]

Depois de se referir novamente à decadência em que se encontravam as vilas de São Sebastião e Ubatuba ao tempo de sua chegada a São Paulo – "com a maior parte de seus engenhos demolida" –, Mendonça lembrou que, àquela época, as vilas de Serra acima, "situadas na estrada que conduz desta capital para o Rio de Janeiro", haviam produzido apenas 83.435 arrobas de açúcar. "Foram as (arrobas) que desceram no primeiro ano de meu governo, que foi o de 1797, e passaram pelo Cubatão", disse.[18]

Ao final de 1802, segundo Mendonça, a capitania já estava produzindo 200 mil arrobas de açúcar por ano, que, ainda assim, não seriam suficientes para suprir dez embarcações com quinhentas caixas de 40 arrobas. "Ainda que suprido todo este açúcar em Santos, sempre vem a faltar carga para os altos (das embarcações)", disse, observando que nunca a capitania tivera produção suficiente para suprir sequer dez embarcações por ano. "Nem a pode ter senão daqui a meia dúzia de anos", previu.[19]

Apesar de todas as dificuldades que enumerava, Mendonça, em sua exposição, fez questão de manifestar a Franca e Horta que ele viria para governar uma capitania que era, "sem dúvida, a melhor da América, pela sua situação local e pelo concurso de circunstâncias que

17 Antônio Manuel de Melo Castro e Mendonça, *op. cit.*,1961, p. 207.
18 DI, v. 44, 1915, p. 137, 28/12/1802.
19 DI, v. 44, 1915, p. 138, 28/12/1802.

foram a sua total independência das outras". Segundo o governador que estava de saída, a capitania produzia tudo quanto era necessário para a sustentação de seus habitantes e para o comércio, além de ter a vantagem de oferecer gêneros de que têm absolutamente necessidade as capitanias adjacentes, "como são os animais que daqui saem e por aqui transitam, tanto *vacum* para o Rio de Janeiro como muares para a mesma capitania e para as de Minas Gerais, Goiás e Mato Grosso".[20]

Ao Reino, o governador garantiu que a capitania de São Paulo, naquele começo do século XIX, achava-se em circunstâncias de vir a ser a melhor de todo o Estado do Brasil "por ser suscetível de produzir os mais importantes gêneros de comércio como por não ter dependência de outras nem para o seu sustento nem para o fornecimento de animais para as suas condições nem para todo o vestuário do homem que trabalha, por ser a única em que se conservam matas em termos, que afiançam sempre a construção tanto para o comércio como para a defesa do Estado". Sem contar, disse, que São Paulo reunia, "em muitos pontos de vista, os interesses das mais capitanias adjacentes".[21]

Como se sabe, o comércio entre capitanias de tropas de muares impulsionado pela expansão da lavoura açucareira em São Paulo e no Rio de Janeiro, favorecida pela conjuntura internacional, havia também contribuído sobremaneira para dinamizar a economia paulista, tendo a feira de Sorocaba funcionado como mola propulsora a partir da década de 1770. "Deste modo, os comerciantes de Minas Gerais, Rio de Janeiro e vilas paulistas já não tinham necessidade de se deslocar até o continente de São Pedro para adquirir os animais. Bastava, desde então, deslocar-se para a feira".[22]

Ainda incomodado com a boa fama que cercava o seu antecessor, ao final de sua exposição a Franca e Horta, Mendonça, ao reconhecer

---

20 *Idem, ibidem*, p. 138, 28/12/1802.
21 Antonio Manuel de Melo Castro e Mendonça, *op. cit.*,1961, p. 217.
22 Carlos de Almeida Prado Bacellar, *Viver e sobreviver em uma vila colonial. Sorocaba, séculos XVIII e XIX*, 2001, p. 32.

implicitamente a importância da construção da estrada pavimentada que Lorena mandara fazer ao tempo de seu governo, procuraria minimizar a obra, dizendo que "para nada serviria" se ele não tivesse consertado o resto do caminho. Graças aos serviços que mandara executar – comandados ainda pelo sargento-mor engenheiro João da Costa Ferreira[23] –, garantiu Mendonça, a estrada por terra de Cubatão a Santos, "além de oferecer um meio de tornar legal o direito de passagem", abria a possibilidade de se transportar a cavalo os gêneros de Serra acima até o porto, "evitando-se por este modo a ruína que sofre o açúcar no transporte por água".[24]

A par das divergências entre as exposições dos governadores, ditadas quase sempre pela vaidade de cada um, a verdade é que a segunda metade do século XVIII foi decisiva para o crescimento que a capitania de São Paulo apresentaria já no século seguinte, o que a levaria a cumprir papel fundamental nas circunstâncias que conduziram à separação do Brasil de Portugal, em razão de sua importância geopolítica e econômica.

Uma representação encaminhada pelo comerciante Diogo de Toledo Lara Ordonhes, de Lisboa, ao final da década de 1790, ao ministro dos Negócios da Marinha e dos Domínios Ultramarinos, d. Rodrigo de Sousa Coutinho, traça um panorama isento desse período, até porque ele não teria nenhum vínculo político ou comercial com governadores e capitães-generais. Segundo Lara Ordonhes, na década de 1750, das capitanias do Rio de Janeiro, Bahia, Pernambuco e Maranhão só se exportavam para Portugal os dois mais "consideráveis efeitos" do Brasil, o açúcar e o tabaco de rolo, "ainda que este último veio a se limitar ao Recôncavo da Bahia". Naquele tempo, segundo o comerciante, a capitania de São Paulo não dava para o comércio com a Europa (isto é, com Portugal) "uma só arroba de açúcar nem outro efeito algum".[25]

23 DI, v. 87, 1963, p. 6, 13/7/1797.
24 DI, v. 44, 1915, p. 145, 28/12/1802.
25 DI, v. 89, 1967, pp. 142-143.

De acordo com Lara Ordonhes, a vila de Santos, principal porto da capitania, "tendo sido antigamente muito comerciante", achava-se então na última decadência, mas começou a se revitalizar depois com a fabricação de anil e de maior quantidade de açúcar, que eram conduzidos para o porto do Rio de Janeiro por conta de comerciantes fluminenses que se encarregavam de reenviar os produtos para Portugal. "No tempo de Francisco da Cunha Meneses, promoveu-se a agricultura e principiaram a carregar no dito porto de Santos alguns navios que saíam em direitura para Lisboa", disse, observando que, apesar disso, sempre existiu a liberdade de se transportar os gêneros para o Rio de Janeiro, "no que não houve alteração no governo de Chichorro". Depois, acrescentou:

> Lorena não só promoveu altamente a agricultura e animou a indústria dos paulistas, mas também proibiu a exportação de todos os gêneros de embarque para outra qualquer parte da capitania, para deste modo facilitar-se o comércio direto com Portugal, o que conseguiu com grande benefício dos povos que regia, pois presentemente podem carregar em cada ano no porto de Santos para Portugal 12 navios de açúcar da melhor qualidade e de outros gêneros.[26]

Segundo Lara Ordonhes, como antes desta proibição o açúcar fabricado na capitania de São Paulo se confundia com o do Rio de Janeiro, passava todo ele debaixo deste nome, conservando na praça de Lisboa a mesma reputação, que tinha adquirido o do Rio de Janeiro pela autoridade da Mesa de Inspeção. "Depois que entrou a ser conhecido nesta praça de Lisboa o açúcar paulistano pelo nome de açúcar de Santos, decaiu muito a (sua) reputação e por consequência o preço", disse, explicando que, embora muitas caixas viessem com o título de

26 DI, v. 89, 1967, p. 143.

branco fino ou de branco redondo, havia nelas açúcar misturado e baixo, além dos chamados mascavos.

Para o comerciante, essa alteração se devia atribuir em parte à ignorância e aos descuidos dos fabricantes e em parte à malícia e má-fé dos mesmos produtores, sem deixar de levar em conta que "algumas causas físicas do terreno em que eram plantadas as canas influíam muito na mesma bondade do açúcar comprado de outras capitanias que ficam ao Norte".

Como essa representação lhe foi encaminhada pelo ministro d. Rodrigo de Sousa Coutinho anexa à carta de 27 de março de 1799, Mendonça, com certeza, só tomou conhecimento de seu teor depois que já havia derrubado a proibição de Lorena, não lhe restando alternativa que não fosse a de justificar sua decisão. Embora tenha reconhecido que o açúcar produzido na capitania gozava de "má fama por causa das alterações que sofria", só, ao final de 1802, ao deixar o governo, é que iria defender a instalação de uma Mesa de Inspeção em São Paulo para certificar a sua boa qualidade, tarefa que deixava para o seu sucessor.[27] Ao que parece, os elogios feitos pelo comerciante lisboeta a Lorena influenciaram o ânimo de Mendonça, pois, a partir de então, ele tratou de menosprezar sempre que pôde os méritos e feitos de seu antecessor.

Que havia na decisão de Mendonça de derrubar o monopólio da vila de Santos mais despeito do que análise fria dos fatos conclui-se ao se constatar que, em 1804, o governador Franca e Horta haveria de propor ao ministro d. Rodrigo de Sousa Coutinho a retomada da exclusividade de comércio direto entre o porto santista e o de Lisboa, ainda que a decisão voltasse a desagradar aos produtores e comerciantes ligados ao comércio com o Rio de Janeiro.[28]

De fato, proposta aceita, Franca e Horta seria alvo das mesmas acusações que haviam sido feitas a Lorena, como se vê em queixa

27 DI, v. 44, 1915, p. 139, 28/12/1802.
28 DI, v. 94, 1990, pp. 17-19.

encaminhada em fevereiro de 1805 ao príncipe regente pelo pároco João Rodrigues Coelho, de São Sebastião, para quem o governador abusava do despotismo, praticando violências e opressão, ao proibir que as vilas de marinha comercializassem com outras capitanias e até mesmo entre si.

Segundo o pároco, os habitantes das vilas litorâneas eram obrigados a enviar seus gêneros a Santos, onde três monopolistas controlavam o comércio, pagando preços diminutos. De acordo com Coelho, o governador e capitão-general perseguia e mandava prender quem ousasse desafiar suas ordens, mas favoreceria contrabandistas que enviavam para "as Américas espanholas" escravos, açúcar, aguardente e outros produtos sem pagar os direitos reais. Esses contrabandistas seriam o capitão-mor Manoel Lopes da Ressurreição e os capitães João José da Silva e Julião de Moura Negrão, com os quais o governador teria "contraído amizade".[29]

A decisão de Franca e Horta, no entanto, não iria durar muito, pois a 6 de outubro de 1806 o príncipe regente mandou que tudo voltasse ao estado anterior.[30] O governador ainda insistiu em manter a concentração das cargas em um só porto como única medida possível para fomentar a circulação de mercadorias entre a capitania e o Reino,[31] mas em julho de 1807 viu-se obrigado a liberar o comércio em todos os portos.

Independentemente dos interesses particulares em jogo, é de se reconhecer que, sob o governo de Lorena, a exclusividade dada ao porto de Santos redundou no fortalecimento do mercado do açúcar, o que foi fundamental para o crescimento econômico da capitania. Com a revolta dos escravos na ilha de São Domingos, no Caribe, as cotações internacionais do produto elevaram-se rapidamente, obrigando o governador a buscar uma saída para o escoamento da produção, como

29 AHU, Conselho Ultramarino, São Paulo, caixa 57, doc. 4.300, 7/2/1805.
30 AHU, Conselho Ultramarino, São Paulo, caixa 58, doc. 4371.
31 AHU, Conselho Ultramarino, São Paulo, caixa 30, doc. 1322, 8/6/1807.

queriam os donos de engenho e os comerciantes. Em consequência, os engenhos começaram a se multiplicar em ritmo inédito, acelerando a aquisição de escravos para o trabalho no campo, além de atrair mão de obra de outras capitanias, o que explica um crescimento da população no período acima do que era usual.[32]

Basta ver que levantamento feito à época do governo Chichorro apontou uma relação de habitantes de 126.145 pessoas,[33] que chegou a 139.287 em 1789,[34] enquanto um mapa de 1797 registrou 158.450 habitantes,[35] ou seja, um crescimento de 23% em uma década, o que indica que a evolução econômica também atraiu gente de outras capitanias e do Reino. Essa conjuntura favorável, por certo, iria estimular a procura por novas terras rumo à região Oeste da capitania, fosse pela concessão de sesmarias, fosse pela posse arbitrária, favorecendo a proliferação de arraiais e a fundação de novas vilas.

Por aqui se vê que, de fato, os nove anos de Lorena em São Paulo foram decisivos para o desenvolvimento da capitania, ainda que não se possa imaginar que tivesse partido do ponto zero, pois os governos anteriores criaram as bases desse processo de crescimento e, de uma maneira ou de outra, tanto Mendonça quanto Franca e Horta e os governantes que se seguiram deram igualmente sua contribuição.

---

32 Maria Beatriz Nizza da Silva (org.); Carlos de Almeida Prado Bacellar, Eliana Rea Goldschmidt; Lúcia M. Bastos P. Neves, *op. cit.*, 2009, p.159.

33 AHU, Conselho Ultramarino, São Paulo, caixa 38, doc. 3192, 2/3/1788.

34 AHU, Conselho Ultramarino, São Paulo, caixa 40, doc. 3288, 31/12/1789

35 AHU, Conselho Ultramarino, São Paulo, caixa 65, doc. 5003, post. 1797. Mapa geral dos habitantes da capitania de São Paulo no ano de 1797: 42.270 brancos; 47.053 brancas; 20.669 pretos; 17.971 pretas; 14.236 mulatos; 16.251 mulatas. Nascidos em 1797: 6.628; mortos, 3.230.

Governadores e capitães-generais da capitania de São Paulo e Minas do Ouro

- Antônio de Albuquerque Coelho de Carvalho – 1710-1713.
- D. Brás Baltasar da Silveira – 1713-1717.
- D. Pedro de Almeida Portugal, conde de Assumar –1717-1721.

Governadores e capitães-generais da capitania de São Paulo

- Rodrigo César de Meneses – 1721-1727.
- Antônio da Silva Caldeira Pimentel – 1727-1732.
- D. Antônio Luís de Távora, conde de Sarzedas – 1732-1737.
- Gomes Freire de Andrade (governador e capitão-general da capitania do Rio de Janeiro) – 1737-1739.
- D. Luís de Mascarenhas, conde d'Alva – 1739-1748.
- Extinção da capitania de São Paulo, que fica adjudicada à do Rio de Janeiro, ao tempo do governador Gomes Freire de Andrada (1733-1763) – 1748-1765.
- D. Luís Antônio de Sousa Botelho, morgado de Mateus – 1765-1775.
- Martim Lopes Lobo de Saldanha – 1775-1782.
- Francisco da Cunha Meneses – 1782-1786.
- José Raimundo Chichorro da Gama Lobo (interino) – 1786-1788.
- D. Bernardo José Maria da Silveira e Lorena, conde de Sarzedas – 1788-1797.
- Antônio Manuel de Melo Castro e Mendonça – 1797-1802.
- Antônio José da Franca e Horta – 1802-1808.
- D. Mateus de Abreu Pereira, Miguel Antônio de Azevedo Veiga e José Maria do Couto (governo interino) – julho de 1808 a outubro de 1808.
- Antônio José da Franca e Horta – 1808-1811.
- D. Luís Teles da Silva Caminha e Meneses, marquês de Alegrete – 1811-1813.

- D. Mateus de Abreu Pereira, Nuno Eugênio de Locio e Scilbz e Miguel José de Oliveira Pinto (governo interino) – 1813-1814.
- D. Francisco de Assis Mascarenhas Castelo Branco da Costa Lencastre, conde de Palma – 1814-1817.
- D. Mateus de Abreu Pereira, Nuno Eugênio de Locio e Scilbz e Miguel José de Oliveira Pinto (governo interino) – 1817-1819.
- João Carlos Augusto de Oeynhausen e Gravenburg – 1819-1821.

GOVERNOS PROVISÓRIOS

- João Carlos Augusto de Oeynhausen e Gravenburg, José Bonifácio de Andrada e Silva e Miguel José de Oliveira Pinto (junta governativa provisória) – 1821-1822.
- Francisco Inácio de Sousa Queirós, Daniel Pedro Muller, Antônio Maria Quartim e Miguel José de Oliveira Pinto (governo interino) – maio de 1822 a agosto de 1822.
- D. Mateus de Abreu Pereira, José Correia Pacheco e Silva e Cândido Xavier de Almeida Sousa (governo interino) – 1822-1823.

Referências bibliográficas

FONTES IMPRESSAS

A Bíblia Sagrada contendo o Velho e o Novo Testamento, trad. de João Ferreira de Almeida, edição revista e corrigida. Barueri-SP, Sociedade Bíblica do Brasil, 2006.

ABREU, Capistrano de. *Capítulos de história colonial.* Rio de Janeiro: Livraria Briguet, 1954.

ALDEN, Dauril. "O período final do Brasil colônia, 1750-1808". In: *História da América Latina Colonial,* de Leslie Bethel (org.). São Paulo: Edusp; Brasília: Fundação Alexandre de Gusmão, v. 2, 1999.

ALENCASTRO, Luiz Felipe. *O trato dos viventes: formação do Brasil no Atlântico Sul (séculos XVI e XVII).* São Paulo: Companhia das Letras, 2000.

ALEXANDRE, Valentim. *Os sentidos do Império: questão nacional e questão colonial na crise do antigo regime português.* Porto: Edições Afrontamento, 1993.

ALINCOURT, L. D'. *Memória sobre a viagem do Porto de Santos à cidade de Cuiabá.* São Paulo: Livraria Martins Editora, 1953.

ALMEIDA, Anita Correia Lima de. "O veneno do desgosto: a conjuração de Goa de 1787". In: *Diálogos Oceânicos: Minas Gerais e a novas abordagens para uma história do Império Ultramarino Português,* de Júnia Ferreira Furtado (org.). Belo Horizonte, Editora UFMG, 2001, p. 351.

ALMEIDA, M. Lopes de. "Um documento sobre a expedição de Du Clerc ao Rio de Janeiro em 1710", separata do *Boletim da Biblioteca da Universidade de Coimbra,* v. 19, 1950, pp. 5-13.

AMARAL, Antônio Barreto do. *Dicionário da História de São Paulo.* São Paulo: Governo do Estado, 1980.

Anais do Museu Paulista, t. XV, 1961.

ANASTASIA, Carla Maria Junho. *A geografia do crime: violência nas Minas setecentistas.* Belo Horizonte: Editora UFMG, 2005.

_____. *Vassalos rebeldes: violência coletiva nas Minas na primeira metade do século XVIII.* Belo Horizonte: C/Arte, 1998.

ANDRADE, António Alberto Banha de. *A reforma pombalina dos estudos secundários (1759-1771): contribuição para a história da pedagogia em Portugal.* Coimbra: Universidade de Coimbra, 1984.

ANTONIL, André João. *Cultura e opulência do Brasil*. Belo Horizonte: Itatiaia; São Paulo Edusp, 1982.

ARAÚJO, Ana Cristina Bartolomeu de. "As invasões francesas e a afirmação das ideias liberais". In: *História de Portugal – O liberalismo*, de José Mattoso (dir.). Lisboa: Editorial Estampa, s/d.

ARROYO, Leonardo. *Igrejas de São Paulo*. São Paulo: Companhia Editora Nacional, 1966.

ARRUDA, José Jobson de Andrade (coord.). *Documentos manuscritos avulsos da Capitania de São Paulo. Catálogo 1 (1664-1830)*. Bauru: Editora da Universidade do Sagrado Coração, 2000.

ASSUNÇÃO, Paulo de. "Divino lucro". In: *Revista da Biblioteca Nacional*, Rio de Janeiro, nº 51, dez. 2009, pp. 73-74.

ATAÍDE, Tristão da Cunha e, conde de Povolide. *Portugal, Lisboa e corte nos reinados de D. Pedro II e D. João V. Memórias históricas*. Lisboa: Chaves Ferreira, 1990.

Atas da Câmara Municipal de São Paulo (1562-1903), 83v.

Autos da Devassa da Inconfidência Mineira. Rio de Janeiro: Ministério da Educação/Biblioteca Nacional, 1936-1938, 7 v.

_____. Anotações de Herculano Gomes Matias e Tarquínio J. B. de Oliveira. Brasília: Câmara dos Deputados, Belo Horizonte: Imprensa Oficial de Minas Gerais, 1976-1978, 1981-1982, 10 v.

AZEVEDO, Fernando. *A cultura brasileira*. São Paulo: Melhoramentos, 1958.

AZEVEDO, João Lúcio. *O Marquês de Pombal e a sua época*. São Paulo: Alameda Editorial, 2006.

BACELLAR, Carlos de Almeida Prado. *Viver e sobreviver em uma vila colonial. Sorocaba, séculos XVIII e XIX*. São Paulo: Fapesp-Annablume, 2001.

BELOTTO, Heloísa Liberalli. *Autoridade e conflito no Brasil colonial: o governo do Morgado de Mateus em São Paulo (1765-1775)*, 2ª ed. São Paulo: Alameda, 2007.

_____. *Nem o tempo nem a distância: correspondência entre o Morgado de Mateus e sua mulher, D. Leonor de Portugal (1757-1798)*. Lisboa: Aletheia, 2007.

_____. "O Estado português no Brasil: sistema administrativo e fiscal". In: *O império luso-brasileiro, 1750-1822*, de Maria Beatriz Nizza da Silva (coord). Lisboa: Estampa, 1986.

_____. "Razões de Estado: a extinção e os primórdios da restauração da capitania de São Paulo (1748-1775)". In: *História do Estado de São Paulo/Formação da unidade paulista. Colônia e Império*, de Nilo Odalia e João Ricardo de Castro Caldeira (orgs.). São Paulo: Editora Unesp/Arquivo Público do Estado/Imprensa Oficial, vol. 1, 2010, pp. 105-133.

BERBEL, Márcia Regina. *A nação como artefato: deputados do Brasil nas Cortes portuguesas (1821-1822)*. São Paulo: Hucitec-Fapesp, 1999.

BERNARDES, José Augusto Cardoso; PAIVA, José Pedro. *A Universidade de Coimbra e o Brasil*. Coimbra: Imprensa da Universidade de Coimbra, 2012.

BERTRAN, Paulo. "Os fanfarrões goianos, o inconfidente extraviado e a Insurreição dos Camaristas". In: *Anuário do Museu da Inconfidência Mineira*, Ministério da Cultura, Ouro Preto-MG, n° 9, 1993, pp. 208-218.

_____. "Trajetos cruzados na história de Goiás". In: *Goiás: 1722-2002*, Goiânia: Agência Goiana de Cultura Pedro Ludovico Teixeira, 2005, pp. 73-87.

BICALHO, Maria Fernanda. *A cidade e o império: o Rio de Janeiro no século XVIII*. Rio de Janeiro: Civilização Brasileira, 2003.

_____. e FERLINI, Vera Lúcia Amaral. *Modos de governar: ideias e práticas políticas no Império português séculos XVI a XIX*. São Paulo: Alameda Editorial, 2005.

BOCAGE, Manuel Maria de Barbosa du. *Rimas*, t. II. Lisboa: Oficina de Tadeu Simão Ferreira, 1813.

BORREGO, Maria Aparecida de Menezes. "Camaristas, provedores e confrades: os agentes comerciais nos órgãos de poder (São Paulo, século XVIII)". In: *O governo dos povos*, de Laura de Mello e Souza, Júnia Ferreira Furtado e Maria Fernanda Bicalho (orgs.). São Paulo: Alameda, 2009, pp. 319-333.

BOSCHI, Caio C. "Administração e administradores no Brasil pombalino: os governadores da capitania de Minas Gerais". In: *Actas do Congresso O Marquês de Pombal e a sua época*. Câmara Municipal de Oeiras e de Pombal, 1999, pp. 217-237.

_____. *Exercícios de pesquisa histórica*. Belo Horizonte: Editora PUC Minas, 2011,

BOXER, Charles R. *A idade de ouro do Brasil: dores de crescimento de uma sociedade colonial*, trad. de Nair de Lacerda. Rio de Janeiro: Nova Fronteira, 2000.

_____. *O império colonial português (1415-1825)*, trad. de Inês Silva Duarte. Lisboa: Edições 70, 1981.

_____. *O império marítimo português, 1415-1825*, trad. de Anna Olga de Barros Barreto. São Paulo: Companhia das Letras, 2002.

_____. *Relações raciais no império colonial português, 1415-1825*, trad. de Sebastião Brás. Porto: Edições Afrontamento, 1988.

_____. *Salvador de Sá e a luta pelo Brasil e Angola: 1602-1686*. São Paulo: Editora Nacional-Edusp, 1973.

BRAGA, Teófilo. *História da Literatura Portuguesa. Os árcades*. Lisboa: Imprensa Nacional-Casa da Moeda, v. 4, 1984.

BRAZÃO, Eduardo. *As expedições de Duclerc e de Duguay-Trouin ao Rio de Janeiro (1710-1711)*. Lisboa: Agência Geral das Colônias, 1940.

_____. *Os jesuítas e a delimitação do Brasil de 1750*. Braga: Livraria Cruz, 1939.

_____. "Pombal e os jesuítas". In: *Revista de História das Ideias*, Coimbra, v. 4, t. 1, 1982.

BRUNO, Ernani Silva. *História e tradições da cidade de São Paulo*. São Paulo: Editora Hucitec, 4ª. ed.,1991, 3v.

CAETANO, Marcello. *O Conselho Ultramarino: esboço da sua história*. Lisboa: Agência Geral do Ultramar, 1947.

CAMARINHAS, Nuno. *Juízes e administração da justiça no Antigo Regime: Portugal e o império colonial, séculos XVII e XVIII*. Lisboa: Fundação Calouste Gulbenkian/Fundação para a Ciência e a Tecnologia, 2010.

_____. *Les Magistrats et l'Administration de la Justice. Le Portugal et son empire colonial (XVII-XVIIIe siècle)*. Paris: L'Harmattan, 2012.

CAMPOS, Maria Verônica de. *Governo de mineiros – de como meter as Minas em uma moenda e beber-lhe o caldo dourado*. Tese de Doutorado em História, Faculdade de Filosofia, Letras e Ciências Humanas da Universidade de São Paulo, 2002.

CAPELA, José. *O escravismo colonial em Moçambique*. Porto: Edições Afrontamento, 1993.

CARNAXIDE, Visconde de. *O Brasil na administração pombalina*. São Paulo: Companhia Editorial Nacional, 1979.

CARNEIRO, Glauco. *O poder da misericórdia: a Santa Casa na história de São Paulo*. São Paulo: Santa Casa de Misericórdia, 1986, 2 v.

CARVALHO, Joaquim Martins de. *Apontamentos para a história contemporânea*. Coimbra: Imprensa da Universidade, 1868.

CARVALHO, Rômulo de. *História da Fundação do Colégio Real dos Nobres de Lisboa (1761-1772)*. Coimbra: Atlântida, 1959.

CAVALCANTI, Nireu. *História de conflitos no Rio de Janeiro colonial: Da carta de Caminha ao contrabando de camisinha (1500-1807)*. Rio de Janeiro: Civilização Brasileira, 2013.

_____. *O Rio de Janeiro setecentista: a vida e a construção da cidade da invasão francesa até a chegada da Corte*. Rio de Janeiro: Jorge Zahar Editor, 2004.

CHATURVEDULA, Nandini. "Entre particulares: venalidade da Índia portuguesa no século XVII". In: *Cargos e ofícios nas monarquias Ibéricas: provimento, controlo e venalidade (séculos XVII e XVIII)*, de Roberta G. Stumpf e Nandini Chaturvedula (orgs.). Lisboa: Centro de História de Além-Mar da Faculdade de Ciências Sociais e Humanas da Universidade Nova de Lisboa/Universidade dos Açores, 2012.

CLETO, Marcelino Pereira "Dissertação a respeito da capitania de São Paulo, sua decadência e modo de restabelecê-la [...] 25 de outubro de 1782". In: *Roteiros e notícias de São Paulo colonial (1751-1804)*. São Paulo: Governo do Estado, Coleção Paulística, v. 1, 1977, p. 17-30; *Anais da Biblioteca Nacional*, v. XXI. Rio de Janeiro, 1900.

COELHO, José João Teixeira. *Instrução para o governo da capitania de Minas Gerais*. Belo Horizonte: Fundação João Pinheiro, 1994.

CONCEIÇÃO, Cláudio da. *Gabinete Histórico*. Lisboa: Imprensa Régia, 1829, v. XIV.

COSENTINO, Francisco Carlos. *Governadores gerais do Estado do Brasil (séculos XVI-XVII)*. São Paulo: Annablume. Belo Horizonte: Fapemig, 2009.

COSTA E SILVA, José Maria da. Prefácio para *Obras Poéticas de Manuel Maria Barbosa du Bocage*, Lisboa: Tipografia de Desidério Leão, 1842, t. 6.

COUTINHO, d. Rodrigo de Sousa. "Memórias de D. Rodrigo de Sousa Coutinho (1º conde de Linhares) sobre o melhoramento dos domínios de Sua Majestade na América". In:

Revista Brasília, Faculdade de Letras da Universidade de Coimbra, Coimbra, v. IV, 1949, pp. 383-422 (Original no AHU, Rio de Janeiro, papéis avulsos, out. 1797).

COUTO, Joaquim Miguel. *Entre estatais e transnacionais: o Polo Industrial de Cubatão*. Campinas-SP: tese de doutorado apresentada ao Instituto de Economia da Universidade de Campinas (Unicamp), 2003.

D'ALORNA, Marquês de Fronteira e. *Memórias*. Coimbra: Imprensa da Universidade, 1928.

DEUS, Frei Gaspar da Madre de. *Memórias para a história da capitania de São Vicente*. São Paulo-Belo Horizonte: Edusp-Itatiaia, 1975.

DIAS, Maria Odila Leite da Silva. *Quotidiano e poder em São Paulo no século XIX*. São Paulo: Editora Brasiliense, 1995.

DICK, Maria Vicentina de Paula do Amaral. *A dinâmica dos nomes na cidade de São Paulo, 1554-1897*. São Paulo: Annablume, 1996.

Documentos interessantes para a história e costumes de São Paulo. São Paulo: Departamento do Arquivo do Estado de São Paulo, v. 4, 1896; v. 6, 1902; v. 7, 1902; v.12, 1901; v. 13, 1895; v. 15, 1895; v. 18, 1903; v. 20, 1896; v. 25, 1898; v. 29, 1899; v. 31, s/d; v. 39, 1902; v. 40, 1902; v. 43, 1903; v. 44, 1915; v. 45, 1924; v. 46, 1924; v. 47, 1929; v. 48, 1929; v. 50, 1929; v. 55, 1924, v. 62, 1937; v. 65, 1940; v. 85, 1961; v. 87, 1963; v. 89, 1967; v. 93, 1980; v. 94, 1990; e v. 95, 1990.

ELLIS, Myriam. "As bandeiras na expansão geográfica do Brasil". In: *História da Civilização Brasileira – A Época Colonial*, de Sérgio Buarque de Holanda (dir.), v. 1. São Paulo: 1963, pp. 281 e ss.

_____. *O monopólio do sal no Estado do Brasil (1631-1801)*. Tese de doutorado. São Paulo: Universidade de São Paulo, 1955, 255p.

ELLIS JÚNIOR, A. *O bandeirismo paulista e o recuo do meridiano*. São Paulo: Biblioteca Pedagógica Brasileira, 1934. (Série V: Brasiliana).

_____. *Os primeiros troncos paulistas e o cruzamento euro-americano*. São Paulo: Companhia Editora Nacional, Coleção Brasiliana, 1936.

Enciclopédia Verbo Luso-Brasileira de Cultura, v. 18, 2001.

FALCON, Francisco José Calazans. *A época pombalina: política econômica e monarquia ilustrada*. São Paulo: Ática, 1982.

FAZENDA, José Vieira. "Antiqualhas e memórias do Rio de Janeiro". In: RIHGB, t. 86, v. 140, pp. 186-192; t. 89, v. 143, Rio de Janeiro: 1921, pp. 235-240 e 289-293.

FERNANDES, Luis Henrique Menezes. "Ação metropolitana e sertanistas na incorporação das minas de Cuiabá e Goiás à capitania de São Paulo durante o governo de Rodrigo César de Menezes (1721-1728)". In: *Revista de História Regional*, 15 (2). Departamento de História e do Programa de Pós-Graduação em História da Universidade Estadual de Ponta Grossa-PR, inverno 2010, pp. 12-158.

FIGUEIREDO, Luciano. *Barrocas famílias: vida familiar em Minas Gerais no século XVIII*. São Paulo: Hucitec, 1997.

_____. "Quando os motins se tornam inconfidências: práticas políticas e ideias ilustradas na América portuguesa (1640-1817)". In: *Olhares sobre o político: novos ângulos, novas perspectivas*, de Lená Medeiros de Menezes, Denise Rollemberg e Oswaldo Munteal Filho (organizadores). Rio de Janeiro: Eduerj-Faperj, 2002, pp. 135-145.

_____. "Protestos, revoltas e fiscalidade no Brasil colonial". In: LPH – *Revista de História* 5: 56-87. Mariana-MG: Departamento de História da Universidade Federal de Ouro Preto, 1995.

_____. *Rebeliões no Brasil colônia*. Rio de Janeiro: Jorge Zahar Editor, 2005.

_____. e CAMPOS, Maria Verônica (orgs.). *Códice Costa Matoso: coleção das notícias dos primeiros descobrimentos das minas na América que fez o doutor Caetano da Costa Matoso sendo ouvidor-geral das do Ouro Preto, de que tomou posse em fevereiro de 1749 & vários papéis*. Belo Horizonte: Fundação João Pinheiro, 1999, 2 v.

FINA, Wilson Maia. *O chão de Piratininga*. São Paulo: Editora Anhembi, 1965.

_____. *Paço municipal de São Paulo*. São Paulo: Editora Anhambi, 1962.

FLORENTINO, Manolo. *Em costas negras: uma história do tráfico atlântico de escravos entre a África e o Rio de Janeiro (séculos XVIII e XIX)*. Rio de Janeiro: Arquivo Nacional, 1995.

FRAGOSO, João L. *Homens de grossa aventura: acumulação e hierarquia na praça mercantil do Rio de Janeiro, 1790/1830*. Rio de Janeiro: Arquivo Nacional, 1992.

_____. e FLORENTINO, Manolo. *O arcaísmo como projeto: mercado atlântico, sociedade agrária e elite mercantil em uma economia colonial tardia: Rio de Janeiro, c. 1790 - c.1840*. Rio de Janeiro: Civilização Brasileira, 2001.

_____., BICALHO, Maria Fernanda e GOUVÊA, Maria de Fátima (organizadores). *O antigo regime nos trópicos: a dinâmica imperial portuguesa (séculos XVI-XVIII)*. Rio de Janeiro: Civilização Brasileira, 2001.

FRAGOSO, João e GOUVÊA, Maria de Fátima S. "Vitorino Magalhães et les réseaux impériaux". In: *Arquivos do Centro Cultural Calouste Gulbenkian*, v. 50, 2005.

FRANÇA, Eduardo D'Oliveira. *Portugal na época da Restauração*. São Paulo: Hucitec, 1997.

FRANÇA, Jean Marcel Carvalho. "Uma viagem a São Paulo", *Folha de S.Paulo*, caderno *Mais*, 25/1/2004, pp. 4-9.

FRANCO, Francisco de Assis Carvalho. *Dicionário de bandeirantes e sertanistas do Brasil*. Belo Horizonte: Editora Itatiaia. São Paulo: Edusp, 1989.

FRANCO, Jaime. *A Beneficência: memória histórica da Sociedade Portuguesa de Beneficência e contribuição para a história de Santos*. Santos, 1951.

FREITAS, Afonso A. de. *Tradições e reminiscências paulistanas*. São Paulo: Governo do Estado, 1978.

FURTADO, Júnia Ferreira. *Chica da Silva e o contratador dos diamantes: o outro lado do mito*. São Paulo: Companhia das Letras, 2003.

_____. *Cultura e sociedade no Brasil colônia*. São Paulo: Atual Editora, 2000.

_____. (org.). *Diálogos oceânicos: Minas Gerais e as novas abordagens para uma história do Império Ultramarino Português*. Belo Horizonte: Editora UFMG, 2001.

_____. "Diálogos Oceânicos: Minas Gerais e as novas abordagens para império marítimo português no século XVIII". In: *O governo dos povos*, de Laura de Mello e Souza, Júnia Ferreira Furtado e Maria Fernanda Bicalho (orgs.). São Paulo: Alameda, 2009, pp 107-130.

_____. *Homens de negócio: a interiorização da metrópole e do comércio nas Minas setecentistas*. São Paulo: Hucitec, 1999.

_____. "Honrados e úteis vassalos: os contratadores de diamantes e a burguesia pombalina". In: *Olhares sobre o político: novos ângulos, novas perspectivas*, de Lená Medeiros Menezes, Denise Rollemberg e Oswaldo Munteal Filho (orgs.). Rio de Janeiro: Eduerj-Faperj, 2002, pp.148-173.

GAMA, Miguel Marcelino Veloso e. *Oração que no Dia da Posse do Ilmo. e Exmo. Sr. Bernardo José de Lorena, do Concelho de Sua Magestade, Governador e Capitão-General da Capitania de São Paulo, Recitou o Desembargador Miguel Marcelino Veloso e Gama, Ouvidor Geral da mesma Comarca*. Lisboa: Oficina de António Gomes, 1789.

GARRIDO, Felipe de Moura. *Produção, comércio e tensões nas vilas do Norte da capitania de São Paulo (1788-1808)*. Dissertação de mestrado em História apresentado à Faculdade Ciências Humanas e Sociais da Universidade Estadual Paulista Júlio de Mesquita Filho (Unesp), Franca-SP 2012.

GAYO, Manuel José da Costa Felgueiras. *Nobiliário de famílias de Portugal*, reimp. de 1938-42, Braga, 1989-1990.

GONÇALVES, Adelto. *Bocage – o perfil perdido*. Lisboa: Editorial Caminho, 2003.

_____. *Gonzaga, um poeta do Iluminismo*. Rio de Janeiro: Editora Nova Fronteira, 1999.

_____. "O pensamento iluminista do patriarca". In: DO Leitura. São Paulo, Imprensa Oficial do Estado, nº 4, ano 21, abr. 2003, pp. 10-17.

_____. "Santos e São Vicente na segunda metade do século XVIII". In: *Revista Ceciliana*. Universidade Santa Cecília, Santos-SP, ano 11, nº 13, jan.-jun. 2000, pp. 93-102.

_____. *Tomás Antônio Gonzaga*. Rio de Janeiro/São Paulo: Academia Brasileira de Letras/Imprensa Oficial do Estado de São Paulo, 2012.

Grande Enciclopédia Portuguesa e Brasileira. Rio de Janeiro: Editorial Enciclopédia; Lisboa: Edições Zairol, v.16,1970; v. 27,1953.

GONZAGA, Tomás Antônio. *Obras completas, Cartas Chilenas*, edição crítica de Rodrigues Lapa. São Paulo: Companhia Editora Nacional, 1942.

HESPANHA, António Manuel. *Às vésperas de Leviathan: instituições e poder político, Portugal, séc. XVII*. Coimbra: Almedina, 1994.

_____. "Por que é que foi "portuguesa" a expansão portuguesa? Ou o revisionismo nos trópicos". In: *O governo dos povos*, de Laura de Mello e Souza, Júnia Ferreira Furtado e Maria Fernanda Bicalho (orgs.). Rio de Janeiro: Alameda, 2009, pp. 39-62.

HOLANDA, Sérgio Buarque de (dir.). *História geral da civilização brasileira*. São Paulo: Difusão Europeia do Livro, 1960, t. I, 2 v.

_____. *Caminhos e fronteiras*. São Paulo: Companhia das Letras, 1994.

_____. *Monções*. São Paulo: Brasiliense, 2000.

_____. *Raízes do Brasil*. São Paulo: Companhia das Letras, 2007.

HOPPE, Fritz. *A África Oriental portuguesa no tempo do marquês de Pombal (1750-1777)*. Lisboa: Agência Geral do Ultramar, 1970.

"Instrução militar para o uso do governador [...] de São Paulo", 24/6/1775. In: Marcos Carneiro de Mendonça, "O pensamento da metrópole em relação ao Brasil". In: RIHGB, Rio de Janeiro, 227, out.-dez. 1962, pp. 54-61.

JANCSÓ, István (org.). *Brasil: formação do Estado e da Nação*. São Paulo: Hucitec-Fapesp-Editora Unijuí, 2003.

JARDIM, Márcio. *A Inconfidência Mineira: uma síntese factual*. Rio de Janeiro: Biblioteca do Exército, 1989.

JUZARTE, Teotônio José. *Diário da Navegação*, organização de Jonas Soares de Souza e Miyoko Makino. São Paulo: Edusp/Imprensa Oficial do Estado, Coleção Uspiana Brasil 500 Anos, 2000.

KANTOR, Íris. *Esquecidos e renascidos: historiografia acadêmica luso-americana (1714-1759)*. São Paulo: Hucitec-Centro de Estudos Baianos/UFBA, 2004.

KIDDER, Daniel P. *Reminiscências de viagens e permanências nas províncias do Sul do Brasil*. Belo Horizonte/São Paulo: Itatiaia/Edusp, 1980.

LEAL, Augusto Soares de Azevedo Barbosa de Pinho. *Portugal antigo e moderno*, Lisboa, 1880, v. 9.

LEITE, Aureliano. *História da civilização paulista*. São Paulo: Martins, 1946.

LEITE, Renato Lopes. *Republicanos e libertários: pensadores radicais no Rio de Janeiro (1822)*. Rio de Janeiro: Civilização Brasileira, 2000.

LEME, Pedro Taques de Almeida Pais. *História da capitania de São Vicente*. São Paulo: Melhoramentos, s/d.

_____. *Nobiliarquia paulistana histórica e genealógica*. Belo Horizonte-Sâo Paulo: Itatiaia-Edusp, 1980, 3 v.

LICHTI, Fernando Martins. *Polianteia santista*. São Vicente: Caudex, 1986, 2 vols.

LIMA, Oliveira. *D. João VI no Brasil*. Rio de Janeiro: Topbooks, 4ª ed., 2006.

LIMA, Luís Filipe Silvério. "Entre o Quinto Império e a Monarquia Universal: concepções proféticas de poder para o Reino e para o Ultramar". In: *O governo dos povos*, de Laura de Mello e Souza, Júnia Ferreira Furtado e Maria Fernanda Bicalho (orgs.). São Paulo: Alameda, 2009, pp. 539-560.

LISANTI, Luís (org.). *Negócios coloniais: uma correspondência comercial no século XVIII*. Brasília, Ministério da Fazenda, 1973.

LOPES, António. *O marquês de Pombal e a Companhia de Jesus: correspondência inédita ao longo de 115 cartas*. Cascais: Principia, 1999.

MACEDO, Jorge Borges de. *A situação econômica no tempo de Pombal (alguns aspectos)*. Lisboa: Gradiva, 1989.

MACHADO, José de Alcântara. *Vida e morte do bandeirante*. Belo Horizonte: Editora Itatiaia. São Paulo: Edusp, 1980.

MAGALHÃES, Basílio de. *Expansão geográfica do Brasil colonial*. São Paulo: Companhia Editora Nacional, 1978.

MARCÍLIO, Maria Luiza. *A cidade de São Paulo: povoamento e população, 1750-1850*. São Paulo: Pioneira-Edusp, 1973.

MARCOCCI, Giuseppe. *A Consciência de um Império: Portugal e o seu mundo (Sécs. XV-XVII)*. Coimbra: Editora: Imprensa da Universidade de Coimbra, 2012.

MARQUES, A. H. de Oliveira. *História da maçonaria em Portugal: das origens ao triunfo*. Lisboa: Editorial Presença, 1990, v. 1.

MARQUES, Manuel Eufrásio de Azevedo. *Apontamentos históricos, geográficos, biográficos, estatísticos e noticiosos da província de São Paulo*. Belo Horizonte: Editora Itatiaia. São Paulo:Edusp, 1980, 2 v.

MARTINS, Antônio Egídio. *São Paulo antigo*. São Paulo: Conselho Estadual de Cultura, 1973.

MARTINS, Oliveira. *História de Portugal*. Lisboa: Guimarães Editores, 1968.

MATTOS, Renato de. *Política, Administração e Negócios: A capitania de São Paulo e sua inserção nas relações mercantis do Império Português (1788-1808)*. São Paulo: Dissertação de mestrado em História Social apresentada ao Departamento de História da Faculdade de Filosofia, Letras e Ciências Humanas da Universidade de São Paulo, 2009.

MATTOSO, José. *História de Portugal – O liberalismo*. Lisboa: Editorial Estampa, s/d.

MAY, William Henry. *Diário de William Henry May, de suas viagens, na companhia de sir James Gambier, da Baía de Botafogo ao Sul do Brasil*, 1810, trad. de Cristina Antunes. In: Jean Marcel Carvalho França, "Uma viagem a São Paulo", *Folha de S.Paulo*, caderno *Mais*, 25/1/2004, pp. 4-9.

MAWE, John. *Viagens ao interior do Brasil*. Belo Horizonte: Itatiaia; São Paulo: Edusp, 1978.

MAXWELL, Kenneth. *A devassa da devassa: a Inconfidência Mineira, Brasil e Portugal (1750-1808)*, trad. de João Maia. Rio de Janeiro: Paz e Terra, 1977.

_____. "Condicionalismos da independência do Brasil". In: Nova História *da Expansão Portuguesa*, de Joel Serrão e A.H. Oliveira Marques (dir.), *O Império Luso-Brasileiro 1750-1822*, de Maria Beatriz Nizza da Silva (coord.), v. 8, Lisboa: Editorial Estampa, 1986, pp. 335-395.

_____. "Conjuração mineira: novos aspectos". In: *Estudos Avançados*. São Paulo: Universidade de São Paulo, v. 3, n. 6, mai.-ago. 1989, pp. 4-24.

_____. *Mais malandros: ensaios tropicais e outros*. Rio de Janeiro: Paz e Terra, 2002.

_____. *Marquês do Pombal: paradoxo do Iluminismo*. São Paulo: Paz e Terra, 1996.

MEDICCI, Ana Paula. *Administrando conflitos: o exercício do poder e os interesses mercantis na capitania/província de São Paulo (1765-1822).* Tese de doutorado em História Social apresentada à Faculdade de Filosofia, Letras e Ciências Humanas da Universidade de São Paulo, 2010.

_____. "Da capitania a província: o lugar de São Paulo nos projetos do Império, 1782-1822". In: *De um império a outro: estudos sobre a Formação do Brasil, séculos XVIII e XIX*. São Paulo: Fapesp, 2007.

MEGIANI, Ana Paula Torres. *O rei ausente.* São Paulo: Alameda, 2004.

MENDES, Denise. *A Calçada do Lorena: o caminho de tropeiros para o comércio do açúcar paulista,* mimeo. Dissertação de mestrado apresentada ao Departamento de História da Faculdade de Filosofia, Letras e Ciências Humanas da Universidade de São Paulo (USP), 1994.

MENDES, Francisco da Costa. *Catálogo cronológico e histórico dos capitães-generais e governadores da província de Moçambique desde 1752, época de sua separação do governo de Goa até 1849.* Lourenço Marques: Imprensa Nacional, 1892.

MENDONÇA, Antonio Manuel de Melo Castro e. "Memória econômico política da capitania de São Paulo". In: *Anais do Museu Paulista.* São Paulo, t. 15, 1961, pp. 81-247.

MENDONÇA, Marcos Carneiro. "O pensamento da metrópole em relação ao Brasil", RIHGB, 227, out.-dez.1962, p. 54.

MENEZES, Raimundo de. *Histórias da história de São Paulo.* São Paulo: Melhoramentos, 1954.

MIRANDA, Tiago C. P. dos Reis. "Ceder Timor – composição em fuga". In: *Revista USP*, São Paulo, nº 79, p. 82-93, set./nov. 2008.

_____. "Como se fossem ervas daninhas". In: *Revista da Biblioteca Nacional*, Rio de Janeiro, nº 51, dez. 2009.

MONTEIRO, John Manuel. *Negros da terra.* São Paulo: Companhia das Letras, 1994.

_____. "Os caminhos da memória: paulistas no Códice Matoso". *Varia História*, Belo Horizonte, nº 21, pp. 86-99, jul.1999.

MONTEIRO, Nuno Gonçalo. "Governadores e capitães-mores do Império Atlântico português no século XVIII". In: *Modos de governar: ideias e práticas políticas no Império português séculos XVI a XIX*, de Laura de Mello e Souza, Júnia Ferreira Furtado e Maria Fernanda Bicalho (orgs.). São Paulo: Alameda, 2005, pp. 93-135.

_____. *O crepúsculo dos grandes. A casa e o patrimônio da aristocracia em Portugal (1750-1850).* Lisboa: Imprensa Nacional, 1998.

_____. "Trajetórias sociais e governo das conquistas: notas preliminares sobre os vice-reis e governadores-gerais do Brasil e da Índia nos séculos XVII e XVIII". In: *O Antigo Regime dos trópicos: a dinâmica imperial portuguesa (séculos XVI-XVIII)*, de João Fragoso, Maria Fernanda Bicalho e Maria de Fátima Gouvêa (orgs.). Rio de Janeiro: Civilização Brasileira, 2001, pp. 249-283.

_____.; Cardim, p.; Cunha, m. s. (orgs.). *Óptima Pars. Elites Ibero-Americanas do Antigo Regime*. Lisboa: Imprensa das Ciências Sociais, 2005.

Monteiro, Pedro Meira; Eugênio, João Kennedy. *Sérgio Buarque de Holanda: perspectivas*. Campinas: Editora da Unicamp; Rio de Janeiro: EdUerj, 2008.

Monteiro, Rodrigo Bentes. *O rei no espelho: a monarquia portuguesa e a colonização da América, 1640-1720*. São Paulo: Hucitec-Fapesp-Instituto Camões, 2002,

Moraes, Antonio Carlos Robert. *Bases da formação territorial do Brasil: o território colonial brasileiro no "longo" século XVI*. São Paulo: Hucitec, 2000.

Mori, Victor Hugo; Lemos, Carlos A. Cerqueira; Castro, Adler Homero F. de. *Arquitetura militar: um panorama a partir do porto de Santos*. São Paulo: Imprensa Oficial do Estado de São Paulo/Fundação Cutural Exército Brasileiro, 2003.

Mota, Carlos Guilherme. *Nordeste 1817*. São Paulo: Perspectiva, 1972.

_____. (org.). *Viagem incompleta: a experiência brasileira*. São Paulo: Editora Senac, 2000, 2 v.

Motta, Márcia; Guimarães, Elione (orgs.). *Propriedades e disputas: fontes para a história do oitocentos*. Vinhedo-SP: Editora Horizonte, Guarapuava-PR: Unicento; Niterói: Eduff, 2011.

Moura, Américo Brasiliense Antunes. "Governo do Morgado de Mateus no Vice-Reinado do Conde da Cunha", separata da *Revista do Arquivo Municipal*, nº 3, São Paulo, 1938.

Moura, Denise Aparecida Soares de. "De uma freguesia serra acima à costa atlântica: produção e comércio da aguardente na cidade de São Paulo (1765-1822). In: *Topoi – Revista de História do Programa de Pós-Graduação de História Social da Universidade Federal do Rio de Janeiro (UFRJ)*, v. 13, nº 24, jan.-jun. 2012, pp. 73-93.

_____. "O comércio colonial e suas relações complementares: Santos, Bahia e Pernambuco, 1765-1822". In: *Ensaios sobre a América Portuguesa*, de Carla Mary S. Oliveira, Mozart Vergetti de Menezes e Regina Célia Gonçalves (orgs.). João Pessoa-PB: Editora Universitária – Universidade Federal da Paraíba (UFPB), 2009, pp. 181-196.

_____. "Região, relações de poder e circuitos mercantis em São Paulo (1765-1822). In: *Saeculum - Revista de História*, João Pessoa-PB, nº 14, jan-jun. 2006, pp. 39-56.

Moura, Paulo Cursino de. *São Paulo de outrora*. Belo Horizonte-São Paulo: Itatiaia-Edusp, 1980.

Novais, Fernando A. *Portugal e Brasil na crise do antigo sistema colonial (1777-1808)*. São Paulo: Hucitec, 1989.

Odalia, Nilo e Caldeira, João Ricardo de Castro (orgs.). *História do Estado de São Paulo/A formação da unidade paulista*. São Paulo: Editora Unesp/Arquivo Público do Estado/Imprensa Oficial, v. 1, 2010.

Olival, Fernanda. *As Ordens Militares e o Estado Moderno: honra, mercê e venalidade em Portugal (1641-1789)*. Lisboa: Editora Estar, 2001.

OLIVEIRA, José Joaquim Machado de. *Quadro histórico da província de São Paulo*. São Paulo: Governo do Estado, 1978.

OLIVEIRA, Tarquínio J. B. de Oliveira. *As Cartas Chilenas: fontes textuais*. São Paulo: Editora Referência, 1972.

_____. *Correspondência ativa de João Roiz de Macedo*. Ouro Preto-MG: Centro de Estudos do Ciclo do Ouro, 1981.

_____. *Um banqueiro na Inconfidência: ensaio biográfico sobre João Roiz de Macedo, arrematante de rendas tributárias no último quartel do século XVIII*. Ouro Preto-MG: Centro de Estudos do Ciclo do Ouro, 1979.

PANTOJA, Selma. "A dimensão atlântica das quitandeiras". In: *Diálogos oceânicos: Minas Gerais e as novas abordagens para uma história do Império Ultramarino Português*,de Júnia Ferreira Furtado (org.). Belo Horizonte: Editora UFM, 2001, pp. 45-67.

PEARSON, M. N. *Coastal Western Índia: Studies from the Portuguese Records*. Nova Delhi: Concept Publishing Company, 1981.

PÉCORA, Alcir. *Teatro do Sacramento*. São Paulo: Edusp; Campinas: Editora Unicamp, 2008.

PEDREIRA, Jorge Miguel Viana. *Estrutura industrial e mercado colonial. Portugal e Brasil (1780-1830)*. Linda-a-Velha: Difel, 1994.

_____. *Os homens de negócio da praça de Lisboa de Pombal ao vintismo (1755-1822). Diferenciação, reprodução e identificação de um grupo social*. Tese de doutoramento apresentada à Faculdade de Ciências Sociais e Humanas da Universidade Nova de Lisboa, mimeo, 1995.

PERALTA, Inez Garbujo. "Caminhos do mar". In: *História do Estado de São Paulo/Formação da unidade paulista. Colônia e Império*, de Nilo Odalia e João Ricardo de Castro Caldera (orgs.). São Paulo: Editora Unesp/Arquivo Público do Estado/Imprensa Oficial, vol. 1, 2010, pp. 205-233.

_____. *O Caminho do Mar – subsídios para a história de Cubatão*. Cubatão: Prefeitura Municipal de Cubatão, 1973.

PEREIRA, José Esteves. "As ideias do século". In: *Portugal contemporâneo*, v. 1, direção de António Reis, Lisboa, Publicações Alfa, 1990, pp. 273-302.

PEREIRA, Esteves; RODRIGUES, Guilherme. *Portugal – Dicionário Histórico, Corográfico, Biográfico, Bibliográfico, Numismático e Artístico*. Lisboa: João Romano Torres, Editor, v. 6, 1912.

PETRONE, Maria Thereza Schorer. *A lavoura canavieira em São Paulo: expansão e declínio (1765-1851)*. São Paulo: Edipe, 1968.

_____. "O desprezado 'ciclo do açúcar' paulista (1765-1850)". In: *História do Estado de São Paulo/Formação da unidade paulista. Colônia e Império*, de Nilo Odalia e João Ricardo de Castro Caldeira (orgs.). São Paulo: Editora Unesp/Arquivo Público do Estado/Imprensa Oficial, vol. 1,2010, pp.135-155.

PIJNING, Ernst. "Conflicts in the portuguese colonial administration: trials and errors of Luís Lopes Pegado e Serra, provedor-mor da Fazenda Real in Salvador, Brazil, 1718-1721".

In: *Colonial Latin American Historical Review*, University of New Mexico, EUA, Outono de 1993, pp. 403-423.

_____. "Contrabando, ilegalidade e medidas políticas no Rio de Janeiro do século XVIII". In: *Revista Brasileira de História*, São Paulo, n° 42, v.21, 2001, pp. 397-414.

_____. *Controlling contraband: mentality, economy and society in Eighteenth-century in Rio de Janeiro*. Tese de doutorado apresentada à Johns Hopkins University, EUA, 1997.

_____. "Contrabando na legislação portuguesa durante o período colonial". In: *Anais da XIV Reunião da Sociedade Brasileira de Pesquisa Histórica (SBPH)*, Salvador, 1994, pp. 85-88.

_____. "Passive resistance: portuguese diplomacy of contraband trade during king John v's Reign (1706-1750)". In: *Arquipélago – História*, Ponta Delgada, Açores, 2ª série, II, 1997, pp. 171-191.

PINTO, Virgílio Noya. *O ouro brasileiro e o comércio anglo-português*. São Paulo: Companhia Editora Nacional, 1979.

PIRES, Daniel. Padre *Gabriel Malagrida: o último condenado ao fogo da Inquisição*. Setúbal: Centro de Estudos Bocageanos, 2012.

PIZA, Antônio de Toledo. "A miséria do sal em São Paulo". In: RIHGSP, São Paulo, v. 4, 1898, pp. 279-283.

POLITO, Ronald. *Um coração maior que o mundo: Tomás Antônio Gonzaga e o horizonte luso-colonial*. São Paulo: Editora Globo, 2004.

PRADO JR., Caio. *A cidade de São Paulo*. São Paulo: Brasiliense, 1983.

_____. *Evolução política do Brasil e outros estudos*. São Paulo: Brasiliense, 1972.

_____. *História econômica do Brasil*. São Paulo: Brasiliense, 1963.

_____. *Formação do Brasil contemporâneo*. São Paulo: Brasiliense, 1999.

PRADO, Paulo. *Paulística*. São Paulo: Editora Monteiro Lobato, 1925.

_____. *Retrato do Brasil*. São Paulo: Companhia das Letras, 1997.

PUNTONI, Pedro. *A guerra dos bárbaros: povos indígenas e a colonização do sertão nordeste do Brasil 1650-1720*. São Paulo: Hucitec-Edusp, 2002.

PUPO, Benedito Barbosa. "Aspectos da personalidade do Morgado de Mateus". Campinas: *Correio Popular*, 18/6/1974.

_____. "Uma dívida de Campinas com o Morgado de Mateus". Campinas: *Correio Popular*, 27/2/1998.

RANGEL, Alberto (ed.). *Cartas de d. Pedro I à marquesa de Santos*. Rio de Janeiro: Nova Fronteira, 1984.

RAYNAL, Guillaume-Thomas François, Abade. *A Revolução da América*, prefácio de Luciano Raposo de Almeida Figueiredo e Oswaldo Munteal Filho. Rio de Janeiro: Arquivo Nacional, 1993.

RAU, Virgínia. "Fortunas ultramarinas e a nobreza portuguesa no século XVII". In: *Estudos sobre história econômica e social do Antigo Regime*. Lisboa: Editorial Presença, 1984.

"Registo de uma carta de sesmaria passada ao capitão-mor de Pedro Taques de Almeida". São Paulo: *Registo Geral da Câmara Municipal de São Paulo (1710-1734)*, Typographia Piratininga, v. 4, 1917, pp. 387-390.

RGCSP (1583-1863).

RENDON, José Arouche de Toledo. "Oração problemática. Problema: a um governador resulta mais glória em ser aluno de Marte ou de Minerva?" In: *Obras*. Introdução de Paulo Pereira dos Reis. São Paulo: Governo do Estado, 1978, pp. 53-63; DI, v. 44, 1915, pp. 314-317.

_____. "Reflexões sobre o estado em que se acha a agricultura na capitania de São Paulo". In: DI, v. 44, 1915, pp. 195-213.

ROCHA, Antonio Penalves (organização e introdução). *Visconde de Cairu*. São Paulo: Editora 34, 2001.

ROCHA, Maria Luiza Franco da. "Biografia de D. Bernardo José Maria de Lorena, Conde de Sarzedas". In: *Revista do Arquivo Municipal de São Paulo*, São Paulo, nº LXIV, fev. 1940, separata.

RODRIGUES, André Figueiredo. *A fortuna dos inconfidentes: caminhos e descaminhos dos bens dos conjurados mineiros (1760-1850)*. São Paulo: Editora Globo, 2010.

RODRIGUES, Regina da Cunha. "Um documento interessante sobre Cunha". In: *Revista de História*, São Paulo, nº 31, jul.-set. 1957, pp. 105-133

ROMEIRO, Adriana. *Paulistas e emboabas no coração das Minas: ideias, práticas e imaginário político no século XVIII*. Belo Horizonte: Editora UFMG, 2008.

_____. "Revisitando a Guerra dos Emboabas: práticas políticas e imaginário nas Minas setecentistas". In: *Modos de Governar: ideias e práticas políticas no Império português – séculos XVI a XIX*, de Fernanda Bicalho e Vera Lúcia Amaral (orgs.). São Paulo: Alameda, 2005, pp. 387-401.

_____. *Um visionário na corte de D. João V: revolta e milenarismo nas Minas Gerais*. Belo Horizonte: Editora UFMG, 2001.

ROSSA, Walter. "A cidade portuguesa". In: *História da Arte Portuguesa*. Lisboa: Círculo de Leitores, v. 3, 1995, pp. 233-323.

RUSSEL-WOOD, A. J. R. "Pré-condições e precipitantes do movimento da independência da América portuguesa". In: *Diálogos oceânicos: Minas Gerais e as novas abordagens para uma história do Império Ultramarino Português*, de Júnia Ferreira Furtado (org.). Belo Horizonte: Editora UFMG, 2001.

RUIZ, Rafael e THEODORO, Janice. "São Paulo de vila à cidade: a fundação, o poder público e ávida política". In: *História da cidade de São Paulo – a cidade colonial 1554-1822*, de Antonio Arnoni Prado (org.). São Paulo: Editora Paz e Terra, v. 1, 2005.

SAINT-ADOLPHE, J. C. R. Milliet. *Diccionario Diccionario geographico, historico e descriptivo, do imperio do Brazil*. Paris: J. P. Aillaud, 1845.

SAINT-HILAIRE, Auguste de. *Viagem à província de São Paulo e resumo das viagens ao Brasil, Província Cisplatina e Missões do Uruguai*, trad. de Rubens Borba de Moraes. São Paulo, 1940.

_____. *Viagem à província de São Paulo: viagem de 1816 a 1822*, trad. de Regina Regis Junqueira. São Paulo: Edusp, Belo Horizonte: Itatiaia, 1976.

_____. *Viagens pelas províncias do Rio de Janeiro e Minas Gerais*, trad. de Vivaldi Moreira. Belo Horizonte: Itatiaia; São Paulo: Edusp, 1975.

SANT'ANA, Nuto. *São Paulo no século XVIII*. São Paulo: Secretaria da Cultura, Ciência e Tecnologia-Conselho Estadual de Cultura, 1977.

SANTOS, Corcino Medeiros dos. "Algumas notas sobre a economia de São Paulo no final do século XVIII". In: *Revista do Arquivo Municipal*. São Paulo, 1993.

SANTOS, Francisco Martins dos. *História de Santos*. 2ª ed. São Vicente: Caudex, 1986, 2 v.

SANTOS, José Felício dos. *Memórias do Distrito Diamantino da comarca do Serro Frio (Província de Minas Gerais)*. Belo Horizonte/São Paulo: Editoria Itatiaia/Edusp, 1976.

SANTOS, Fabiano Vilaça dos. *O governo das conquistas do Norte: trajetórias administrativas no Estado do Grão-Pará e Maranhão (1751-1780)*. São Paulo: Annablume, 2011.

SARAIVA, José Hermano. *História concisa de Portugal*. Lisboa: Publicações Europa-América, 1981.

SCARANO, Julita. *Cotidiano e solidariedade: vida diária da gente de cor nas Minas Gerais (século XVIII)*. São Paulo: Brasiliense, 1994.

SCHIMIDT, C. B. "Tropas e tropeiros". In: *Boletim Paulista de Geografia*, nº 32, jul. 1959.

SCHRÖDER, Ferdinand. *A imigração alemã para o sul do Brasil*, tradução de Martin N. Dreher. São Leopoldo-RS: Editora Unisinos; Porto Alegre: EDIPUCRS, 2ª ed., 2003.

SCHWARCZ, Lilia Moritz (com Paulo César de Azevedo e Ângela Marques da Costa). *A longa viagem da biblioteca dos reis: do terremoto à Independência do Brasil*. São Paulo: Companhia das Letras, 2002.

SCHWARTZ, Stuart B. e PECORA, Alcir (orgs.). *As excelências do governador: o panegírico fúnebre a D. Afonso Furtado, de Juan Lopes Sierra (Bahia, 1676)*. São Paulo: Companhia das Letras, 2002.

SILVA, José Bonifácio de Andrada e. (organização e introdução de Jorge Caldeira). Coleção Formadores do Brasil. São Paulo: Editora 34, 2002.

_____. *Obras científicas, políticas e sociais de José Bonifácio de Andrada e Silva* (coligidas e reproduzidas por Edgard de Cerqueira Falcão). Santos: Prefeitura Municipal/Grupo de Trabalho Executivo das Homenagens ao Patriarca, 3 v., 1963.

SILVA, Maria Beatriz Nizza da. *Brasil: colonização e escravidão*. Rio de Janeiro: Nova Fronteira, 2000.

_____. (org.). *Dicionário da história da colonização portuguesa no Brasil*. 1ª ed. Lisboa: Editora Verbo, 1994.

_____. (org.); BACELLAR, Carlos de Almeida Prado; GOLDSCHMIDT, Eliana Rea; NEVES, Lúcia M. Bastos P. *História de São Paulo colonial*. São Paulo: Editora Unesp, 2009.

_____. MARQUES, A. H. de Oliveira; e SERRÃO, Joel (orgs.). *Nova História da Expansão Portuguesa. O Império Luso-Brasileiro 1850-1822*, v. 8. Lisboa: Editora Estampa, 1986.

SILVEIRA, Marco Antonio. *O universo do indistinto: estado e sociedade nas Minas setecentistas (1735-1808)*. São Paulo: Hucitec, 1997.

SIMONSEN, Roberto. *História econômica do Brasil*. São Paulo: Editora Nacional, 6ª ed., 1969.

SOBRINHO, Costa e Silva. *Santos noutros tempos*. São Paulo: *Revista dos Tribunais*, 1953.

SORIANO, Simão José da Luz. *História do reinado de D. José I e da administração do marquês de Pombal*. Lisboa: 1867, 2 v.

SOUSA, Alberto. *Os Andradas*. São Paulo: Editora Tipografia Piratininga, 3 v., 1922.

SOUSA, Antonio Caetano de. *História genealógica da Casa Real Portuguesa*. Coimbra: Atlântida, 1951.

SOUSA, Octávio Tarquínio de. *A vida de D. Pedro I*. Rio de Janeiro: José Olympio, 3 v. 1957.

SOUSA, Washington Luís Pereira de. "Contribuição para a história da capitania de São Paulo – governo de Rodrigo César de Meneses". In: RIHGSP, São Paulo, VIII, p. 22-137, 1903.

SOUTHEY, Robert. *História do Brasil*. Rio de Janeiro: Livraria de B. L. Garnier, 1862, t. VI.

SOUZA, Iara Lis Franco S. C. *Pátria coroada: o Brasil como corpo político autônomo (1780-1831)*. São Paulo: Editora da Unesp, 1999.

SOUZA, Jonas Soares e MAKINO, Miyoko (organizadores). *Diário da navegação, de Teotônio José Juzarte*. São Paulo: Edusp-Imprensa Oficial, 2000.

SOUZA, Laura de Mello e. *Desclassificados do ouro: a pobreza mineira no século XVIII*. Rio de Janeiro: Graal, 1990.

_____. (org.). *História da vida privada: cotidiano e vida privada na América portuguesa*. São Paulo: Companhia das Letras, 1997.

_____. *O diabo e a Terra de Santa Cruz*. São Paulo: Companhia das Letras, 1986.

_____. *O sol e a sombra: política e administração na América portuguesa do século XVIII*. São Paulo: Companhia da Letras, 2006.

_____. "Os nobres governadores de Minas. Mitologias e histórias familiares". In: *Norma e conflito: aspectos da História de Minas no século XVIII*. Belo Horizonte: Editora UFMG, 2006.

_____. e BICALHO, Maria Fernanda Baptista. *1680-1720: o império deste mundo*. Coleção "Virando Séculos", v. 4. São Paulo: Companhia das Letras, 2000,

_____.; FURTADO, Júnia Ferreira; e BICALHO, Maria Fernanda (orgs.). *O governo dos povos*. São Paulo: Alameda Casa Editorial, 2009.

STUMPF, Roberta G. *Filho das Minas, americanos e portugueses: identidades políticas coletivas na Capitania de Minas Gerais (1763-1792)*. São Paulo: Hucitec, 2010.

_____. "Venalidad de oficios en la monarquía portuguesa: un balance preliminar". In: *El poder del dinero. Ventas de cargos y honores en el Antiguo Régimen*, de Francisco Andújar Castillo e Maria del Mar Felices de la Fuente (eds.). Madrid, Biblioteca Nueva, 2011, pp. 331-344.

_____.; CHATURVEDULA, Nandini (orgs.). *Cargos e ofícios nas monarquias ibéricas: provimento, controlo e venalidade (séculos XVII e XVIII)*. Lisboa: Centro de História de Além-Mar da Faculdade de Ciências Sociais e Humanas da Universidade Nova de Lisboa/ Universidade dos Açores, 2012, pp. 267-278.

SUBTIL, José Manuel Louzada Lopes. *O Desembargo do Paço (1750-1833)*. Lisboa: Universidade Autónoma de Lisboa, 1996.

TAUNAY, Afonso d'Escragnolle. "Um capitão-general estatista: Antônio Manuel de Melo Castro e Mendonça e seu governo". AMP, t. XV, 1961, pp. 41-80.

_____. "Escorço biográfico". In: Pedro Taques de Almeida Pais Leme, *História da Capitania de São Vicente*. São Paulo: Melhoramentos, s/d.

_____. *História da cidade de São Paulo*. São Paulo: Melhoramentos, 1953.

_____. *História da cidade de São Paulo no século XVIII*. São Paulo: Imprensa Oficial do Estado de São Paulo, 1931-1935, 4 v.

_____. *História da cidade de São Paulo sob o Império*. São Paulo: Departamento de Cultura-Divisão do Arquivo Histórico, 1956, 3 v.

_____. *História das bandeiras paulistas*. São Paulo: Melhoramentos; Brasília: INL, 1975, 3 v.

_____. *História seiscentista da vila de São Paulo*. São Paulo: Tipografia Ideal, 1926-1929, 4 v.

_____. Prefácio. In: *Nobiliarquia paulistana histórica e genealógica*, de Pedro Taques de Almeida Pais Leme. Belo Horizonte-São Paulo: Itatiaia-Edusp, 1980, v. 1.

_____. *Velho São Paulo*. São Paulo, Melhoramentos, 1954, 3 v.

TAVARES, Aurélio de Lyra. *A engenharia militar portuguesa na construção do Brasil*. Rio de Janeiro: Biblioteca do Exército, 2000.

TAVARES, Célia Cristina da Silva; RIBAS, Rogério de Oliveira (orgs.). *Hierarquias, raça e mobilidade social. Portugal, Brasil e o Império Colonial Português*. Rio de Janeiro: Editora Contracapa, 2010.

TÁVORA, D. Luís de Lencastre e. *Dicionário das famílias portuguesas*. Lisboa: Quetzal, v. 15, 1989.

TÁVORA, Maria José; COBRA, Rubem Queiroz. *Um comerciante do século XVIII*. Brasília: Editora Athalaia, 1999.

TEIXEIRA, Ivan. *Mecenato pombalino e poesia neoclássica*. São Paulo: Fapesp-Edusp, 1999.

TOLEDO, Benedito Lima de. *O Real Corpo de Engenheiros na capitania de São Paulo*. São Paulo: João Fortes Engenharia, 1981.

TOLEDO, Roberto Pompeu. *A capital da solidão: uma história de São Paulo das origens a 1900*. Rio de Janeiro: Objetiva, 2003.

TORRÃO FILHO, Amílcar. *Paradigma do caos ou cidade da conversão? A cidade colonial na América portuguesa e o caso da São Paulo na administração do Morgado de Mateus (1765-1775)*. São Paulo: Annablume, São Paulo, 2007.

VASCONCELOS, Diogo de. *História antiga das Minas Gerais*. Belo Horizonte: Editora Itatiaia, 1974, 2 v.

VILLALTA, Luiz Carlos. *O império luso-brasileiro e os Brasis: 1789-1808*. São Paulo: Companhia das Letras, 2000.

VENÂNCIO, Renato Pinto; GONÇALVES, Andréa Lisly; CHAVES, Cláudia Maria das Graças (orgs.). *Administrando Impérios. Portugal e Brasil nos séculos XVIII e XIX*. Belo Horizonte: Fino Traço Editora, 2012.

VERGER, Pierre. *Fluxo e refluxo de tráfico de escravos entre o golfo do Benin e a Bahia de Todos os Santos (dos séculos XVII e XIX)*. São Paulo: Editora Corrupio, 1987.

Vv.AA. *Enciclopédia Verbo Luso-Brasileira de Cultura*. Lisboa: Editora Verbo, 2001.

_____. *Estudos vários sobre José Bonifácio de Andrada e Silva*. Santos: Prefeitura Municipal/Grupo de Trabalho Executivo das Homenagens ao Patriarca, 1963.

_____. *Lorena e a Estrada da Independência*. Cubatão: Prefeitura Municipal, 1975.

WEHLING, Arno e Maria José. *Direito e Justiça no Brasil colonial: o Tribunal da Relação do Rio de Janeiro (1751-1808)*. Rio de Janeiro: Renovar, 2004.

WENDEL, G. "Caminhos antigos da serra de Santos". *Anais do X Congresso Brasileiro de Geografia*. Rio de Janeiro, 1952.

PERIÓDICOS (BIBLIOTECA NACIONAL DE LISBOA)

Gazeta de Lisboa, 25/5/1795.

MEIOS ELETRÔNICOS

ARAÚJO, Maria Lucília Viveiros. "A arrematação dos direitos régios de São Paulo", 2009. <Disponível em: www.iseg.utl.pt/aphes30/docs/ ... /MARIA%20LUCILIA%20ARAUJO. pdf. Acesso em: 14/10/2014.>

_____. "Contratos régios e contratadores da capitania de São Paulo, 1765-1808", 2009. <Disponível em: www.fea.usp.br/feaecon/media/fck/File/Maria_28.09.09.pdf. *Acesso* em: 14/10/2014.>

_____. "Rede de negócios no registro de Curitiba na passagem do século XVIII para o XIX". In: *XXIV Simpósio Nacional de História/ Associação Nacional de História* (ANPUH), 2007. <Disponível em: anpuh.org/anais/wp-content/uploads/mp/ ... /ANPUH. S24.0375.pdf. Acesso em: 15/5/2014.>

ASSUNÇÃO, Paulo de. "A cidade de São Paulo no século XIX: ruas e pontes em transformação", s/d. <Disponível em: www.historica.arquivoestado.sp.gov.br/ ... /anteriores/ ... / texto03.pdf. Acesso em: 15/6/2014.>

BLAJ, Ilana. "Agricultores e comerciantes em São Paulo nos inícios do século XVIII: o processo de sedimentação da elite paulistana". In: *Revista Brasileira de História*, v. 18, nº 36, 1998. <Disponível em http://www.scielo.br/scielo.php?pid=S0102-01881998000 200012&script=sci_arttext. Acesso em 18/8/2013.>

BORREGO, Maria Aparecida de Menezes. "Laços familiares e aspectos materiais da dinâmica mercantil na cidade de São Paulo (séculos XVIII e XIX)". In: *Anais do Museu Paulista*. São Paulo, v.18, nº 1, jan.jun. 2010. <Disponível em http://www.scielo.br/scielo.php?pid=S0101-47142010000100002&script=sci_arttext. Acesso em 2/11/2014>

COSTA, Júlio Manuel Rodrigues. "Alguns livros científicos (sécs. XVI e XVII no "Inventário" da Livraria dos Viscondes de Balsemão". In: *Agora. Estudos Clássicos em Debate*, 14.1, 2012, pp. 131-158. <Disponível em: www2.dlc.ua.pt/classicos/7.JCosta.pdf>

GIL, Tiago Luís. "A nobreza da terra e o comércio de animais no centro-sul do Brasil: redes sociais, crédito, controle social e hierarquia no além-mar". In: Congresso Internacional da Pequena Nobreza nos Impérios Ibéricos de Antigo Regime, Lisboa, 18/21/maio/2011, pp. 1-27. <Disponível em: www.iict.pt/pequenanobreza/arquivo/Doc/t3s2-02.pdf. Acesso em: 15/5/2014.>

KÜHN, Fábio. "Um governador em apuros. A trajetória administrativa de José Marcelino de Figueiredo (Rio Grande de São Pedro, 1769-1780)". In: *Temas Setecentistas*, Universidade Federal do Paraná (UFPR), pp. 169-180. <Disponível em: www.humanas.ufpr.br/ Acesso em: 23/9/2013.>

LORENA, Bernardo José Maria de. s/d. In: Novo milênio. <Disponível em: http://www.novomilenio.inf.br/cubatao/lorenab.htm Acesso em 10 ago. 2013>.

MAGALHÃES, Joaquim Romero. "Sebastião José de Carvalho e Melo e a economia do Brasil", s/d. <Disponível em: http://www.ics.ul.pt/agenda/seminarioshistoria/pdf/Joaquimromero.pdf. Acesso em 15/8/2013.>

MEDICCI, Ana Paula. "De capitania a província: o lugar de São Paulo nos projetos do Império, 1782-1822". Londrina: ANPUH – XXIII Simpósio Nacional de História: guerra e paz, 2005. <Disponível em http:// www.anpuh.org/anais/?p=16854. Acesso em: 5/12/2013.>

MIRANDA, Tiago C. P. dos Reis. "D. Brás Baltasar da Silveira (1674-1751): na vizinhança dos Grandes". Campinas: *Anais do xvii Encontro Regional de História – O lugar da História*. ANPUH/SP-Unicamp, 6-10/11/2004. <Disponível em http://www.fflch.usp.br/dh/anpuhsp. Acesso em 22/8/2013.>

MONTEIRO, John Manuel. "Sal, justiça social e autoridade régia: São Paulo no início do século XVIII". In: *Tempo - Revista do Departamento de História da Universidade Federal Fluminense*, Niterói, nº 8, agosto 1999. <Disponível em: http://www.historia.uff.br/tempo/artigos_dossie/artg8-2.pdf Acesso em 18/8/2013.>

MOURA, Denise A. Soares de. "Poder local e o funcionamento do comércio vicinal na cidade de São Paulo (1765-1822)". In: *História*, Franca, v.24, nº 2, 2005. <Disponível em: http://www.scielo.br/scielo.php?script=sci_arttext&pid=S0101-90742005000200011&lng=pt&nrm=.iso. Acesso em 28/10/2013.>

RUSSEL-WOOD, A.J. R. "Centros e periferias no mundo luso-brasileiro,1500-1808", trad. de Maria de Fátima Silva Gouvêa. In: *Revista Brasileira de História*. São Paulo: v.18, nº

36, 1998. <Disponível em http://www.scielo.br/scielo.php?pid=S0102-01881998000 200010&script=sci_arttext. Acesso em 18/8/2013.>

Tulux, Bruno Mendes. "Forte de Iguatemi: arqueologia e história de um empreendimento colonial no Sul da capitania de Mato Grosso". In: 1 Encontro de Arqueologia de Mato Grosso do Sul. Campo Grande: 18 a 22 de maio de 2009. <Disponível em: http://muarq. ufms.br/encontro_arqueologia/trabalhos/7.%20Forte%20Iguatemi,%20Arqueolo-gia%20e%20historia.pdf Acesso em 6/11/2013.>

Fontes manuscritas

Academia das Ciências de Lisboa
Manuscritos, série vermelha, n° 559.

Arquivo do Estado de São Paulo
Documentação do Arquivo Histórico Ultramarino (Lisboa) relativos a Capitania de São Paulo em microfilmes: rolos 06.05.001/052; 06.06.053/070 (Conselho Ultramarino); 06.06.029/033 (Documentos Avulsos da Capitania de São Paulo).

Arquivo Histórico Ultramarino (Lisboa)
Índia, caixa 151 (157), 7/3/1787.
Índia, maço 152 (152), 6/2/1788.

Arquivo Nacional da Torre do Tombo (Lisboa)
Manuscritos da Livraria, Livro 1096, microfilmes 2569 e 2575, "Relação dos sucessos que teve a armada francesa que veio sobre a barra do Rio de Janeiro e da vitória que alcançaram os militares da cidade com a invasão que por terra lhe fez o inimigo".
Real Mesa Censória, caixa 151, 7/8/1810.
Seção Brasil, Papéis Avulsos 5, doc. 5-5, fls, 83/86.
Seção Papéis do Brasil, códice 5, "Devassa do Rio de Janeiro que se retirou pela alçada do ano de 1711".

Arquivo Público Mineiro (Belo Horizonte)
Delegacia Fiscal, códice 189, fls.121v-122, 1/12/1784.
Seção Colonial, códice 238, fl. 1v., 15/10/1783.
Seção Colonial, códice 240, fls. 54/55, 3/1/1786.
Seção Colonial, caixa 16, doc. 29, 13/8/1786.

Biblioteca Nacional de Portugal
Coleção Pombalina, códice 613, fls.62-64, 18/11/1765.
Coleção Pombalina, códice 695, fl.36, 4/3/1777.
Dietário do Mosteiro de São Bento, códice 731, fls.8-15.

Instituto Histórico e Geográfico Brasileiro (Rio de Janeiro)
Lata 21, doc. 2, fls. 3, 23 e 45.
Lata 175, doc. 62.
Lata 191, doc. 41.

Agradecimentos

Agradeço à direção da Universidade Paulista (Unip), especialmente a sua Vice-Reitoria de Pós-Graduação e Pesquisa, pela concessão de bolsa de estudos, que permitiu a realização desta pesquisa em 2013 e 2014.

Agradeço aos professores doutores Ernst Pijning, Luciano Figueiredo, Nireu Cavalcanti, meus colegas de pesquisas no AHU, de Lisboa, Silvio Firmo do Nascimento, do Instituto de Ensino Superior Presidente Tancredo Neves (Iptan), de São João d'el-Rei-MG, e Daniel Pires, diretor do Centro de Estudos Bocageanos, de Setúbal, que se preocuparam em me auxiliar nesta pesquisa.

Agradeço ainda aos funcionários do AESP pela dedicação e atenção que sempre tiveram comigo.

ADELTO GONÇALVES (1951), nascido em Santos-SP, é doutor em Letras na área de Literatura Portuguesa e mestre na área de Língua Espanhola e Literaturas Espanhola e Hispano--americana pela Universidade de São Paulo (USP). Foi professor titular da Universidade Paulista (Unip), Universidade Santa Cecília (Unisanta) e Centro Universitário Monte Serrat (Unimonte), em Santos-SP; e do Centro Universitário Amparense (Unifia), de Amparo-SP. Jornalista desde 1972, atua como assessor de imprensa na área empresarial.

Publicou seu primeiro livro, de contos, em 1977, *Mariela Morta* (Ourinhos-SP, Complemento Editorial). Em 1980, ganhou menção honrosa do Prêmio Nacional de Romance José Lins do Rego, da Livraria José Olympio Editora, Rio de Janeiro, com o livro *Os vira-latas da madrugada*, publicado em 1981 e em 2015 (2ª ed., Taubaté-SP, Editora Letra Selvagem). Em 1997, publicou o livro de ensaios e artigos *Fernando Pessoa: a voz de Deus* (Santos, Universidade Santa Cecília).

Em 1999, publicou seu primeiro livro em Portugal: o romance *Barcelona brasileira* (Lisboa, Editora Nova Arrancada), que saiu no Brasil em 2002 pela Publisher Brasil, São Paulo. Em 2003, pela Editorial Caminho, de Lisboa, a biografia *Bocage – o perfil perdido*, seu primeiro trabalho de pós-doutorado, para o qual obteve bolsa da Fundação de Amparo à Pesquisa do Estado de São Paulo (Fapesp, 1999 - 2000). Em 2012, pela Academia Brasileira de Letras e a Imprensa Oficial do Estado de São Paulo, na Série Essencial, *Tomás Antônio Gonzaga*, estudo biográfico-crítico acompanhado por antologia de poemas. Em 2015, também pela Imprensa Oficial do Estado de São Paulo o livro *Direito e Justiça em Terras d'el-Rei na São Paulo colonial (1709-1822)*.

Escreveu prefácios para dois livros de contos de Machado de Assis publicados em 2006 e 2007 pelo Centro Lusófono Camões da Universidade Estatal Pedagógica Hertzen, em edição bilíngue russo-portuguesa, com o apoio do Ministério das Relações Exteriores do Brasil. Participou do livro *Studi su Fernando Pessoa*, publicado em 2010 por Edizioni dell'Urogallo, de Perugia, Itália, com o ensaio *"Ambiguità e ossimoro: simboli dell'universo e del mistero in Fernando Pessoa"* ("Ambiguidade e oxímoro: símbolo do universo e do mistério em Fernando Pessoa").

Recebeu os seguintes prêmios :1986, prêmio Fernando Pessoa da Fundação Cultural Brasil-Portugal, Rio de Janeiro, participando do livro *Ensaios sobre Fernando Pessoa*, com o trabalho "O ideal político de Fernando Pessoa"; prêmios Assis Chateaubriand, 1987 e Aníbal Freire, 1994, ambos da Academia Brasileira de Letras; em 2000, com a biografia *Gonzaga, um poeta do Iluminismo* (Rio de Janeiro, Nova Fronteira, 1999), seu trabalho de doutorado em Letras pela USP, o prêmio Ivan Lins de Ensaios da União Brasileira de Escritores e da Academia Carioca de Letras.

Como jornalista, trabalhou em *O Estado de S. Paulo*, Empresa Folha da Manhã, Editora Abril e *A Tribuna*, de Santos, tendo sido correspondente da revista *Época* em

Lisboa (1999-2000). É colaborador desde 1994 da revista *Vértice*, de Lisboa. Escreve regularmente para o quinzenário *As Artes Entre as Letras*, do Porto, e *Jornal Opção*, de Goiânia. É sócio-correspondente da Academia Brasileira de Filologia (Abrafil) e assessor cultural e de imprensa do Centro Lusófono Camões da Universidade Estatal Pedagógica Hertzen, de São Petersburgo, Rússia. Integra o Conselho Editorial da revista *Saberes Interdisciplinares*, do Instituto de Ensino Superior Presidente Tancredo de Almeida Neves (Iptan), de São João d'el-Rei-MG.

KENNETH MAXWELL (1941), historiador, é professor de História (aposentado) da Universidade Harvard, Massachussetts (EUA), tendo sido diretor do Programa de Estudos Brasileiros do Centro David Rockefeller para Estudos Latino-americanos e fundador do Programa de Estudos Brasileiros na mesma instituição. Tem mestrado em História pela Universidade de Cambridge (Inglaterra) e doutorado pela Universidade Princeton (EUA). Foi diretor do Programa para a América Latina no Conselho de Relações Internacionais em Nova York e editor de assuntos latino-americanos da *Foreign Affairs Magazine*. Um dos maiores especialistas na Conjuração Mineira e história do Império português no século XVIII, lecionou também na Universidade Columbia, em Nova York. Em maio de 2004 renunciou ao seu cargo de diretor de Estudos Latino-Americanos do Conselho de Relações Exteriores de Nova York por ter criticado Henry Kissinger em uma resenha de livro sobre o golpe de Estado de Augusto Pinochet em 1973 e de não ter tido uma resposta publicada na revista *Foreign Affairs*. É autor de *A devassa da devassa – a Inconfidência Mineira: Brasil e Portugal 1750-1808* (1977), *Marquês de Pombal – paradoxo do Iluminismo* (1996), *Chocolate, piratas e outros malandros* (1999) e *Mais malandros: ensaios tropicais e outros* (2002), entre outras obras.

CARLOS GUILHERME MOTA (1941), professor titular de História Contemporânea da FFLCH-USP e de História da Cultura na Faculdade de Arquitetura e Urbanismo da Universidade Presbiteriana Mackenzie. Foi professor colaborador na pós-graduação da Escola de Direito da FGV-SP, fundador e primeiro diretor do Instituto de Estudos Avançados da USP (1986-1988) e diretor da Biblioteca Brasiliana Guita e José Mindlin (2014). Em 2009 recebeu o título de professor emérito da Universidade de São Paulo, e em 2011 ganhou o prêmio Machado de Assis, da Academia Brasileira de Letras, pelo conjunto da obra.

LUIZ NASCIMENTO (1951), jornalista, repórter fotográfico e professor universitário, é mestre em Ecologia pelo Programa de Pós-Graduação em Sustentabilidade de Ecossistemas Costeiros e Marinhos da Universidade Santa Cecília (Unisanta), de Santos-SP.

SOBRE AS FOTOGRAFIAS

As fotos mostram na capa e quarta capa do livro e nas páginas 325, 326, 327 e 328 a Fortaleza de Santo Amaro da Barra Grande, em Guarujá, com vista para a Baía de Santos. Foi construída em 1584, sob o comando da coroa espanhola, e, durante o século XVIII, funcionou como presídio, abrigando os presos de maior periculosidade, já que a cadeia pública da cidade de São Paulo funcionou por muitos anos em prédio com instalações precárias.

As páginas 2, 12, 29, 30, 31, 32, 183, 184, 185 e 186 mostram o Memorial Padrão do Lorena, localizado no Parque Estadual Serra do Mar, em Cubatão. Construído durante o governo Washington Luís (1926-1930), juntamente com um belvedere, no ponto em que a antiga Calçada do Lorena cruzava com a Estrada Velha, ou Caminho da Maioridade, o Padrão homenageia o capitão-general e governador d. Bernardo José Maria da Silveira e Lorena.

Já as páginas de 355, 356, 357 e 358 mostram imagens da Casa do Trem Real, bateria de defesa e depósito de armamentos, localizada no centro da cidade de Santos, nas proximidades do cais do porto. Por fim, as páginas 400 e 404 mostram ruínas da Calçada do Lorena.

© Imprensa Oficial do Estado de São Paulo, 2019

Biblioteca da Imprensa Oficial do Estado de São Paulo
Ivone Tálamo – Bibliotecária CRB 1536/8

Gonçalves, Adelto
O reino, a colônia e o poder: o governo Lorena na capitania de São Paulo 1788-1 797/
Adelto Gonçalves; textos de Kenneth Maxwell [e] Carlos Guilherme Mota – [São Paulo:
Imprensa Oficial do Estado, 2019.]
408 p.

Referências bibliográficas.
Lista de abreviaturas.
Notas de rodapé.
ISBN 978-85-401-0174-6

1. Capitanias hereditárias – Aspectos políticos 2. Capitanias hereditárias – Aspectos econômicos
– 1788-1797 – São Paulo 3. Lorena, Bernardo José, 1756-1818 (Bernardo José Maria da Silveira e
Lorena) I. Maxwell, Kenneth II. Mota, Carlos Guilherme III. Titulo.

CDD 981.16

Índice para catálogo sistemático:
1. São Paulo: Capitanias hereditárias: Aspectos econômicos   981.61

Grafia atualizada segundo o Acordo Ortográfico da Língua Portuguesa de 1990,
em vigor no Brasil desde 2009.

Foi feito o depósito legal na Biblioteca Nacional (lei nº 10.994, de 14/12/2004).

Direitos reservados e protegidos pela lei nº 9.610/1998.

Proibida a reprodução total ou parcial sem a prévia autorização dos editores.
Impresso no Brasil 2019

IMPRENSA OFICIAL DO ESTADO S/A – IMESP
Rua da Mooca 1921 Mooca
03103 902 São Paulo SP Brasil
Sac 0800 0123 401
www.imprensaoficial.com.br

IMPRENSA OFICIAL DO ESTADO DE SÃO PAULO

CONSELHO EDITORIAL
Andressa Veronesi
Flávio de Leão Bastos Pereira
Gabriel Benedito Issaac Chalita
Jorge Coli
Jorge Perez
Maria Amalia Pie Abib Andery
Roberta Brum

COORDENAÇÃO EDITORIAL
Cecília Scharlach

EDIÇÃO
Andressa Veronesi

ASSISTÊNCIA EDITORIAL
Francisco Alves da Silva

PREPARAÇÃO
Juliana de A. Rodrigues

FOTOGRAFIAS
Luiz Nascimento

PROJETO GRÁFICO
Negrito Produção Editorial

IMPRESSÃO E ACABAMENTO
Imprensa Oficial do Estado S/A – IMESP

Formato: 15,5 × 22,5 cm
Tipologia: Arno Pro
Papel miolo: Pólen (off white) 80 g/m²
Papel capa: Cartão Triplex (off white) 250 g/m²
Número de páginas: 408

GOVERNO DO ESTADO DE SÃO PAULO

GOVERNADOR
João Doria

VICE-GOVERNADOR
Rodrigo Garcia

IMPRENSA OFICIAL DO ESTADO DE SÃO PAULO

DIRETOR-PRESIDENTE
Nourival Pantano Júnior